本报告的出版得到

国家重点文物和大遗址保护专项补助经费资助

西汉水上游

考古调查报告

甘肃省文物考古研究所
中国国家博物馆
北京大学考古文博学院
陕西省考古研究院
西北大学文博学院

文物出版社

封面设计：周小玮
责任印制：张道奇
责任编辑：杨冠华

图书在版编目（CIP）数据

西汉水上游考古调查报告/甘肃省文物考古研究所等
编 . —北京：文物出版社，2008.1
ISBN 978－7－5010－2233－5

Ⅰ. 西…　Ⅱ. 甘…　Ⅲ. ①汉水－流域－文物－考古－
研究报告－先秦时代②汉水－流域－文物－考古－研究
报告－秦代　Ⅳ. K872.42

中国版本图书馆 CIP 数据核字（2007）第 177308 号

西汉水上游考古调查报告

甘肃省文物考古研究所
中 国 国 家 博 物 馆
北京大学考古文博学院　编著
陕 西 省 考 古 研 究 院
西 北 大 学 文 博 学 院

＊

文物出版社出版发行
（北京东直门内北小街 2 号楼）
邮政编码：100007
http：//www. wenwu. com
E-mail：web@wenwu. com
北京圣彩虹印刷有限公司印刷
新 华 书 店 经 销
889×1194　1/16　印张：25.5　插页：7
2008 年 1 月第一版　2008 年 1 月第一次印刷
ISBN 978－7－5010－2233－5　定价：280.00 元

Archaeological Investigate Report

of the Upper Reaches of Xihanshui River

by

Gansu Provincial Institute of Cultural Relics and Archaeology
National Museum of China
School of Archaeology and Museology, Peking University
Shaanxi Provincial Institute of Archaeology
College of Culture and Museology, Northwest University

Cultural Relics Press

Beijing   2007

目　录

插 图 目 录

彩 版 目 录

图 版 目 录

第一章　前　言

一

西汉水发源于今甘肃省天水市西南 70 千米的秦城区齐寿乡嶓冢山（现名齐寿山），途经礼县盐官镇、祁山乡、永兴乡、燕河乡、城关镇、石桥乡、江口乡、龙林乡、霍坝乡等乡镇，于肖良乡进入西和县境内，最后汇入嘉陵江，干流总长 177.2 千米。西汉水上游指礼县江口乡以上的河段及流域。西汉水跨经了天水、礼县、西和三县，其中在礼县境内长约 104.1 千米。它自东北向西南流，沿途接纳的支流，举其大者，在北岸（或西岸）的有峁水河（又名红河），全长 37.5 千米；永坪河，全长 42.8 千米；燕子河，全长 77.5 千米；谷峪河，全长 28.3 千米；洮坪河，全长 65 千米。在南岸的有漾水河，全长 52.3 千米（图一）。这些支流的流域面积都在 100 平方千米以上，它们既为干流提供了丰沛的水源，又是沟通南北的天然通道。北魏时郦道元所著《水经注·漾水》曾详细地描述了西汉水的源头、流经地域、所纳支流、沿岸地貌特征以及一些相关地点和事件。

从地质地貌上说，干流所经的西礼盆地属于陇南山区秦岭山间断陷盆地，其北部靠东梁，南依大、小金昌山，东延太阳山和云光山，西与岷山山前地带接壤。在下古生代，盆地主体为湖相沉积；中生代时期，湖泊褶皱上升形成陆地；侏罗纪、白垩纪之后，在这里出现了大量的紫红色砂砾岩。到了新生代第四纪晚更新世时期，在陇中黄土高原的形成过程中，来自客乡异地的风成黄土，覆盖在第三纪红土层之上，黄土层自南向北逐渐增厚，薄者几十厘米，厚着达百米以上。全新世以来，经河水搬运，在河谷两岸沉积了大量的次生黄土。西汉水上游由于盆地底部河流下切作用弱、沉积作用强烈，形成较为宽阔的川坝平原，其宽度一般大于 500 米。

川坝河谷平原区的主要地形有河床、河漫滩、一级阶地和平缓斜坡，海拔一般在 1400～1500 米之间，相对高差 100 米左右，地势平坦，水资源丰富，土壤肥沃。流域的很多地区属于黄土梁峁山区，海拔 1500～1900 米，相对高差 500 米左右，沟壑纵横，梁峁相间，遇到雨季，水土流失严重。还有一些属于秦岭石质山地，海拔 1340～3312 米，相对高差 2000 米左右，从山脚到山顶，古生代基岩处处皆是，这类地区植被覆盖尚好，水土流失较轻。

流域的矿产资源丰富，比较有名的是金矿，礼岷脉矿带评价储量 66.3 吨，远景储量

100 吨以上。在礼县白关乡、沙金乡还分布有铜矿。在礼县洮坪乡小峪河有铅锌矿。至于这些矿产在古代是否被开采，目前还不清楚。

值得注意的是，礼县食盐生产的历史相当悠久。秦汉时这里是陇西郡西县，设有盐官。《汉书·地理志》陇西郡本注："秦置。……有铁官、盐官。"上世纪末在西安相家巷出土了大批秦封泥，其中就有"西盐"，乃西县盐官所用之印①。唐代大诗人杜甫曾赋《盐井》诗赞美这里产盐的盛况："卤中草木白，青者官盐烟。官作既有程，煮盐烟在川。汲井岁榾榾，出车日连连。自公斗三百，转致斛六千。君子慎止足，小人苦喧阗。我何良叹嗟，物理固自然。"秦汉时期这里产盐规模应该最大，而且为池盐；唐以后规模缩小，转为井盐了。制盐的中心就在今天盐官镇一带，那里的盐井祠内有《重修盐官镇盐井碑记》，讲述明代嘉靖年间重修盐井的事迹；还有民国年间的《建修盐官盐神庙碑记》。盐在古代属于重要的战略物资，秦汉时期实行官营，先秦时期也一定备受重视。这里的古代文化如此丰厚，并成为秦文化的发祥地，与当地的食盐资源是分不开的。

二

在史前时期，西汉水干流及支流的两岸就是古人休养生息之地。有文献记载的历史开始于夏代。大禹"嶓冢导漾"，疏导的就是流经礼县的西汉水。夏、商时期，这里属于九州之一的梁州。周孝王时"非子居犬丘，好马及畜，善养息之"（《史记·秦本纪》）。"孝王召非子，使主马于汧渭之间，又分土为附庸，邑之秦。周厉王时西戎反王室，灭犬丘大骆之族。于是周宣王召秦庄公昆弟五人，与兵七千人，使伐西戎，破之。复予秦仲后，及其先大骆地犬丘并有之，为西垂大夫。"至此，秦人成为周王室在西土的军政代言人，其都邑"西犬丘"就在西汉水上游的礼县。秦至西汉时，这里为陇西郡西县。王莽时改西县为西治。东汉时，西县属凉州刺史部汉阳郡。三国时，西县属雍州天水郡，隶属于魏；西汉水下游一带属武都郡武都县，隶属于蜀。诸葛亮"六出祁山"，即循此河谷通道伐魏。两晋十六国时期，这里属天水郡始昌县；今西和县及下游一带则属武都郡。北魏、西魏、北周时，今礼县盐官以东分属秦州的阳廉、黄瓜二县，盐官以西、以南则设水南、平泉、平原、兰仓、谷泉、阶陵、仓泉、潭水、汉阳等县。隋代，属汉阳郡长道、潭水、上禄三县。唐代，东北部先属山南西道成州的汉源、长道二县，后属陇右道秦州长道县，西南属陇右道成州上禄县及良恭县（潭水并入良恭）。礼县盐官宝应元年（762 年）为党项马邑州治所，隶属秦州都督府。五代时期，岐、唐、晋、周时，东北部属陇右道秦州天雄、雄武节度使所辖长道县，西南部被吐蕃占据；后汉时，几乎全被吐蕃占据。北宋时，东部属岷州长道县，西南属岷州大潭县，两县先属秦凤路之秦州，后改属岷州。南宋时，仍为长道、大潭两县，但改属利州西路的西和州所辖，盐官以东地域属天水军（州级建制，治所

---

①　周晓陆、路东之、庞睿：《秦代封泥的重大发现——梦斋藏秦封泥的初步研究》，《考古与文物》1997 年 1 期。

在今天水镇）辖制。元代，东北部的长道县地域并入西和州，而于今城关镇别置"礼店、文州蒙古汉军西番军民元帅府"，下辖"礼店、文州蒙古汉军西番军民上千户所"及"礼店、文州蒙古军民奥鲁千户所"，"元帅府"负责西和州、武阶、文州地区的军民安全，"上千户所"则仅统摄今城关镇及西南部地域的军民。明代，洪武四年（1371 年）置"礼店守御千户所"，隶属岷州卫，属陕西都司，洪武十五年（1382 年）改隶秦州卫，属陕西都司。成化九年（1473 年）割秦州 19 里置礼县，属巩昌府所领的秦州管辖，原"千户所"与县并存不废。清代，顺治十六年（1659 年）裁撤卫所十百户，将巩昌卫、文县所、西固所归并礼县统辖，属巩昌府。雍正六年（1728 年）改属秦州。中华民国二年（1913 年）袁世凯令各州府改道，礼县属陇南道，旋改渭川道。民国十六年（1927 年）道废，县直属于省。民国二十五年（1936 年）蒋介石令甘肃全省设七个行政专员公署，礼县属第四区（天水）专署领辖。1949 年 8 月 17 日礼县解放，隶属武都专区，1955 年 10 月划归天水专区，1958 年 8 月礼县、西和县建制撤销，合并成立西礼县，县址设在原礼县城关镇，1962年 1 月，西礼分县，礼县建制恢复，1985 年 7 月又划归陇南地区①。

三

史载西汉水上游是秦民族早期活动的主要区域之一，故很早就引起了学术界的重视。1947 年裴文中先生曾在渭河上游做过考古调查，把"陇南（包括渭河上游和西汉水流域）史前文化"分为三期：彩陶文化鼎盛期、彩陶文化衰落时期、彩陶文化极衰时期；并推断"齐家文化未传布到渭河上游"②。1958 年甘肃省博物馆对西汉水流域进行了考古调查，共发现仰韶文化遗址 17 处、齐家文化遗址 12 处、周代遗址 14 处，认为这里的文化类型大致与渭河上游相同，并认为仰韶文化的遗存在这里极为丰富，齐家文化却很不发达。虽未发现寺洼文化的遗存，但周代遗址却很丰富③。20 世纪 80 年代，赵化成先生曾调查过这里，发现周秦文化遗址和寺洼文化遗址的分布呈现一定规律：前者主要分布在大河流域的平坦谷地上，后者主要分布在离河较远的黄土梁峁山区④。

1986 年，甘肃省文物考古研究所与礼县博物馆联合发掘了石桥乡高寺头遗址，发掘面积约 600 平方米，发现有仰韶文化早期半坡类型、仰韶文化晚期、齐家文化的房址和灰坑，并发现仰韶文化晚期大房址一座。目前报告正在编写中。

同年，北京大学考古学系在西汉水上游支流西和县栏桥发掘了属于寺洼文化的栏桥遗址，出土了大量寺洼文化的遗迹和遗物，发现这里的寺洼文化类型不同于东部地区⑤。

① 主要参考《礼县县志》，陕西省人民出版社，1999 年。
② 裴文中：《甘肃史前考古报告》，油印本，1947 年。
③ 甘肃省博物馆：《甘肃西汉水流域考古调查简报》，《考古》1959 年 3 期。
④ 赵化成：《甘肃东部秦和羌戎文化的考古学探索》，《考古类型学的理论和实践》，文物出版社，1989 年。
⑤ 南玉泉：《辛店文化序列及其与卡约、寺洼文化的关系》，《考古类型学的理论和实践》，文物出版社，1989 年。

　　1993 年甘肃礼县县城以东 13 千米的永坪乡大堡子山秦公墓地惨遭盗掘，大量珍贵文物流失海外，震惊了国内外学术界。为此，甘肃省文物考古研究所于 1994 年 3～11 月对墓地进行了抢救性发掘和勘探，发掘南北并列的"中"字形大墓葬 2 座、东西向瓦刀形车马坑 1 座、中小型墓葬 9 座。大墓均为东西向，以东墓道为主墓道，全长 88～115 米，椁底有腰坑，在二层台上殉人①。出土的铜器带有"秦公作铸用鼎"、"秦公作宝用鼎"、"秦公作宝簋"的铭文。学术界一般认为墓主是春秋早期的秦国国君，不出襄公、文公、宪公的范围。东西向的车马坑（K1）全长 36.5 米，坑内殉车四排，每排三乘，共计 12 乘；均为辕东舆西，每车两服两骖，计 4 匹马；出土了车辖、车軎和铜泡等车饰。9 座中小型墓葬均为东西向竖穴土坑墓，有的墓葬在墓壁一侧掏挖壁龛，安放殉人；主要随葬品均放在棺椁间的西端头厢；铜鼎、簋的使用不甚规范，并流行使用仿铜礼器。陶器中常见的组合为喇叭口罐、鬲、豆、鼎等。

　　1998 年，大堡子山墓地东南、西汉水南岸的圆顶山墓地被盗，经礼县博物馆及时看护，甘肃省文物考古研究所和礼县博物馆于 1998 年 2～6 月对此进行了抢救性发掘。清理墓葬 3 座、车马坑 1 座。2000 年礼县博物馆又再次清理墓葬 1 座②。这 4 座墓葬均为东西向的长方形竖穴土坑墓，其中出铜器组合七鼎六簋和五鼎四簋的墓各 1 座；二层台上殉人 3～7 具，还出土了铜柄铁剑以及大量的玉石器。车马坑内随葬车马 5 乘、殉葬御奴 1 名。从出土器物分析，这批墓葬的年代大致相当于春秋早、中期之交，或者说春秋中期偏早。圆顶山贵族墓地应属秦宗族墓地，与大堡子山墓地之间有着内在联系。

　　2002 年，甘肃省文物考古研究所和礼县博物馆对大堡子山秦公墓地及其周围遗址进行了调查，历时 45 天，共调查仰韶至齐家文化遗址 16 处、春秋至汉代墓群 16 处、秦代建筑遗址 2 处。

　　在中国古代社会从封国走向帝国的历史进程中，秦起了关键性的作用。秦最初作为西周王朝在陇右地区的附庸，自襄公立国，入主关中，成为春秋时期的泱泱大国，到战国时雄霸天下，乃至最终统一中国。这期间，它的文化内涵也不断丰富，形成了在列国间独树一帜的风格特点。可以说，西周至春秋时期秦文化已成气候，为日后强大奠定了基础。进行"早期秦文化"的调查、发掘和研究，对深入了解中国古代文明发展的区域性和不平衡性，为进一步研究中华文化多元一体和中华民族共同体的形成，有十分重要的意义。

　　关于嬴秦族属、秦文化起源等问题学术界自 20 世纪 30 年代就展开了热烈的讨论，迄今未有定论。概括起来有"西戎说"（西来说）和"东夷说"（东来说）两种③。前者认为秦人本是西戎的一支，是陇右的土著；后者认为嬴秦本属东夷，只是后来才迁徙到了甘肃东部。这些讨论大多局限于文献记载。20 世纪 80 年代赵化成先生在甘肃甘谷县毛家坪遗

　　① 戴春阳：《礼县大堡子山秦公墓地及有关问题》，《文物》2000 年 5 期。
　　② 甘肃省文物考古研究所、礼县博物馆：《礼县圆顶山春秋秦墓》，《文物》2002 年 2 期。
　　③ 王学理、梁云：《秦文化》，文物出版社，2001 年。

址发掘出西周时期的秦文化居址及墓葬①，将秦墓的编年往前推进到西周，为文化渊源的探讨提供了一个坚实的考古学基点。

正因为这一课题的重要性已被广泛认识，所以才有学术界长时期热烈的探讨。但关于秦早期历史的文献记载仅限于《史记·秦本纪》中的几个段落，西周时期的秦文化遗存也仅发掘了毛家坪一处，而且当年在毛家坪遗址只发掘了 200 平方米。资料的缺乏，使相关问题的讨论在毛家坪之后沉寂了很长一段时间，直到 20 世纪末甘肃礼县大堡子山秦公墓地的发现。该墓地的意义首先在于确认了秦早期都邑位于今甘肃礼县境内，那里就是秦文化的发祥地，使日后的田野工作有了对象和重点，不至于在整个甘肃东部漫天撒网。

鉴于此，2003 年 11 月，在甘肃省文物局的诚邀下，甘肃省文物考古研究所、中国国家博物馆田野考古部、北京大学文博学院考古学系、陕西省考古研究所、西北大学文博学院考古系 5 家单位的代表在兰州洽谈，成立"早期秦文化调查、发掘和研究"课题组，由赵化成（北京大学文博学院考古系主任）任组长，王辉（甘肃省文物考古研究所副所长）、信立祥（中国国家博物馆田野考古部主任）、焦南峰（陕西省考古研究所所长）、王建新（西北大学文博学院考古系主任）任副组长，并组建"早期秦文化联合考古队"，决定在 2004 年上半年度先对礼县所在的西汉水上游地区进行摸底调查。

在礼县博物馆的大力支持、参与和配合下，2004 年 3 月 28 日～4 月 20 日，联合考古队对西汉水上游干流及其支流漾水河、红河、燕子河、永坪河流域，东起天水市天水乡、西至礼县江口乡长约 60 千米的范围内进行了踏查，几乎走遍了河流两岸的每一处台地。调查分两组：一组调查西汉水南岸，队员有张天恩、梁云、毛瑞林、田有前；另一组调查西汉水北岸，队员有田亚岐、李永宁、游富祥、王刚，调查后期还有兰州大学博士生吉笃学参加。调查采用传统的考古调查方法，注意田埂地头暴露的地层剖面，通过文化层及陶片的分布来确定遗址面积。采集标本的年代下限以汉代为准。最后共调查各类遗址 98 处（见图一），并对遗址进行统一编号（本书遗址分布图中标号皆为遗址编号）。其中，仰韶时代文化遗址 61 处，龙山时代文化遗址 51 处，周代遗址 47 处（包含周秦文化的遗址 37 处，包含寺洼文化的遗址 25 处）。本报告就是此次调查的一个总结。

---

① 赵化成：《甘肃东部秦和羌戎文化的考古学探索》，《考古类型学的理论和实践》，文物出版社，1989 年。

第二章 遗址介绍

01 天水乡盘头山遗址

位于天水市天水乡石滩子村、天礼公路（天水至礼县）北侧约50米处，西汉水北岸（图二）。面积不详。暴露有一灰坑（底径1.1、高0.6米）、灰层、汉墓葬（彩版一）；采集到仰韶文化、齐家文化、周代、汉代陶片。另发现炭渣、铁渣、绳纹瓦和一件石纺轮。

标本介绍如下：

标本01：6 罐口沿。泥质红陶。圆唇，卷沿，侈口。素面。残高2.7、残宽8.1、壁厚0.4厘米（图三，1；图版六，2）。年代为仰韶文化中期。

标本01：9 尖底瓶口沿。泥质红陶。尖圆唇，平折沿。素面。口径11.7、残高3.3、壁厚0.5、口沿宽2厘米（图三，2）。年代为仰韶文化晚期。

标本01：10 尖底瓶口沿。泥质红陶。尖圆唇，平折沿。素面。口径9、残高3.8、壁厚0.5、口沿宽2厘米（图三，3）。年代为仰韶文化晚期。

标本01：12 尖底瓶底端。夹砂红陶。泥条盘筑。圆锥形尖底。素面。残高3.5、壁厚0.8厘米（图三，4）。年代为仰韶文化晚期。

标本01：17 罐口沿。夹砂红褐陶。尖唇，宽沿，沿中间有一道凸棱，形成两面坡形口沿，敛口，鼓腹。素面。口沿宽3、残高3.6、残宽7.5、壁厚0.8厘米（图三，5）。年代为仰韶文化晚期。

标本01：26 陶饼。夹砂红陶。圆饼形，扁平状，一面平，一面中间略鼓，中有一孔。素面。直径5.8、厚1.5、孔径0.6厘米（图三，6）。年代为仰韶文化晚期。

标本01：24 陶片。夹砂陶，灰黑色。饰绳纹，有抹的痕迹。残高12、残宽9.3、壁厚0.7～1厘米（图三，7）。年代为仰韶文化晚期。

标本01：25 陶片。夹砂红褐陶。应为罐的颈部残片。饰绳纹，有抹的痕迹。残高5.7、残宽9.4、厚0.6厘米（图三，8）。年代为仰韶文化晚期。

标本01：4 罂口沿。夹砂红陶。直口，窄平沿，带一鋬。外壁及鋬上均饰绳纹有抹的痕迹。口径16、残高8.5、壁厚0.6厘米（图三，9）。属齐家文化。

标本01：11 器耳。泥质灰陶。桥形宽带耳。素面。残高8、残宽4.5、壁最厚处1.8厘米（图三，10）。属齐家文化。

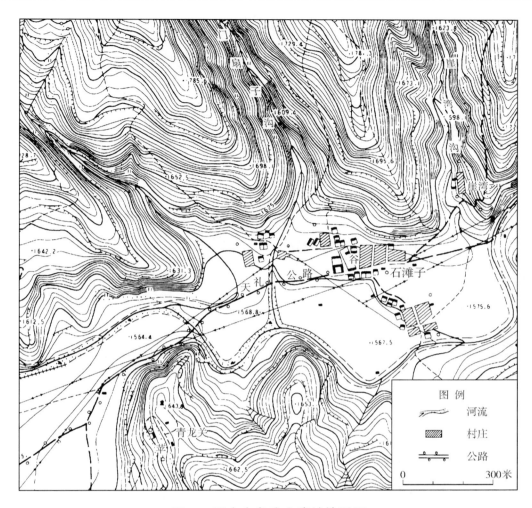

图二　天水乡盘头山遗址地形图

标本 01：22　陶片。泥质红陶。饰竖向篮纹。残高 4、残宽 5、壁厚 0.6 厘米（图三，11）。属齐家文化。

标本 01：23　陶片。夹砂红陶。饰网眼状绳纹。残长 4.3、残宽 4.2、壁厚 0.4 厘米（图三，12）。属齐家文化。

标本 01：15　鬲足。夹砂灰陶。空锐尖足。饰绳纹，绳纹较粗。残高 6、壁厚 0.4～0.6 厘米（图三，13）。年代为西周早、中期。

标本 01：14　鬲口沿。夹砂灰陶。圆唇，宽斜折沿，微侈口，鼓腹。腹部饰交错绳纹，颈部素面。残高 7.4、残宽 12、壁厚 0.5～1、口沿宽 3.5、沿厚 0.6 厘米（图三，14）。年代为西周晚期。

标本 01：18　鬲口沿。夹砂陶，灰黑色。圆唇，斜折沿。腹部饰竖向绳纹，颈部素面。残高 4.2、残宽 7.5、壁厚 0.6 厘米（图三，15）。年代为西周晚期至春秋早期。

标本 01：19　盆口沿。泥质灰陶，黑灰色。方唇，唇上有一道凹痕，平折沿，沿中部略鼓。素面，抹光。口径 18、残高 3、壁厚 0.8、口沿宽 2.3、沿厚 0.6 厘米（图三，16）。

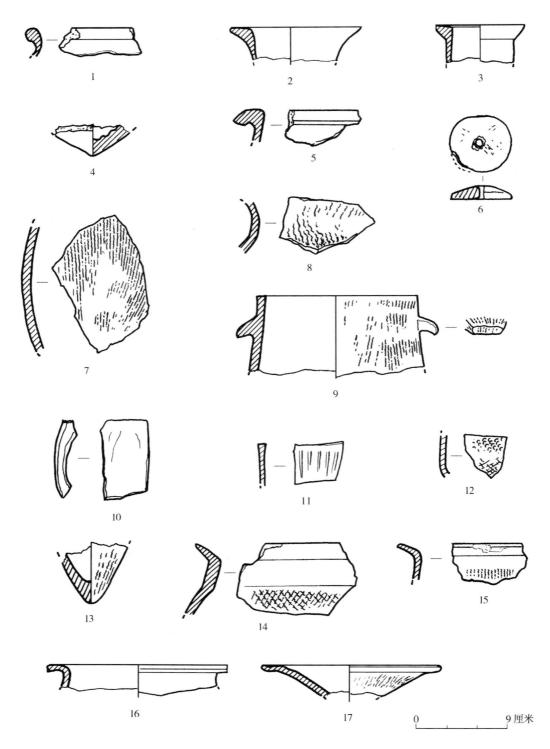

图三　天水乡盘头山遗址标本（一）

1. 罐口沿（01：6）　　2. 尖底瓶口沿（01：9）　　3. 尖底瓶口沿（01：10）　　4. 尖底瓶底端（01：
12）　　5. 罐口沿（01：17）　　6. 陶饼（01：26）　　7. 陶片（01：24）　　8. 陶片（01：25）　　9. 罂口
沿（01：4）　　10. 器耳（01：11）　　11. 陶片（01：22）　　12. 陶片（01：23）　　13. 鬲足（01：15）
14. 鬲口沿（01：14）　　15. 鬲口沿（01：18）　　16. 盆口沿（01：19）　　17. 罐口沿（01：5）

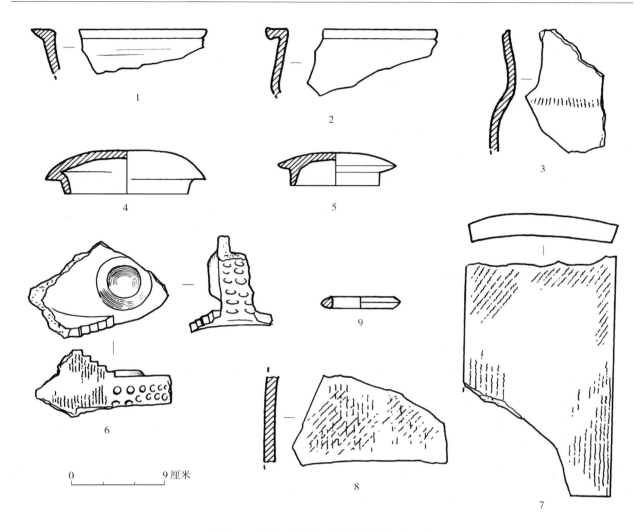

图四　天水乡盘头山遗址标本（二）

1. 盆口沿（01：16）　2. 罐口沿（01：8）　3. 盘口壶口沿（01：2）　4. 壶盖（01：3）　5. 器盖
（01：1）　6. 灶（明器）（01：13）　7. 板瓦（01：20）　8. 板瓦（01：21）　9. 陶环（01：7）

年代为西周时期。

标本01：5　罐口沿。夹砂灰陶。圆唇，大喇叭口。口沿内侧有两道凹弦纹，外侧饰抹光绳纹。口径18、残高3、壁厚0.5厘米（图三，17）。年代为西周时期。

标本01：16　盆口沿。夹砂灰陶。尖圆唇，平折沿。素面。残高4.5、残宽12.6、壁厚0.5、口沿宽2厘米。轮制（图四，1）。年代为汉代。

标本01：8　罐口沿。夹砂灰陶。方唇，平折沿，沿中间下凹，微鼓腹。素面。残高7.8、残宽12.7、壁厚0.9、口沿宽2、沿厚0.9厘米（图四，2）。年代为汉代。

标本01：2　盘口壶口沿。泥质灰陶。盘口，束颈。饰绳纹，后抹光。残高12.6、残宽8、厚0.9厘米（图四，3）。年代为汉代。

标本01：3　壶盖。泥质灰陶。圆弧顶，中间略鼓，下带圈足形捉手。素面。直径15.9、捉手直径12厘米（图四，4）。年代为汉代。

标本 01：1　器盖。泥质灰陶。圆形，弧形顶，带圈足形捉手。素面。直径 12、捉手直径 9 厘米（图四，5）。年代为汉代。

标本 01：13　灶（明器）。夹砂灰陶。圆形，带圈足，上有一灶眼，其余部分残。饰绳纹和圆圈纹。残高 10、壁厚 0.8 厘米（图四，6）。年代为汉代。

标本 01：20　板瓦。泥质灰陶。板瓦残片。内、外均饰粗绳纹。残高 25、宽 15、厚 2 厘米（图四，7）。年代为汉代。

标本 01：21　板瓦。泥质灰陶。红色。两端均残。内、外均饰绳纹，内壁绳纹不明显。残高 9、残宽 15.4、厚 1 厘米（图四，8）。年代为汉代。

标本 01：7　陶环。泥质灰陶。截面呈弧线三角形。素面。内径 6.3、外径 8.1、厚 1.2 厘米（图四，9）。年代不明。

02　天水乡庙坪遗址

位于天水市天水乡庙坪村东、西汉水北岸第 2 级台地（图五；彩版二），面积不详。第 1～2 级台地有零散的汉代绳纹灰陶片及汉墓，陶片数量少，比较分散。

标本介绍如下：

标本 02：2　陶片。夹粗砂灰陶。饰浅绳纹。残高 9、残宽 7.5、壁厚 1.2 厘米（图六，1）。年代为周代。

标本 02：1　罐残片。泥质陶，浅灰色。饰绳纹，并有多道抹光弦纹痕迹。残高 7.8、残宽 8.4、壁厚 0.5 厘米（图六，2）。年代为汉代。

03　天水乡王坪遗址

位于天水市天水乡庙坪西北 500 米的庙坪山王坪、西汉水北岸、天礼公路北侧的山前台地上，地势平缓，黄土台地发育良好（见图五；见彩版二）。

遗址东起庙坪村庙坪山绿化区，西至李家庄，南至西汉水北岸、徐礼公路北侧。遗址东西长 800、南北宽约 500 米，面积约 40 余万平米，文化层厚 1.2～2 米（彩版三）。遗址主要分布于庙坪山突出的平缓台地上，第 2～5 级台地均有分布，其中第 3、4 级台地分布最为密集。

文化层上有厚达 2 米的垫土，断面暴露有灰层、灰坑、红烧土、骨头，第 2 级台地断面上汉代废弃建筑堆积打破仰韶晚期的灰坑。陶片多以泥质、夹砂红陶、红褐陶及彩陶为主，并有少量齐家文化和汉代陶片；陶片饰绳纹、粗绳纹、篮纹，彩陶纹样有弧线三角纹；器形可见尖底瓶、折腹盆、夹粗砂红陶瓮等，另有石镰、石斧。文化内涵以庙底沟和仰韶晚期为主，另有少量齐家泥质橙红陶篮纹罐和汉代灰陶罐、灰色粗绳纹大板瓦残片。

标本介绍如下：

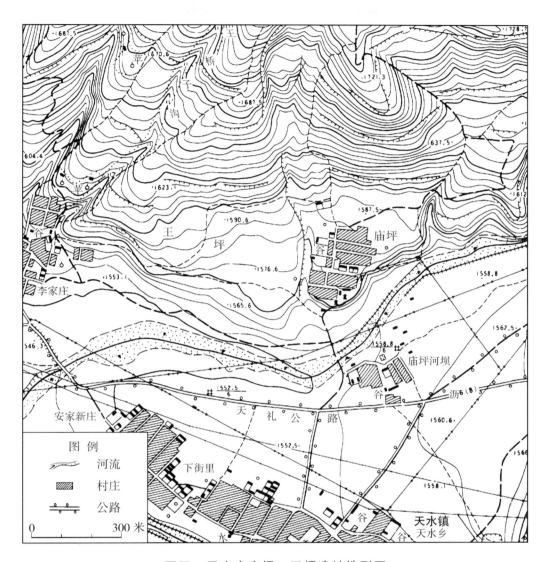

图五　天水乡庙坪、王坪遗址地形图

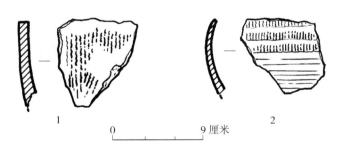

图六　天水乡庙坪遗址标本

1. 陶片（02∶2）　　2. 罐残片（02∶1）

标本 03：40　尖底瓶口沿。夹细砂陶，橙黄色。圆唇，葫芦形口沿，口微敛。素面。口径 7.5、残高 6.5、壁厚 0.9 厘米（图七，1；图版一，1）。年代为仰韶文化早期。

标本 03：36　缸口沿。夹砂。红色。宽厚唇，直口，平沿。饰交错绳纹。残高 5、残宽 11、口沿宽 2、壁厚 0.8 厘米（图七，2；图版三，6）。年代为仰韶文化早期。

标本 03：12　深腹盆。泥质彩陶。圆唇，平折沿，深腹内敛。红底黑彩，腹部饰黑色弧线三角纹和圆点纹，口沿上有两个黑色圆点纹。口径 26、残高 5.4、壁厚 0.5 厘米（图七，3；图版四，7）。年代为仰韶文化中期。

标本 03：38　罐口沿。泥质陶，土红色。圆唇，敛口，深腹。鸡冠状耳一道，压成波浪状。残高 8、残宽 11.7、壁厚 1.1 厘米（图七，4；图版六，5）。年代为仰韶文化中期。

标本 03：34　罐口沿。泥质红陶。宽唇，直口。饰斜向绳纹。残高 6.3、残宽 10.8、壁厚 0.6、唇厚 2.8 厘米（图七，5）。年代为仰韶文化中期。

标本 03：17　罐口沿。夹砂红褐陶。手制。口沿中间有一道宽凹槽，敛口，斜腹。颈部以下饰横行粗绳纹。残高 6.5、残宽 10.5、壁厚 0.7 厘米（图七，6；图版六，3）。年代为仰韶文化中期。

标本 03：22　罐口沿。夹砂红陶。厚圆唇，直口。红色，饰粗绳纹。残高 6.6、残宽 11.4 唇、壁厚 1.1 厘米（图七，7；图版六，4）。年代为仰韶文化中期。

标本 03：28　罐口沿。夹砂红陶。宽厚唇外凸，直口，卷沿。饰粗绳纹。残高 6、残宽 12、口沿宽 2、壁厚 0.8 厘米（图七，8）。年代为仰韶文化中期。

标本 03：5　瓶口沿。泥质黑灰陶。圆唇，宽平沿，侈口，长颈。素面。口径 16.3、残高 5.4、壁厚 0.7 厘米（图七，9）。年代为仰韶文化晚期。

标本 03：21　尖底瓶口沿。泥质陶，土红色。尖唇，宽平沿，直口，束颈。素面。残高 4.3、残宽 10.2、壁厚 0.8、唇厚 1.6 厘米（图七，10）。年代为仰韶文化晚期。

标本 03：26　尖底瓶底。泥质陶，土红色。瓶底圆钝。饰细绳纹到底。残高 9、壁厚 0.5 厘米（图七，11）。年代为仰韶文化晚期。

标本 03：2　盆口沿。泥质陶，橙红色。轮制。圆唇，直口，宽平沿。素面，外附白色陶衣。轮制。残高 2.7、残高 13.5、壁厚 0.9 厘米（图七，12）。年代为仰韶文化晚期。

标本 03：16　盆口沿。泥质陶，橘黄色。手制。尖圆唇，平折沿，敛口，鼓腹。素面。口径 30、残高 5.4、壁厚 0.5 厘米（图七，13）。年代为仰韶文化晚期。

标本 03：14　盆口沿。泥质陶，深红色。圆唇，直口，宽平沿。饰弧线黑彩，沿上有两圆点黑彩。残高 5.4、残宽 13.5、壁厚 0.4 厘米（图七，14）。年代为仰韶文化晚期。

标本 03：18　盆口沿。泥质红褐陶。圆尖唇，宽平折沿，敛口。素面。残高 2.2、残宽 9.2、壁厚 0.5、口沿宽 2 厘米（图七，15）。年代为仰韶文化晚期。

标本 03：1　罐口沿。夹砂陶，橙红色。圆唇，直口，"T"形厚平沿。素面。残高 4.2、口沿宽 2.8、残宽 10.2、壁厚 1.1 厘米（图七，16）。年代为仰韶文化晚期。

标本 03：4　罐口沿。夹砂红褐陶。手制。圆尖唇，"T"形宽平沿，敛口。素面，沿

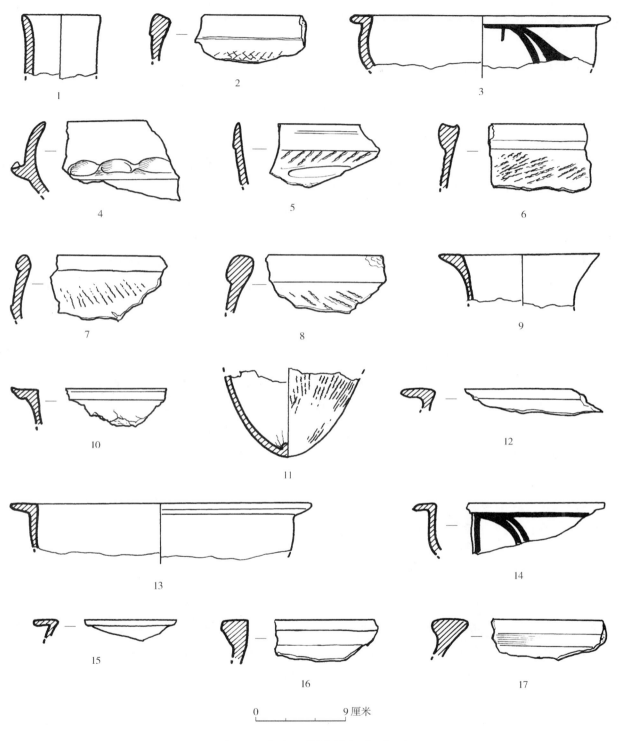

图七 天水乡王坪遗址标本（一）

1. 尖底瓶口沿（03：40） 2. 缸口沿（03：36） 3. 深腹盆（03：12） 4. 罐口沿（03：38） 5. 罐口沿（03：34） 6. 罐口沿（03：17） 7. 罐口沿（03：22） 8. 罐口沿（03：28） 9. 瓶口沿（03：5） 10. 尖底瓶口沿（03：21） 11. 尖底瓶底（03：26） 12. 盆口沿（03：2） 13. 盆口沿（03：16） 14. 盆口沿（03：14） 15. 盆口沿（03：18） 16. 罐口沿（03：1） 17. 罐口沿（03：4）

面有慢轮修整的痕迹。残高4.2、残宽11.5、壁厚1厘米（图七，17）。年代为仰韶文化晚期。

标本03：8　罐口沿。夹砂陶，橘红色。手制。尖圆唇，宽平沿，敛口。素面。残高4.2、残宽12、壁厚0.7厘米（图八，1）。年代为仰韶文化晚期。

标本03：10　罐口沿。泥质陶，砖红色。"T"形口沿。素面。残高3.6、残宽8、壁厚0.7厘米（图八，2）。年代为仰韶文化晚期。

标本03：15　罐口沿。夹砂陶。平沿斜折。饰绳纹。残高4、残宽7.5、唇宽1、壁厚0.8厘米（图八，3）。年代为仰韶文化晚期。

标本03：19　罐口沿。夹砂红陶。颈内侧折，折平沿较窄。颈下饰斜向绳纹。口径16、残高6、口沿宽0.6、壁厚0.6厘米（图八，4）。年代为仰韶文化晚期。

标本03：27　罐口沿。夹砂陶，橙黄色。圆唇，斜折沿，敛口，浅腹。素面，器表有抹痕。残高4.5、残宽8.4、壁厚0.6厘米（图八，5；图版一〇，1）。年代为仰韶文化晚期。

标本03：32　罐口沿。夹砂灰褐陶。圆唇，直口，宽平沿。饰附加堆纹和圆泥饼。残高6、残宽9、壁厚0.6厘米（图八，6）。年代为仰韶文化晚期。

标本03：6　罐口沿。夹粗砂红褐陶。"T"形宽平沿。饰粗绳纹。残高4.8、残宽12、唇厚3.4、壁厚0.9厘米（图八，7；图版九，6）。年代为仰韶文化晚期。

标本03：13　罐口沿。夹粗砂红褐陶。方唇，宽平沿斜折。红褐色，饰斜向粗绳纹。口径24.9、残高6、口沿宽2.6、唇厚1、壁厚0.8厘米（图八，8；图版九，7）。年代为仰韶文化晚期。

标本03：20　罐口沿。夹砂红陶。宽平沿，敛口。饰斜向绳纹，颈下饰一道凹弦纹。口径22、残高5.1、壁厚0.6厘米（图八，9）。年代为仰韶文化晚期。

标本03：30　罐口沿。夹粗砂红陶。平沿斜折。唇上饰斜绳纹。口径15、残高3、壁厚0.9厘米（图八，10）。年代为仰韶文化晚期。

标本03：39　罐口沿。夹粗砂红陶。"T"形宽平沿。饰宽附加堆纹和绳纹。残高6、残宽9.6、壁厚0.7厘米（图八，11）。年代为仰韶文化晚期。

标本03：7　高领壶颈部。泥质陶，深红色。高领。颈下部有一周剔划纹。残高6.6、残宽5.7、壁厚0.6厘米（图八，12）。年代为仰韶文化晚期。

标本03：9　缸口沿。夹砂陶。手制。平沿，口微敛。沿下一道凹弦纹，肩部有一錾，肩下饰交错绳纹。残高6.5、残宽12、壁厚0.8厘米（图八，13）。年代为仰韶文化晚期。

标本03：29　缸口沿。夹粗砂红陶。方唇，直口，宽平沿。饰粗绳纹。残高6、残宽12.6、唇厚1.6、壁厚1厘米（图八，14）。年代为仰韶文化晚期。

标本03：33　缸口沿。夹砂陶，砖红色。厚圆唇，平沿，敛口。素面。残高3.8、残宽10.2、壁厚0.9厘米（图八，15）。年代为仰韶文化晚期。

标本03：24　器座。夹砂陶，深红色。大平底，边凸起一周沿。内底饰粗绳纹。残高

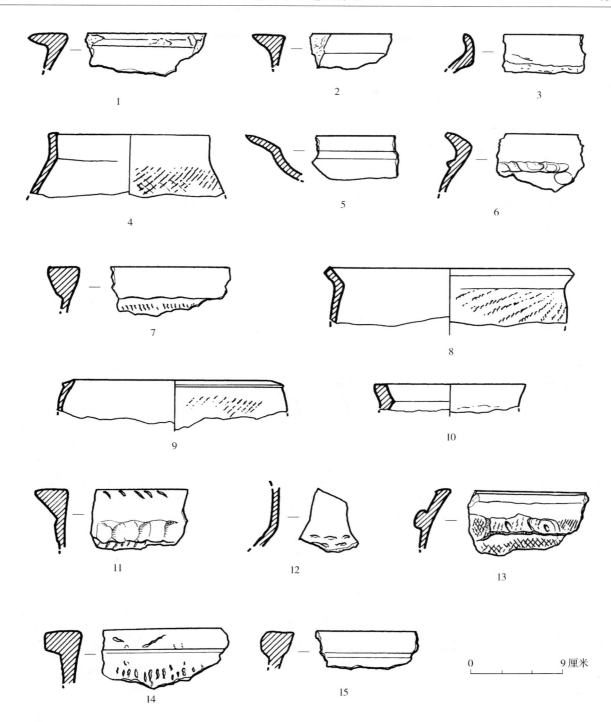

图八　天水乡王坪遗址标本（二）

1. 罐口沿（03：8）　2. 罐口沿（03：10）　3. 罐口沿（03：15）　4. 罐口沿（03：19）
5. 罐口沿（03：27）　6. 罐口沿（03：32）　7. 罐口沿（03：6）　8. 罐口沿（03：13）
9. 罐口沿（03：20）　10. 罐口沿（03：30）　11. 罐口沿（03：39）　12. 高领壶颈部
（03：7）　13. 缸口沿（03：9）　14. 缸口沿（03：29）　15. 缸口沿（03：33）

3.8、底径 33、底壁厚 1.4 厘米（图九，1）。年代为仰韶文化晚期。

标本 03∶25　钵口沿。泥质陶，土黄色。敛口。素面（图版一一，6）。年代为仰韶文化晚期。

标本 03∶31　盆口沿。泥质灰陶。圆唇，宽平沿，敛口，鼓肩。素面。残高 4.2、残宽 9、壁厚 0.6 厘米（图九，2）。年代为春秋时期。

标本 03∶3　罐残片。泥质灰褐陶。轮制。罐的腹部残片。素面。残高 8.4、残宽 4.5、壁厚 0.5 厘米（图九，3）。年代为东周时期。

标本 03∶35　板瓦。泥质红陶。外饰粗绳纹，内饰方格麻布纹。残高 13、残宽 17、厚 1.8 厘米（图九，4）。年代为汉代。

标本 03∶37　板瓦。泥质灰陶。外饰粗绳纹，内饰细麻布纹。残高 10.5、残宽 11.4、厚 1.9 厘米（图九，5）。年代为汉代。

标本 03∶42　石斧。青灰色。前、后均残，下宽上窄呈倒梯形，中间厚，两侧较薄，横截面呈椭圆形。残长 8、宽 6.5、厚 2.1 厘米（图九，6）。年代不明。

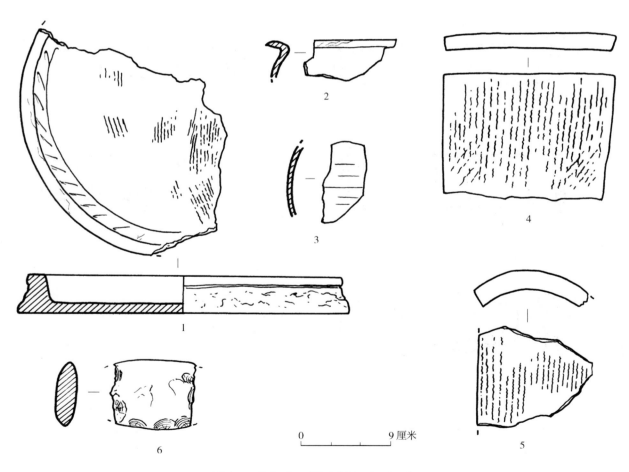

0　　　　　　9厘米

图九　天水乡王坪遗址标本（三）

1. 器座（03∶24）　2. 盆口沿（03∶31）　3. 罐残片（03∶3）
4. 板瓦（03∶35）　5. 板瓦（03∶37）　6. 石斧（03∶42）

04 天水乡大坟遗址

位于天水市天水乡孙家寨（孙家庄）西南约 500 米、西汉水南岸第 1～2 级台地（图一〇；彩版四）。东西长约 10～25、南北宽约 100 米。采集到一些仰韶、齐家文化的红陶片，断崖上暴露有灰层和红烧土。

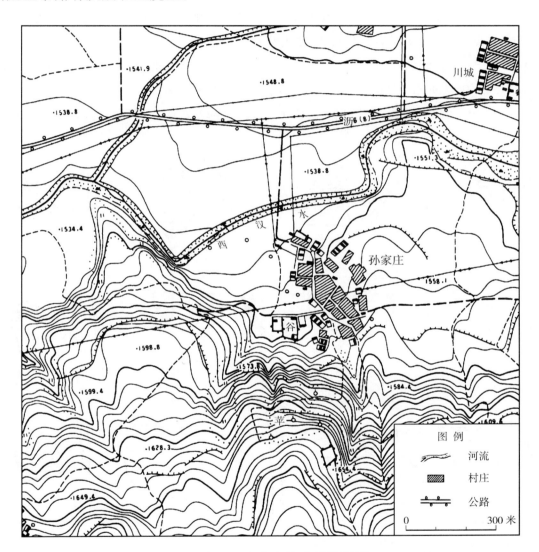

图一〇 天水乡大坟遗址地形图

标本介绍如下：

标本 04：4 尖底瓶残片。泥质红陶。饰交错细线纹。残高 3.1、宽 3.6、壁厚 0.5 厘米（图一一，1）。年代为仰韶文化晚期。

标本 04：3 罐底。夹粗砂红陶。饰横行绳纹。残高 6.6、宽 4.5、壁厚 0.8 厘米（图一一，2）。年代为仰韶文化晚期。

　　标本 04：7　罐残片。夹细砂红陶。饰细绳纹及两道宽 1 厘米的附加堆纹。残高 7.1、残宽 3.5、壁厚 0.6 厘米（图一一，3）。年代为仰韶文化晚期。

　　标本 04：1　陶片。泥质红陶。饰横行绳纹，绳纹较细。残高 4.2、残宽 5.5、壁厚 0.6 厘米（图一一，4）。年代为仰韶文化晚期。

　　标本 04：10　陶片。泥质红陶。饰绳纹。残高 5.7、残宽 5.4、壁厚 0.9 厘米（图一一，5）。年代为仰韶文化晚期。

　　标本 04：5　陶片。夹细砂陶，橙红色。外饰较浅的横绳纹。残高 4.2、残宽 5.7、壁厚 0.7 厘米（图一一，6）。年代为仰韶文化晚期。

　　标本 04：8　陶片。夹细砂陶，土红色。饰一道宽约 1 厘米的附加堆纹。残高 4.5、残宽 6.9、壁厚 0.6 厘米（图一一，7）。年代为仰韶文化晚期。

　　标本 04：11　陶片。夹细砂红陶。饰细绳纹，绳纹上有一道宽约 1.2 厘米的抹光附加

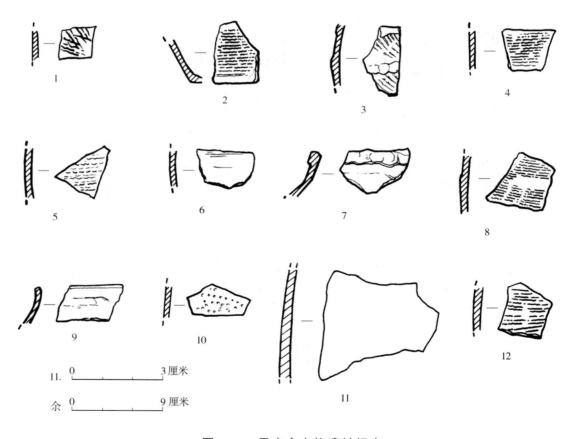

图一一　天水乡大坟遗址标本

1. 尖底瓶残片（04：4）　2. 罐底（04：3）　3. 罐残片（04：7）　4. 陶片（04：1）　5. 陶片（04：10）6. 陶片（04：5）7. 陶片（04：8）　8. 陶片（04：11）9. 陶片（04：12）　10. 陶片（04：2）　11. 陶片（04：6）　12. 陶片（04：9）

堆纹。残高 6、残宽 6.9、壁厚 0.7 厘米（图一一，8）。年代为仰韶文化晚期。

标本 04：12　陶片。夹细砂红陶。口沿下一道宽约 1.1 厘米的浅附加堆纹。残高 3.6、残宽 6.6、壁厚 0.6～0.7 厘米（图一一，9）。年代为仰韶文化晚期。

标本 04：2　陶片。夹细砂陶，土黄色。外饰麻点纹。残高 3.3、残宽 6.3、壁厚 0.7 厘米（图一一，10）。属齐家文化。

标本 04：6　陶片。夹细砂陶，黑灰色。饰少量的细麻点纹。残高 3.8、残宽 3.8、壁厚 0.2～0.4 厘米（图一一，11）。属齐家文化。

标本 04：9　陶片。夹细砂陶，橙红色。饰横绳纹。残高 5.4、残宽 5.1、壁厚 1 厘米（图一一，12）。属齐家文化。

05　杨家寺乡房背山遗址

位于天水市杨家寺乡西的一条红河支流北岸、房背山西侧的一块台地上（图一二），面积约 50×50 平方米。未见灰坑、文化层等遗迹现象。当地分布着红沙土，少见黄土。在地面采集到齐家文化的陶片。

标本介绍如下：

标本 05：1　罐腹。泥质陶，橙红色。陶质较硬，火候较高。折腹。下腹部饰竖篮纹。残高 9.6、残宽 9.9、厚 1 厘米（图一三，1）。属齐家文化。

标本 05：2　罐底。泥质灰褐陶。斜腹，平底。素面。残高 5.1、底径 18.3、壁厚 0.8 厘米（图一三，2）。属齐家文化。

标本 05：3　罐底。夹砂灰褐陶。斜腹，平底。饰戳刺纹。残高 4.5、底径 11.7、壁厚 0.5～1 厘米（图一三，3）。属齐家文化。

06　杨家寺乡王家磨遗址

位于红河（牛阝水河）东岸王家磨村所在的台地上（图一四；彩版五），面积约 50×30 平方米。在地面上采集到仰韶文化的红陶片和周代的绳纹灰陶片，以及汉代的灰陶片、瓦片等物。

标本介绍如下：

标本 06：1　罐口沿。泥质灰陶。敛口，宽平沿，尖唇，鼓腹。素面。残高 4、残宽 12、沿宽 3 厘米（图一五，1）。年代为仰韶文化晚期。

标本 06：2　罐口沿。夹砂灰陶，灰黄色。斜折沿，方唇，鼓腹。腹部饰斜向粗绳纹。残高 4、残宽 7、壁厚 1 厘米（图一五，2）。年代为仰韶文化晚期。

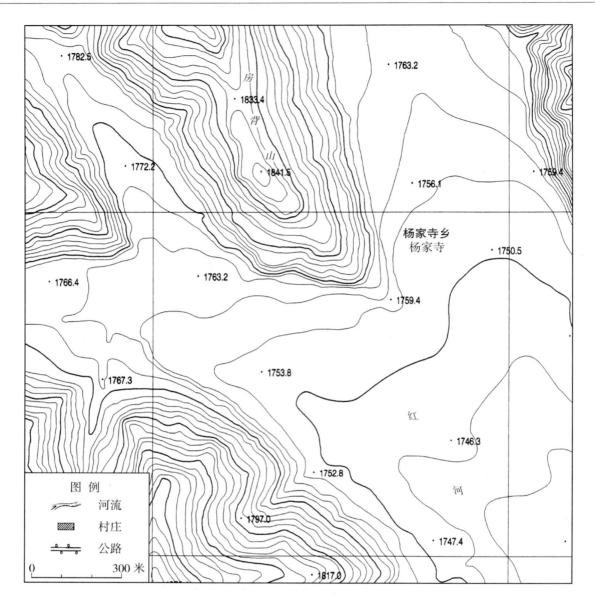

图一二　杨家寺乡房背山遗址地形图

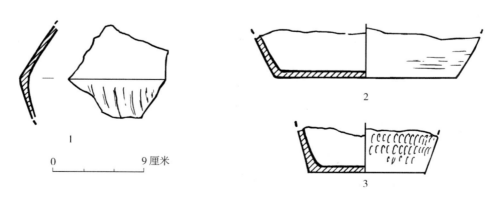

图一三　杨家寺乡房背山遗址标本

1. 罐腹（05：1）　2. 罐底（05：2）　3. 罐底（05：3）

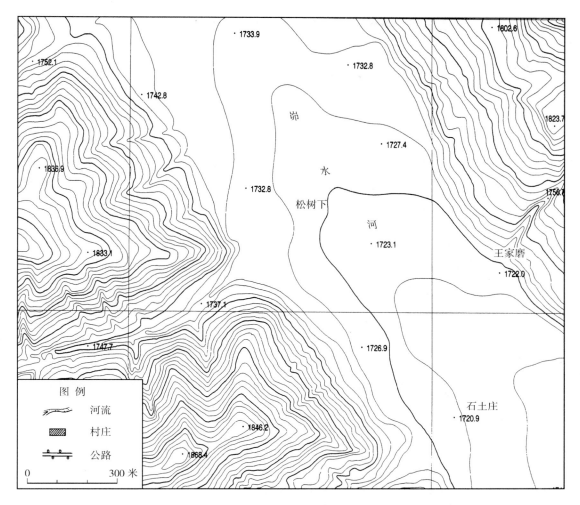

图一四　杨家寺乡王家磨遗址地形图

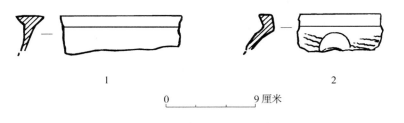

图一五　杨家寺乡王家磨遗址标本

1. 罐口沿（06：1）　2. 罐口沿（06：2）

07　盐官镇新山遗址

　　位于盐官镇东庄村新山西侧、西汉水南岸（图一六；彩版六），面积 100×100 平方米。采集到史前时期的陶片，断崖上暴露两个灰坑和一段长 40、厚 1 米的灰层以及一段长约 20、厚约 5 厘米的红烧土层。

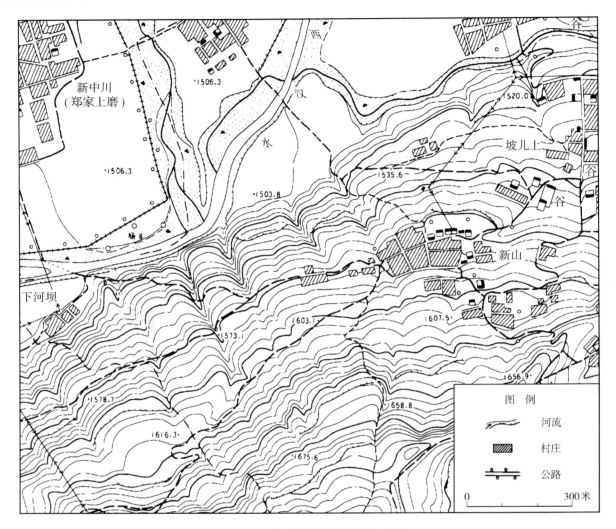

图一六　盐官镇新山遗址地形图

标本介绍如下：

标本 07：2　尖底瓶残片。泥质红陶。饰细绳纹。残高 5.1、残宽 8、壁厚 0.6 厘米（图一七，1）。年代为仰韶文化晚期。

标本 07：4　尖底瓶残片。泥质红陶。饰细绳纹。残高 6.3、残宽 6.9、壁厚 0.6 厘米（图一七，2）。年代为仰韶文化晚期。

标本 07：5　罐口沿。夹细砂陶，灰黄色。直口，平沿。饰横绳纹和附加堆纹，花边口沿。口径 16.1、残高 4.6、壁厚 0.6 厘米（图一七，3）。年代为仰韶文化晚期。

标本 07：3　罐底。夹砂红陶。平底。饰横绳纹。底径 18、残高 6.6、壁厚 0.6 厘米（图一七，4）。年代为仰韶文化晚期。

标本 07：8　罐残片。夹粗砂红陶。饰横绳纹及宽约 1.4 厘米的附加堆纹。残高 7、残宽 5、壁厚 0.9 厘米（图一七，5）。年代为仰韶文化晚期。

标本 07：1　陶片。夹细砂红陶。饰斜、横绳纹。残高 5.5、残宽 6.6、厚 0.6 厘米

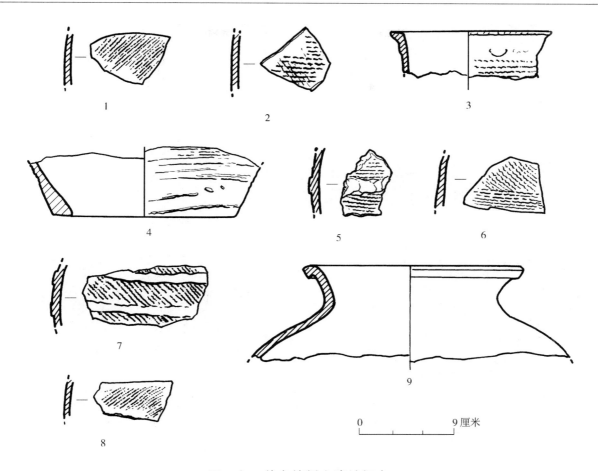

图一七　盐官镇新山遗址标本

1. 尖底瓶残片（07：2）　2. 尖底瓶残片（07：4）　3. 罐口沿（07：5）　4. 罐底（07：3）　5. 罐
残片（07：8）　6. 陶片（07：1）　7. 罐残片（07：7）　8. 陶片（07：9）　9. 罐口沿（07：6）

（图一七，6）。年代为仰韶文化晚期。

标本 07：7　罐残片。夹细砂陶，浅红色。罐腹部残片。腹部饰斜绳纹，纹饰较细，上有两道附加堆纹。残高 6、残宽 12.5、壁厚 0.6 厘米（图一七，7）。属常山下层文化。

标本 07：9　陶片。泥质红陶。饰斜绳纹。残高 4.2、残宽 7.5、壁厚 0.3 厘米（图一七，8）。属常山下层文化。

标本 07：6　罐口沿。泥质灰陶。方唇，卷平沿，侈口，束颈。素面。口径 22、残高 9.9、壁厚 1 厘米（图一七，9）。年代为汉代。

08　盐官镇东庄遗址

位于盐官镇东庄子村、西汉水南岸（图一八），面积 100×100 平方米。采集到仰韶文化时期、常山文化下层的陶片，断崖上暴露有灰坑和一小段红烧土（彩版七）。

标本介绍如下：

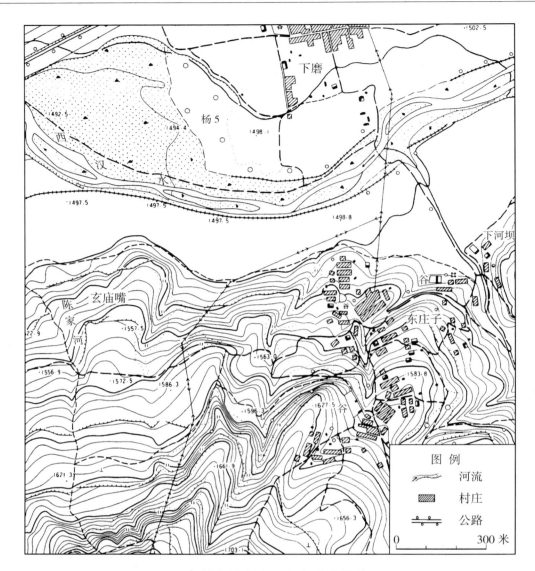

图一八　盐官镇东庄、玄庙嘴遗址地形图

标本 08：8　盆口沿。夹细砂陶，橙红色。厚圆唇，宽平折沿，敛口。素面。口径 34.5、残高 6、壁厚 0.6 厘米（图一九，1）。年代为仰韶文化晚期。

标本 08：2　罐口沿。夹砂红陶。宽唇，直口，平沿。沿及颈上饰斜向粗绳纹。口径 30、残高 5.7、壁厚 0.9 厘米（图一九，2）。年代为仰韶文化晚期。

标本 08：5　器口沿。夹粗砂陶，土红色。直口，平沿。口沿外附加一道薄泥条，下饰竖向绳纹。口径 13.5、残高 5.2、壁厚 0.8 厘米（图一九，3）。年代为仰韶文化晚期。

标本 08：6　陶片。夹粗砂陶，土黄色。手制。器形较厚重。饰斜绳纹，绳纹上压两道薄附加堆纹。残宽 12.6、残高 12、壁厚 0.8 厘米（图一九，4）。年代为仰韶文化晚期。

标本 08：1　罐口沿。细泥质陶，土红色。侈口，平沿，束颈。素面。口径 19.2、残高 5.1、壁厚 0.7 厘米（图一九，5）。属常山下层文化。

标本 08：3　器口沿。器形不明。夹粗砂红褐陶。敛口。饰粗麻点纹。口径 18、残高

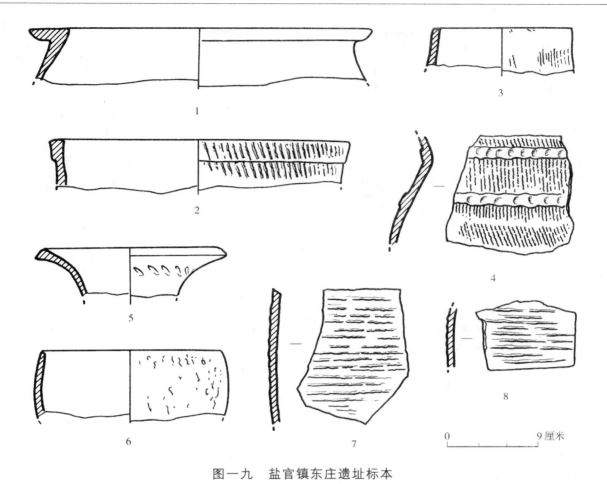

图一九 盐官镇东庄遗址标本

1. 盆口沿（08：8） 2. 罐口沿（08：2） 3. 器口沿（08：5） 4. 陶片（08：6）

5. 罐口沿（08：1） 6. 器口沿（08：3） 7. 陶片（08：7） 8. 陶片（08：4）

7.5、壁厚0.6厘米（图一九，6）。属常山下层文化。

标本08：7 陶片。夹砂陶，橙黄色。外饰横篮纹，内壁饰有细麻点纹。残高13.8、残宽10.6、壁厚0.6厘米（图一九，7）。属常山下层文化。

标本08：4 陶片。夹细砂陶，橙红色。饰横篮纹。残高6.9、残宽9.9、壁厚0.7厘米（图一九，8）。属常山下层文化。

09 盐官镇玄庙嘴遗址

位于盐官东庄以西、陈家河与西汉水交汇处、西汉水南岸第3～5级台地（见图一八）。面积50×50平方米。采集到常山文化下层的红陶罐等，暴露有文化层。

标本介绍如下：

标本09：1 尖底瓶残片。泥质红陶。饰竖细绳纹。残高4.5、残宽6.3、壁厚0.6厘米（图二〇，1）。年代为仰韶文化晚期。

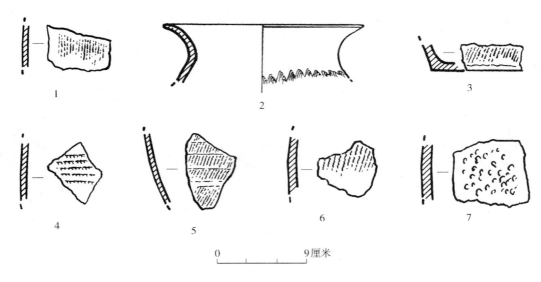

图二〇　盐官镇玄庙嘴遗址标本

1. 尖底瓶残片（09：1）　2. 高领罐口沿（09：6）　3. 罐底（09：5）　4. 陶
片（09：3）　5. 陶片（09：7）　6. 陶片（09：2）　7. 陶片（09：4）

标本 09：6　高领罐口沿。泥质红陶。敞口。肩上饰波状划纹。残高 6、口径 19.8、壁厚 0.5 厘米（图二〇，2）。属常山下层文化。

标本 09：5　罐底。夹粗砂陶，砖红色。斜腹，平底。饰竖行绳纹。残高 2.4、残宽 6、壁厚 0.7 厘米（图二〇，3；图版一七，1）。属常山下层文化。

标本 09：3　陶片。泥质陶，砖红色。饰绳纹。残高 6.3、残宽 5.4、壁厚 0.5 厘米（图二〇，4）。属常山下层文化。

标本 09：7　陶片。泥质陶，砖红色。饰绳纹，间隔以抹平弦纹道。残高 7.5、残宽 5.1、壁厚 0.4 厘米（图二〇，5）。属常山下层文化。

标本 09：2　陶片。夹砂灰褐陶。饰粗绳纹。残高 5.7、残宽 5.7、壁厚 0.8 厘米（图二〇，6）。属常山下层文化。

标本 09：4　陶片。夹粗砂陶，土红色。饰麻点状窝纹。残高 6.9、残宽 7.8、壁厚 0.9 厘米（图二〇，7）。属常山下层文化。

10　盐官镇马坪山遗址

位于盐官镇北 600 米、西汉水北岸（图二一）。面积不详，坪较大，坡度较缓，2002 年甘肃省文物考古研究所曾经对这里进行过调查。在第 4～5 级台地断崖上曾经发现若干被盗过的墓葬，时代不详，其附近地表发现少量人骨。在第 5 级台地断崖有两个被盗汉墓，其末端断崖上有三段文化层。采集有史前时期的陶片，并发现有汉墓。

标本介绍如下：

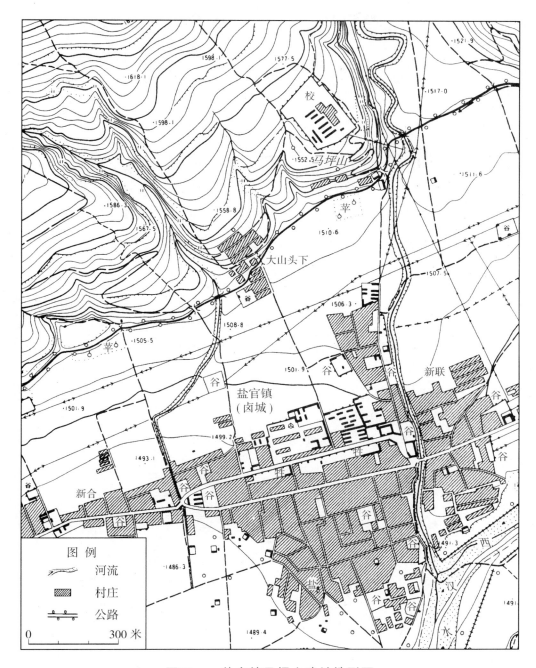

图二一　盐官镇马坪山遗址地形图

标本 10:1　罐口沿。泥质橘红陶。手制。尖圆唇，侈口，高领。素面。口径 25.5、残高 7.5、壁厚 0.6 厘米（图二二，1）。属常山下层文化。

标本 10:4　罐底。夹细砂灰褐陶。圆腹、平底、厚壁。饰横篮纹，底缘一道抹光痕迹。底径 12、残高 6.6、壁厚 0.8 厘米（图二二，2）。属常山下层文化。

标本 10:2　陶片。夹细砂黑灰陶。饰篮纹。残高 13、残宽 9、壁厚 0.7 厘米（图二二，3）。属常山下层文化。

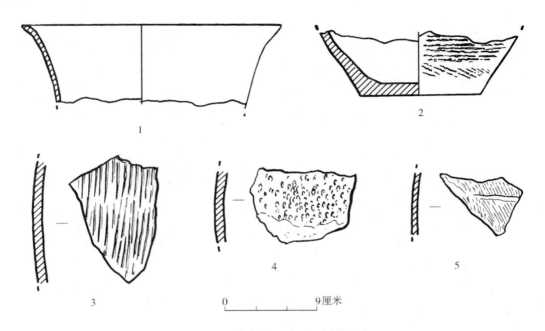

图二二　盐官镇马坪山遗址标本

1. 罐口沿（10：1）　2. 罐底（10：4）　3. 陶片（10：2）　4. 陶片（10：3）　5. 陶片（10：5）

标本 10：3　陶片。夹粗砂灰陶。手制。饰麻点状绳纹。残高 7.5、残宽 10.5、壁厚 1.2 厘米（图二二，4）。属常山下层文化。

标本 10：5　陶片。泥质红陶。饰细绳纹，上有一道抹光弦纹。残高 6、残宽 8、壁厚 0.5 厘米（图二二，5）。属常山下层文化。

11　盐官镇阴家湾遗址

位于盐官镇下庄村东北 800 米、西汉水北岸、徐礼公路（徐家店至礼县）北侧第 2、3 台地上（图二三），面积约 6000 平方米，海拔 1528 米。暴露有被盗的数十座砖室墓，并有人骨和陶片，墓葬形制多为券顶单室砖墓。以前调查时曾采集到绳纹砖、辅首衔环壶等，这次采集到楔形子母砖、汉瓦、汉代陶片。

标本介绍如下：

标本 11：1　瓦。夹粗砂灰陶，残。外饰粗绳纹，内饰方格纹。残高 10.5、残宽 9、厚 1.6 厘米（图二四，1）。年代为汉代。

标本 11：2　瓦。夹粗砂灰陶，残。外饰粗绳纹，内饰细麻布纹。残高 11、残宽 10.8、厚 1.6 厘米（图二四，2）。年代为汉代。

标本 11：3　子母砖。泥质灰陶。分为两部分，均残。为子母榫卯口。素面。残高 15、残宽 10、子口凸出 1.8、最厚 5.2 厘米（图二四，3）。年代为汉代。

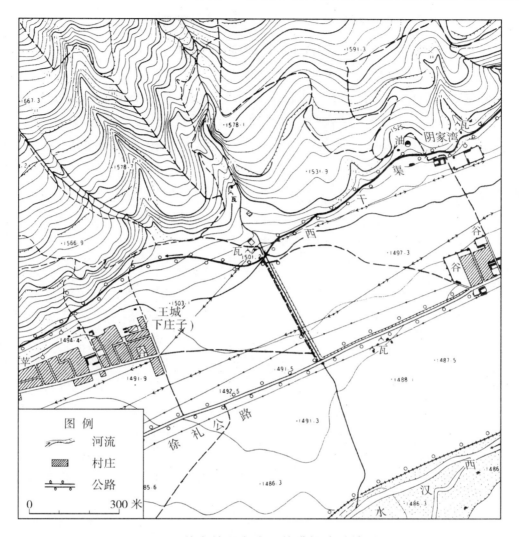

图二三　盐官镇阴家湾、转嘴坪遗址地形图

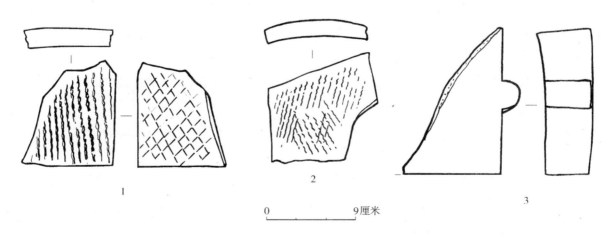

图二四　盐官镇阴家湾遗址标本

1. 瓦（11∶1）　2. 瓦（11∶2）　3. 子母砖（11∶3）

12　盐官镇转嘴坪遗址

位于盐官镇王城大队北侧、西汉水北岸（见图二三），地势平坦开阔，黄土堆积较厚（彩版八）。2002 年甘肃省文物考古研究所调查的时候在台地的下部发现有汉砖、灰陶盘、红陶圈足。暴露有灰层和汉墓。本次调查在第 2～3 级台地上采集到少量灰、红色陶片和灰瓦片，在更高的台地上发现有汉砖。

标本介绍如下：

标本 12：2　罐口沿。夹砂灰褐陶。尖圆唇，侈口。颈部下饰竖绳纹。残高 4.8、残宽 9、壁厚 0.6 厘米（图二五，1）。属齐家文化。

标本 12：5　器耳。夹细砂橙黄陶。饰数道纵向凹弦纹。残高 8、耳最宽 6、壁厚 1 厘米（图二五，2）。属齐家文化。

标本 12：3　陶片。泥质红陶。饰绳纹。残高 7.8、残宽 10.2、壁厚 0.8 厘米（图二五，3）。属齐家文化。

标本 12：6　陶片。夹细砂红陶。外饰粗斜篮纹。残高 7.4、残宽 7.5、壁厚 0.9 厘米（图二五，4）。属齐家文化。

标本 12：4　陶片。泥质灰陶。饰绳纹。残高 3.4、残宽 4.4、壁厚 0.6 厘米（图二五，5）。年代为周代。

标本 12：1　罐口沿。泥质灰陶。尖圆唇，侈口，平沿，束颈，鼓腹，腹部有轮修痕迹。素面。残高 5.7、残宽 10.5、壁厚 0.9 厘米（图二五，6）。年代为战国。

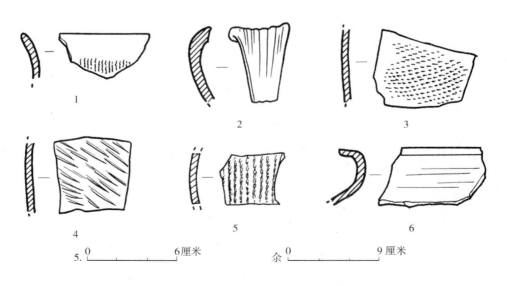

图二五　盐官镇转嘴坪遗址标本

1. 罐口沿（12：2）　2. 器耳（12：5）　3. 陶片（12：3）
4. 陶片（12：6）　5. 陶片（12：4）　6. 罐口沿（12：1）

13 盐官镇高楼子遗址

位于盐官镇高楼子村内、徐礼公路南侧、西汉水北岸第 2 级台地上（图二六），地势平缓开阔，海拔 1573 米，面积不详。采集到刘家文化的鬲裆、西周的陶片和鬲足。

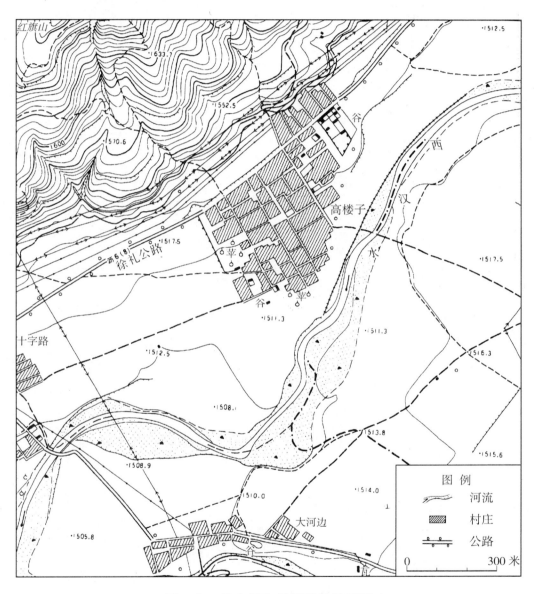

图二六　盐官镇高楼子遗址地形图

标本介绍如下：

标本 13 : 4　尖底瓶残片。泥质橙红陶。饰平行凹弦纹。残高 6.6、残宽 7.1、壁厚 0.4 厘米（图二七，1）。年代为仰韶文化晚期。

标本 13 : 6　鬲足。夹砂红褐陶。圆柱状实足根，足端圆形。饰细绳纹。残高 4.6 厘

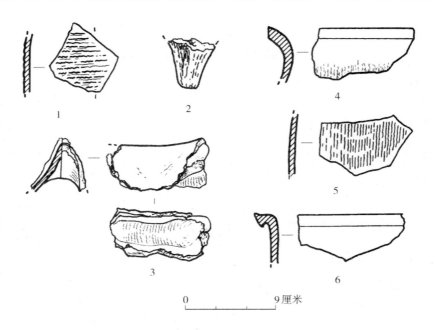

图二七　盐官镇高楼子遗址标本

1. 尖底瓶残片（13：4）　　2. 鬲足（13：6）　　3. 鬲残片（13：3）

4. 甗口沿（13：2）　　5. 陶片（13：5）　　6. 盆口沿（13：1）

米（图二七，2；图版二一，4）。属刘家文化。

　　标本 13：3　鬲残片。夹砂红褐陶。为鬲裆部，内裆尖锐，袋足。裆底加贴泥条，再压细绳纹，袋足外壁饰绳纹。残高 5.2、残宽 10.2、壁厚 0.5 厘米（图二七，3；图版二一，2）。属刘家文化。

　　标本 13：2　甗口沿。夹细砂灰陶。侈口，卷沿，方唇，仰角大。肩部饰绳纹。残高 5.1、残宽 10.2、壁厚 0.7 厘米（图二七，4）。年代为西周早期。

　　标本 13：5　陶片。泥质灰陶。饰整齐的线状绳纹。残高 5.7、残宽 9、壁厚 0.5 厘米（图二七，5）。年代为周代。

　　标本 13：1　盆口沿。泥质灰陶。直口，宽平沿，方唇。素面。残高 4.7、残宽 10.5、壁厚 0.9 厘米（图二七，6）。年代为汉代。

14　礼县盐官镇遗址

　　位于西汉水北岸的第 1 级台地上，被盐官镇的现代建筑叠压（图二八），面积不详。在该镇的"盐神祠"内还有三口盐井，照壁上有清人撰写的讲述礼县盐业历史的碑文（彩版九～一二）。在盐神祠周围的现代房基下有厚约 1 米左右的文化层，镇内民房后还发现厚达 3～4 米的灰土堆积，有仰韶文化红陶片和少量的绳纹灰陶片。镇北有以前的"盐池"及夯土遗迹，当地人称为"涝坝"；据说当地在汉代以前还生产池盐，唐代以后才转为生产井盐，而唐代这里产盐的盛况可见于杜甫的相关诗篇。

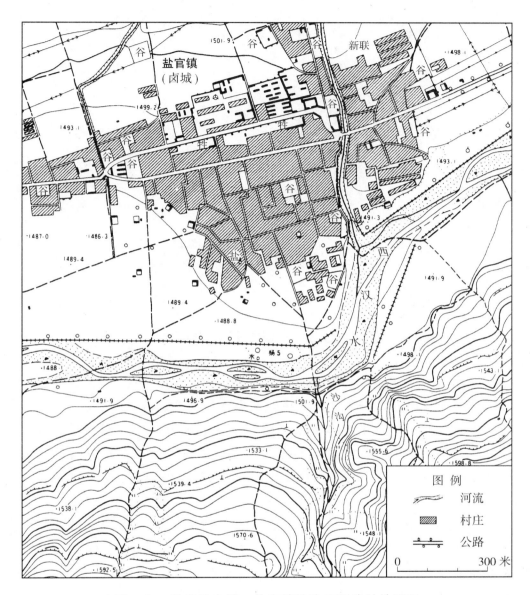

图二八　礼县盐官镇、盐官镇沙沟口西遗址地形图

标本介绍如下：

标本 14：1　罐口沿。夹细砂陶，橙红色。敛口，宽平沿，外唇宽厚。沿下饰斜绳纹。残高 4.2、残宽 11.4、壁厚 0.8 厘米（图二九，1）。年代为仰韶文化中期。

标本 14：3　钵口沿。细泥质陶，深红色。敛口，圆唇。素面。残高 4、残宽 5.5、壁厚 0.5 厘米（图二九，2）。年代为仰韶文化中期。

标本 14：2　盆口沿。泥质灰陶。侈口，宽平沿，圆唇。素面。残高 3.4、残宽 5.6、壁厚 0.4 厘米（图二九，3）。年代为周代。

标本 14：4　陶片。泥质灰陶。饰交错中绳纹。残高 3.9、残宽 5.4、厚 0.7 厘米（图二九，4）。年代为周代。

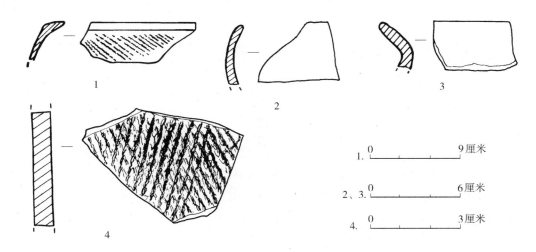

图二九　礼县盐官镇遗址标本

1. 罐口沿（14∶1）　2. 钵口沿（14∶3）　3. 盆口沿（14∶2）　4. 陶片（14∶4）

15　盐官镇沙沟口西遗址

位于盐官镇南、西汉水南岸、沙沟西的第 2 级台地上（见图二八；彩版一三），遗址范围东西长约 200、南北宽约 250 米。在断面上发现的文化层厚 2~3 米，主要是周代和仰韶文化时期的堆积，其中周代的遗存似乎主要分布在遗址的低处，仰韶文化的遗存则遍布整个遗址。沙沟是一条注入西汉水的小型山涧溪泉，水质量较好，可供古代居民饮用；遗址所在的台地虽然不开阔，但却适宜人类居住。

标本介绍如下：

标本 15∶5　尖底瓶口沿。细泥质陶，橙黄色。喇叭形口较直，平沿，窄方唇。器表及口内外均有抹痕，素面。口径 10.5、残高 4.5、壁厚 0.6 厘米（图三〇，1；图版八，1）。年代为仰韶文化晚期。

标本 15∶9　尖底瓶底。泥质红陶。外饰细绳纹，内底有泥条盘筑痕迹。残高 6、壁厚 0.4 厘米（图三〇，2）。年代为仰韶文化晚期。

标本 15∶12　盆口沿。泥质红陶。侈口，卷沿，圆唇，鼓腹。红底黑彩，口沿及腹部饰黑色彩绘。残高 2.8、宽 7.4、壁厚 0.6 厘米（图三〇，3）。年代为仰韶文化晚期。

标本 15∶3　盆口沿。夹砂陶，土红色。直口，平沿，圆唇，凹颈。口沿内外有横向抹痕，器内有竖向抹痕。肩部饰斜粗绳纹。残高 5.4、残宽 12、壁厚 0.9 厘米（图三〇，4）。年代为仰韶文化晚期。

标本 15∶2　罐口沿。夹砂红陶。直口，圆厚唇，口沿内、外侧各有一道凹弦纹，这样在口沿外便有一凸棱。沿下饰斜行粗绳纹。残高 9、残宽 13、壁厚 0.8 厘米（图三〇，5）。年代为仰韶文化中期。

标本 15∶4　罐口沿。夹粗砂红陶。敞口，斜折沿呈台阶状，沿内、外均有横向抹痕。

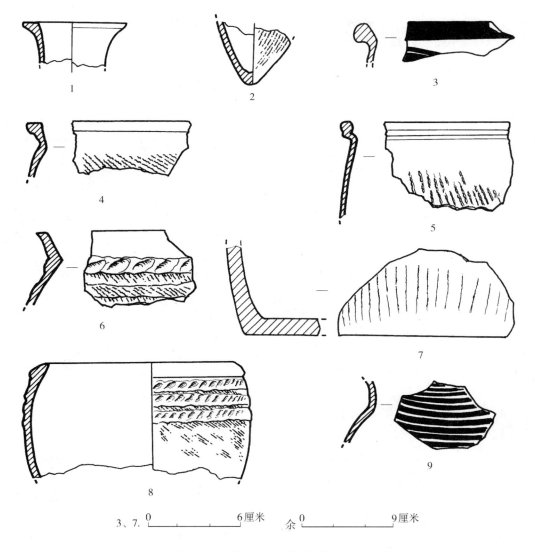

图三〇　盐官镇沙沟口西遗址标本（一）

1. 尖底瓶口沿（15：5）　2. 尖底瓶底（15：9）　3. 盆口沿（15：12）　4. 盆口沿（15：3）　5. 罐口沿（15：2）　6. 罐口沿（15：4）　7. 罐底（15：13）　8. 缸口沿（15：1）　9. 壶残片（15：6）

沿下饰斜行绳纹及两道附加堆纹，上一道按捺成波浪状，下一道表面压印绳纹。残高7.8、残宽11.4、壁厚0.7厘米（图三〇，6；图版一〇，2）。年代为仰韶文化晚期。

标本15：13　罐底。夹砂红陶。腹部饰竖向绳纹。残高6、残宽11.8、壁厚1～1.2厘米（图三〇，7）。年代为仰韶文化晚期。

标本15：1　缸口沿。夹砂红陶。敛口，宽厚唇，口沿上有抹痕。饰斜向绳纹，上有三道被按捺成波浪状的附加堆纹。口径19、残高11.7、壁厚0.7厘米（图三〇，8；图版一二，8）。年代为仰韶文化晚期。

标本15：6　壶残片。细泥质红陶。高领。饰同心圆圈黑彩。残高7.2、残宽10、壁厚0.4厘米（图三〇，9；图版一三，4）。年代为仰韶文化晚期。

标本 15∶11　钵口沿。泥质红陶。敛口，圆唇，浅腹。素面。残高4.8、残宽8.2、壁厚0.5厘米（图三一，1；图版一一，7）。年代为仰韶文化晚期。

标本 15∶7　鬲足。夹砂灰陶。锥柱状实足根，体态瘦高。外饰绳纹较粗。残高7.6、足根高4.5厘米（图三一，2）。年代为西周早期。

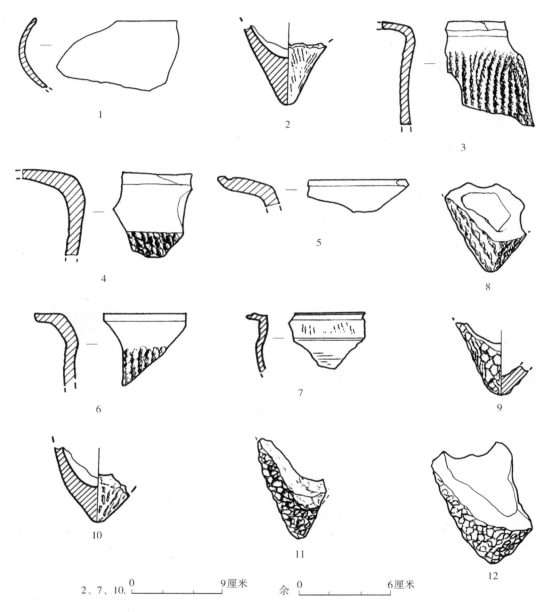

2、7、10.　0 ————— 9厘米　　余　0 ————— 6厘米

图三一　盐官镇沙沟口西遗址标本（二）

1. 钵口沿（15∶11）　2. 鬲足（15∶7）　3. 鬲口沿（15∶17）　4. 鬲口沿（15∶16）

5. 鬲口沿（15∶15）　6. 盆口沿（15∶14）　7. 盆口沿（15∶10）　8. 鬲足（15∶20）

9. 鬲足（15∶19）　10. 鬲足（15∶8）　11. 鬲足（15∶18）　12. 鬲足（15∶21）

标本 15∶17　鬲口沿。夹砂灰黑陶。侈口，折平沿，短颈。颈部以下饰绳纹。残高 7、残宽 6、壁厚 0.6 厘米（图三一，3）。年代为西周晚期。

标本 15∶16　鬲口沿。夹砂灰陶。侈口，宽折平沿，凹颈。颈部以下饰绳纹。残高 5.6、残宽 5、厚 0.8～1.2 厘米（图三一，4）。年代为西周晚期。

标本 15∶15　鬲口沿。夹砂灰陶。宽平沿，圆唇，沿上有一道凹槽。素面。残高 2.2、残宽 6.8、壁厚 1 厘米（图三一，5）。年代为西周晚期。

标本 15∶14　盆口沿。泥质灰陶。侈口，平折沿，方唇。颈部以下饰绳纹。残高 5、残宽 5.4、壁厚 0.8 厘米（图三一，6）。年代为西周时期。

标本 15∶10　盆口沿。夹砂灰陶。直口，折平沿，短颈，肩、颈分界明显。口沿上饰两道凹弦纹，肩上有一道凹弦纹。残高 5.7、残宽 7.5、壁厚 1.6 厘米（图三一，7）。年代为春秋时期。

标本 15∶20　鬲足。夹砂灰陶。实心鬲足，内侧起两道棱脊，裆较低。饰粗绳纹直到足端。残高 6 厘米（图三一，8）。年代为春秋晚期。

标本 15∶19　鬲足。夹砂灰陶。乳状足根，裆较低。饰麻点状绳纹。残高 5、足根高 1.4 厘米（图三一，9）。年代为春秋晚期至战国早期。

标本 15∶8　鬲足。夹砂灰陶。足尖圆钝，裆较低。粗绳纹直通足底。残高 7.5、足根高 3.6 厘米（图三一，10）。年代为战国早中期。

标本 15∶18　鬲足。夹砂灰陶。低裆，钝足。通体饰麻坑纹。残高 6.4 厘米（图三一，11）。年代为战国早中期。

标本 15∶21　鬲足。夹砂灰陶。足尖较钝，低裆。饰麻坑纹。残高 8.4 厘米（图三一，12）。年代为战国中期。

16　盐官镇王磨遗址

位于西汉水北岸、毛家坪（毛家庄）台地东侧、王磨村西的第 2 级台地上（图三二；彩版一四～一六），遗址东西长约 100、南北宽 200 米。遗址区暴露出少量灰坑、个别房址及厚 1～2 米的文化层堆积。在村子东 50 米（毛家坪和毛家梁之间）发现一个圆丘形夯土遗迹，海拔 1541 米，位于西汉水北岸、页沟河（堩河沟）西侧第 3 级台地上，方向约为 30°，底径 46、顶径 27、高 8.8 米，灰层厚 0.1 米。采集到丰富的仰韶文化陶片及周代陶片。

标本介绍如下：

标本 16∶24　尖底瓶残片。泥质红陶。上有较疏朗的细线划纹。残高 13.2、残宽 9、壁厚 1.2 厘米（图三三，1）。年代为仰韶文化晚期。

标本 16∶16　罐腹。夹细砂红褐陶。腹部饰竖向绳纹。残高 4、残宽 6、壁厚 0.8 厘米（图三三，2）。年代为仰韶文化晚期。

标本 16∶5　陶拍。夹粗砂陶，浅红色。拍面扁圆形，中间微凹；柄端粗、中间细。

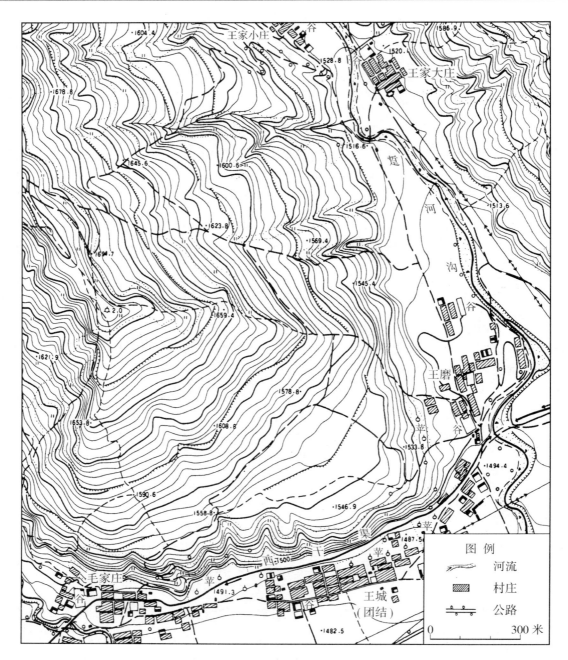

图三二　盐官镇王磨遗址地形图

素面。残高 6.5、柄径 3 厘米（图三三，3）。年代为仰韶文化晚期。

标本 16：18　陶片。泥质红陶。素面。内壁有压窝纹。残高 4.5、残宽 6、壁厚 0.6 厘米（图三三，4）。年代为仰韶文化晚期。

标本 16：26　陶片。泥质红陶。器形不明。上饰锥刺点纹。残高 8.4、残宽 4.8、壁厚 0.6 厘米（图三三，5）。年代为仰韶文化晚期。

标本 16：8　罐口沿。夹砂灰褐陶。直口，口下部有一錾。饰竖向细绳纹。口径 24、残高 6、錾长 4、壁厚 1.1 厘米（图三三，6）。属齐家文化。

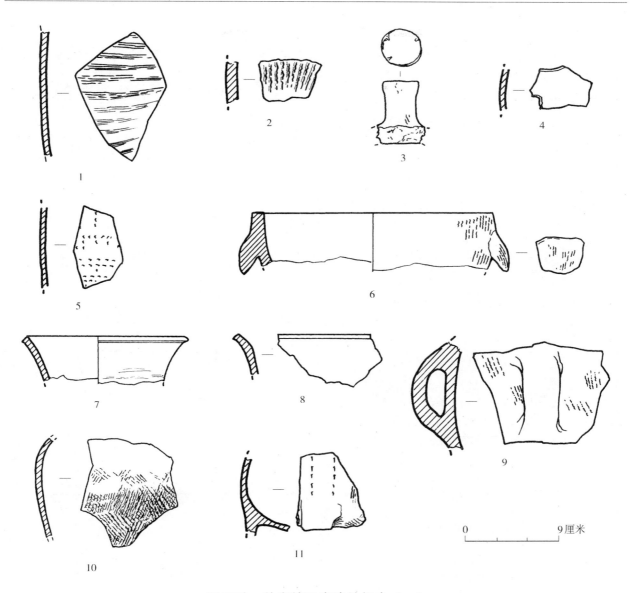

图三三　盐官镇王磨遗址标本（一）

1. 尖底瓶残片（16：24）　2. 罐腹（16：16）　3. 陶拍（16：5）　4. 陶片（16
：18）　5. 陶片（16：26）　6. 罐口沿（16：8）　7. 罐口沿（16：2）　8. 罐
口沿（16：3）　9. 罐肩（16：10）　10. 罐肩（16：22）　11. 罐耳（16：23）

标本 16：2　罐口沿。夹砂红陶。侈口，窄平沿，宽颈。颈部饰篮纹。口径 16.5、残高 5、壁厚 0.6 厘米（图三三，7）。属齐家文化。

标本 16：3　罐口沿。夹粗砂，红褐色。侈口，方唇。素面。残高 5.4、残宽 10.5、壁厚 1 厘米（图三三，8）。属齐家文化。

标本 16：10　罐肩。泥质灰陶。肩、腹部有一桥形宽耳。腹部饰绳纹。耳长 8、宽 3.4、厚 1.5、壁厚 0.8 厘米（图三三，9）。属齐家文化。

标本 16：22　罐肩。夹细砂红陶。肩上部抹光素面，下部施绳纹。残高 11、残宽 10、厚 0.5 厘米（图三三，10）。属齐家文化。

标本 16：23　罐耳。夹细砂红陶。耳上有少许绳纹，并有点状锥刺纹。耳宽 3.3、残高 8、厚 0.6 厘米（图三三，11）。属齐家文化。

标本 16：27　罐底。泥质陶，灰黑色。斜腹，平底。下腹部近底处加厚。腹部饰绳纹。残高 3.5、残宽 6、壁厚 0.8 厘米（图三四，1）。属齐家文化。

标本 16：28　罐底。夹细砂灰陶。下腹内收，平底。器壁及底较薄，做工较细。腹部饰竖向绳纹，下部抹平。残高 5.4、底径 11.4、壁厚 0.5 厘米（图三四，2；图版二〇，5）。属齐家文化。

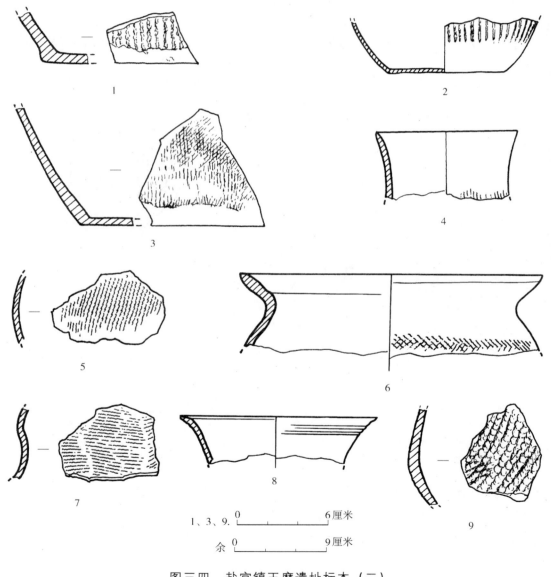

1、3、9. ├0────────6厘米

余　0────────9厘米

图三四　盐官镇王磨遗址标本（二）

1. 罐底（16：27）　2. 罐底（16：28）　3. 罐底（16：29）　4. 鬲口沿（16：7）　5. 鬲腹（16：6）　6. 鬲口沿（16：19）　7. 鬲裆（16：13）　8. 罐口沿（16：15）　9. 鬲裆（16：30）

标本 16：29　罐底。夹砂红陶。腹斜直内收，平底。饰交错细绳纹。残高 8、残宽 8.5、壁厚 0.6 厘米（图三四，3）。属齐家文化。

标本 16：7　鬲口沿。夹砂灰陶。侈口，圆唇，宽颈。颈以下饰竖向绳纹。口径 14、残高 6.6、壁厚 0.5 厘米（图三四，4；图版二〇，7）。属齐家文化。

标本 16：6　鬲腹。夹砂灰褐陶。上饰麻点状绳纹。残高 7.5、残宽 11、壁厚 0.5 厘米（图三四，5）。属齐家文化。

标本 16：19　鬲口沿。夹砂灰陶。平沿圆折，上有两道凹弦纹；圆唇，束颈。颈以下饰细绳纹。口径 30、残高 8.4、壁厚 0.8 厘米（图三四，6）。年代为西周中晚期。

标本 16：13　鬲裆。夹砂灰陶。联裆形制。上饰细绳纹，绳纹较深。残高 10、残宽 7.5、壁厚 0.7 厘米（图三四，7）。年代为西周时期。

标本 16：15　罐口沿。泥质灰陶。喇叭口罐的口沿部分，沿上有一道凹槽，口外侈，尖唇。沿外侧有三道凹弦纹。口径 18、残高 4.5、壁厚 0.6 厘米（图三四，8）。年代为西周晚期。

标本 16：30　鬲裆。夹砂灰陶。联裆形制。饰较规整的绳纹。残高 9.9、残宽 8、壁厚 0.5～0.8 厘米（图三四，9）。年代为西周至春秋时期。

标本 16：25　豆盘。泥质灰陶。浅腹。口沿上有一周圆孔。素面。口径 12、豆盘高 3.1、壁厚 0.5 厘米（图三五，1）。年代为春秋早期。

标本 16：17　陶片。夹砂灰陶。饰细绳纹。残高 4.8、残宽 10、厚 0.8 厘米（图三五，2）。年代为周代。

标本 16：9　罐。泥质灰陶。小直口，鼓腹，平底。肩部有一道凹弦纹，内、外腹及底部有多道棱线。口径 8.1、高 9.3、底径 9.3、壁厚 0.5 厘米（图三五，3）。年代为汉代。

标本 16：14　罐底。泥质灰陶。外壁有竖向刮削痕迹，内壁有快轮拉坯痕迹。素面。底径 12.3、残高 5.8、壁厚 0.5 厘米（图三五，4）。年代为汉代。

标本 16：11　罐底。泥质灰陶。鼓腹，下腹斜内收，平底。饰竖向绳纹，近底处有抹光痕迹。残高 7.5、残宽 12、壁厚 0.8～1.5 厘米（图三五，5）。年代为汉代。

标本 16：20　罐底。泥质灰陶。斜腹平底。上饰竖向绳纹。底径 15、残高 10、壁厚 0.6～1.5 厘米（图三五，6）。年代为汉代。

标本 16：4　筒瓦残片。泥质陶，浅灰色。外饰绳纹，内饰布纹。残长 7.5、残宽 9.6、厚 1 厘米（图三五，7）。年代为汉代。

标本 16：12　板瓦残片。泥质灰陶。内、外均饰竖向细绳纹，内壁有抹光痕迹。残长 9、残宽 9.6、厚 1.5 厘米（图三五，8）。年代为汉代。

标本 16：21　陶片。器形不明。泥质灰陶。饰竖向细绳纹，上有一道抹光弦纹。残高 13.5、残宽 5.7、壁厚 0.6～1 厘米（图三五，9）。年代为汉代。

标本 16：1　鹿角。角两端均有切割痕迹，应为制作骨器的边角料。白色。残高 10.5、径 4.5 厘米（图三五，10）。年代为汉代。

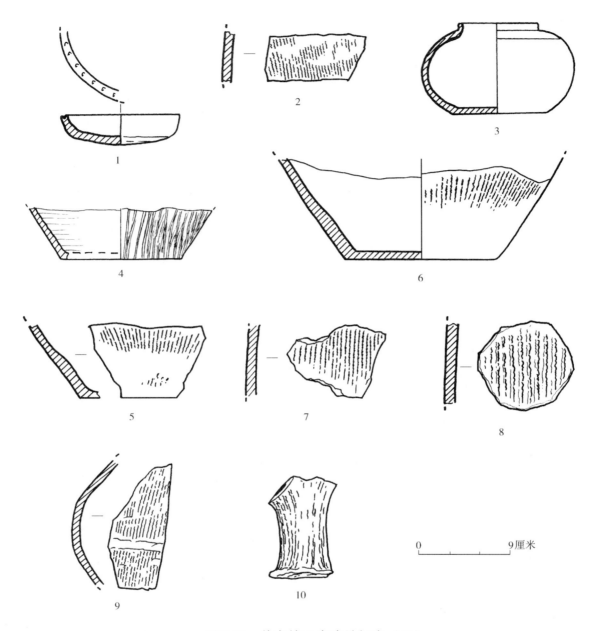

图三五　盐官镇王磨遗址标本（三）

1. 豆盘（16∶25）　2. 陶片（16∶17）　3. 罐（16∶9）　4. 罐底（16∶14）　5. 罐底（16∶11）　6. 罐底（16∶20）　7. 筒瓦残片（16∶4）　8. 板瓦残片（16∶12）　9. 陶片（16∶21）　10. 鹿角（16∶1）

17　盐官镇红旗山遗址

位于盐官镇中川村大何庄东侧、冒水河（红河）与西汉水交汇处（图三六；彩版一七），红旗山的第 3～5 级台地。断面暴露有灰坑、灰层，灰层中包含红烧土，遗址东西长约 50、南北宽约 80 米，面积约 4000 平方米，文化层厚 20～40 厘米。遗址地势平坦，黄土堆积厚。采集到泥质、夹砂红陶，有素面和表面饰绳纹两类，地表还散落汉砖。

标本介绍如下：

标本 17：1 罐口沿。夹砂红褐陶。侈口，卷沿，宽颈。颈部下饰绳纹。口径 13.8、残高 7.5、壁厚 0.3 厘米（图三七，1）。属齐家文化。

标本 17：2 罐口沿。泥质红陶。侈口，圆唇。素面。残高 1.5、残宽 9、壁厚 0.4 厘米（图三七，2）。属齐家文化。

标本 17：3 罐底。夹砂红褐陶。手制。下腹内敛，平底。腹部饰多道竖向刻划纹。残高 2.8、残宽 8、厚 0.6～1 厘米（图三七，3）。属齐家文化。

标本 17：4 罐残片。夹砂红褐陶，为罐的颈部残片。侈口，微鼓腹。颈部以下饰竖向绳纹。残高 7.2、残宽 6、壁厚 0.6 厘米（图三七，4）。属齐家文化。

标本 17：5 陶片。泥质橙红陶。应为罐的腹部残片，折腹。下腹部饰斜向篮纹，上部素面。残高 8、残宽 7.8、壁厚 0.9 厘米（图三七，5）。属齐家文化。

标本 17：6 陶片。泥质红陶。饰斜向篮纹。残高 6.6、残宽 7.8、壁厚 0.5 厘米（图三七，6）。属齐家文化。

18 盐官镇高城西山遗址

位于盐官镇中川村高城西北 500 米、红河西岸，红河和西汉水在此交汇，北为马圈沟，南为西汉水（见图三六；彩版一八）。遗址在马圈沟南侧西山第 2～3 级台地，东西长 50、南北宽 70 米，面积约 3500 平方米。暴露有灰层，长 4、厚 0.2 米，并有红烧土块。采集有泥质、夹砂红陶片，饰篮纹，器形有罐。

标本介绍如下：

标本 18：5 罐底。夹砂橘红陶。斜腹、平底。腹、底交界处饰窝状绳纹。底径 12、残高 3.3、壁厚 1.2 厘米（图三八，1）。年代为仰韶文化晚期。

标本 18：7 器口沿。夹砂黄褐陶。直口。饰较薄的附加堆纹于口沿外侧。残高 4.3、残宽 5、壁厚 0.8 厘米（图三八，2）。年代为仰韶文化晚期。

标本 18：1 陶片。泥质红陶，应为器物口沿。饰绳纹，另有一道薄附加堆纹。残高 7.5、残宽 9.9、壁厚 0.5 厘米（图三八，3）。年代为仰韶文化晚期。

标本 18：2 陶片。夹砂红陶。饰绳纹，其外壁压印附加堆纹。残高 4、残宽 7、壁厚 0.8 厘米（图三八，4）。年代为仰韶文化晚期。

标本 18：3 陶片。夹粗砂红褐陶。饰粗绳纹，上压印附加堆纹。残高 4.5、残宽 6.6、壁厚 0.8 厘米（图三八，5）。年代为仰韶文化晚期。

标本 18：6 陶片。夹砂红褐陶。饰斜向绳纹和较薄的附加堆纹。残高 4、残宽 5.4、壁厚 0.6 厘米（图三八，6）。年代为仰韶文化晚期。

标本 18：8 陶片。夹细砂红陶。饰极薄的附加堆纹。残长 10.8、残宽 8、壁厚 1 厘

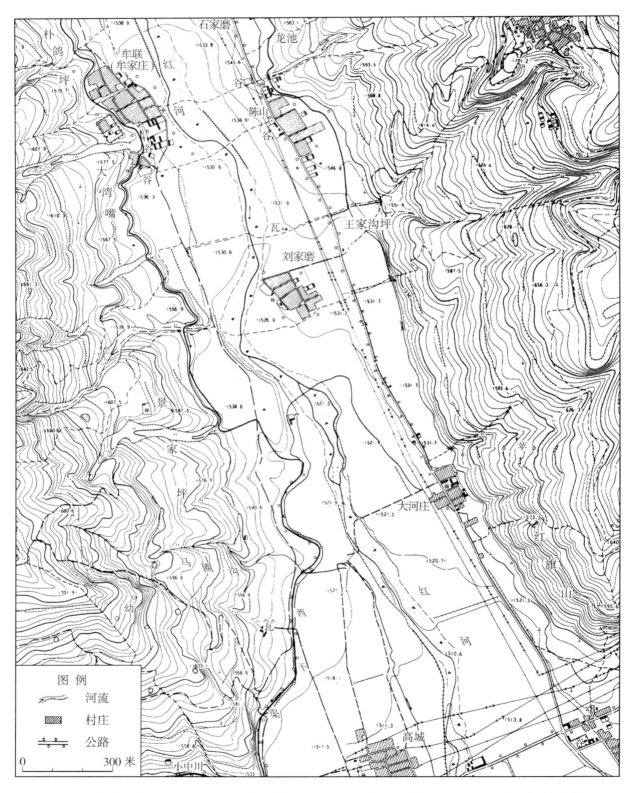

图例

　　〰〰　河流
　　▨　　村庄
　　⊶⊶　公路

0　　　　　　　300 米

图三六　盐官镇红旗山、高城西山，草坝乡朴鸽坪、大湾嘴、景家坪、龙池、王家沟坪遗址地形图

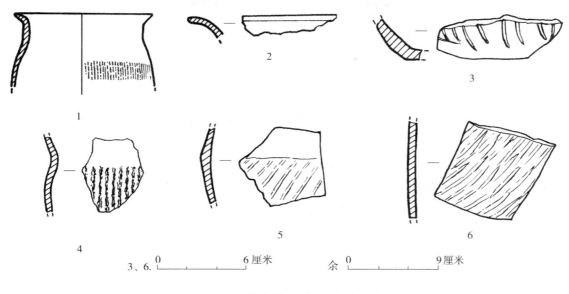

图三七　盐官镇红旗山遗址标本

1. 罐口沿（17：1）　2. 罐口沿（17：2）　3. 罐底（17：3）

4. 罐残片（17：4）　5. 陶片（17：5）　6. 陶片（17：6）

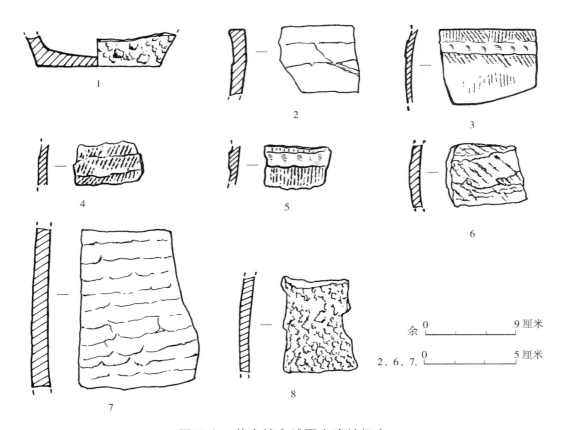

图三八　盐官镇高城西山遗址标本

1. 罐底（18：5）　2. 器口沿（18：7）　3. 陶片（18：1）　4. 陶片（18：2）

5. 陶片（18：3）　6. 陶片（18：6）　7. 陶片（18：8）　8. 陶片（18：4）

米（图三八，7；图版一八，4）。属常山下层文化。

标本 18：4　陶片。夹砂黄褐陶。饰麻点戳印纹。残高 9.3、残宽 7、壁厚 0.9～1.2 厘米（图三八，8；图版一八，3）。属常山下层文化。

19　盐官镇黑土崖遗址

位于盐官镇中川村西 500 米、西汉水与红河交汇的冲积扇第 2～3 级台地上，为县级文物保护单位，现在的村庄压掉遗址的一部分（图三九；彩版一九、二〇）。遗址所在台地地势平缓，发育良好，遗址东至盐官中川高城村，西到下磨村，南至中磨，北至小中川，面积约 15 万平米，文化层厚 1.5～3 米。台地断面上暴露有灰层、灰坑，并发现有灰沟，陶片堆积较厚，内涵丰富。陶器有泥质、夹砂红陶和彩陶，红陶多为素面或饰绳纹，彩陶纹样有变形鱼纹、垂叶纹等，器形可见尖底瓶、罐、折腹盆、钵、器座、陶锉等。

标本介绍如下：

标本 19：10　尖底瓶口部。泥质陶，橙红色。杯形口，鼓腹。腹部饰斜绳纹。泥条盘筑。残高 6、颈部直径 6.3、壁厚 0.6 厘米（图四〇，1；图版一，2）。年代为仰韶文化早期。

标本 19：35　尖底瓶口沿。泥质红陶。手制。尖底瓶口部残片，葫芦形口，呈扁圆形。素面，表面磨光。残高 2.4、外径 5.7、内径 2.4 厘米（图四〇，2；图版一，3）。年代为仰韶文化早期。

标本 19：9　盆残片。泥质彩陶。泥条盘筑，经慢轮修整。腹部残片。红色腹部饰黑色三角折线纹，表面磨光。残高 7、残宽 7.3、壁厚 0.5 厘米（图四〇，3；图版一，5）。年代为仰韶文化早期。

标本 19：3　叠唇盆口沿。泥质彩陶。泥条盘筑，经慢轮修整。圆唇，侈口，宽斜折沿，折腹，腹微鼓。红底黑彩，口沿及腹部均饰黑褐色条带纹。口径 34、残高 9、壁厚 0.5 厘米（图四〇，4；图版一，7）。年代为仰韶文化早期。

标本 19：5　叠唇盆口沿。泥质彩陶。圆唇，侈口，斜折沿，腹微鼓。红底黑彩，口沿及腹部均饰黑色条带纹。残高 6.6、残宽 11.6、壁厚 0.5 厘米（图四〇，5；图版一，8）。年代为仰韶文化早期。

标本 19：17　叠唇盆口沿。泥质彩陶。泥条盘筑，经慢轮修整。圆唇，侈口，斜折沿。红底黑褐彩，口沿部饰黑褐色宽带纹，沿以下饰黑褐色弧形花瓣纹。残高 6.9、残宽 17.5、壁厚 0.6 厘米（图四〇，6；图版二，1）。年代为仰韶文化早期。

标本 19：8　叠唇盆口沿。泥质红陶。圆唇，侈口，斜折沿，鼓腹。素面。残高 6、残宽 15、壁厚 0.9 厘米（图四〇，7）。年代为仰韶文化早期。

标本 19：23　叠唇盆口沿。泥质彩陶。圆唇，侈口，斜折沿较宽，腹微鼓。红底黑彩，沿及腹部均饰黑色宽带纹。残高 5.7、残宽 10.8、壁厚 0.5 厘米（图四〇，8；图版

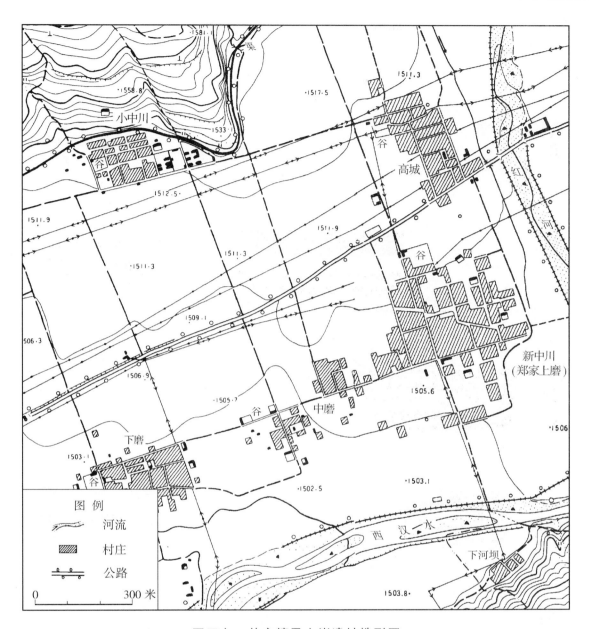

图三九　盐官镇黑土崖遗址地形图

二，2）。年代为仰韶文化早期。

　　标本 19：26　叠唇盆口沿。泥质彩陶。手制。圆唇，侈口，折腹。红底褐彩，口沿外侧饰宽带彩，腹部饰细条带状纹彩，表面磨光。口径 34、残高 9、壁厚 0.5 厘米（图四〇，9；图版二，3）。年代为仰韶文化早期。

　　标本 19：18　叠唇盆口沿。泥质灰褐陶。圆唇，侈口，斜沿，下腹内收。素面，内、外面均磨光。残高 10.5、残宽 12.6、壁厚 0.9、唇厚 1.1 厘米（图四〇，10）。年代为仰韶文化早期。

　　标本 19：7　盆口沿。夹砂红褐陶。圆唇，敛口，鼓腹。下腹部饰弦纹及乳丁纹。口径

24、残高7.2、壁厚0.5~0.8厘米（图四〇，11；图版二，4）。年代为仰韶文化早期。

标本19：27　盆残片。泥质彩陶。折腹。红底褐彩，饰有褐色弧线彩绘。表面磨光。残高5、残宽11.6、壁厚0.5厘米（图四一，1）。年代为仰韶文化早期。

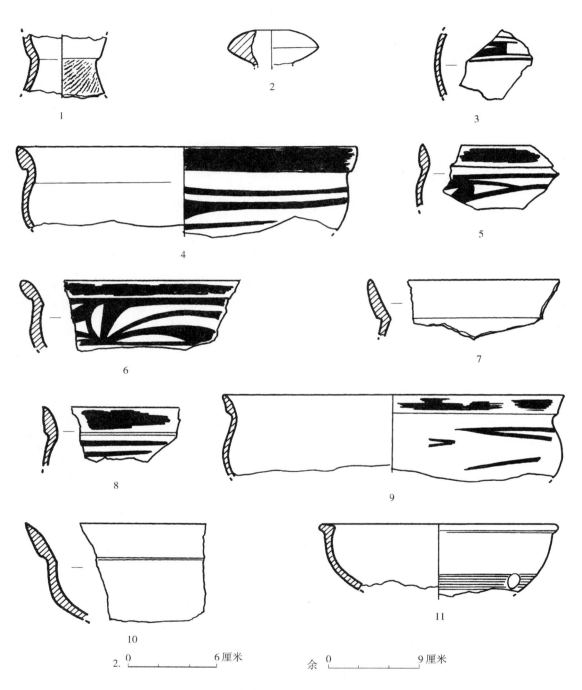

图四〇　盐官镇黑土崖遗址标本（一）

1. 尖底瓶口部（19：10）　2. 尖底瓶口沿（19：35）　3. 盆残片（19：9）　4. 叠唇盆口沿（19：3）　5. 叠唇盆口沿（19：5）　6. 叠唇盆口沿（19：17）　7. 叠唇盆口沿（19：8）　8. 叠唇盆口沿（19：23）　9. 叠唇盆口沿（19：26）　10. 叠唇盆口沿（19：18）　11. 盆口沿（19：7）

标本 19：22 罐口沿。夹砂红陶。泥条盘筑。重唇口，口微敛，斜折沿，口沿内、外均有一周凹槽。沿以下饰乳丁纹，腹部饰多道凹弦纹。残长 15、残高 6.6、壁厚 0.7 厘米（图四一，2；图版二，8）。年代为仰韶文化早期。

标本 19：36 罐口沿。夹砂红褐陶。手制。方唇，侈口，口沿外侧有两道凹痕，鼓腹。腹部饰斜绳纹。残高 7、残宽 10.6、壁厚 0.8 厘米（图四一，3；图版三，1）。年代为仰韶文化早期。

标本 19：4 罐口沿。夹粗砂红陶。泥条盘筑。圆唇，侈口，口部外侧有两道凹槽，腹微鼓。腹部饰斜线纹。口径 32、残高 9、壁厚 0.5～1 厘米（图四一，4；图版二，6）。年代为仰韶文化早期。

标本 19：16 罐口沿。夹粗砂陶，橙红色。泥条盘筑。方唇，唇中部微凹，侈口，鼓腹。颈以下饰斜线纹。残高 7、残宽 12、壁厚 0.6 厘米（图四一，5）。年代为仰韶文化早期。

标本 19：6 罐口沿。夹砂红陶。尖圆唇，侈口，口沿外侧有两道凹槽，束颈，鼓腹。肩部有数道弦纹。口径 24、残高 6.3、壁厚 0.6 厘米（图四一，6；图版二，7）。年代为仰韶文化早期。

标本 19：2 罐口沿。夹粗砂陶，橙红色。方唇，侈口，斜折沿，口沿中间有一道凹槽，呈铁轨状，鼓腹。颈以下饰斜线纹。口径 30、残高 8.7、壁厚 0.8 厘米（图四一，7；图版二，5）。年代为仰韶文化早期。

标本 19：30 直口钵口沿。泥质陶，橙黄色。手制。尖圆唇，直口，腹壁弧直。口沿外壁饰一道黑色宽带纹，纹宽 3 厘米。残高 5.8、残宽 10.8、壁厚 0.7 厘米（图四一，8；图版三，3）。年代为仰韶文化早期。

标本 19：32 直口钵口沿。泥质彩陶。手制。尖圆唇，直口。红褐色底黑彩，口沿外壁是黑色宽带纹，表面磨光，纹宽 3.5 厘米。残高 6.8、残宽 9.2、壁厚 0.3～0.6 厘米（图四一，9；图版三，4）。年代为仰韶文化早期。

标本 19：1 器底。夹粗砂红褐陶。平底，斜腹，下腹成向内弧收，陶质较差。表面有沙砾造成的划痕。底径 10、残高 9、壁厚 0.8 厘米（图四一，10；图版三，7）。年代为仰韶文化早期。

标本 19：21 盆口沿。泥质彩陶。圆唇，侈口，卷沿，圆折腹，腹微鼓。红底黑彩，口沿上饰黑色宽带纹，沿下饰黑色变形三角鱼纹。残高 5.4、残宽 11、壁厚 0.6 厘米（图四二，1；图版五，1）。年代为仰韶文化中期。

标本 19：19 盆口沿。泥质彩陶。圆唇，侈口，腹微鼓。红底黑彩，口沿外侧饰有黑色条带纹，表面磨光。残高 6.6、残宽 10.2、壁厚 0.5 厘米（图四二，2）。年代为仰韶文化中期。

标本 19：20 盆口沿。泥质彩陶。圆唇，敛口，短平沿。橙红底黑彩，沿上有一周黑色条带纹，沿下饰黑色三角平行线纹。残高 4.5、残宽 8.7、壁厚 0.6 厘米（图四二，3；

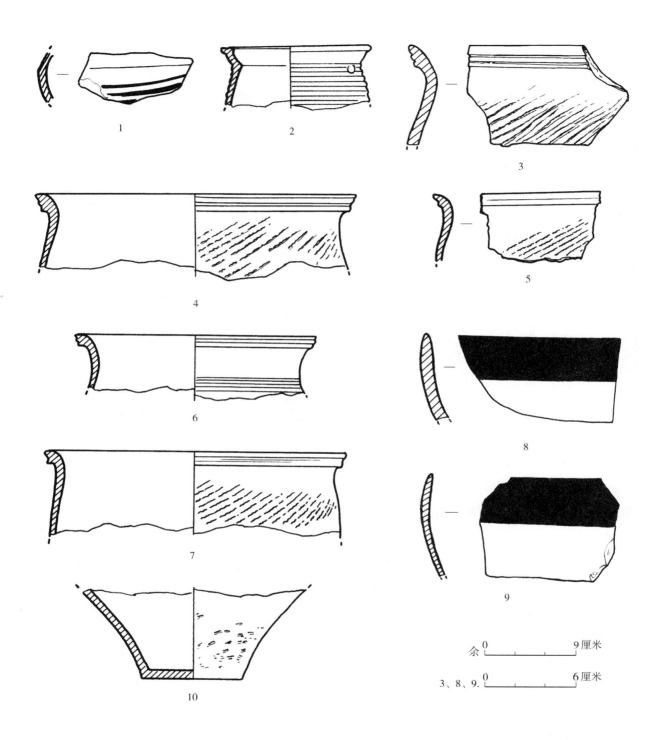

图四一　盐官镇黑土崖遗址标本（二）

1. 盆残片（19∶27）　2. 罐口沿（19∶22）　3. 罐口沿（19∶36）　4. 罐口沿（19∶4）　5. 罐口沿（19∶16）　6. 罐口沿（19∶6）　7. 罐口沿（19∶2）　8. 直口钵口沿（19∶30）　9. 直口钵口沿（19∶32）　10. 器底（19∶1）

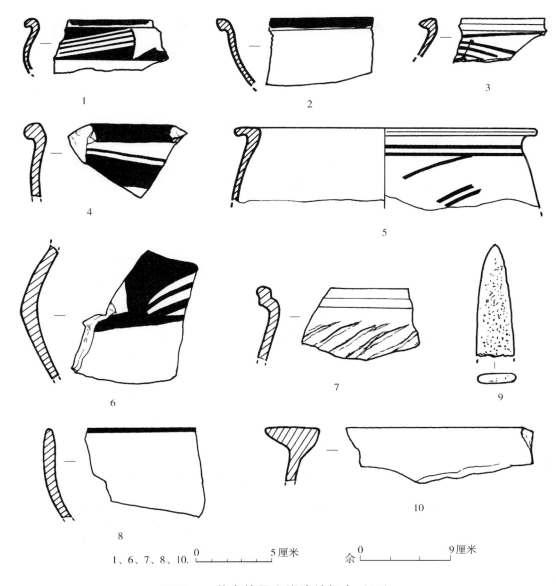

图四二 盐官镇黑土崖遗址标本（三）

1. 盆口沿（19：21） 2. 盆口沿（19：19） 3. 盆口沿（19：20） 4. 盆口
沿（19：33） 5. 深腹盆口沿（19：12） 6. 罐残片（19：31） 7. 罐口沿
（19：34） 8. 钵口沿（19：29） 9. 陶锉（19：24） 10. 罐口沿（19：38）

图版四，8）。年代为仰韶文化中期。

标本 19：33 盆口沿。泥质彩陶。手制。圆唇，侈口，卷沿，腹微鼓。红底黑彩。沿
及腹部均饰黑色条带纹，表面磨光。残高 5、残宽 8、壁厚 0.6 厘米（图四二，4；图版
五，2）。年代为仰韶文化中期。

标本 19：12 深腹盆口沿。泥质红陶。方唇，侈口，卷平沿，鼓腹。红底黑彩。颈部
及以下饰黑色弧线纹。口径 30、残高 8.4、口沿宽 2.5 厘米（图四二，5）。年代为仰韶文
化中期。

　　标本 19：31　罐残片。泥质陶，器表红色，内芯灰色。手制。罐的腹部残片，折腹。上腹部饰弧线三角黑彩，其白底处为花瓣。残高 9、残宽 8.4、壁厚 0.5～1 厘米（图四二，6；图版六，6）。年代为仰韶文化中期。

　　标本 19：34　罐口沿。夹砂红褐陶。手制。圆唇，敛口，卷沿，腹微鼓。沿内、外各有一道凹槽，颈以下饰斜绳纹。残高 5、残宽 7.6、壁厚 0.6 厘米（图四二，7；图版六，7）。年代为仰韶文化中期。

　　标本 19：29　钵口沿。泥质红褐陶。手制。圆唇，敛口。口沿上饰一周窄黑彩，表面磨光。残高 6、残宽 7.6、壁厚 0.6～0.8 厘米（图四二，8；图版七，1）。年代为仰韶文化中期。

　　标本 19：24　陶锉。夹砂红陶。柳叶形，前、后端窄，中间宽，扁平。通体饰小麻点纹。残长 11.5、残宽 3.6、厚 0.9 厘米（图四二，9）。年代为仰韶文化中期。

　　标本 19：38　罐口沿。泥质灰陶。手制。尖唇，敛口，"T"字形宽平沿。素面，表面磨光。残高 3.6、残宽 12.4、壁厚 0.6 厘米（图四二，10）。年代为仰韶文化晚期。

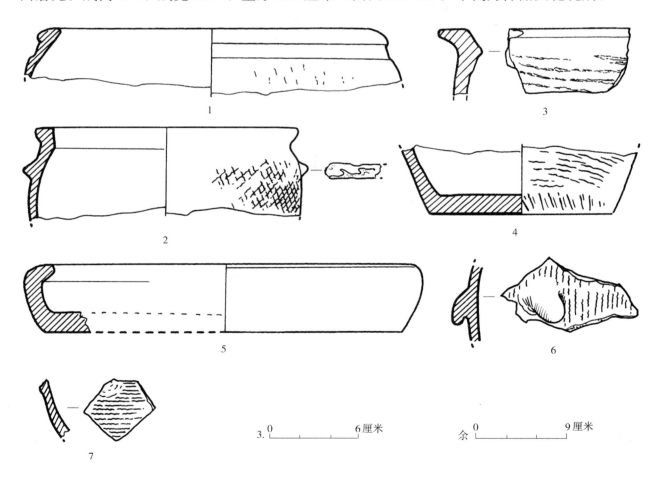

3.　0 ——————— 6厘米　　　　余　0 ——————— 9厘米

图四三　盐官镇黑土崖遗址标本（四）

1. 罐口沿（19：15）　2. 罐口沿（19：25）　3. 罐口沿（19：37）　4. 缸底（19：11）　5. 器座（19：13）　6. 陶片（19：14）　7. 陶片（19：28）

标本 19：15 罐口沿。夹粗砂红褐陶。圆唇，敛口，颈部内凹，唇外侧加厚。腹部饰斜绳纹。口径 34.8、残高 6、唇厚 1.6、壁厚 0.6 厘米（图四三，1）。年代为仰韶文化晚期。

标本 19：25 罐口沿。夹粗砂红褐陶。手制。尖圆唇，平折沿，腹微鼓，上腹近颈处有一錾，器壁较厚。颈部以下饰交错绳纹。口径 26.4、残高 9、壁厚 0.8、口沿宽 1.8 厘米（图四三，2）。年代为仰韶文化晚期。

标本 19：37 罐口沿。夹粗砂红褐陶。手制。圆唇，平折沿。颈以下饰斜绳纹。手制。残高 4、残宽 8、壁厚 1 厘米（图四三，3）。年代为仰韶文化晚期。

标本 19：11 缸底。夹砂红陶。厚平底，斜腹。腹部饰横篮纹，底部周围饰竖向绳纹，内外底均饰交错绳纹或网格纹。底径 18、残高 7.2、壁厚 1.2、底厚 2 厘米（图四三，4；图版一三，1）。年代为仰韶文化晚期。

标本 19：13 器座。泥质红陶。手制。圆环状，上下口均平折，圆唇，鼓腹，里面向外凹。素面。口径 36、底径 35.7、高 6.6 厘米（图四三，5）。年代为仰韶文化晚期。

标本 19：14 陶片。夹细砂陶，器表橙红色，内壁红色。罐的腹部残片，有一錾。饰斜绳纹。残高 7.5、残宽 13.5、壁厚 1 厘米（图四三，6）。年代为仰韶文化晚期。

标本 19：28 陶片。夹砂陶，橙红色。罐的腹部残片，有一錾耳，已残。饰横绳纹。残高 6、残宽 7.1、壁厚 0.6～1.2 厘米（图四三，7；图版一〇，3）。年代为仰韶文化晚期。

20 祁山乡赵家庄遗址

位于西汉水北岸、祁山乡赵家庄西北约 200 米处的阶地上（图四四）。在这里发现一段长达 22 米的夯土遗迹，残高 4、暴露宽度 2.5～3 米，方向北偏西 40°；分段夯筑，每段夯层厚薄不一，厚 7～30 厘米。2002 年甘肃省文物考古研究所在这里调查的时候曾经采集到一件云纹瓦当，本次采集到绳纹瓦片等。

标本介绍如下：

标本 20：1 瓦当。泥质灰陶。仅残存一角。当面外缘饰一圈凸弦纹，内饰卷云纹。残高 10.4、残宽 7、当厚 1.5、壁厚 1 厘米（图四五，1）。年代为汉代。

标本 20：3 板瓦。泥质灰陶。瓦头部分抹平，宽约 3～4 厘米；其他部分压印粗绳纹。残长 4.8、残宽 7.8、厚 1.2 厘米（图四五，2）。年代为汉代。

标本 20：4 板瓦。泥质陶，青灰色。外压交错绳纹，内壁压印菱格形纹饰。残长 9、残宽 12.4、厚 0.9 厘米（图四五，3）。年代为汉代。

标本 20：2 绳纹砖。泥质陶，灰黑色。长方形，砖表面压印条状绳纹，绳纹较深；其余三面无纹饰。残高 12.4、残宽 16.4、厚 5.4 厘米（图四五，4）。年代为汉代。

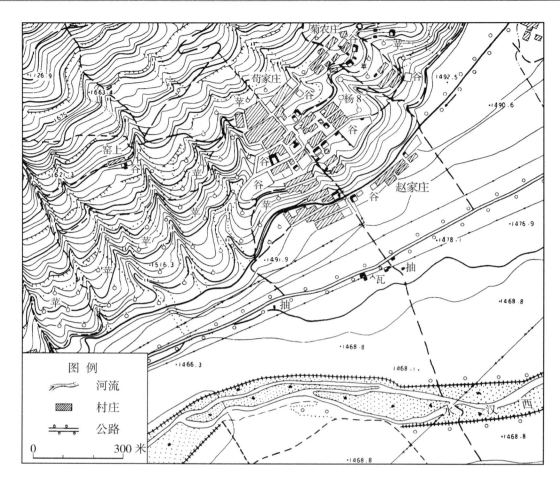

图四四　祁山乡赵家庄遗址地形图

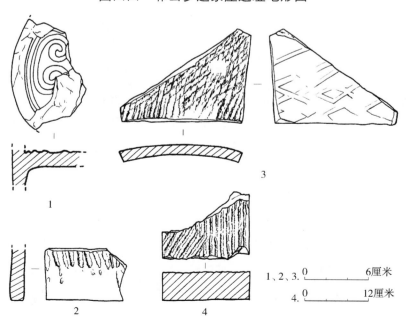

图四五　祁山乡赵家庄遗址标本

1. 瓦当（20∶1）　2. 板瓦（20∶3）　3. 板瓦（20∶4）　4. 绳纹砖（20∶2）

21　祁山乡祁山堡遗址

位于天礼公路南侧、西汉水北岸、祁山武侯祠（诸葛祠）所在台地及其以东 300 米范围内的第 1 级阶地上（图四六）。遗址东西长约 350、南北宽约 100 米。在武侯祠所在台地的断面上可以见到夯土遗迹以及灰坑、灰层等。

标本介绍如下：

标本 21：6　盆口沿。夹粗砂陶，土红色。平沿，沿里侧内凹一道弦纹，沿下饰斜向粗绳纹。口径 16、残高 4、壁厚 0.7 厘米（图四七，1）。年代为仰韶文化晚期。

标本 21：1　罐口沿。夹粗砂陶，砖红色。直口，平沿，方唇。沿下饰斜向绳纹。口径 30、残高 4.8、壁厚 1 厘米（图四七，2）。年代为仰韶文化晚期。

标本 21：4　罐残片。泥质红陶。肩部有横向细绳纹。残高 10、残宽 14、壁厚 0.4 厘米（图四七，3）。属常山下层文化。

标本 21：5　罐残片。泥质红陶，红中带紫。素面。残高 3、残宽 9.6、壁厚 0.6 厘米（图四七，4）。属常山下层文化。

标本 21：2　罐底。泥质灰陶。斜腹壁，平底。饰竖绳纹，上有两道抹光凹弦纹。底径 18、残高 6.6、壁厚约 1 厘米（图四七，5）。年代为战国至汉代。

标本 21：3　鼎足。夹细砂灰陶。蹄足较瘦。素面。足高 5.8、足底径 2.2 厘米（图四七，6）。年代为战国至汉代。

22　祁山乡太山庙遗址

位于西汉水北岸的第 3～4 级台地上，隔天礼公路与祁山武侯祠（诸葛祠）南北相望（见图四六；彩版二一）。遗址范围东西长约 80、南北宽约 100 米。名为"太山庙"的小山包海拔高度约 1501 米，采集到年代较晚的兽头瓦当，据当地村民讲那里曾有一座太山庙，毁于民国时期。在遗址区采集到仰韶文化的彩陶片和红陶片。

标本介绍如下：

标本 22：2　盆口沿。泥质红陶，陶质较硬。直口，卷沿，圆唇。口沿上饰一道黑彩。残高 1.7、残宽 2.6、壁厚 0.4 厘米（图四八，1）。年代为仰韶文化中期。

标本 22：5　盆口沿。夹砂陶，深红色。敛口，卷沿，圆唇，沿内、外侧各有一道凹槽，使唇呈铁轨状，鼓肩。素面。残高 3.4、残宽 5.2、壁厚 0.6 厘米（图四八，2）。年代为仰韶文化中期。

标本 22：1　罐腹。夹粗灰褐陶。圆腹部。上饰斜向粗绳纹，并有一道附加堆纹。绳纹间距约 0.6 厘米。残高 11.8、残宽 9.2、壁厚 1 厘米（图四八，3）。年代为仰韶文化晚期。

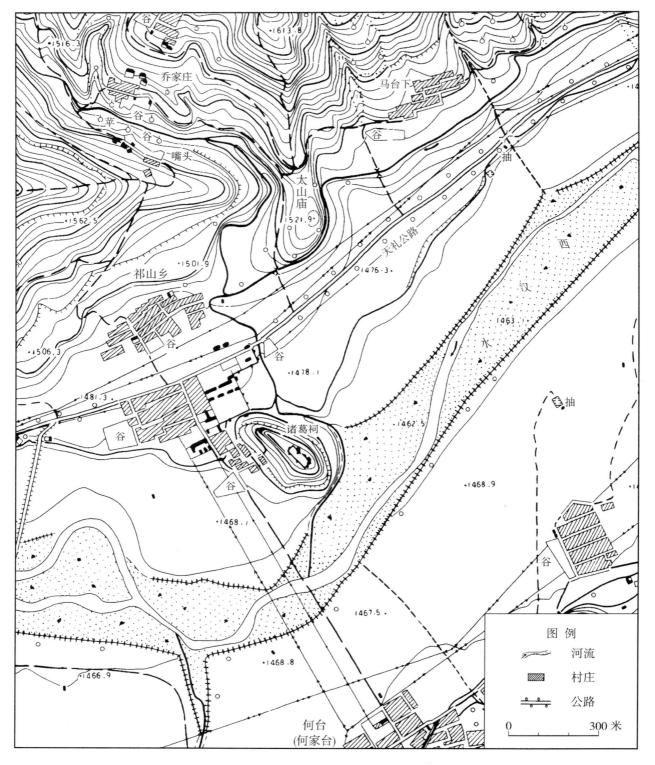

图四六　祁山乡祁山堡、太山庙遗址地形图

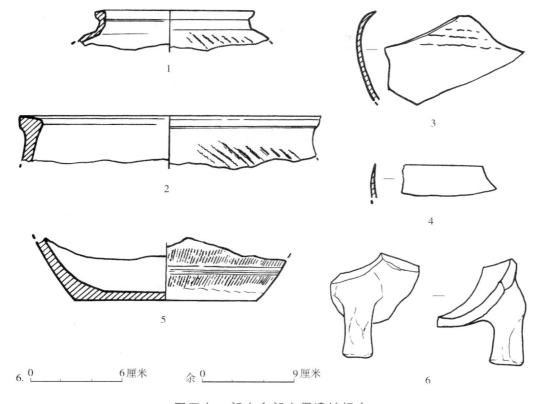

图四七　祁山乡祁山堡遗址标本

1. 盆口沿（21：6）　2. 罐口沿（21：1）　3. 罐残片（21：4）

4. 罐残片（21：5）　5. 罐底（21：2）　6. 鼎足（21：3）

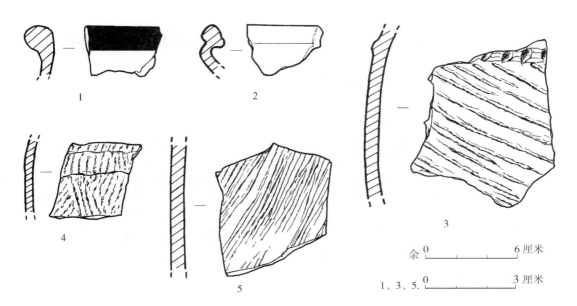

图四八　祁山乡太山庙遗址标本

1. 盆口沿（22：2）　2. 盆口沿（22：5）　3. 罐腹

（22：1）　4. 罐腹（22：4）　5. 尖底瓶腹部（22：3）

标本 22：4　罐腹。夹砂黄褐陶。上饰竖向浅细绳纹，并有附加堆纹一道，堆纹上亦滚压绳纹。残高 5.2、残宽 5.6、壁厚 0.5 厘米（图四八，4）。年代为仰韶文化晚期。

标本 22：3　尖底瓶腹部。泥质陶，砖红色。上饰浅细线纹。残高 4.6、残宽 4、壁厚 0.5 厘米（图四八，5）。年代为仰韶文化时期。

23　长道镇左家磨东遗址

位于左家磨村东约 200 米、西汉水南岸的第 2～3 级阶地上（图四九）。遗址西临冲沟，东西长约 100、南北宽约 50 米。在遗址区的田埂断面上有厚约 1 米的文化层，采集到仰韶文化的红陶片。

标本介绍如下：

标本 23：3　尖底瓶口沿。泥质陶，橙红色。重唇口，内口敛，尖唇。素面，口内侧有横向抹痕。口径 5.4、残高 3、壁厚 0.9 厘米（图五〇，1）。年代为仰韶文化中期。

标本 23：15　尖底瓶腹部。泥质陶，土红色。上饰细线纹。残高 5、残宽 7、壁厚 0.5

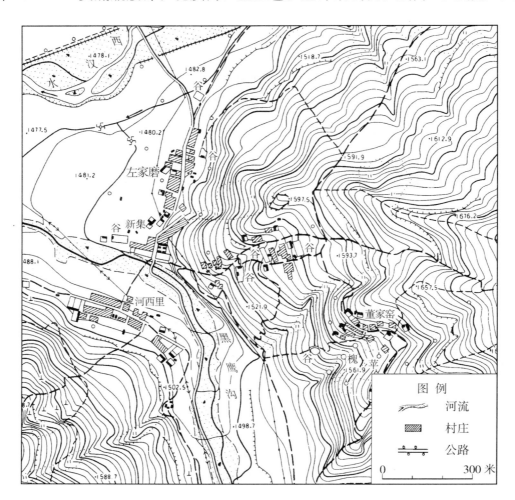

图四九　长道镇左家磨、黑鹰沟遗址地形图

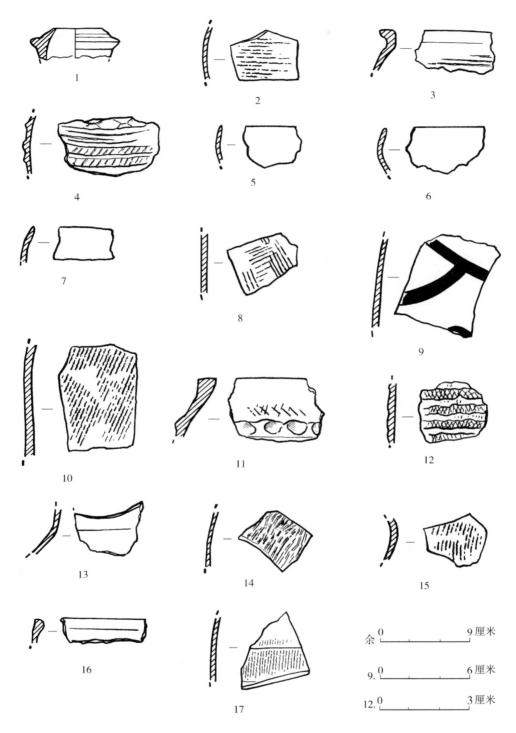

图五〇　长道镇左家磨东遗址标本

1. 尖底瓶口沿（23：3）　　2. 尖底瓶腹部（23：15）　　3. 盆口沿（23：12）　　4. 盆残片（23：5）
5. 钵口沿（23：6）　6. 钵口沿（23：10）　7. 钵口沿（23：14）　8. 陶片（23：7）　9. 陶片
（23：17）　10. 陶片（23：8）　11. 罐口沿（23：9）　12. 陶片（23：16）　13. 罐颈部（23：
2）　14. 陶片（23：13）　15. 陶片（23：11）　16. 盆口沿（23：4）　17. 陶片（23：1）

厘米（图五〇，2）。年代为仰韶文化晚期。

标本 23：12　盆口沿。夹粗砂红褐陶。斜折沿，呈台阶状。沿内侧有横向抹痕，沿下饰粗绳纹。残高 4.5、残宽 8.1、壁厚 0.9 厘米（图五〇，3）。年代为仰韶文化晚期。

标本 23：5　盆残片。夹砂红陶。上饰粗绳纹及三道附加堆纹。残高 6、残宽 10、壁厚 0.6 厘米（图五〇，4）。年代为仰韶文化晚期。

标本 23：6　钵口沿。泥质陶，橙红色。敛口。素面。残高 4.2、残宽 6、壁厚 0.8 厘米（图五〇，5）。年代为仰韶文化晚期。

标本 23：10　钵口沿。泥质灰陶。敛口，浅腹。素面，内有白色陶衣，器表内外均有横向抹痕。残高 4.8、残宽 7.8、壁厚 0.5 厘米（图五〇，6）。年代为仰韶文化晚期。

标本 23：14　钵口沿。泥质红陶。敛口。素面，表面抹光。残高 3.3、残宽 6、壁厚 0.7 厘米（图五〇，7）。年代为仰韶文化晚期。

标本 23：7　陶片。器形不明。泥质红陶。饰交错绳纹，表面部分抹平。残高 6.4、残宽 7、壁厚 0.5 厘米（图五〇，8）。年代为仰韶文化晚期。

标本 23：17　陶片。泥质红陶。上饰黑彩。残高 7、残宽 6.6、壁厚 0.4 厘米（图五〇，9）。年代为仰韶文化晚期。

标本 23：8　陶片。夹细砂陶，黑灰色。饰斜向平行粗绳纹。残高 11、残宽 7.8、壁厚 0.8 厘米（图五〇，10）。年代为仰韶文化晚期。

标本 23：9　罐口沿。夹粗砂灰陶。直口，平沿。颈部有细刻划纹，肩部一道附加堆纹。残高 6.6、残宽 9.6、壁厚 1.8 厘米（图五〇，11；图版一四，3）。属案板三期文化。

标本 23：16　陶片。器形不明。夹粗砂红褐陶。上有四道附加堆纹，并饰粗绳纹。残高 2.1、残宽 2.3、壁厚 0.7 厘米（图五〇，12）。属案板三期文化。

标本 23：2　罐颈部。细泥质陶，橙黄色。素面，表面有刮削痕迹。残高 5.7、残宽 6.9、壁厚 0.6 厘米（图五〇，13）。属常山下层文化。

标本 23：13　陶片。泥质红陶。饰篮纹。残高 6.3、残宽 7.2、壁厚 0.4 厘米（图五〇，14；图版一八，5）。属常山下层文化。

标本 23：11　陶片。泥质红陶。饰竖向绳纹。残高 5.4、残宽 6.3、壁厚 0.7 厘米（图五〇，15）。属常山下层文化。

标本 23：4　盆口沿。泥质陶，青灰色。直口，圆唇。素面，表面有轮制痕迹。残高 2.7、残宽 8.7、壁厚 0.4 厘米（图五〇，16）。年代为汉代。

标本 23：1　陶片。泥质灰陶。饰凹弦纹及细绳纹。残高 8.1、残宽 6.6、壁厚 0.7 厘米（图五〇，17）。年代为汉代。

24　长道镇黑鹰沟西遗址

黑鹰沟从南向北注入西汉水，遗址位于沟口西 300～400 米处的第 2～3 级台地上，东西长约 100、南北宽约 80 米（见图四九）。在遗址区发现几个较小的灰坑，采集到少量仰韶文化的红陶片。

标本介绍如下：

标本 24：1　盆口沿。夹细砂陶，砖红色。直口，卷沿，圆唇。饰粗绳纹。残高 4.5、残宽 10、壁厚 0.8 厘米（图五一，1）。年代为仰韶文化晚期。

标本 24：2　罐底。夹砂红陶。斜腹壁，平底。底边附加一道薄泥条。饰绳纹。底径 13.5、残高 3.3、壁厚 0.8 厘米（图五一，2）。年代为仰韶文化晚期。

标本 24：3　陶片。夹细砂陶，砖红色。饰粗绳纹，并有一道薄泥条附加堆纹。残高 4.5、残宽 4.5、壁厚 0.8 厘米（图五一，3）。年代为仰韶文化晚期。

标本 24：4　陶片。夹细砂陶，砖红色。其上的粗绳纹经过压平。残高 3.9、残宽 6.6、壁厚 0.9 厘米（图五一，4）。年代为仰韶文化晚期。

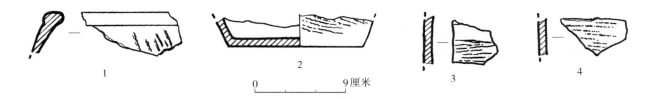

图五一　长道镇黑鹰沟西遗址标本

1. 盆口沿（24：1）　2. 罐底（24：2）　3. 陶片（24：3）　4. 陶片（24：4）

25　长道镇宁家庄遗址

位于西汉水南岸、宁家庄及其以北的第 1～2 级阶地上（图五二；彩版二二、二三）。遗址东为大柳河，范围东西长 350、南北宽 200 米。在遗址区暴露有灰坑和厚 2～4 米的文化层，是一处典型的仰韶文化遗址。在遗址中心部位有 20 世纪 50 年代设立的遗址保护碑。

标本介绍如下：

标本 25：1　尖底瓶口沿。泥质陶，橙黄色。重唇口。素面，器内外有抹痕。口径 11.1、残高 5.7、壁厚 0.5 厘米（图五三，1）。年代为仰韶文化中期。

标本 25：17　尖底瓶口沿。泥质红陶。重唇口。素面。残高 2.5、残宽 8.4、壁厚 0.7 厘米（图五三，2；图版四，1）。年代为仰韶文化中期。

标本 25：5　钵口沿。泥质红褐陶。口微敛，深腹。素面，器表抹光。残高 9、残宽 5.7、器壁厚 0.6 厘米（图五三，3）。年代为仰韶文化中期。

标本 25：14　钵口沿。泥质陶，土红色。口微敛，圆唇。素面，内、外有抹痕。口径 23.3、残高 6、壁厚 1 厘米（图五三，4）。年代为仰韶文化中期。

标本 25：9　陶片。泥质红陶。上饰弧线黑彩。残高 6.9、残宽 6.3、壁厚 0.6 厘米（图五三，5）。年代为仰韶文化中期。

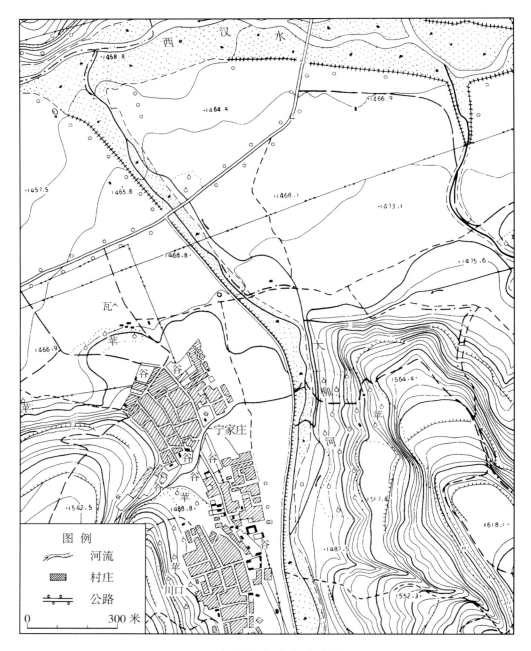

图五二　长道镇宁家庄遗址地形图

　　标本 25：12　尖底瓶底。泥质陶，橙黄色。钝尖底。内底有泥条盘筑痕迹，外饰细绳纹。残高 3.9、壁厚 0.6 厘米（图五三，6）。年代为仰韶文化晚期。

　　标本 25：16　盆口沿。泥质红陶。宽平沿，圆唇。沿上、颈下均有黑彩。残高 3.6、残宽 11.3、壁厚 0.5 厘米（图五三，7）。年代为仰韶文化晚期。

　　标本 25：13　盆口沿。泥质红陶。敛口，平沿，尖唇，鼓腹。素面。口径 18.2、残高 4、壁厚 0.5 厘米（图五三，8）。年代为仰韶文化晚期。

　　标本 25：3　盆口沿。泥质红陶。敛口，尖唇。饰一周压印的附加堆纹，口部有抹痕。

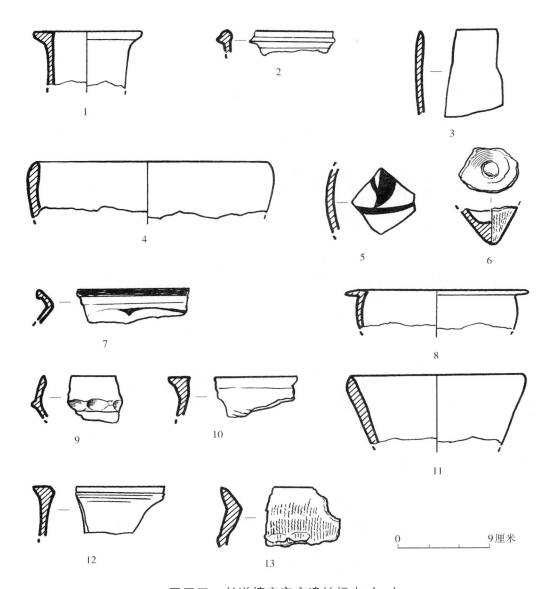

图五三 长道镇宁家庄遗址标本（一）

1. 尖底瓶口沿（25：1）　2. 尖底瓶口沿（25：17）　3. 钵口沿（25：5）　4. 钵口沿（25：14）　5. 陶片（25：9）　6. 尖底瓶底（25：12）　7. 盆口沿（25：16）　8. 盆口沿（25：13）　9. 盆口沿（25：3）　10. 罐口沿（25：8）　11. 罐口沿（25：15）　12. 罐口沿（25：4）　13. 罐口沿（25：6）

残高 4.8、残宽 5.4、壁厚 0.3 厘米（图五三，9）。年代为仰韶文化晚期。

标本 25：8　罐口沿。夹砂陶，橙黄色。"T"形口沿，内外有抹痕。饰斜绳纹。残高 4.2、残宽 8.3、壁厚 0.9 厘米（图五三，10）。年代为仰韶文化晚期。

标本 25：15　罐口沿。夹细砂红陶。直口，尖唇。外施白色陶衣。口径 17.3、残高 7、壁厚 1 厘米（图五三，11）。年代为仰韶文化晚期。

标本 25：4　罐口沿。夹细砂红陶。"T"字形口沿。素面。残高 4.8、残宽 9、壁厚 0.6 厘米（图五三，12）。年代为仰韶文化晚期。

标本 25：6　罐口沿。夹砂红陶。侈口，宽折沿，圆唇。饰竖绳纹及附加堆纹。残高 6、残宽 7.5、壁厚 0.7 厘米（图五三，13）。年代为仰韶文化晚期。

标本 25：18　罐残片。夹砂红褐陶。上饰绳纹，并间隔以抹光弦纹。残高 9.9、残宽 17.8、壁厚 0.7 厘米（图五四，1）。年代为仰韶文化晚期。

标本 25：11　钵口沿。泥质陶，砖红色。敛口，圆唇。素面。口径 25、残高 5、壁厚 0.6 厘米（图五四，2）。年代为仰韶文化晚期。

标本 25：10　钵口沿。泥质陶，砖红色。敛口，浅腹。素面，器表有抹痕，内有白色陶衣。口径 21、残高 4.5、壁厚 0.5 厘米（图五四，3）。年代为仰韶文化晚期。

标本 25：7　钵口沿。泥质陶，橙红色。敛口，圆唇，浅腹。素面。口径 14、残高 4.5、壁厚 0.6 厘米（图五四，4）。年代为仰韶文化晚期。

标本 25：2　钵口沿。泥质灰褐色陶。敛口，圆唇，斜腹。器表抹光，内饰白色陶衣。残高 5.7、残宽 7.5、壁厚 0.5 厘米（图五四，5）。年代为仰韶文化晚期。

标本 25：19　缸口沿。夹砂红褐陶。敛口，宽平沿。饰交错斜行粗绳纹。口径 27.8、残高 5.7、壁厚 0.7 厘米（图五四，6）。年代为仰韶文化晚期。

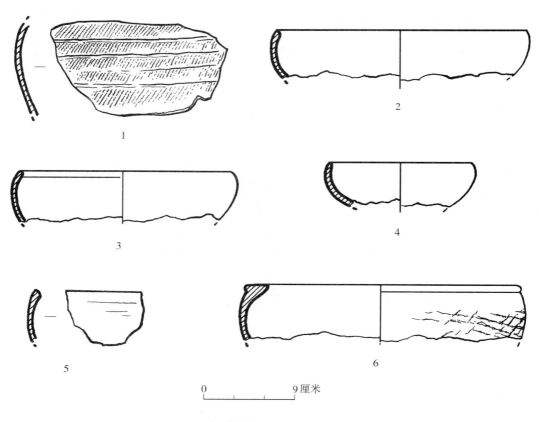

图五四　长道镇宁家庄遗址标本（二）

1. 罐残片（25：18）　2. 钵口沿（25：11）　3. 钵口沿（25：10）

4. 钵口沿（25：7）　5. 钵口沿（25：2）　6. 缸口沿（25：19）

26 长道镇龙八遗址

位于西汉水南岸、龙八村南的山前台地上（图五五；彩版二四）。周代墓地的范围东西长约 250、南北宽 80 米；今龙八村的村民家中还藏有墓地所出的陶方壶，系春秋中晚期秦墓中常见的陶礼器。一条上山的小路将墓地分为东、西两部分，在道路东侧的剖面上采集到周代的绳纹陶片。在周代墓地南，再往上一个台地，在山体断崖底部暴露出 3 座汉代砖券墓，从形制看其年代似为西汉晚期以后。由此可见，遗址较低的北部分布着周代秦墓，在较高的南部则分布着汉墓。

标本介绍如下：

标本 26∶4 罐口沿。夹细砂灰褐陶。侈口，尖圆唇。素面。口径 8.8、残高 3、壁厚0.6 厘米（图五六，1）。年代为仰韶文化晚期。

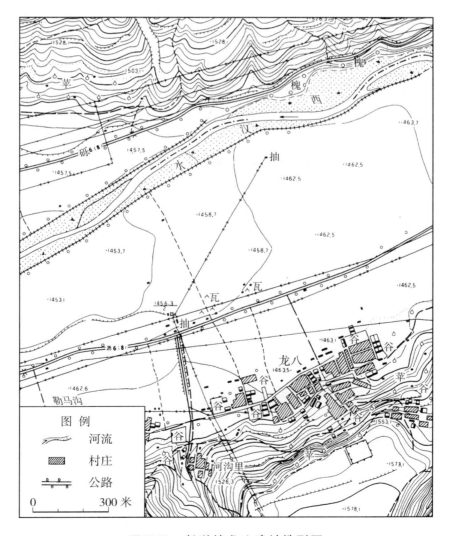

图五五 长道镇龙八遗址地形图

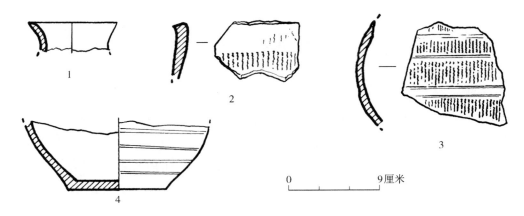

图五六　长道镇龙八遗址标本

1. 罐口沿（26∶4）　2. 鬲口沿（26∶3）　3. 罐腹（26∶2）　4. 罐底（26∶1）

标本 26∶3　鬲口沿。夹粗砂灰陶。饰竖向绳纹。残高 6、残宽 8.4、壁厚 0.8 厘米（图五六，2）。年代为东周时期。

标本 26∶2　罐腹。泥质灰褐陶。圆腹。饰竖向绳纹，间隔以凹弦纹而形成绳纹带。残高 10、残宽 10.5、壁厚 1.1 厘米（图五六，3）。年代为汉代。

标本 26∶1　罐底。泥质陶，青灰色。圆腹，平底。上有数道暗弦纹。底径 9.8、残高 7.2、壁厚 0.7 厘米（图五六，4）。年代为汉代。

27　长道镇盘龙山遗址

位于西汉水南岸、漾水河注入西汉水河口东侧的盘龙山台地上（图五七）。遗址东西长约 100、南北宽约 50 米，在断面上能见到 1～2 米厚的文化层及灰坑等遗迹（彩版二五）。遗址海拔高度约 1475 米。

标本介绍如下：

标本 27∶1　罐或鬻耳。泥质灰陶。桥形耳，耳上抹光。外饰竖绳纹。耳残高 8、耳宽 2、壁厚 0.6 厘米（图五八，1；图版一六，1）。属常山下层文化。

标本 27∶4　罐腹。泥质灰陶。饰细绳纹。残高 6.3、残宽 5.6、壁厚 0.6 厘米（图五八，2）。属常山下层文化。

标本 27∶5　罐腹。泥质灰陶。饰细绳纹。残高 6、残宽 10.6、壁厚 0.6 厘米（图五八，3）。属常山下层文化。

标本 27∶2　罐底。泥质灰陶。圆腹，平底。素面。残高 4.6、残宽 7.5、壁厚 0.7 厘米（图五八，4；图版一七，2）。属常山下层文化。

标本 27∶3　陶片。器形不明。泥质陶，橙红色。素面。残高 3.5、残宽 7.5、壁厚 0.6 厘米（图五八，5）。属常山下层文化。

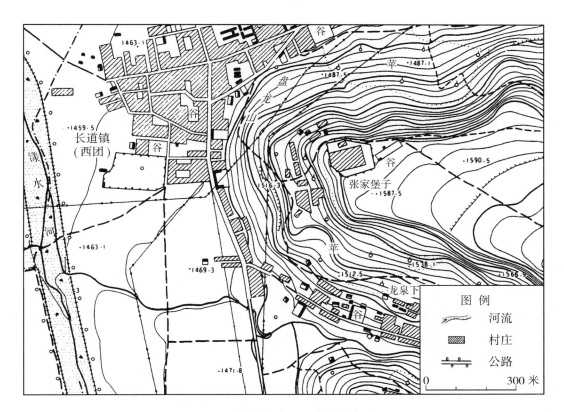

图五七 长道镇盘龙山遗址地形图

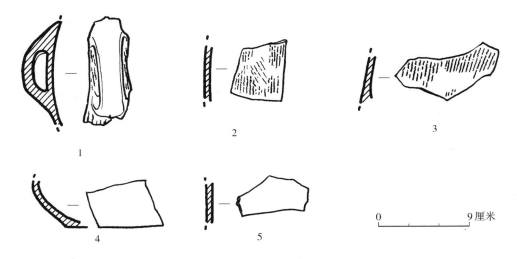

图五八 长道镇盘龙山遗址标本

1. 罐或鬶耳（27：1） 2. 罐腹（27：4） 3. 罐
腹（27：5） 4. 罐底（27：2） 5. 陶片（27：3）

28 永坪乡大堡子山遗址

位于永坪乡赵坪村东大堡子山、西汉水与永坪河交汇处的黄土山峁上（图五九；彩版二六、二七）。遗址长西长 300、南北宽 800 米。发现大型墓葬 2 座、中小型墓葬 200 余座，以及周代灰坑等。遗迹主要有 4 段夯土墙和年代不明的散水（彩版二八～三〇）。采集有西周早期的鬲足和晚期的浅盘豆以及周代绳纹灰陶片。另有仰韶晚期红陶片、秦汉云纹瓦当和汉代筒瓦残片。属于国家级重点文物保护单位。

标本介绍如下：

标本 28：7 罐口沿。夹砂红陶。圆唇，"T"形宽平沿。外饰粗绳纹。口径 28.3、残高 4.7、壁厚 1.5 厘米（图六〇，1）。年代为仰韶文化晚期。

标本 28：3 罐耳。泥质灰褐陶。素面。耳高 9.6、耳宽 3.9、壁厚 0.9 厘米（图六〇，2）。年代为仰韶文化晚期。

标本 28：38 鬲裆足。夹砂灰陶。联裆，尖锥状实足根，略呈商式鬲袋足状，裆脊线明显。饰规整的细绳纹，绳纹直通足端。裆高 3.3、足根高 3.6、壁厚 1.2、足最大间距 17 厘米（图六〇，3；图版二五，2）。年代为西周早期。

标本 28：42 鬲足。夹砂灰陶。残缺一半，联裆鬲的尖锥状足，足内侧残缺。饰规整的竖向细绳纹。残高 5、残宽 5.6 厘米（图六〇，4；图版二五，3）。年代为西周早期。

标本 28：37 鬲口沿。夹细砂灰陶。圆唇，侈口，折宽平沿。沿内、外各有一道凹弦纹，器身饰绳纹。残高 3、残宽 6.2、口沿宽 2.6、壁厚 0.6～1.2 厘米（图六〇，5）。年代为西周晚期。

标本 28：19 豆盘。泥质灰陶。尖圆唇，浅腹，直壁。沿外饰三道凹弦纹。口径 16.5、盘深 2.6、壁厚 0.6 厘米（图六〇，6）。年代为西周晚期。

标本 28：8 鬲裆。夹砂褐陶。饰绳纹，绳纹较细。残高 7.2、残宽 9、壁厚 0.9 厘米（图六〇，7）。年代为西周时期。

标本 28：11 鬲足。夹砂。足内侧起脊。饰绳纹，绳纹较粗。残高 4.5、残宽 4.5、壁厚 1.6 厘米（图六〇，8）。年代为西周时期。

标本 28：23 三足瓮口沿。夹砂。方唇，直口，宽平沿。颈部附加一道薄泥条，颈以下饰绳纹。残高 5.7、残宽 12.6、口沿宽 3.3、壁厚 1.2 厘米（图六〇，9）。年代为西周时期。

标本 28：36 豆柄。泥质陶，青灰色。柄中空。素面。柄颈 3.7、残高 7.5、壁厚约 1～1.5 厘米（图六〇，10）。年代为西周晚期到春秋早期。

标本 28：1 豆盘。泥质陶，黑灰色。窄平沿，浅盘，直壁。素面，内壁有轮制痕迹。口径 17.4、盘深 3.6、壁厚 0.6～0.8 厘米（图六〇，11）。年代为春秋早期。

标本 28：2 豆盘。泥质灰陶。窄平沿，浅盘，直壁，腹壁较窄。素面，有轮制痕迹。

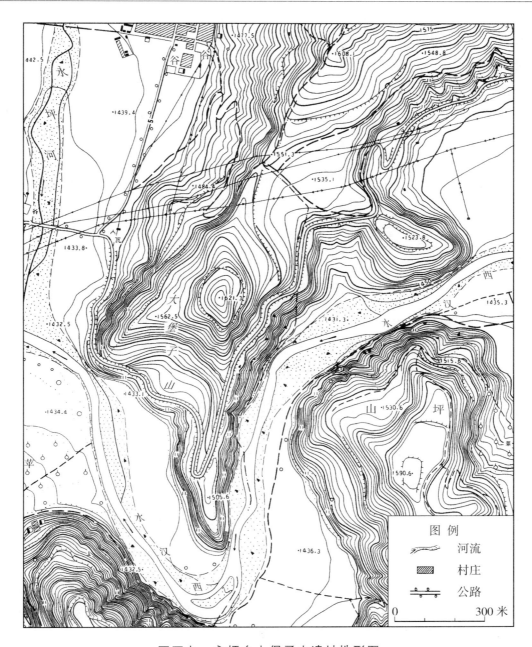

图五九 永坪乡大堡子山遗址地形图

口径 17.4、盘深 3.6、壁厚 0.4 厘米（图六○，12）。年代为春秋早期。

标本 28∶30 鬲口沿。夹砂灰陶。尖圆唇，直口，折平沿。饰交错绳纹。口径 28、残高 8.2、口沿宽 1、壁厚 1 厘米（图六○，13）。年代为春秋早期。

标本 28∶5 鬲口沿。夹粗砂灰陶。方唇，直口，平沿，缩颈。颈下饰竖向直绳纹。口径 18、口沿宽 1.8、壁厚 0.8 厘米（图六一，1）。年代为春秋中、晚期。

标本 28∶21 盆口沿。泥质灰陶。方唇，敛口，平沿，短颈。颈下饰绳纹。残高 7.2、残宽 14.3、口沿宽 1.2、壁厚 0.6 厘米（图六一，2）。年代为春秋时期。

标本 28∶22 盆口沿。泥质陶，青灰色。圆唇，直口，平沿。素面，颈部饰几道凹弦

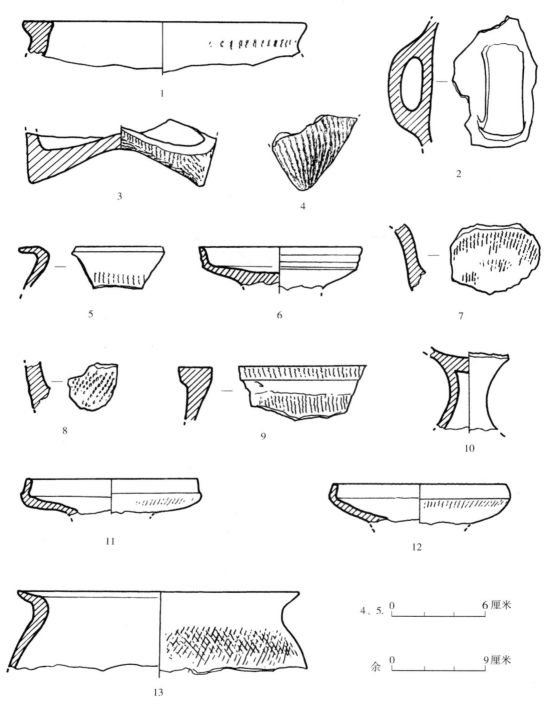

图六〇　永坪乡大堡子山遗址标本（一）

1. 罐口沿（28：7）　2. 罐耳（28：3）　3. 鬲裆足（28：38）　4. 鬲足（28：42）　5. 鬲口沿
（28：37）　6. 豆盘（28：19）　7. 鬲裆（28：8）　8. 鬲足（28：11）　9. 三足瓮口沿（28：
23）　10. 豆柄（28：36）　11. 豆盘（28：1）　12. 豆盘（28：2）　13. 鬲口沿（28：30）

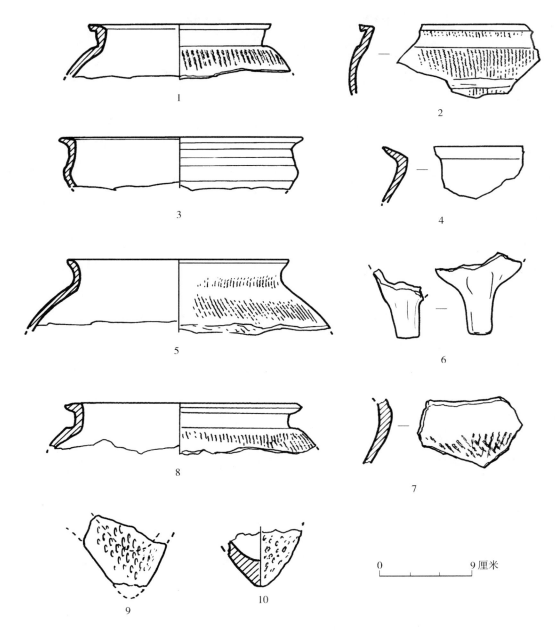

图六一　永坪乡大堡子山遗址标本（二）

1. 鬲口沿（28：5）　2. 盆口沿（28：21）　3. 盆口沿（28：22）　4. 盆
口沿（28：18）　5. 罐口沿（28：17）　6. 鼎足（28：4）　7. 鬲颈（28
：14）　8. 鬲口沿（28：24）　9. 鬲足（28：39）　10. 鬲足（28：26）

纹。口径 24、残高 5.4、口沿宽 1、壁厚 0.6 厘米（图六一，3）。年代为春秋时期。

　　标本 28：18　盆口沿。夹细砂灰陶。方唇，敛口，宽平沿。素面。残高 5、残宽 6、壁厚 0.6～0.9、口沿宽 2.1 厘米（图六一，4）。年代为春秋时期。

　　标本 28：17　罐口沿。夹粗砂灰陶。圆唇，敛口，卷沿，口部较小，束颈。饰粗绳纹。口径 22、残高 7.8、壁厚 0.6 厘米（图六一，5）。年代为春秋时期。

标本 28：4　鼎足。夹细砂陶，黑灰色。蹄足跟较粗。素面，足外抹平儿道。足高 3.9、足底径 2.3、壁厚 0.6～0.8 厘米（图六一，6）。年代为春秋时期。

标本 28：14　鬲颈。夹砂灰陶。口沿残。饰绳纹，绳纹较粗。残高 7.5、残宽 10.5、壁厚 0.8 厘米（图六一，7）。年代为春秋时期。

标本 28：24　鬲口沿。夹砂灰陶。尖唇，直口，平沿，缩颈，鼓肩。饰绳纹。口径 23.6、残高 5.4、口沿宽 1.5、壁厚 0.6 厘米（图六一，8）。年代为春秋晚期到战国早期。

标本 28：39　鬲足。夹砂灰陶。足端圆钝，裆较低。饰粗绳纹。残高 7、壁厚 0.8～2 厘米（图六一，9）。年代为战国早期。

标本 28：26　鬲足。夹砂灰陶。足端圆钝，低裆。饰大麻点粗绳纹。残高 5.7、足根高 2.7、壁厚 0.6～3 厘米（图六一，10；图版二九，3）。年代为战国中期。

标本 28：40　盆口沿。泥质灰陶。尖唇，直口，卷平沿，折腹。素面。口径 33、残高 7.8、口沿宽 2.6、壁厚 0.6 厘米（图六二，1）。年代为战国时期到汉代。

标本 28：31　瓦。泥质陶，青灰色。瓦面饰绳纹，绳纹较细。内饰麻点纹。残高 13.2、残宽 11.4、厚 1.5 厘米（图六二，2）。年代为东周时期。

标本 28：34　瓦。夹砂灰陶。外饰绳纹，绳纹较细，内饰麻点纹。残高 17.4、残宽 9.6、厚 1.2 厘米（图六二，3）。年代为东周时期。

标本 28：12　筒瓦。夹粗砂灰陶。外饰细绳纹，内饰粗麻点纹。残高 8.1、残宽 14.4、厚 0.8 厘米（图六二，4）。年代为东周时期。

标本 28：33　板瓦。夹砂陶，青灰色。外饰细绳纹，内饰绳纹，再横向抹光四道。残长 18.6、残宽 11.4、厚 0.9 厘米（图六二，5）。年代为东周时期。

标本 28：6　陶片。泥质灰陶。素面。残高 4.5、残宽 7.3、壁厚 0.8 厘米（图六二，6）。年代为周代。

标本 28：27　陶片。泥质灰陶。饰斜细绳纹。残高 5.2、残宽 10.7、壁厚 0.45 厘米（图六二，7）。年代为周代。

标本 28：16　陶片。泥质灰陶。饰细绳纹，绳纹上一道抹光弦纹。残高 9、残宽 6.5、壁厚 0.6 厘米（图六二，8）。年代为周代。

标本 28：29　陶片。泥质灰陶。饰粗绳纹。残高 11.5、残宽 18.4、壁厚 0.6 厘米（图六二，9）。年代为周代。

标本 28：9　陶片。夹砂灰陶。饰细绳纹。残高 6.5、残宽 7.4、壁厚 1 厘米（图六二，10）。年代为周代。

标本 28：10　陶片。夹砂灰陶。饰细绳纹。残高 7.5、残宽 7.5、壁厚 0.5 厘米（图六二，11）。年代为周代。

标本 28：25　陶片。夹砂灰陶。饰绳纹。残高 6、残宽 10.8、壁厚 0.4 厘米（图六三，1）。年代为周代。

标本 28：35　瓦头。夹砂陶，青灰色。外饰细绳纹，内饰麻点纹。残高 8.2、瓦唇宽

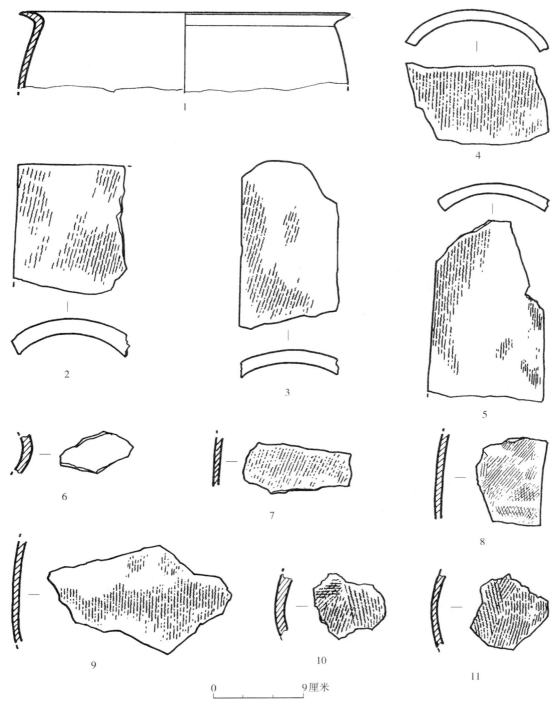

图六二 永坪乡大堡子山遗址标本（三）

1. 盆口沿（28：40）　2. 瓦（28：31）　3. 瓦（28：34）　4. 筒瓦（28：12）

5. 板瓦（28：33）　6. 陶片（28：6）　7. 陶片（28：27）　8. 陶片（28：16）

9. 陶片（28：29）　10. 陶片（28：9）　11. 陶片（28：10）

7.5、瓦唇厚约 1 厘米（图六三，2）。年代为东周到汉代。

　　标本 28∶13　盆口沿。泥质灰陶。方唇，侈口，斜沿。颈部饰两道凹弦纹，唇中部饰一道凹弦纹。口径 32、残高 5.7、壁厚 0.6 厘米（图六三，3）。年代为汉代。

　　标本 28∶41　盆口沿。泥质灰陶。宽厚唇，敛口，平沿。素面，有轮制痕迹。口径 30、残高 4、壁厚 0.4 厘米（图六三，4）。年代为汉代。

　　标本 28∶20　罐残片。泥质灰陶。饰绳纹。残高 12、残宽 7.5、壁厚 0.6 厘米（图六三，5）。年代为汉代。

　　标本 28∶15　瓦当。夹砂灰陶。手制。饰卷云纹及葵纹。当面直径约 18 厘米（图六三，6）。年代为汉代。

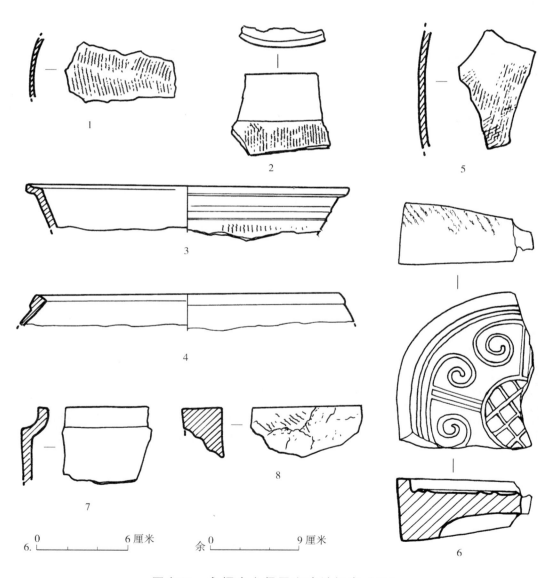

图六三　永坪乡大堡子山遗址标本（四）

1. 陶片（28∶25）　2. 瓦头（28∶35）　3. 盆口沿（28∶13）　4. 盆口沿（28∶41）

5. 罐残片（28∶20）　6. 瓦当（28∶15）　7. 筒瓦头（28∶32）　8. 砖（28∶28）

标本 28∶32　筒瓦头。夹砂陶，青灰色。表面素面，内饰粗麻点纹。残高 7.8、残宽 9、瓦唇宽 1.8、瓦厚 0.9 厘米（图六三，7）。年代为汉代。

标本 28∶28　砖。泥质灰陶。残，陶质较粗。饰粗绳纹。厚 3.9 厘米（图六三，8）。年代为汉代。

29　永兴乡赵坪遗址

位于永兴乡赵坪村以西、龙槐沟以东、漾水河以西及以南的台地上（图六四；彩版三一）。东西长约 1000、南北宽约 300～400 米，面积在 30 万平方米以上。遗址包含多种文化遗存。台地东侧爷池村附近有仰韶晚期的文化遗存，在赵坪村以西的第 1～2 级台地上分布着大面积的春秋墓葬（彩版三二），1998 年甘肃省文物考古研究所曾进行发掘；第 3 级台地属于周代遗址区，在其居中位置还发现一处直径约 15 米的圆形夯土台遗址（彩版三三、三四）。在遗址内采集到大量的周秦文化遗物，以陶器的残片为主，器形有豆、鬲、大喇叭口罐等。

标本介绍如下：

标本 29∶75　尖底瓶底。泥质红陶。素面。残高 3.4、壁厚 0.6 厘米（图六五，1）。年代为仰韶文化晚期。

标本 29∶51　盆口沿。泥质红陶。宽平折沿，圆唇，鼓腹。素面。残高 3.6、残宽 11、壁厚 0.7 厘米（图六五，2）。年代为仰韶文化晚期。

标本 29∶16　盆口沿。夹砂红陶。平折沿，圆唇，腹微鼓。素面。口径 34、残高 4.5、壁厚 0.6 厘米（图六五，3）。年代为仰韶文化晚期。

标本 29∶76　罐口沿。泥质红陶。敛口，尖唇，口沿外加厚。素面。残高 4.8、残宽 8.4、壁厚 0.6～0.8 厘米（图六五，4）。年代为仰韶文化晚期。

标本 29∶21　罐口沿。夹粗砂红褐陶。斜折沿，尖圆唇。颈部以下饰斜向绳纹。口径 24、残高 5.4、壁厚 0.8 厘米（图六五，5）。年代为仰韶文化晚期。

标本 29∶50　罐口沿。夹砂红陶。侈口，斜沿，方唇，鼓腹。唇及腹部均斜向饰绳纹，腹部饰附加堆纹，堆纹上饰不规则圆圈纹。口径 28.2、残高 11.3、壁厚 0.6 厘米（图六五，6）。年代为仰韶文化晚期。

标本 29∶77　罐底。夹砂红陶。下腹部斜直内收，平底。饰竖向细绳纹。残高 9、残宽 10.6、壁厚 0.4～1 厘米（图六五，7）。年代为仰韶文化晚期。

标本 29∶6　瓮口沿。夹粗砂灰褐陶。敛口，宽沿。沿下饰斜向绳纹，并附加圆饼形装饰。口径 28、残高 6、壁厚 0.8 厘米（图六五，8）。年代为仰韶文化晚期。

标本 29∶22　钵残片。泥质陶，橙黄色。饰黑色弧线纹。残高 3.6、残宽 6、壁厚 0.5 厘米（图六五，9）。年代为仰韶文化晚期。

标本 29∶17　纺轮。夹砂红褐陶。扁平状，上小下大，中间有一穿孔。素面。上面径

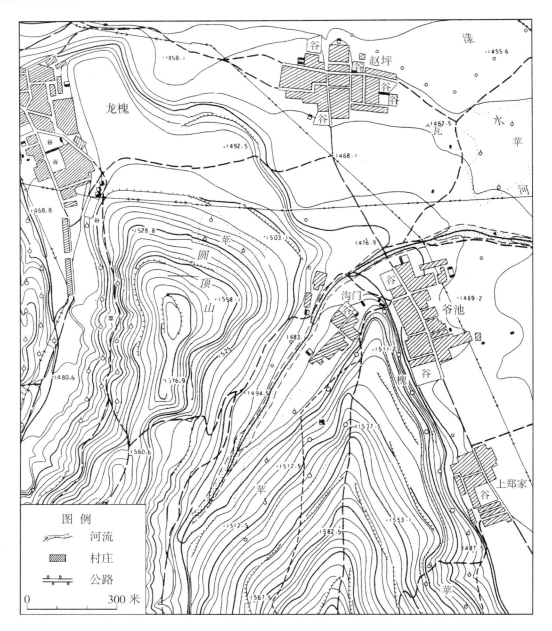

图六四　永兴乡赵坪、爷池山坪遗址地形图

4.2、下面径 6、厚 2.1、孔径 0.8～1.6 厘米（图六五，10）。年代为仰韶文化晚期。

　　标本 29：14　陶片。夹砂红褐陶。饰两道附加堆纹，堆纹上又压印绳纹。残高 6.6、残宽 6.6、壁厚 0.7 厘米（图六五，11）。年代为仰韶文化晚期。

　　标本 29：52　罐耳。泥质灰陶。桥形宽耳，中部内凹。素面。耳高 6.6、耳宽 3、厚 1、器壁厚 0.6 厘米（图六五，12）。属常山下层文化。

　　标本 29：72　罐耳。泥质灰陶。桥形耳。素面。耳高 4.4、耳宽 2、耳壁厚 0.6 厘米（图六五，13）。属常山下层文化。

　　标本 29：59　高领袋足鬲裆部。夹砂灰褐陶。分裆，袋足，内隔尖锐。裆隔外壁饰细

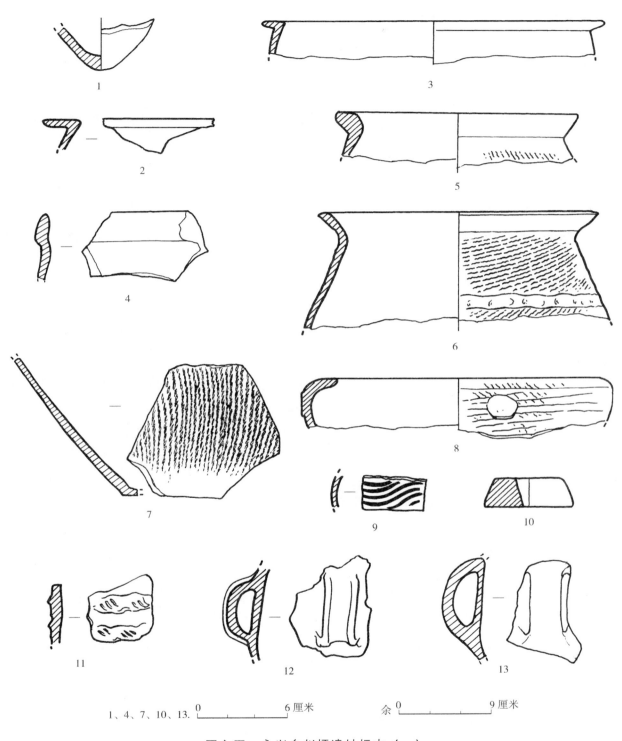

图六五 永兴乡赵坪遗址标本（一）

1. 尖底瓶底（29：75） 2. 盆口沿（29：51） 3. 盆口沿（29：16） 4. 罐口沿（29：76） 5. 罐口沿（29：21） 6. 罐口沿（29：50） 7. 罐底（29：77） 8. 瓮口沿（29：6） 9. 钵残片（29：22） 10. 纺轮（29：17） 11. 陶片（29：14） 12. 罐耳（29：52） 13. 罐耳（29：72）

绳纹。残高5、残宽9.4、壁厚0.6～0.8厘米（图六六，1；图版二一，3）。属商代的刘家文化。

标本29：10　豆盘。泥质陶，青灰色。浅盘折腹，直口圆唇。腹壁外有三道凹弦纹。口径15.9、盘深3、壁厚0.6厘米（图六六，2；图版二八，3）。年代为西周晚期。

标本29：38　豆柄。泥质陶，青灰色。柄中空。素面。柄径3.3、壁厚0.6～1厘米（图六六，3）。年代为西周晚期。

标本29：64　鬲口沿。夹砂灰陶。宽平沿硬折。沿面内、外端各有一道凹弦纹。颈、肩分界明显，颈下饰平行竖向绳纹。残高6、残宽7.6、沿宽3、壁厚0.6～1厘米（图六六，4）。年代为西周晚期。

标本29：62　鬲口沿。夹砂灰陶。宽平沿，沿面圆折，沿外端有一道凹弦纹。颈、肩分界明显，器表绳纹较粗。残高6、残宽7、沿宽3.2、壁厚0.8厘米（图六六，5）。年代为西周晚期。

标本29：35　鬲口沿。夹细砂陶，黑灰色。宽折平沿。沿内、外侧各有一道凹弦纹，肩以下饰竖向绳纹，颈部有绳纹抹光的痕迹。口径19.8、残高4、壁厚0.8厘米（图六六，6）。年代为西周晚期。

标本29：60　鬲口沿。夹砂灰陶。宽平沿硬折，仰角较大。沿内、外侧各有一道凹弦纹，颈部有少许绳纹。残高5.2、残宽5.8、沿宽4、壁厚0.8厘米（图六六，7）。年代为西周晚期。

标本29：12　鬲口沿。夹粗砂灰陶。侈口，折平沿，圆唇，束颈，沿内、外侧各有一道凹弦纹。肩以下饰竖向绳纹，颈部有抹光后的绳纹痕迹。口径30、残高9、沿宽2.4、壁厚0.6～1.1厘米（图六六，8）。年代为西周晚期。

标本29：26　罐口沿。泥质灰陶。喇叭口，圆唇。沿上有两道凹弦纹。残高3.6、口径16.2、壁厚0.8厘米（图六六，9）。年代为西周晚期。

标本29：36　喇叭口罐口沿。泥质陶，青灰色。敞口，外缘一周抹平，尖唇，口部较小。肩以上饰细绳纹，腹部及以下素面。口径18、颈径13.2、残高5.1、壁厚0.8厘米（图六六，10）。年代为西周晚期。

标本29：54　喇叭口罐口沿。泥质灰陶。敞口，卷沿，圆唇。外饰细绳纹。残高6、残宽6.4、壁厚0.6厘米（图六六，11）。年代为西周晚期。

标本29：32　喇叭口罐口沿。泥质灰陶。口较小，圆唇，束颈，鼓腹。肩部以下饰绳纹。残高6、残宽10.5、壁厚1厘米（图六七，1）。年代为西周时期。

标本29：24　甑口沿。夹粗砂灰陶。口微外侈。沿下饰绳纹和附加堆纹，堆纹上有压窝。残高6、残宽6.9、厚1～1.6厘米（图六七，2）。年代为西周时期。

标本29：34　豆柄。泥质灰陶。柄较细，中空。素面。柄径4.5、残高7、壁厚0.8厘米（图六七，3；图版二八，5）。年代为春秋早期。

标本29：73　豆柄。泥质灰陶。柄中空。素面。柄径6.4、残高9、壁厚0.6厘米

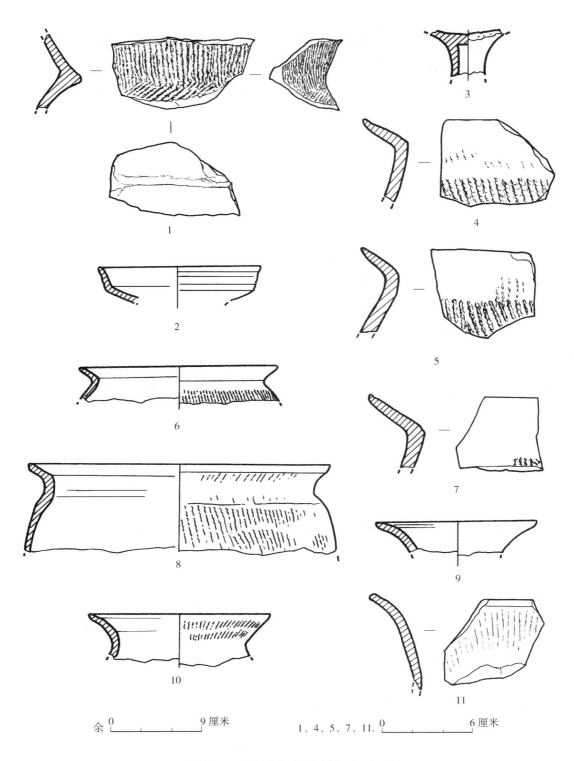

图六六　永兴乡赵坪遗址标本（二）

1. 高领袋足鬲裆部（29：59）　2. 豆盘（29：10）　3. 豆柄（29：38）　4. 鬲口沿（29：64）　5. 鬲口沿（29：62）　6. 鬲口沿（29：35）　7. 鬲口沿（29：60）　8. 鬲口沿（29：12）　9. 罐口沿（29：26）　10. 喇叭口罐口沿（29：36）　11. 喇叭口罐口沿（29：54）

（图六七，4）。年代为春秋早期。

标本 29：37　喇叭口罐口沿。泥质灰陶。敞口，卷沿，沿外缘抹平，尖圆唇。素面。口径 18.9、残高 6、壁厚 0.75 厘米（图六七，5）。年代为春秋早期。

标本 29：33　喇叭口罐口沿。泥质灰陶。敞口，口部外端折平沿，短颈。口、颈结合部位内侧有一道凹弦纹。口径 22.2、残高 4.4、壁厚 0.8 厘米（图六七，6）。年代为春秋早中期。

标本 29：11　鬲足。夹细砂灰陶。锥状足根。外表饰麻点状粗绳纹。残高 4.4、壁厚 0.7～2 厘米（图六七，7）。年代为春秋早中期。

标本 29：66　鬲足。夹粗砂灰陶。联裆鬲锥状实足根。粗绳纹施至足端。残高 4.8、壁厚 0.6 厘米（图六七，8）。年代为春秋早中期。

标本 29：57　鬲口沿。夹砂灰陶。直口，平沿，宽颈。颈上部一道凹弦纹，以下饰粗绳纹。残高 7.6、残宽 9.6、壁厚 1.1 厘米（图六七，9）。年代为春秋中晚期。

标本 29：39　盆口沿。泥质陶，青灰色。直口，折平沿，尖圆唇，腹较深。口沿外缘有一道凹弦纹，颈部有两道凹弦纹。口径 27.9、残高 8.4、沿宽 2.1、壁厚 0.6～0.9 厘米（图六七，10）。年代为春秋早中期。

标本 29：65　盆口沿。泥质灰陶。直口，窄平沿，缩颈。饰斜向绳纹。残高 7、残宽 10、沿宽 1、壁厚 0.6 厘米（图六七，11）。年代为春秋中晚期。

标本 29：71　盆口沿。泥质灰陶。直口，平沿，直壁，折腹。素面。残高 5.4、残宽 6、沿宽 1、壁厚 0.8 厘米（图六七，12）。年代为春秋中晚期。

标本 29：70　盆口沿。泥质灰陶。直口，平沿，缩颈，圆腹。素面。残高 6.4、残宽 12、口沿宽 1.4、壁厚 0.6 厘米（图六七，13）。年代为春秋中晚期。

标本 29：56　盆口沿。泥质陶，青灰色。直口，平沿，圆唇，缩颈。颈部有粗绳纹抹光后的残迹。残高 4、残宽 6、沿宽 1.6、壁厚 1 厘米（图六八，1）。年代为春秋中晚期。

标本 29：55　喇叭口罐。细泥质陶，青灰色。大敞口，折平沿。外饰绳纹。残高 6、残宽 7.4、沿宽 1.6、壁厚 0.8 厘米（图六八，2）。年代为春秋中晚期。

标本 29：63　鬲口沿。夹砂陶，黑褐色。直口，窄平沿，尖唇，缩颈。饰交错粗绳纹。残高 7、残宽 7、沿宽 1.8、壁厚 0.6～0.8 厘米（图六八，3）。年代为春秋晚期。

标本 29：1　盆。泥质灰陶。侈口，卷沿，圆唇，束颈，折腹，小平底。饰间断绳纹。口径 13、底径 5.6、高 6、壁厚 0.5 厘米（图六八，4）。年代为春秋晚期。

标本 29：61　盆口沿。泥质灰陶。折平沿，圆唇。上有竖向绳纹。残高 6.2、残宽 7、沿宽 1.7、壁厚 0.8 厘米（图六八，5）。年代为春秋时期。

标本 29：15　盆口沿。泥质灰陶。卷沿，圆唇，鼓腹。素面。口径 21.9、残高 3、壁厚 0.4～0.6 厘米（图六八，6）。年代为春秋时期。

标本 29：13　盆口沿。泥质灰陶。平折沿，圆唇。素面。口径 19.8、残高 3.6、壁厚 0.5 厘米（图六八，7）。年代为春秋时期。

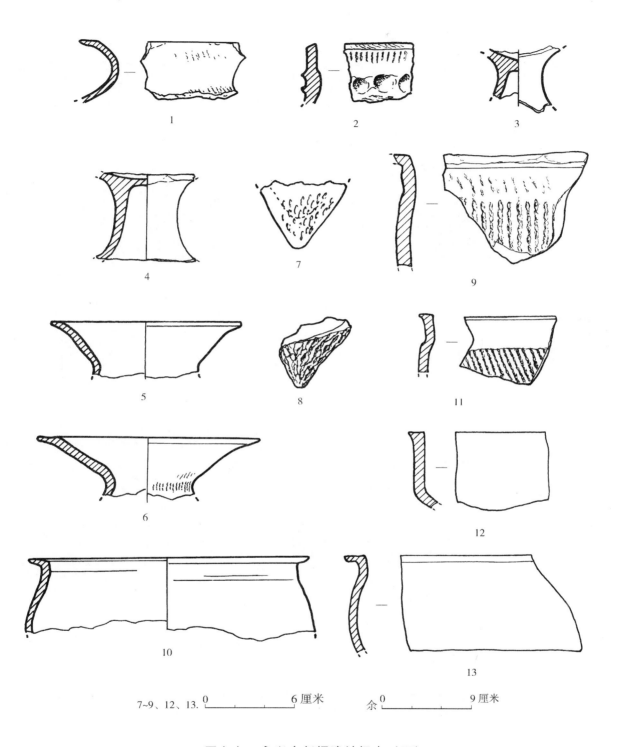

7~9、12、13. |0_____6厘米|　　余 |0_____9厘米|

图六七　永兴乡赵坪遗址标本（三）

1. 喇叭口罐口沿（29：32）　2. 瓿口沿（29：24）　3. 豆柄（29：34）　4. 豆柄（29：73）　5. 喇叭口罐口沿（29：37）　6. 喇叭口罐口沿（29：33）　7. 鬲足（29：11）　8. 鬲足（29：66）　9. 鬲口沿（29：57）　10. 盆口沿（29：39）　11. 盆口沿（29：65）　12. 盆口沿（29：71）　13. 盆口沿（29：70）

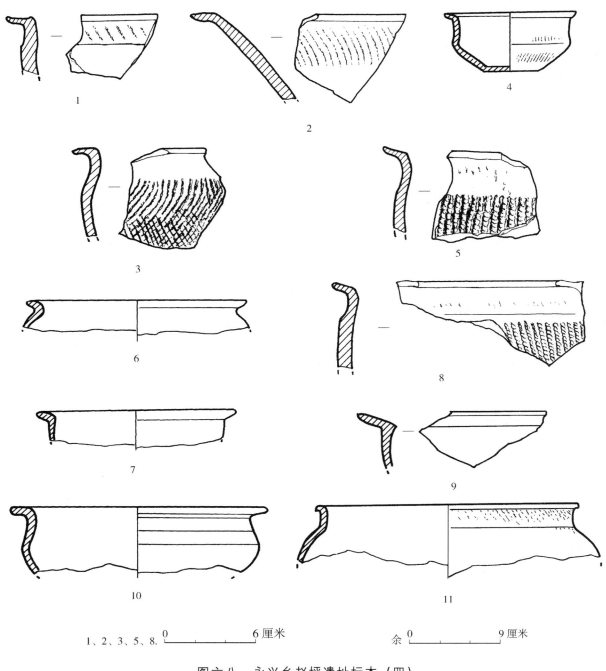

图六八　永兴乡赵坪遗址标本（四）

1. 盆口沿（29：56）　2. 喇叭口罐（29：55）　3. 高口沿（29：63）　4. 盆（29：1）　5. 盆口沿（29：61）　6. 盆口沿（29：15）　7. 盆口沿（29：13）　8. 盆口沿（29：69）　9. 盆口沿（29：8）　10. 罐口沿（29：30）　11. 罐口沿（29：40）

标本 29：69　盆口沿。泥质灰陶。直口，斜折平沿，圆唇，束颈。饰竖向绳纹。残高 6、残宽 12.4、壁厚 0.6～0.9 厘米（图六八，8）。年代为春秋时期。

标本 29：8　盆口沿。泥质灰陶。宽平折沿，圆唇，鼓腹。素面。残高 5.7、残宽

12.4、壁厚 0.6 厘米（图六八，9）。年代为春秋时期。

标本 29：30　罐口沿。泥质灰陶。平折沿，圆唇，圆折腹。下腹部有数道弦纹。口径 25.5、残高 7、壁厚 0.5～0.8 厘米（图六八，10）。年代为春秋时期。

标本 29：40　罐口沿。泥质灰陶。微侈口，方唇，鼓腹。口沿外侧有绳纹痕迹。口径 26、残高 7.5、厚 0.6 厘米（图六八，11）。年代为春秋时期。

标本 29：7　鼎耳。泥质灰陶。方形竖耳，耳下部有一圆孔，耳黏贴于口沿外侧。素面。耳高 4.3、宽 3.6～4、厚 1.5、孔径 1.4 厘米（图六九，1）。年代为春秋时期。

标本 29：45　鼎足。夹砂灰陶。柱状足，底部残留些许绳纹。残高 4.5、径 2 厘米（图六九，2）。年代为春秋时期。

标本 29：5　陶片。夹粗砂灰陶。饰弦纹间隔的绳纹。残高 6.5、残宽 5、壁厚 1.2 厘米（图六九，3）。年代为春秋时期。

标本 29：42　罐口沿。夹砂灰陶。平沿，圆唇。沿上有一道凹弦纹，腹部饰抹光绳纹。口径 30、沿宽 2、残高 6.6、壁厚 0.6～1 厘米（图六九，4）。年代为东周时期。

标本 29：4　喇叭口罐肩。泥质灰陶。饰 7 道凹弦纹。残高 12、残宽 16.9、壁厚 0.7 厘米（图六九，5）。年代为东周时期。

标本 29：19　罐口沿。泥质灰陶。带一桥形耳，耳黏接于口部和肩部。素面。残高 8.7、残宽 7.8、耳长 5、耳宽 2.3、耳厚 0.8、壁厚 0.5 厘米（图六九，6）。属寺洼文化。

标本 29：74　罐口沿。泥质灰褐陶。马鞍形口，带一桥形耳。素面。残高 5.8、口残宽 8.2、耳宽 1.8、壁厚 0.6 厘米（图六九，7）。属寺洼文化。

标本 29：46　罐耳。泥质灰陶。桥形耳。素面。残高 4.8、耳宽 2.2、厚 1 厘米（图六九，8）。属寺洼文化。

标本 29：25　喇叭口罐颈部。泥质灰陶。颈部较长。颈部共饰 12 道横向凹弦纹。残高 9、残宽 6.9、壁厚 0.9 厘米（图六九，9）。年代为战国中期。

标本 29：53　喇叭口罐颈部。泥质灰陶。长颈。饰凹弦纹。残高 7、残宽 6、壁厚 0.7 厘米（图六九，10）。年代为战国中期。

标本 29：18　鬲足。夹粗砂灰陶。足部粗矮，足尖不明显，低裆。饰大麻点纹。残高 9.7、壁厚 1～1.5 厘米（图六九，11）。年代为战国中期。

标本 29：67　鬲足。夹砂灰陶。矮足圆钝，低裆。饰粗绳纹。残高 5.6、足根高 3、壁厚 1～1.2 厘米（图七〇，1）。年代为战国中期。

标本 29：68　鬲足。夹粗砂灰陶。足圆钝，低裆。饰大麻点纹。残高 5、足根高 2、壁厚 1.2 厘米（图七〇，2）。年代为战国中期。

标本 29：47　罐口沿。夹砂青灰陶。直口，圆唇，口沿外一凸棱，鼓腹。饰绳纹。口径 10.2、残高 6、壁厚 0.7 厘米（图七〇，3）。年代为战国时期。

标本 29：41　鼎残片。泥质灰陶。母口内敛，折肩，鼓腹。腹部饰少许细绳纹。残高 7.5、残宽 9.6、壁厚 0.8 厘米（图七〇，4）。年代为战国时期。

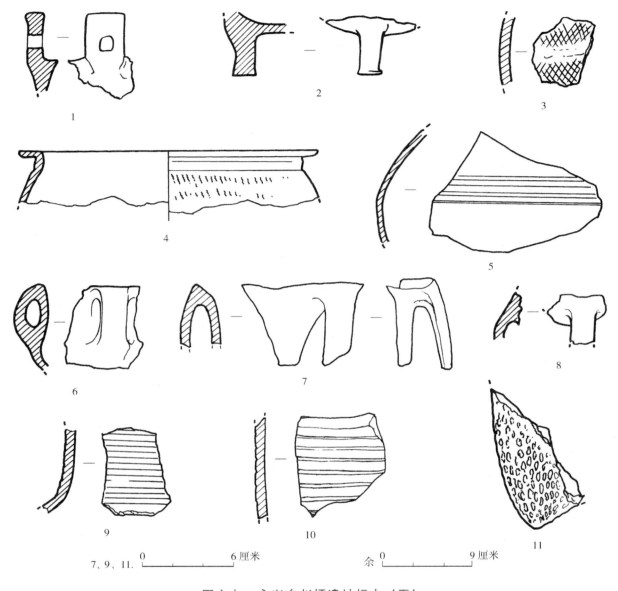

图六九　永兴乡赵坪遗址标本（五）

1. 鼎耳（29：7）　2. 鼎足（29：45）　3. 陶片（29：5）　4. 罐口沿（29：42）　5.
喇叭口罐肩（29：4）　6. 罐口沿（29：19）　7. 罐口沿（29：74）　8. 罐耳（29：
46）　9. 喇叭口罐颈部（29：25）　10. 喇叭口罐颈部（29：53）　11. 鬲足（29：18）

　　标本 29：27　罐口沿。泥质灰陶。侈口，束颈。素面。口径 13.8、残高 5、壁厚 0.6
厘米（图七〇，5）。年代为战国至汉代。

　　标本 29：44　器盖。夹砂灰陶。圆形。素面。直径 10、高 3.4、壁厚 0.3～0.6 厘米
（图七〇，6）。年代为战国至西汉。

　　标本 29：9　盆口沿。泥质灰陶。直口，圆唇，腹微鼓。腹部饰折线纹。口径 25.5、
残高 9、壁厚 0.5～0.7 厘米（图七〇，7）。年代为汉代。

　　标本 29：43　罐。夹砂灰陶。侈口，鼓腹，平底。素面。底径 6、残高 10、壁厚 0.5

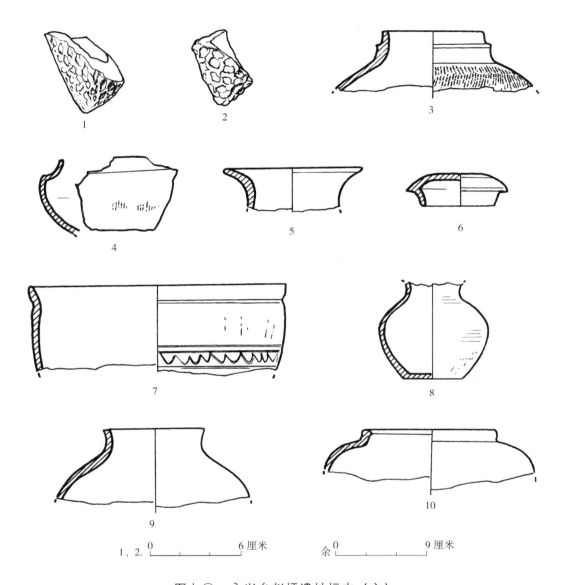

图七〇　永兴乡赵坪遗址标本（六）

1. 鬲足（29：67）　2. 鬲足（29：68）　3. 罐口沿（29：47）　4. 鼎残片（29：41）　5. 罐口沿（29：27）
6. 器盖（29：44）　7. 盆口沿（29：9）　8. 罐（29：43）　9. 罐口沿（29：3）　10. 罐口沿（29：20）

厘米（图七〇，8）。年代为汉代。

　　标本29：3　罐口沿。泥质灰陶。小直口，鼓腹。素面。口径10、残高8、壁厚0.6
厘米（图七〇，9）。年代为汉代。

　　标本29：20　罐口沿。泥质灰陶。小直口，窄沿，鼓腹。素面。口径13.5、残高6、
壁厚0.5厘米（图七〇，10；图版二七，2）。年代为汉代。

　　标本29：2　罐腹。泥质灰陶。腹部饰绳纹，并间隔以多道抹光弦纹。残高22.5、残
宽12、壁厚0.8厘米（图七一，1）。年代为汉代。

　　标本29：49　瓮口沿。泥质灰陶。直口，方唇，鼓肩。肩部饰细绳纹。口径18、残

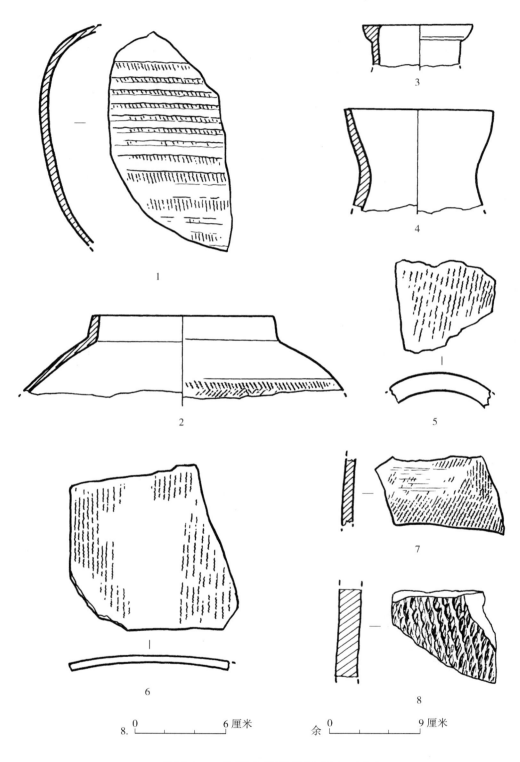

图七一　永兴乡赵坪遗址标本（七）

1. 罐腹（29∶2）　2. 瓮口沿（29∶49）　3. 壶口沿（29∶23）　4. 器口沿（29∶48）

5. 筒瓦（29∶31）　6. 板瓦（29∶29）　7. 板瓦（29∶28）　8. 瓦（29∶58）

高 8、壁厚 0.7 厘米（图七一，2）。年代为汉代。

标本 29：23　壶口沿。泥质灰陶。平折沿，尖唇。素面。口径 11、沿宽 1.7、残高 4.2、壁厚 0.5 厘米（图七一，3）。年代为汉代。

标本 29：48　器口沿。泥质灰陶。器形不明，侈口，方唇，高领。素面。口径 15、残高 11、壁厚 0.5～1 厘米（图七一，4）。年代为汉代。

标本 29：31　筒瓦。泥质红陶。外饰粗绳纹，内饰麻点纹。残高 9、残宽 10、厚 1.5～1.8 厘米（图七一，5）。年代为汉代。

标本 29：29　板瓦。泥质红陶。外饰交错绳纹，内饰麻点纹。残高 17、残宽 16.5、厚 0.6 厘米（图七一，6）。年代为汉代。

标本 29：28　板瓦。泥质灰陶。外饰细绳纹，内饰麻点纹。残高 8、残宽 13、厚 1 厘米（图七一，7）。年代为汉代。

标本 29：58　瓦。泥质灰陶。外饰粗绳纹，内饰细麻布纹。残高 6、宽 7、厚 1.6 厘米（图七一，8）。年代为汉代。

30　永兴乡洩寨湾遗址

位于西汉水北岸、洩寨湾东约 200 米的山体台地的顶部（图七二）。遗址海拔高度约 1700 米，仅发现个别残灰坑，采集到盆、罐等陶器残片。遗址面积约 50～100 平方米。

标本介绍如下：

标本 30：1　盆口沿。泥质灰褐陶。"T"形口，宽平沿，尖唇。素面。残高 4.8、残宽 6.6、沿宽 2.8、壁厚 0.8 厘米（图七三，1）。年代为仰韶文化晚期。

标本 30：2　罐口沿。夹砂陶，砖红色。侈口，斜折沿呈台阶状，圆唇，颈较宽。颈下饰斜向绳纹。残高 5、残宽 8.7、壁厚 1.4 厘米（图七三，2）。年代为仰韶文化晚期。

标本 30：5　罐底。夹粗砂红褐陶。斜腹，平底。腹部饰斜向粗绳纹，上有一道附加堆纹，其上亦滚压绳纹，底边有压捺的窝纹。残高 7.4、残宽 6.4、壁厚 0.8～1.2 厘米（图七三，3）。年代为仰韶文化晚期。

标本 30：3　罐底。夹粗砂红陶。斜腹，平底，底部系另接而成。饰横向粗绳纹。底径 21、残高 4.5、壁厚 1.1 厘米（图七三，4）。年代为仰韶文化晚期。

标本 30：4　罐腹。夹砂红褐陶。上饰横行粗绳纹，及一道宽泥条抹平的附加堆纹。堆纹宽约 4.6、陶片残宽 11.6、残高 9、壁厚 1.4 厘米（图七三，5）。年代为仰韶文化晚期。

标本 30：6　罐底。夹粗砂灰褐陶。深斜腹，平底。腹部饰斜粗绳纹。残高 8.4、残宽 9、壁厚 1.4 厘米（图七三，6）。年代为仰韶文化晚期。

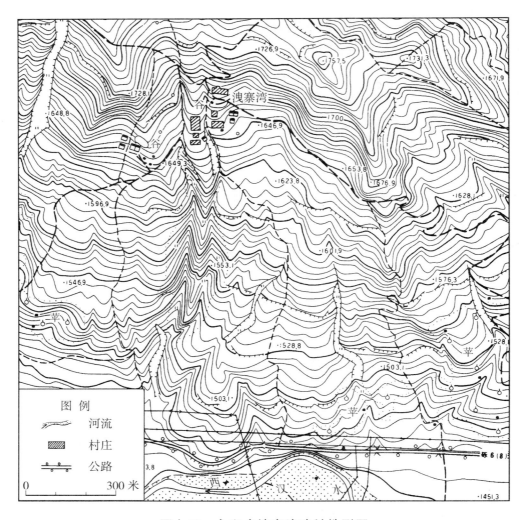

图七二 　永兴乡洩寨湾遗址地形图

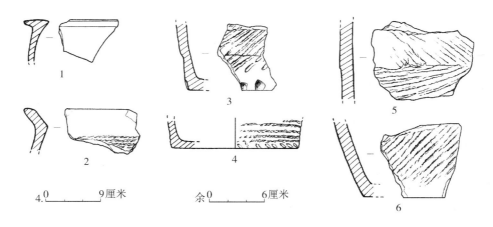

图七三 　永兴乡洩寨湾遗址标本

1. 盆口沿（30：1） 　 2. 罐口沿（30：2） 　 3. 罐底（30：5）

4. 罐底（30：3） 　 5. 罐腹（30：4） 　 6. 罐底（30：6）

31　永兴乡王堡西遗址

　　位于西汉水北岸的台地上、洩寨湾遗址以东、捷地村以西（图七四）。遗址东西长250、南北宽200米。发现少量袋状灰坑、窑洞式房子等，房子地面抹有厚5～10毫米的白灰面。采集有高领罐等。

　　标本介绍如下：

　　标本31∶4　盆口沿。泥质红陶。素面，外施一窝纹。口径18、残高5.7、壁厚0.5厘米（图七五，1）。属齐家文化。

　　标本31∶1　罐颈部。夹细砂陶，土红色。高领，鼓腹。素面。残高9、残宽7、壁厚

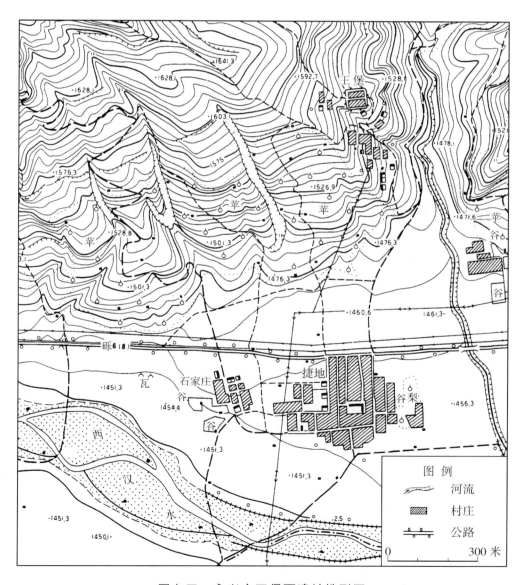

图七四　永兴乡王堡西遗址地形图

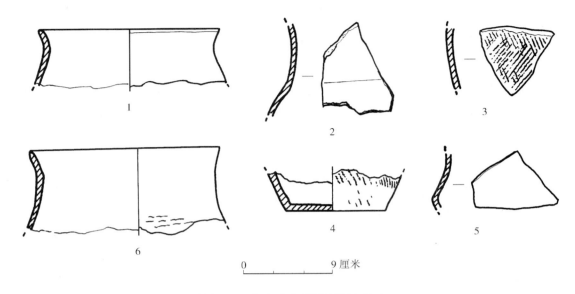

图七五　永兴乡王堡西遗址标本

1. 盆口沿（31∶4）　2. 罐颈部（31∶1）　3. 罐肩部（31∶6）

4. 罐底（31∶2）　5. 壶残片（31∶5）　6. 壶口沿（31∶3）

0.5 厘米（图七五，2）。属齐家文化。

　　标本 31∶6　罐肩部。泥质红陶。外施绳纹，上端抹平一道。残高 6.9、残宽 7.5、壁厚 0.6 厘米（图七五，3）。属齐家文化。

　　标本 31∶2　罐底。夹细砂陶，土红色。斜腹壁，平底。壁及底部饰麻点状纹及抹光一道。底径 9.6、残高 4.1、壁厚 0.6 厘米（图七五，4）。属齐家文化。

　　标本 31∶5　壶残片。泥质红陶。素面。残高 6、残宽 8.4、壁厚 0.5 厘米（图七五，5）。属齐家文化。

　　标本 31∶3　壶口沿。泥质红陶。口微侈，圆唇，直领。素面。口径 18.6、残高 8.7、壁厚 0.5 厘米（图七五，6）。属齐家文化。

32　永兴乡蒙张遗址

　　位于西汉水南岸、龙槐村以西、蒙张村以南、山脚村以东的黄土台地上（图七六）。遗址东西长约 500、南北宽约 400 米。在这个范围内有两条大冲沟相隔，自西向东分别为"山坪"、"罗坪"和"王坪"（彩版三五～三七）。在"山坪"采集到了丰富的周代陶片，文化层堆积较厚。"罗坪"和"王坪"位于同一个山头，但前者处在较低的阶地上，所见陶片稀少；后者处在较高的台地上，采集到大量的西周陶片。

　　标本介绍如下：

　　标本 32∶81　盆口沿。泥质红陶。直口，卷沿，圆唇。上有黑彩。残高 2.2、残宽 4.2、沿宽 1、壁厚 0.4 厘米（图七七，1）。年代为仰韶文化中期。

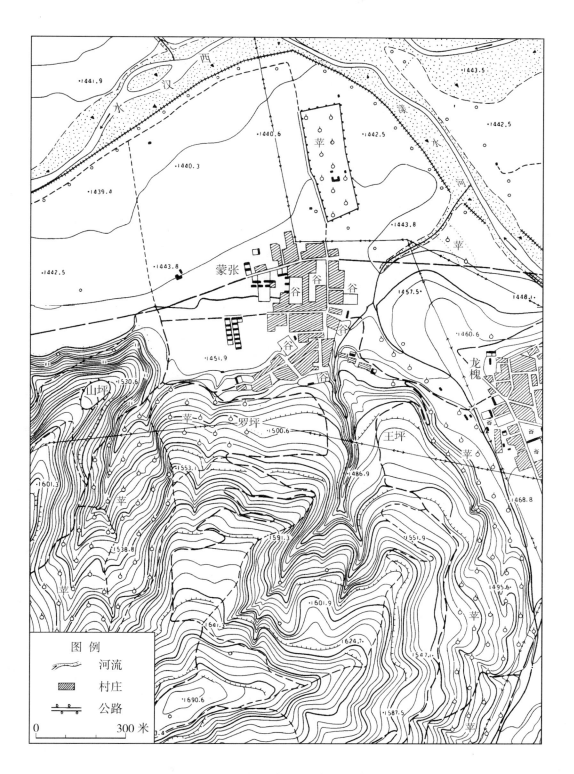

图七六　永兴乡蒙张遗址地形图

标本32：31　罐底。夹砂红褐陶，陶质粗。斜腹，平底。饰抹光绳纹。底径25.8、残高10.6、壁厚0.6～0.9厘米（图七七，2）。年代为仰韶文化中期。

标本32：32　器座。泥质红陶。圆唇，沿外侧贴一周薄泥条，上有黑彩。素面。底径21.9、残高5.5、壁厚0.3～0.9厘米（图七七，3）。年代为仰韶文化中期。

标本32：40　罐耳。夹细砂红褐陶。耳上贴加一道纵向泥条。耳宽4.5、残高6、壁厚0.6厘米（图七七，4）。属齐家文化。

标本32：61　罐残片。夹细砂红陶。饰竖向绳纹。残高4.2、残宽8.4、壁厚0.6厘米（图七七，5）。属齐家文化。

标本32：60　罐残片。夹细砂红褐陶。颈部有绳纹抹痕，以下饰粗绳纹。残高6、残宽7.4、壁厚0.6厘米（图七七，6）。属齐家文化。

标本32：26　高领袋足鬲鬲足。夹砂灰褐。扁柱状实足根。上饰细绳纹。残高4.4厘米（图七七，7；图版二一，5）。属商代刘家文化。

标本32：45　鬲口沿。夹砂灰陶。侈口，卷沿，圆唇，口沿仰角大于90度。上有抹平后的平行细绳纹。残高10.8、残宽12.3、沿宽3、壁厚0.8厘米（图七七，8）。年代为西周早期。

标本32：70　鬲足。夹砂红褐陶。联裆鬲的圆锥状实足根，裆内侧起脊明显。绳纹较细，施至足端，足底抹平。残高3、足根高2、壁厚0.8厘米（图七七，9）。年代为西周早期。

标本32：64　鬲足。夹砂红褐陶。联裆鬲的尖锥状实足根。足外侧饰斜向细绳纹，足内侧抹光，有少许绳纹残迹，足端外侧稍残。残高4.4厘米（图七七，10）。年代为西周早期。

标本32：65　鬲足。夹砂灰陶。联裆鬲的圆锥状实足根。饰细绳纹，绳纹施至足底。残高4.6厘米（图七七，11）。年代为西周早中期。

标本32：21　鬲口沿。夹砂灰陶。平沿圆折，夹角较大。沿面有两道凹弦纹。残高4.2、残宽8.7、沿宽3、壁厚0.9～0.7厘米（图七七，12）。年代为西周中期。

标本32：36　鬲口沿。夹细砂灰陶。宽平沿硬折，仰角大。沿面有凹弦纹。素面。残高3、残宽5.8、沿宽3.6、壁厚1～0.4厘米（图七七，13）。年代为西周中期或略晚。

标本32：78　鬲口沿。夹砂灰陶。宽平沿硬折。沿面内、外端各有一道凹弦纹，肩部饰绳纹。残高4、残宽6.6、沿宽2.4、壁厚1.2厘米（图七八，1）。年代为西周晚期。

标本32：77　鬲口沿。夹砂灰陶。宽平沿硬折。沿内端有一道凹弦纹。饰绳纹。残高4、残宽5.6、口沿宽2.8、壁厚0.8厘米（图七八，2）。年代为西周晚期。

标本32：76　鬲口沿。夹砂灰陶。宽平沿硬折。口沿外有抹平后的绳纹残痕，沿面内、外各有一道窄凹弦纹。残高9、残宽5.6、沿宽3、壁厚0.8～1厘米（图七八，3）。年代为西周晚期。

标本32：55　鬲口沿。夹砂灰陶。宽平沿硬折。口沿外有抹平后的绳纹残痕，沿面

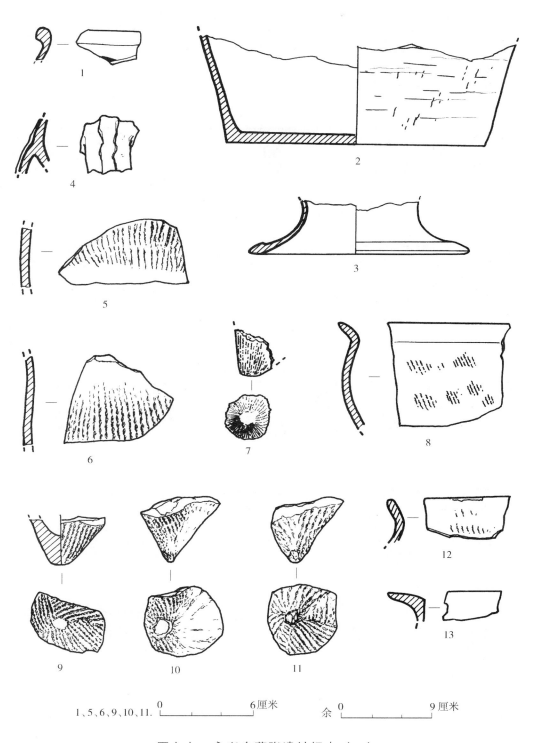

图七七　永兴乡蒙张遗址标本（一）

1. 盆口沿（32：81）　2. 罐底（32：31）　3. 器座（32：32）　4. 罐耳（32：40）　5. 罐残片（32：61）　6. 罐残片（32：60）　7. 高领袋足鬲鬲足（32：26）　8. 鬲口沿（32：45）　9. 鬲足（32：70）　10. 鬲足（32：64）　11. 鬲足（32：65）　12. 鬲口沿（32：21）　13. 鬲口沿（32：36）

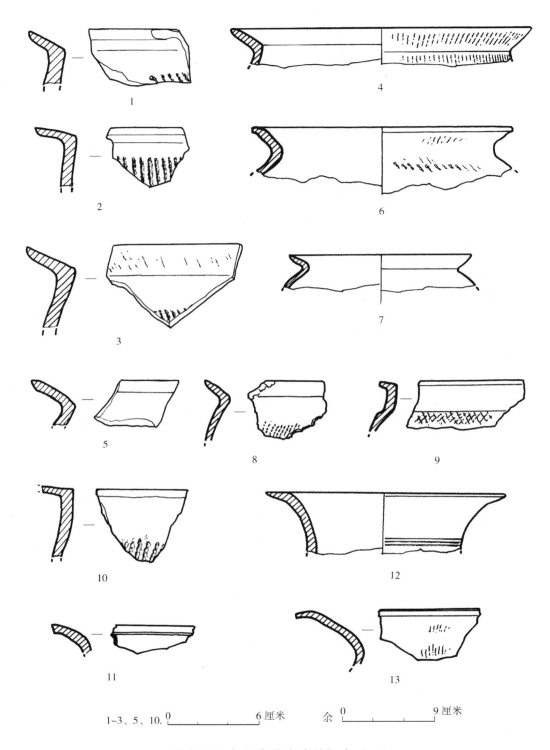

图七八　永兴乡蒙张遗址标本（二）

1. 鬲口沿（32∶78）　2. 鬲口沿（32∶77）　3. 鬲口沿（32∶76）　4. 鬲口沿（32∶55）　5. 鬲口沿（32∶58）　6. 鬲口沿（32∶33）　7. 鬲口沿（32∶22）　8. 鬲口沿（32∶8）　9. 鬲口沿（32∶7）　10. 鬲口沿（32∶69）　11. 喇叭口罐口沿（32∶2）　12. 喇叭口罐口沿（32∶46）　13. 喇叭口罐口沿（32∶47）

内、外各有一道凹弦纹。口径 30、残高 4、沿宽 3.5、壁厚 1.1 厘米（图七八，4）。年代为西周晚期。

标本 32：58　鬲口沿。夹砂灰陶。宽平折沿，尖圆唇。沿内、外侧各有一道凹弦纹。素面。残高 3.2、残宽 5.6、沿宽 2.8、唇厚 0.6、壁厚 0.8 厘米（图七八，5）。年代为西周晚期。

标本 32：33　鬲口沿。夹粗砂灰陶。宽平沿硬折。口沿外有抹平后的绳纹残痕，沿面内、外各有一道凹弦纹，沿下饰竖向绳纹。口径 26、残高 6.9、沿宽 3.6、壁厚 1 厘米（图七八，6）。年代为西周晚期。

标本 32：22　鬲口沿。夹砂灰陶。平沿硬折，夹角小。外饰绳纹。残高 4、口径 18、壁厚 0.5 厘米（图七八，7）。年代为西周晚期。

标本 32：8　鬲口沿。夹砂灰陶。沿面凹平硬折，上有两道凹弦纹，束颈。外饰绳纹。残高 6、残宽 7.8、壁厚 0.7 厘米（图七八，8）。年代为西周晚期。

标本 32：7　鬲口沿。夹砂灰陶。平折沿，方唇，沿面有两道凹弦纹，束颈。颈下部有一道弦纹为界，以下为中绳纹。残高 5、残宽 12、壁厚 1.1 厘米（图七八，9；图版三〇，5）。年代为西周晚期。

标本 32：69　鬲口沿。夹砂灰陶。直口，折平沿。颈下饰中绳纹。残高 5、残宽 6、壁厚 0.6～0.8 厘米（图七八，10）。年代为西周晚期至春秋早期。

标本 32：2　喇叭口罐口沿。泥质灰陶。敞口，方唇。素面。残高 3、残宽 8.4、壁厚 0.9 厘米（图七八，11）。年代为西周晚期。

标本 32：46　喇叭口罐口沿。泥质灰陶。敞口，宽平沿，尖圆唇。颈部有四道细弦纹。口径 24、残高 6.3、壁厚 0.9 厘米（图七八，12；图版二七，3）。年代为西周晚期。

标本 32：47　喇叭口罐口沿。泥质灰陶。敞口，平沿，圆唇。外有抹光的绳纹残痕。残高 5.4、残宽 10.2、壁厚 0.8 厘米（图七八，13）。年代为西周晚期。

标本 32：48　喇叭口罐口沿。泥质灰陶。敞口，凹平沿，圆唇。外饰抹平绳纹。口径 20、残高 4.2、壁厚 0.6 厘米（图七九，1；图版二七，4）。年代为西周晚期。

标本 32：63　豆盘。泥质灰陶。敞口，浅弧盘，圆腹，粗柄。素面。口径 18、盘深 2.7、柄径 11、壁厚 0.6～0.8 厘米（图七九，2；图版二六，6）。年代为西周早期。

标本 32：18　豆盘。泥质陶，青灰色。浅平盘。口沿外侧有三道平行凹弦纹。口径 20、盘深 3.6、壁厚 0.7 厘米（图七九，3；图版二八，4）。年代为西周晚期。

标本 32：35　豆柄。泥质灰陶。柄中空。素面。柄径 3.6、残高 5.5、壁厚 0.7～0.8 厘米（图七九，4）。年代为西周晚期。

标本 32：54　豆柄。泥质灰陶。柄中空，外有凸箍。素面。柄径 4.2、残高 6.2、壁厚 0.8 厘米（图七九，5；图版二九，1）。年代为西周晚期。

标本 32：44　豆柄。泥质灰陶。柄中空，中有一道凸箍。素面。柄径 3.6、残高 4.7、壁厚 0.9 厘米（图七九，6；图版二八，6）。年代为西周晚期。

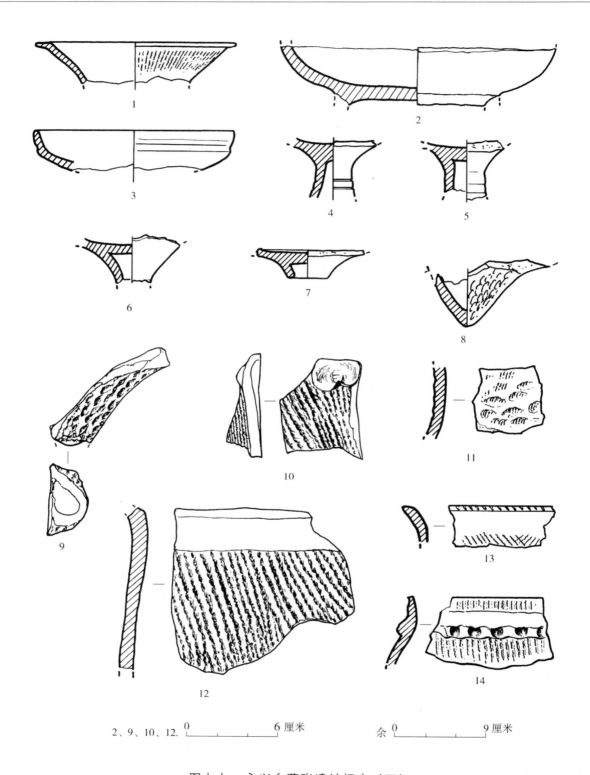

2、9、10、12. 0 ———— 6厘米　　　　余 0 ———— 9厘米

图七九　永兴乡蒙张遗址标本（三）

1. 喇叭口罐口沿（32：48）　　2. 豆盘（32：63）　　3. 豆盘（32：18）　　4. 豆柄（32：35）　　5. 豆柄（32
：54）　　6. 豆柄（32：44）　　7. 豆柄（32：12）　　8. 鬲足（32：1）　　9. 鬲足（32：59）　　10. 鬲裆（32
：79）　　11. 鬲裆（32：25）　　12. 鬲残片（32：80）　　13. 甗口沿（32：38）　　14. 甗口沿（32：52）

标本 32：12　豆柄。泥质灰陶。柄中空。素面。柄径 4、残高 3、壁厚 0.7 厘米（图七九，7）。年代为西周晚期至春秋早期。

标本 32：1　鬲足。夹砂陶，黑褐色。联裆鬲的尖锥状实足根。饰粗绳纹。残高 6、足根高 1.5、壁厚 0.9 厘米（图七九，8；图版二九，4）。年代为西周晚期至春秋早期。

标本 32：59　鬲足。夹粗砂陶，内壁灰黑色，外壁红褐色。弧裆，足端残，从断面看为内有鬲足泥芯，外裹泥条贴成。外饰粗绳纹。残高 6.8、壁厚 1 厘米（图七九，9）。年代为西周时期。

标本 32：79　鬲裆。夹砂灰陶。上部贴小泥饼，瘪裆。饰斜向绳纹。残高 7、残宽 5.6、壁厚 0.6 厘米（图七九，10）。年代属于西周时期。

标本 32：25　鬲裆。夹砂灰陶。裆底按捺后施细绳纹。残高 7.2、残宽 7、壁厚 0.8 厘米（图七九，11）。年代为西周时期。

标本 32：80　鬲残片。夹砂灰陶。短颈，溜肩。外饰绳纹。残高 11.2、残宽 12、壁厚 0.8 厘米（图七九，12）。年代为西周时期。

标本 32：38　甗口沿。夹砂灰陶。口沿有锯齿状花边，器表有抹光绳纹及交错绳纹。残高 4.2、残宽 10.5、壁厚 0.9 厘米（图七九，13）。年代为西周时期。

标本 32：52　甗口沿。夹细砂灰褐陶。敞口，斜平沿。颈部饰连锁状附加堆纹，其下饰斜向粗绳纹。残高 7.5、残宽 12.8、壁厚 1 厘米（图七九，14；图版三一，1）。年代为西周时期。

标本 32：11　甗口沿。夹砂灰陶。宽平沿圆折，仰角较大。素面。残高 5.1、残宽 6.3、唇厚 0.6、壁厚 1 厘米（图八〇，1）。年代属西周时期。

标本 32：4　喇叭口罐口沿。平折沿。素面。口径 30、残高 4、壁厚 0.9 厘米（图八〇，2）。年代为春秋早期。

标本 32：68　豆柄。泥质灰陶。柄中空。素面。残高 3.8、柄径 3.4、壁厚 0.8 厘米（图八〇，3；图版二九，2）。年代为春秋早期。

标本 32：9　豆盘。泥质灰陶。盘浅平。素面。残高 2.4、残宽 6.6、壁厚 0.7 厘米（图八〇，4）。年代为春秋早期。

标本 32：27　鬲足。夹砂灰陶。饰粗绳纹。残高 4.8、足根高 3、壁厚 1.5 厘米（图八〇，5）。年代为春秋早中期。

标本 32：24　鬲足。夹砂灰陶。联裆鬲的尖锥状足。外饰粗绳纹。残高 4.5、足根高 2.4、壁厚 1.2 厘米（图八〇，6）。年代为春秋早中期。

标本 32：57　喇叭口罐口沿。泥质灰陶。敞口，平沿，圆唇。颈部饰竖向绳纹并抹平。残高 5、残宽 7、壁厚 0.6 厘米（图八〇，7）。年代为春秋中期。

标本 32：56　盆口沿。泥质灰陶。口微敛，平沿尖唇。饰三道凹弦纹。残高 4.5、残宽 7、壁厚 0.6 厘米（图八〇，8）。年代为春秋中晚期。

标本 32：66　鬲足。夹砂灰陶。足端钝平，饰粗绳纹到底。残高 4.8、足根高 1.6、

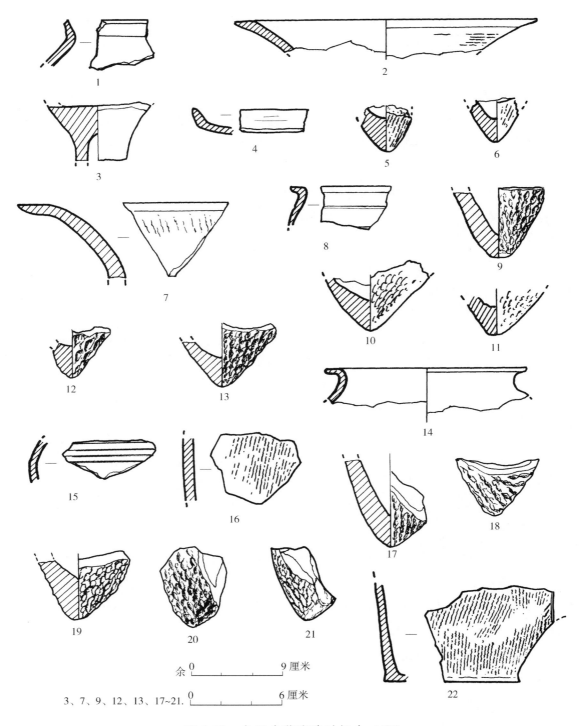

图八〇　永兴乡蒙张遗址标本（四）

1. 瓶口沿（32：11）　2. 喇叭口罐口沿（32：4）　3. 豆柄（32：68）　4. 豆盘（32：9）　5. 鬲
足（32：27）　6. 鬲足（32：24）　7. 喇叭口罐口沿（32：57）　8. 盆口沿（32：56）　9. 鬲足
（32：66）　10. 鬲足（32：5）　11. 鬲足（32：39）　12. 鬲足（32：62）　13. 鬲足（32：74）
14. 盆口沿（32：34）　15. 罐肩部（32：10）　16. 陶片（32：20）　17. 鬲足（32：73）　18. 鬲
足（32：72）　19. 鬲足（32：71）　20. 鬲足（32：75）　21. 鬲足（32：67）　22. 灶（32：51）

壁厚 1 厘米（图八〇，9）。年代为春秋中晚期。

标本 32：5　鬲足。夹砂灰陶。锥状实足根。粗绳纹到足底。残高 7、足根高 3、壁厚 0.8 厘米（图八〇，10）。年代为春秋中晚期。

标本 32：39　鬲足。夹砂灰陶。圆锥状实足根，足端平钝，足较矮。饰粗绳纹。残高 4.8、足根高 3.6、壁厚 0.9 厘米（图八〇，11）。年代为春秋晚期。

标本 32：62　鬲足。夹砂灰陶。锥状足根较短，足尖矮。压印绳纹直通足尖，绳纹粗而深。残高 3.4、足根高 2.2、壁厚 0.8 厘米（图八〇，12）。年代为春秋晚期。

标本 32：74　鬲足。夹砂灰陶。圆锥状足尖，足较矮。饰粗绳纹。残高 4.2、足根高 2、壁厚 0.8 厘米（图八〇，13）。年代为春秋晚期。

标本 32：34　盆口沿。泥质陶，青灰色。侈口，宽平沿，圆唇，窄颈，鼓肩。素面。口径 20、残高 4.5、壁厚 0.6 厘米（图八〇，14）。年代为春秋晚期。

标本 32：10　罐肩部。泥质灰陶。器表饰三道弦纹。残高 4、残宽 9、壁厚 0.6 厘米（图八〇，15）。年代属于春秋时期。

标本 32：20　陶片。器形不明。夹砂灰陶。外饰竖向绳纹。残高 7.5、残宽 9、厚 1.2 厘米（图八〇，16）。年代属于春秋时期。

标本 32：73　鬲足。夹砂灰陶。足端圆钝。饰粗绳纹。残高 6、足根高 2.2、壁厚 1 厘米（图八〇，17）。年代为战国早期。

标本 32：72　鬲足。夹砂灰陶。足根较矮。饰粗绳纹。残高 4、足根高 2.4、壁厚 1 厘米（图八〇，18）。年代为战国早期。

标本 32：71　鬲足。夹砂灰陶。矮足，低裆，实足根。饰粗麻点纹。残高 4.6、足根高 2.8、壁厚 1 厘米（图八〇，19）。年代为战国早中期。

标本 32：75　鬲足。夹砂灰陶。矮足，低裆，足端圆钝。饰粗绳纹。残高 5.6、足根高 2.8、壁厚 1 厘米（图八〇，20）。年代为战国中期。

标本 32：67　鬲足。夹砂灰陶。低裆，矮足较钝。饰粗绳纹。残高 5、足根高 3、壁厚 0.8 厘米（图八〇，21）。年代为战国中期。

标本 32：51　灶。夹砂灰陶。腹下部切割出一桥洞形孔作为进火口。灶壁饰交错绳纹。残高 10、壁厚 0.9 厘米（图八〇，22）。年代为战国晚期。

标本 32：50　鼎耳。泥质灰陶。立沿耳，耳作拱桥形。外饰一道弯曲的凹弦纹。耳高 4、耳厚 1.8、壁厚 1.5 厘米（图八一，1）。年代为东周时期。

标本 32：37　罐残片。泥质灰陶。折肩处饰二道凹弦纹。素面。残高 7.2、残宽 8、壁厚 0.6 厘米（图八一，2）。年代为周代。

标本 32：16　瓦残片。泥质灰陶。外饰绳纹较细，瓦内素面。残高 13.2、残宽 10、厚 0.8 厘米（图八一，3）。年代为周代。

标本 32：13　陶拍。夹砂灰陶。素面。残高 5.4、把手长 4.4、拍径 8.2、拍壁厚 1.4 厘米（图八一，4）。年代为周代。

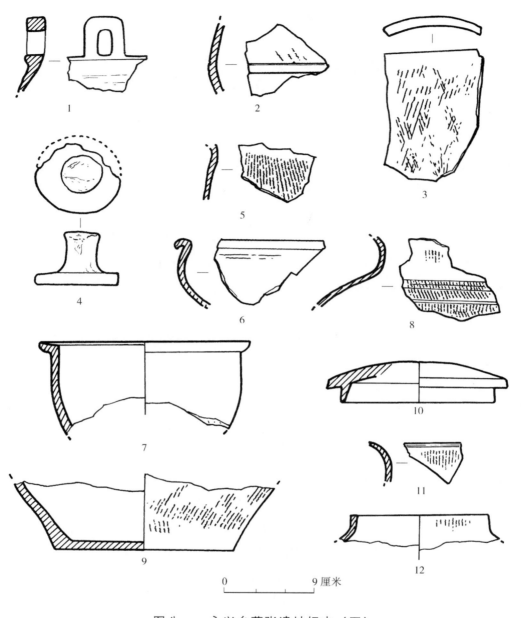

图八一　永兴乡蒙张遗址标本（五）

1. 鼎耳（32：50）　2. 罐残片（32：37）　3. 瓦残片（32：16）　4. 陶拍（32：13）
5. 陶片（32：3）　6. 盆口沿（32：23）　7. 盆（32：49）　8. 罐残片（32：53）　9.
罐底（32：14）　10. 壶盖（32：19）　11. 罐口沿（32：43）　12. 罐口沿（32：42）

标本 32：3　陶片。器形不明。外饰斜向中绳纹。残高 6、残宽 7.5、壁厚 0.6 厘米
（图八一，5）。年代为周代。

标本 32：23　盆口沿。泥质灰陶。敛口，卷沿，圆唇。器表饰暗纹，有轮制痕迹。残
高 6.6、残宽 11、壁厚 0.6 厘米（图八一，6）。年代为战国至汉代。

标本 32：49　盆。泥质灰陶。直口，平沿，斜方唇，深腹。素面。口径 21、残高 9、
壁厚 0.8 厘米（图八一，7）。年代为汉代。

标本 32：53 罐残片。泥质灰陶。侈口，束颈，圆肩。颈下饰细绳纹并间隔以弦纹。残高 8.4、残宽 10.3、壁厚 0.7 厘米（图八一，8）。年代相当于战国至汉代。

标本 32：14 罐底。泥质灰陶。外饰斜向粗绳纹。底径 18、残高 8、壁厚 0.8～1.6 厘米（图八一，9）。年代为战国至汉代。

标本 32：19 壶盖。泥质灰陶。子口，素面。口径 18、高 4、壁厚 1.1 厘米（图八一，10）。年代相当战国至汉代。

标本 32：43 罐口沿。泥质灰陶。侈口，卷平沿，方唇。唇外有一道凹弦纹，颈外饰抹光绳纹。残高 4.2、残宽 5.7、壁厚 0.6 厘米（图八一，11）。年代为汉代。

标本 32：42 罐口沿。泥质灰陶。直口，平沿。口沿外饰竖向绳纹。口径 13.8、残高 3.3、壁厚 0.6 厘米（图八一，12）。年代为汉代。

标本 32：29 罐底。泥质灰陶。底饰斜向绳纹。底径 14、残高 7.5、壁厚 0.7 厘米（图八二，1）。年代为汉代。

标本 32：41 罐底。泥质灰陶。斜腹，平底。外饰细绳纹。底径 9、残高 6、壁厚 0.7 厘米（图八二，2）。年代为汉代。

标本 32：6 器口沿。器形不明。泥质灰陶。方唇。肩部饰少许细绳纹。口径 17.4、

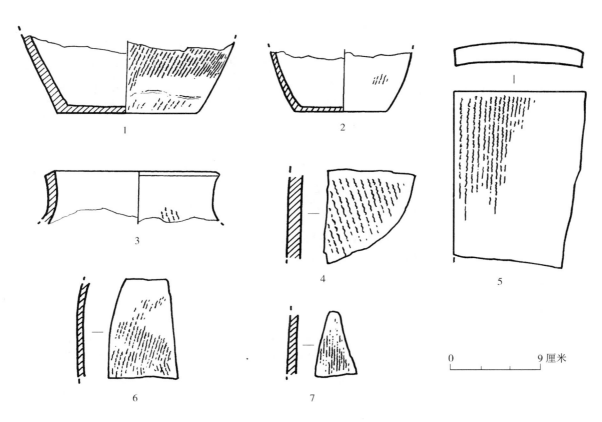

图八二 永兴乡蒙张遗址标本（六）

1. 罐底（32：29） 2. 罐底（32：41） 3. 器口沿（32：6） 4. 板瓦残片
（32：15） 5. 板瓦残片（32：17） 6. 陶片（32：28） 7. 陶片（32：30）

残高 5、壁厚 0.8 厘米（图八二，3）。年代为汉代。

标本 32：15　板瓦残片。泥质灰陶。外饰粗绳纹，内饰细布纹。残高 9.6、残宽 9、厚 1.4 厘米（图八二，4）。年代为汉代。

标本 32：17　板瓦残片。泥质灰陶。器表饰粗绳纹，内饰麻布纹。残高 18、残宽 13.2、厚 2.1 厘米（图八二，5）。年代为汉代。

标本 32：28　陶片。器形不明。泥质灰陶。饰绳纹。残高 10.5、残宽 7、壁厚 0.6 厘米（图八二，6）。年代为汉代。

标本 32：30　陶片。器形不明。夹细砂红陶。外饰细绳纹。残高 7、残宽 4.2、壁厚 0.9 厘米（图八二，7）。年代为汉代。

33　永兴乡山脚遗址

位于西汉水南岸的永兴乡山脚村南的台地上（图八三）。山脚村后的山崖下有一座大型汉墓，其夯筑封土高约 20～30 米，被盗，有积炭，周围采集到板瓦残片。在台地南端的断崖上发现大量的被盗掘的寺洼文化墓葬（彩版三八），墓葬之间的距离 1～3 米不等，分布密集；多为土坑竖穴，地表还散乱着人骨等。遗址东西长约 300、南北宽约 100 米。

标本介绍如下：

标本 33：22　罐口沿。夹砂陶，橙红色。敛口，折沿，方唇。饰横绳纹。口径 22、残高 7.5、沿宽 2.4、唇宽 0.8、壁厚 1 厘米（图八四，1）。年代为仰韶文化晚期。

标本 33：17　壶口沿。泥质陶，橙红色。直口，平沿，尖唇，直颈。颈外饰三道黑彩。口径 10、残高 7.2、沿宽 1.4、壁厚 0.8 厘米（图八四，2）。年代为仰韶文化晚期。

标本 33：14　壶口沿。泥质红陶。直口，圆唇，斜腹。素面。残高 6.8、残宽 5、壁厚 0.7 厘米（图八四，3）。属常山下层文化。

标本 33：25　罐底。夹砂陶，土红色。斜腹，大平底，底内中心内凸呈丘状。底径 12、残高 10.5、壁厚 0.9 厘米（图八四，4）。属寺洼文化。

标本 33：19　马鞍形口罐残片。泥质褐陶，陶色不均匀。侈口，耳上部内凹成马鞍口，尖圆唇，束领，桥形宽带大耳。素面。残高 7.5、耳宽 3～5.1、壁厚 0.6 厘米（图八四，5；图版二二，2）。属寺洼文化。

标本 33：18　马鞍形口罐残片。泥质褐陶。手制。耳上内凹呈马鞍口，尖圆唇，桥形宽带耳。素面。残高 9.3、耳宽 3.3～4.5、壁厚 0.8 厘米（图八四，6）。属寺洼文化。

标本 33：1　罐口沿。夹细砂陶，灰黄色。直口。素面。口径 13.5、残高 5.4、壁厚 0.9 厘米（图八四，7）。属寺洼文化。

标本 33：6　罐口沿。泥质陶，黑褐色。沿外施宽唇后又抹光。素面。口径 18、残高 6、壁厚 0.7 厘米（图八四，8）。属寺洼文化。

标本 33：11　罐口沿。夹细砂陶，黄褐色，并夹杂少许黑色斑点。直口，平沿。残高

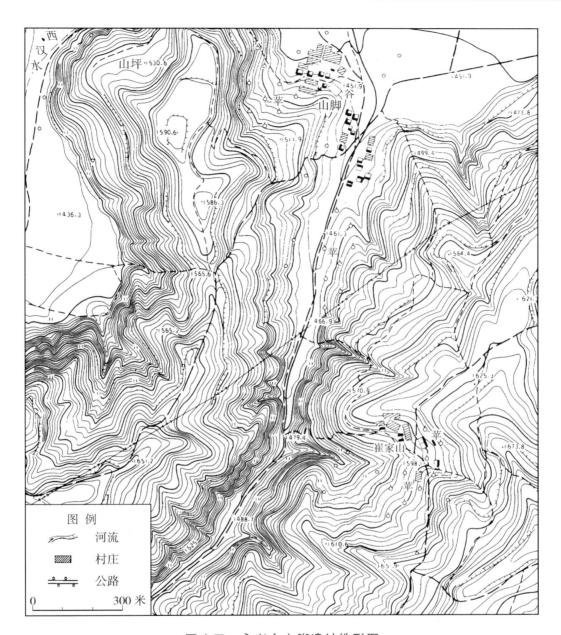

图八三　永兴乡山脚遗址地形图

7.5、壁厚0.6厘米（图八四，9）。属寺洼文化。

标本33：3　篦口沿。夹细砂褐陶。口沿外施三角线划纹。素面。口径16.2、残高3.3、壁厚0.4厘米（图八四，10）。属寺洼文化。

标本33：7　篦口沿。夹细砂黄褐陶。沿外施宽唇。素面。残高5、残宽7.5、壁厚0.5厘米（图八四，11）。属寺洼文化。

标本33：9　篦口沿。泥质红褐陶。侈口，鼓腹。素面。口径18、残高4.8、壁厚0.5厘米（图八四，12）。属寺洼文化。

标本33：26　篦腹。泥质黑褐陶。鼓腹。素面。残高7.8、残宽10.5、壁厚0.5厘米

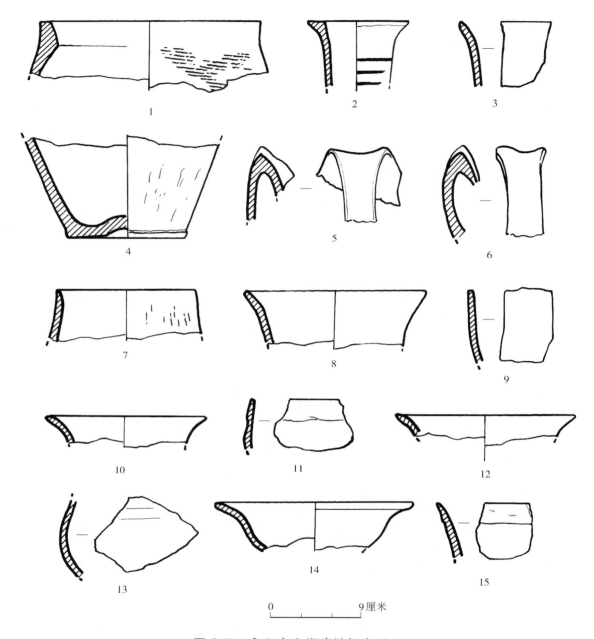

0 ————————— 9厘米

图八四　永兴乡山脚遗址标本（一）

1. 罐口沿（33：22）　2. 壶口沿（33：17）　3. 壶口沿（33：14）　4. 罐底（33：25）　5.
马鞍形口罐残片（33：19）　6. 马鞍形口罐残片（33：18）　7. 罐口沿（33：1）　8. 罐口
沿（33：6）　9. 罐口沿（33：11）　10. 簋口沿（33：3）　11. 簋口沿（33：7）　12. 簋口
沿（33：9）　13. 簋腹（33：26）　14. 簋口沿（33：4）　15. 簋形豆口沿（33：8）

（图八四，13）。属寺洼文化。

　　标本33：4　簋口沿。夹细砂灰褐陶。侈口，圆唇，束颈，鼓腹。素面。口径20、残
高4.8、壁厚0.5厘米（图八四，14）。属寺洼文化。

　　标本33：8　簋形豆口沿。夹细砂陶，黑褐色。沿外施宽唇。素面。残高6、残宽

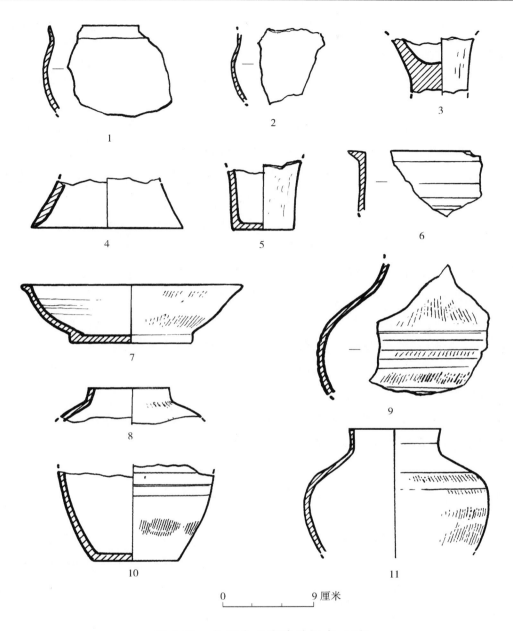

图八五　永兴乡山脚遗址标本（二）

1. 簋形豆豆盘（33∶12）　2. 豆腹（33∶15）　3. 豆柄（33∶20）　4. 豆底座
（33∶2）　5. 杯（33∶23）　6. 盆口沿（33∶27）　7. 盆（33∶21）　8. 罐口
沿（33∶5）　9. 罐肩（33∶24）　10. 罐底（33∶13）　11. 罐（33∶16）

5.4、壁厚 0.5 厘米（图八四，15）。属寺洼文化。

　　标本 33∶12　簋形豆豆盘。夹砂黄褐陶，间杂黑色斑点。泥条盘筑。侈口，方唇，圆鼓腹，口沿外贴一周泥条。素面。残高 9.3、残宽 10、壁厚 0.6 厘米（图八五，1；图版二三，6）。属寺洼文化。

　　标本 33∶15　豆腹。夹细砂陶，红褐色。鼓腹。素面。残高 7.5、残宽 6.3、壁厚 0.4厘米（图八五，2）。属寺洼文化。

标本33：20　豆柄。泥质褐陶。泥条盘筑。实心柄，束腰呈腰鼓形。间杂黑斑点。柄径5.7、残高5.5、壁厚0.9厘米（图八五，3）。属寺洼文化。

标本33：2　豆底座。夹细砂灰陶。斜壁。素面。底径15、残高5、壁厚0.7厘米（图八五，4）。属寺洼文化。

标本33：23　杯。夹砂陶，土红色，黄、红、褐色驳杂不匀。筒形，直壁，平底。素面。残高7.2、底径6、壁厚0.6厘米（图八五，5；图版二四，5）。属寺洼文化。

标本33：27　盆口沿。泥质灰陶。直口，平沿，尖唇，折腹。素面。残高6.6、残宽9、壁厚0.8厘米（图八五，6）。年代为战国至汉代。

标本33：21　盆。泥质灰陶。侈口，圆唇，浅腹，假圈足。饰细绳纹。口径22、底径12、高6、沿宽0.7、壁厚0.6厘米（图八五，7）。年代为汉代。

标本33：5　罐口沿。夹细砂灰陶。直口，平沿，鼓腹。饰少量绳纹。口径8.4、残高3、壁厚0.6厘米（图八五，8）。年代为汉代。

标本33：24　罐肩。泥质灰陶。斜肩，鼓腹。颈部饰细绳纹，腹部饰绳纹及多道弦纹。残高13.5、残宽12、壁厚0.6厘米（图八五，9）。年代为汉代。

标本33：13　罐底。泥质陶，青灰色。斜腹，平底。外饰绳纹。底径8.6、残高10.2、壁厚0.6厘米（图八五，10）。年代为汉代。

标本33：16　罐。泥质陶，青灰色。直口，平沿，鼓肩。外饰绳纹，肩部有一周抹痕。口径9、残高13.2、壁厚0.6厘米（图八五，11）。年代为汉代。

34　燕河乡庄子上遗址

位于大堡子山西南、西汉水南岸山体向前突出的台地上（图八六；彩版三九）。地形三面陡峭，但顶部台地平坦开阔。遗址位于顶部台地上，长约200、宽约100米。在遗址内田埂断面上有仰韶文化时期的灰坑，文化层厚1～2米。周围地面散落较丰富的红陶片，是一处典型的仰韶文化遗址。

标本介绍如下：

标本34：1　尖底瓶耳。泥质红陶。宽耳。素面。耳高7、耳宽3.4、壁厚0.9厘米（图八七，1）。年代为仰韶文化中期。

标本34：12　尖底瓶残片。夹细砂红陶。上饰交错细线纹，并有抹光痕迹。残高7.2、残宽6、壁厚0.5厘米（图八七，2）。年代为仰韶文化中期。

标本34：10　盆口沿。泥质红陶。侈口，圆折沿，圆唇。口沿上有弧线黑彩。残高3、残宽5.7、沿宽1.5、壁厚0.6厘米（图八七，3）。年代为仰韶文化中期。

标本34：5　盆口沿。泥质红陶。直口，斜折沿，圆唇。素面。残高4.6、残宽7、壁厚0.5厘米（图八七，4）。年代为仰韶文化晚期。

标本34：2　罐口沿。夹粗砂红陶。敛口，平沿，圆唇。沿下附两个小圆饼，外饰斜

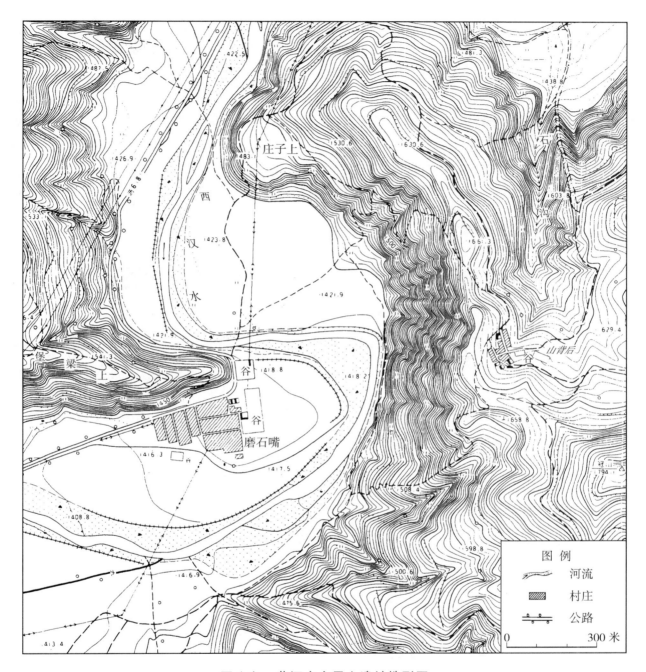

图八六 燕河乡庄子上遗址地形图

向粗绳纹。口径 28.2、残高 8、壁厚 0.9～1.2 厘米（图八七，5）。年代为仰韶文化晚期。

　　标本 34：11 罐底。夹粗砂红褐陶。斜腹，平底。饰斜向粗绳纹。底径 21.7、残高 8.7、壁厚 0.9 厘米（图八七，6）。年代为仰韶文化晚期。

　　标本 34：4 钵口沿。夹细砂红陶。敛口，浅腹。上饰垂幛形黑彩。残高 3.6、残宽 5.4、壁厚 0.5 厘米（图八七，7）。年代为仰韶文化晚期。

　　标本 34：3 缸口沿。泥质灰陶。"T"形口沿，敛口，宽平沿。素面。口径 30.6、残

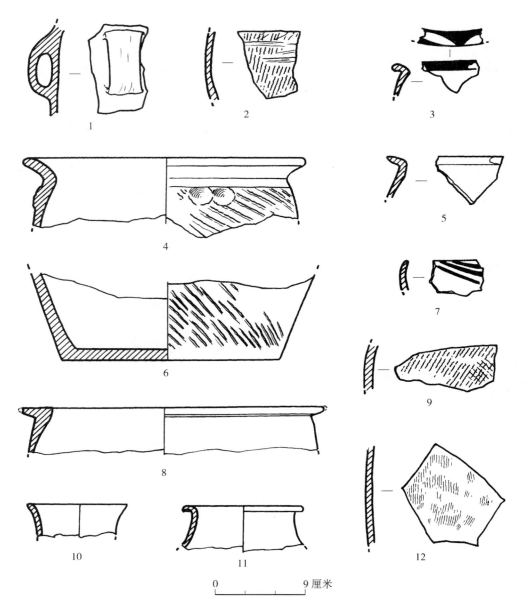

图八七　燕河乡庄子上遗址标本

1. 尖底瓶耳（34：1）　2. 尖底瓶残片（34：12）　3. 盆口沿（34：10）　4. 盆口沿（34
：5）　5. 罐口沿（34：2）　6. 罐底（34：11）　7. 钵口沿（34：4）　8. 缸口沿（34：
3）　9. 陶片（34：9）　10. 罐口沿（34：7）　11. 罐口沿（34：8）　12. 陶片（34：6）

高 4.8、壁厚 0.6 厘米（图八七，8）。年代为仰韶文化晚期。

标本 34：9　陶片。夹粗砂陶，砖红色。饰交错绳纹。残高 4.5、残宽 10、厚 0.8 厘米（图八七，9）。年代为仰韶文化晚期。

标本 34：7　罐口沿。夹砂灰褐陶。口微侈，圆唇。素面。口径 10、残高 3.3、壁厚 0.5 厘米（图八七，10）。属齐家文化。

标本 34：8　罐口沿。泥质灰陶。侈口，卷沿，圆唇，束颈。素面。口径 12、残高

4.6、壁厚 0.5 厘米（图八七，11）。年代为汉代。

标本 34：6　陶片。泥质灰陶。饰细绳纹，并被抹平。残高 10.5、残宽 10.2、壁厚 0.6 厘米（图八七，12）。年代为汉代。

35　燕河乡新田东塬遗址

位于西汉水南岸、燕河乡新田村所在山头的东侧（图八八；彩版四〇）。遗址面积不详，未见文化层、灰坑之类的遗迹现象，仅在地面采集到少量的仰韶文化和周代陶片。

标本介绍如下：

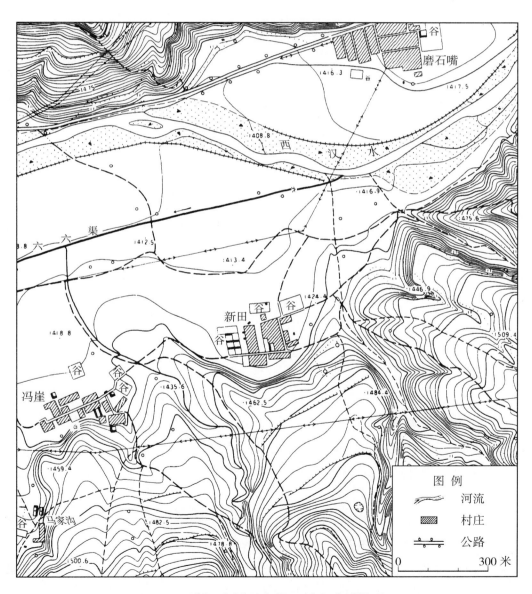

图八八　燕河乡新田东塬、新田遗址地形图

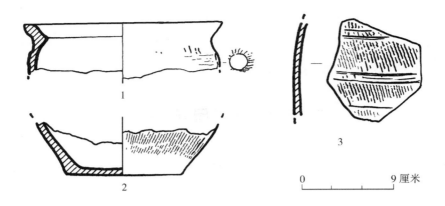

图八九　燕河乡新田东塬遗址标本

1. 罐口沿（35∶3）　2. 罐底（35∶1）　3. 陶片（35∶2）

标本 35∶3　罐口沿。夹细砂红陶。敛口，斜折沿，尖唇。上饰绳纹附加堆纹。口径 19.5、残高 5.4、壁厚 0.7 厘米（图八九，1）。年代为仰韶文化晚期。

标本 35∶1　罐底。泥质陶，黑褐色。斜腹壁，平底。饰细绳纹。底径 11.6、残高 4.6、壁厚 0.8 厘米（图八九，2）。年代为战国时期。

标本 35∶2　陶片。器形不明。泥质灰陶。饰斜绳纹及横向压印纹三道。残高 10.5、残宽 9.3、壁厚 0.8 厘米（图八九，3）。年代为战国至汉代。

36　燕河乡新田遗址

位于西汉水南岸、新田村西南的第 2～3 级台地上（见图八八），东西长约 250、南北宽约 350 米，面积约 8 万平米（彩版四一～四四）。海拔高度约 1446 米。在遗址西侧、南侧台地断面上暴露有墓葬、灰坑，还发现周代文化层叠压在寺洼文化墓葬之上的地层现象。

标本介绍如下：

标本 36∶30　罐。夹砂红褐陶，陶色驳杂不均匀。深斜腹，平底内凹。素面。残高 31、腹径 21.3、壁厚 0.8 厘米（图九〇，1；图版二二，1）。属寺洼文化。

标本 36∶12　罐。夹砂红褐陶，陶色斑剥不均。直口，口部凹凸不平，长颈，圆鼓肩，斜腹，假圈足，平底，底部外侧凹凸不平。素面。通高 19.5、口径 7.2、底径 6、壁厚 0.9 厘米（图九〇，2）。属寺洼文化。

标本 36∶15　罐口沿。泥质红褐陶，陶色驳杂不均。侈口，平沿，束颈。素面。口径 10.2、残高 6.6、壁厚 0.4～0.8 厘米（图九〇，3）。属寺洼文化。

标本 36∶16　罐底。泥质陶，黑褐色。斜腹壁，平底，底部内侧凹凸不平。素面。底径 7.8、残高 5.5、壁厚 0.6 厘米（图九〇，4）。属寺洼文化。

标本 36∶24　罐底。泥质陶，土红色。斜腹，平底。素面。底径 9、残高 6.3、壁厚

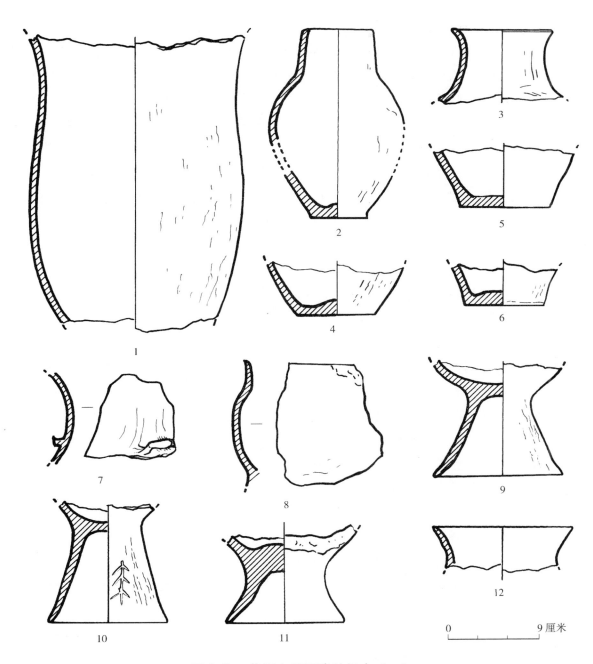

图九〇　燕河乡新田遗址标本（一）

1. 罐（36：30）　2. 罐（36：12）　3. 罐口沿（36：15）　4. 罐底（36：16）　5. 罐底
（36：24）　6. 罐底（36：26）　7. 罐残片（36：17）　8. 篦形豆豆盘（36：4）　9. 篦形
豆座（36：14）　10. 篦形豆座（36：13）　11. 篦形豆座（36：7）　12. 豆口沿（36：9）

0.8 厘米（图九〇，5）。属寺洼文化。

　　标本 36：26　罐底。泥质灰褐陶。手制，斜直腹，平底，底部内侧凹凸不平。素面。
底径 8、残高 4.5、壁厚 0.6～1.2 厘米（图九〇，6；图版二三，1）。属寺洼文化。

　　标本 36：17　罐残片。泥质陶，黑褐色。敞口，粗颈，耳残。素面。残高 8.8、残宽

9、壁厚 0.6 厘米（图九〇，7；图版二三，5）。属寺洼文化。

标本 36：4　篦形豆豆盘。夹细砂陶，内黑外褐。侈口，宽卷平沿，圆唇，束颈，鼓腹。残高 13、残宽 10.5、沿宽 2、壁厚 0.7 厘米（图九〇，8；图版二三，7）。属寺洼文化。

标本 36：14　篦形豆座。夹砂红褐陶。手制。束腰，倒喇叭口状空心高圈足，圈足顶部稍内凹。素面。残高 12.5、底径 12.6、柄径 6、壁厚 0.6 厘米（图九〇，9）。属寺洼文化。

标本 36：13　篦形豆座。泥质红褐陶。手制。倒喇叭口状空心高圈足，圈足顶部内凹，下部外侈，喇叭口外附加泥条且抹光。表面有竖向抹光痕迹，有一刻划树枝纹。残高 12、柄径 6.7、底径 12、壁厚 0.6～0.9 厘米（图九〇，10）。属寺洼文化。

标本 36：7　篦形豆座。夹细砂红褐陶，陶色斑剥不均。倒喇叭口空心矮圈足，束腰，口外撇。素面。残高 10.2、柄径 7.8、底径 12、壁厚 0.6～1.2 厘米（图九〇，11）。属寺洼文化。

标本 36：9　豆口沿。泥质灰褐陶。敞口，尖唇，鼓腹。素面。口径 13.4、残高 4.5、壁厚 1～0.7 厘米（图九〇，12）。属寺洼文化。

标本 36：23　豆口沿。夹砂陶，黄褐色。侈口，宽卷平沿，圆唇，圆腹。素面。口径 20.4、残高 6.3、沿宽 2、壁厚 0.8 厘米（图九一，1；图版二三，8）。属寺洼文化。

标本 36：19　豆柄。夹粗砂陶，黑褐色，陶色驳杂。素面。柄径 4.5、残高 4.2、壁厚 0.9 厘米（图九一，2）。属寺洼文化。

标本 36：1　豆柄。夹砂红褐陶。细喇叭状圈足。底径 10.5、足高 10、柄径 6、残高 12.6、壁厚 0.9 厘米（图九一，3）。属寺洼文化。

标本 36：27　豆柄。夹砂红褐陶。柄中空，喇叭口，下部残，柄内上部内凹。素面。残高 6.5、柄径 6、壁厚 0.9～3 厘米（图九一，4）。属寺洼文化。

标本 36：22　豆圈足。夹砂黄褐陶。倒喇叭状圈足，足端外敷一周泥条。底径 13.8、柄径 7.6、足高 10.4、壁厚 1.1 厘米（图九一，5）。属寺洼文化。

标本 36：18　豆圈足。泥质褐陶。斜壁，足底外敷一道薄泥条。素面。底径 8、残高 5.4、壁厚 0.7 厘米（图九一，6）。属寺洼文化。

标本 36：6　豆圈足。泥质陶，灰褐色。圈足瘦高，呈喇叭状。素面。底径 11、柄径 8.7、残高 13.8、足高 8.9、壁厚 0.9 厘米（图九一，7）。属寺洼文化。

标本 36：10　深腹盘。夹细砂，黄褐色。敞口，尖唇，曲腹壁，小平底。素面。口径 10.2、底径 3.9、通高 4.5、壁厚 0.9 厘米（图九一，8；图版二四，6）。属寺洼文化。

标本 36：25　豆口沿。泥质陶，浅褐色。卷沿，方唇。上有三角划纹。残高 3.6、残宽 7、沿宽 1、唇厚 0.6、壁厚 0.7 厘米（图九一，9；图版二四，1）。属寺洼文化。

标本 36：5　陶片。夹粗砂陶，外褐内红。素面。残高 5.5、残宽 9、壁厚 0.8 厘米（图九一，10）。属寺洼文化。

标本 36：8　盆口沿。泥质陶，青灰色。直口平沿。壁上有轮制痕迹。口径 22、残高 4.3、沿宽 0.8、壁厚 0.6 厘米（图九一，11）。年代为汉代。

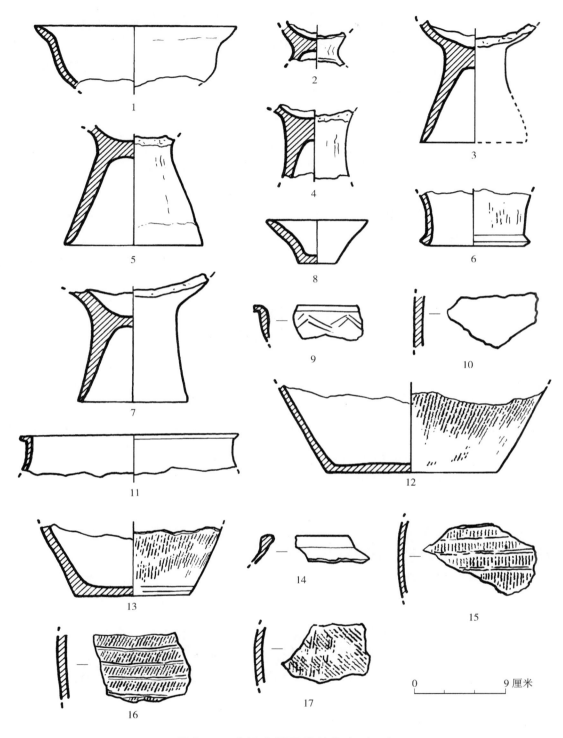

图九一　燕河乡新田遗址标本（二）

1. 豆口沿（36：23）　2. 豆柄（36：19）　3. 豆柄（36：1）　4. 豆柄（36：27）　5. 豆圈足（36：22）　6. 豆圈足（36：18）　7. 豆圈足（36：6）　8. 深腹盘（36：10）　9. 豆口沿（36：25）　10. 陶片（36：5）　11. 盆口沿（36：8）　12. 罐底（36：21）　13. 罐底（36：20）　14. 钵口沿（36：29）　15. 陶片（36：3）　16. 陶片（36：28）　17. 陶片（36：2）

　　标本 36：21　罐底。泥质陶，灰黄色。斜腹壁，大平底。外饰竖向绳纹。底径 16.8、残高 9.2、壁厚 0.7 厘米（图九一，12）。年代为汉代。

　　标本 36：20　罐底。泥质灰陶。斜腹壁，平底。外饰竖向绳纹。底径 11.4、残高 7.5、壁厚 0.9 厘米（图九一，13）。年代为汉代。

　　标本 36：29　钵口沿。泥质灰陶。敛口，厚唇。有轮制痕迹。残高 2.7、残宽 7.5、壁厚 0.3、唇厚 1.4 厘米（图九一，14）。年代为汉代。

　　标本 36：3　陶片。夹砂红陶。饰竖绳纹，并有 6 道抹光弦纹间隔的绳纹带。残高 7.2、残宽 11、壁厚 0.6 厘米（图九一，15）。年代为汉代。

　　标本 36：28　陶片。泥质灰陶。饰粗绳纹带，间隔以抹光后的弦纹。残高 7.2、残宽 9.6、壁厚 1 厘米（图九一，16）。年代为汉代。

　　标本 36：2　陶片。泥质灰陶。外饰交错绳纹。残高 6、残宽 8.6、壁厚 0.7 厘米（图九一，17）。年代为汉代。

37　燕河乡冯崖遗址

　　遗址位于礼县燕河乡冯崖村西南侧（图九二），坐落在马家沟和小田沟形成的西汉水南岸第 2 级台地上，东至马家沟，西至小田沟，北部一直分布于台地的边缘到冯崖村，南部到台地的最高处（彩版四五）。范围东西长约 400、南北宽约 300 米，面积约 12 万平方米。遗址范围内地层、灰坑堆积丰富，在多处断崖上暴露有厚 1~2 米的文化层和大量灰坑，地面上散落着大量的仰韶文化陶片，内涵丰富。采集的陶片甚多。

　　标本介绍如下：

　　标本 37：6　尖底瓶口沿。泥质陶，橙红色。侈口，窄平沿，圆尖唇，颈部细长。颈上部饰一周白色彩绘，口沿外有弦纹状刮痕。口径 12、残高 7、壁厚 0.4~0.6 厘米（图九三，1）。年代为仰韶文化晚期。

　　标本 37：9　盆口沿。泥质红陶。敛口，平沿，圆唇。颈部饰一周黑彩。残高 5.1、残宽 5.2、沿宽 2、壁厚 0.6 厘米（图九三，2）。年代为仰韶文化晚期。

　　标本 37：14　盆口沿。泥质灰陶。敛口，斜沿，圆唇外叠，腹部收。素面，腹部有刮削痕迹。残高 7.2、残宽 11、壁厚 0.6 厘米（图九三，3）。年代为仰韶文化晚期。

　　标本 37：15　盆口沿。泥质灰陶。敞口，方唇，斜腹。腹部饰抹光绳纹。残高 4、残宽 10、壁厚 0.8 厘米（图九三，4）。年代为仰韶文化晚期。

　　标本 37：5　盆口沿。夹砂陶，砖红色。斜折平沿。腹上部饰一周压印波浪形附加堆纹，腹部及颈部饰绳纹。残高 5.7、残宽 9、壁厚 0.9 厘米（图九三，5）。年代为仰韶文化晚期。

　　标本 37：8　盆口沿。夹砂红陶。斜折平沿。口径 12、残高 4、壁厚 0.5 厘米（图九三，6）。年代为仰韶文化晚期。

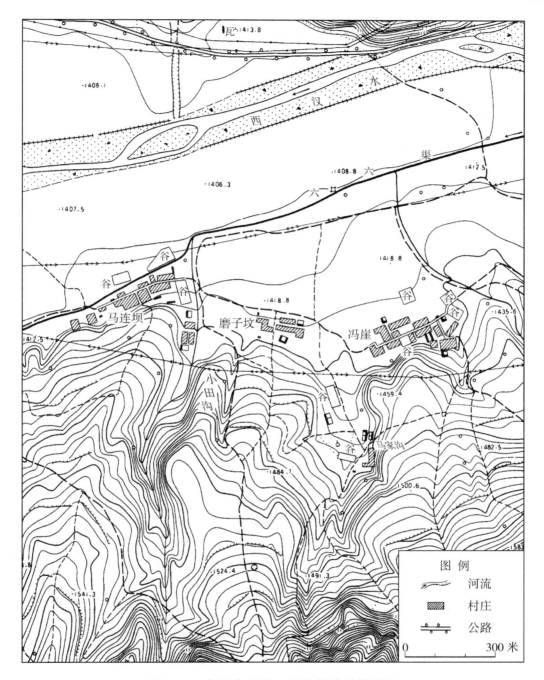

图九二　燕河乡冯崖、马连坝遗址地形图

标本 37：18　盆口沿。夹砂红陶。斜折平沿，圆唇。肩饰交错纹。残高 4.5、残宽 6.3、壁厚 0.8 厘米（图九三，7）。年代为仰韶文化晚期。

标本 37：4　盆口沿。夹粗砂红褐陶。直口，斜折沿尖圆唇，沿内侧加厚，腹上部外鼓，腹壁斜收。腹部饰交错绳纹。口径 26、残高 7.8、壁厚 0.9 厘米（图九三，8）。年代为仰韶文化晚期。

标本 37：7　盆口沿。夹砂红褐陶。宽折平沿，方唇。肩上部饰弦纹一周，下部饰斜

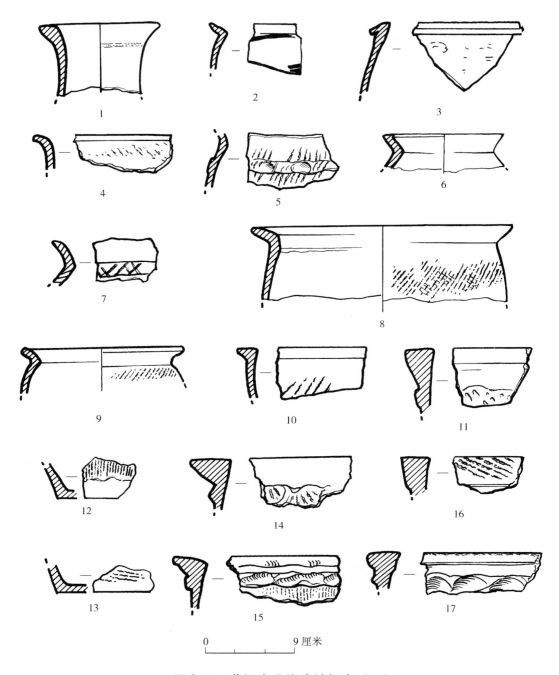

图九三　燕河乡冯崖遗址标本（一）

1. 尖底瓶口沿（37∶6）　2. 盆口沿（37∶9）　3. 盆口沿（37∶14）　4. 盆口沿（37∶15）　5.
盆口沿（37∶5）　6. 盆口沿（37∶8）　7. 盆口沿（37∶18）　8. 盆口沿（37∶4）　9. 盆口沿
（37∶7）　10. 盆口沿（37∶13）　11. 盆口沿（37∶23）　12. 罐底（37∶24）　13. 罐底（37∶
12）　14. 缸口沿（37∶19）　15. 缸口沿（37∶2）　16. 缸口沿（37∶11）　17. 缸口沿（37∶3）

绳纹。口径 16.2、残高 4.5、壁厚 0.7 厘米（图九三，9）。年代为仰韶文化晚期。

　　标本 37∶13　盆口沿。夹砂红陶。直口，折沿，沿面近平，圆唇，腹部斜收。饰斜绳
纹。残高 5.3、残宽 9、壁厚 0.8 厘米（图九三，10）。年代为仰韶文化晚期。

标本 37：23　　盆口沿。夹粗砂红褐陶。直口，平沿。唇部有刮抹痕迹，颈部饰波浪状附加堆纹。残高 6、残宽 7.8、壁厚 0.8 厘米（图九三，11）。年代为仰韶文化晚期。

标本 37：24　　罐底。夹粗砂红褐陶。平底，斜收腹。腹部饰竖向绳纹。残高 4.5、残宽 5.4、壁厚 0.7 厘米（图九三，12）。年代为仰韶文化晚期。

标本 37：12　　罐底。夹粗砂红陶。平底，斜收腹。器表及底部饰斜细绳纹。残高 2.7、残宽 6、壁厚 1 厘米（图九三，13）。年代为仰韶文化晚期。

标本 37：19　　缸口沿。夹粗砂红褐陶。直口，平沿，宽方唇。平沿断面呈"T"字形。颈部饰压印波浪状附加堆纹。残高 5.4、残宽 10.2、壁厚 1.1 厘米（图九三，14）。年代为仰韶文化晚期。

标本 37：2　　缸口沿。夹粗砂红陶。直口，圆唇。宽平沿断面呈"T"字形。口沿下饰一周波浪形附加堆纹，其上及肩部有压印绳纹。残高 5.4、残宽 11.4、壁厚 0.9 厘米（图九三，15）。年代为仰韶文化晚期。

标本 37：11　　缸口沿。夹粗砂红陶。直口，平沿，宽厚唇。唇外侧饰交错斜绳纹。残高 4、残宽 7、唇厚 3、壁厚 0.6 厘米（图九三，16）。年代为仰韶文化晚期。

标本 37：3　　缸口沿。夹砂红陶。敛口，圆唇。平沿断面呈"T"字形。沿内侧加厚。颈部饰一周压印破浪形附加堆纹，沿面饰浅细绳纹。残高 4、残宽 12、壁厚 0.8 厘米（图九三，17）。年代为仰韶文化晚期。

标本 37：16　　缸底。泥质红陶。平底，斜腹壁。素面。底径 14、残高 3、壁厚 0.7 厘米（图九四，1）。年代为仰韶文化晚期。

标本 37：30　　缸底。泥质红陶。平底，斜腹壁。素面。底径 9.7、残高 6、壁厚 0.8 厘米（图九四，2）。年代为仰韶文化晚期。

标本 37：26　　器底。泥质红褐陶。平底，弧腹。素面。底径 10.6、残高 7、壁厚 0.6 厘米（图九四，3）。年代为仰韶文化晚期。

标本 37：27　　残器柄。夹砂红陶。空心柄。底部边缘饰齿状压印纹。底径 8.1、壁厚 0.8 厘米（图九四，4）。年代为仰韶文化晚期。

标本 37：10　　彩陶片。泥质红褐陶。上部薄下部较厚，下部饰三道黑彩弦纹。残高 4.8、宽 6.3、壁厚 0.6～0.8 厘米（图九四，5）。年代为仰韶文化晚期。

标本 37：20　　绳纹陶片。泥质红褐陶。下部饰竖向细绳纹。残高 6.6、残宽 9.3、壁厚 0.5 厘米（图九四，6）。年代为仰韶文化晚期。

标本 37：17　　刻划纹陶片。夹砂红陶。外饰交错刻划纹，上部有一周抹光弦纹，内施白色陶衣。残高 6.3、残宽 7.5、壁厚 0.7 厘米（图九四，7）。年代为仰韶文化晚期。

标本 37：1　　陶片。泥质陶，土红色。素面，器表有竖向抹光痕迹。残高 4.8、残宽 7.2、壁厚 0.5 厘米（图九四，8）。年代为仰韶文化晚期。

标本 37：22　　陶片。泥质红褐陶。饰斜向刻划纹。残高 5.4、残宽 7.5、壁厚 0.7 厘米（图九四，9）。年代为仰韶文化晚期。

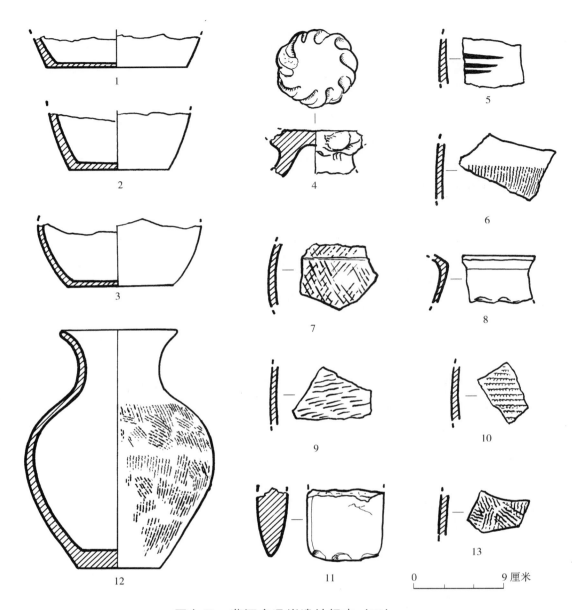

图九四　燕河乡冯崖遗址标本（二）

1. 缸底（37：16）　2. 缸底（37：30）　3. 器底（37：26）　4. 残器柄（37：27）　5. 彩陶片
（37：10）　6. 绳纹陶片（37：20）　7. 刻划纹陶片（37：17）　8. 陶片（37：1）　9. 陶片（37
：22）　10. 陶片（37：25）　11. 石斧（37：28）　12. 罐（37：29）　13. 绳纹陶片（37：21）

　　标本 37：25　陶片。泥质红陶。饰横向粗绳纹。残高 6、残宽 4.8、壁厚 0.7 厘米
（图九四，10）。年代为仰韶文化晚期。

　　标本 37：28　石斧。青灰色。磨制，已残，双面刃。刃部有打制痕迹。残高 7.4、残
宽 7.5、厚 3.5 厘米（图九四，11）。年代为仰韶文化晚期。

　　标本 37：29　罐。泥质灰陶。敞口，圆唇，长颈，溜肩，斜腹，平底。肩部以下饰交
错绳纹。口径 11.7、通高 25、底径 8.4、壁厚 0.9 厘米（图九四，12；图版三二，1）。年

代为战国晚期。

标本 37：21　绳纹陶片。夹砂灰陶。饰交错细绳纹。残高 4.5、残宽 6、壁厚 0.9 厘米（图九四，13）。年代为周代。

38　燕河乡马连坝遗址

遗址位于礼县燕河乡于磨子坟村西、马连坝村南侧西汉水南岸的第 2 级台地上（见图九二）。台地东、西两侧各有一条山涧冲沟。遗址南部到台地高处，北侧到台地边缘马连坝村南，东到磨子坟村西侧山沟，西到山间便道。遗址东西长约 150、南北宽约 200 米。遗址南部缓坡地带发现有仰韶时期的地层、灰坑，并采集有仰韶时期的陶片。在台地西北部台地边缘取土坑内发现有被破坏的周代墓葬，采集有周代的罐、鬲等器物的陶片。

标本介绍如下：

标本 38：7　尖底瓶残片。泥质红陶。手制。饰横向细线纹。残高 7.2、残宽 5.4、壁厚 0.5 厘米（图九五，1）。年代为仰韶文化晚期。

标本 38：3　缸口沿。夹细砂红陶。敛口，斜平沿，方唇。颈部饰凹弦纹。残高 5.5、残宽 10.5、壁厚 0.7 厘米（图九五，2）。年代为仰韶文化晚期。

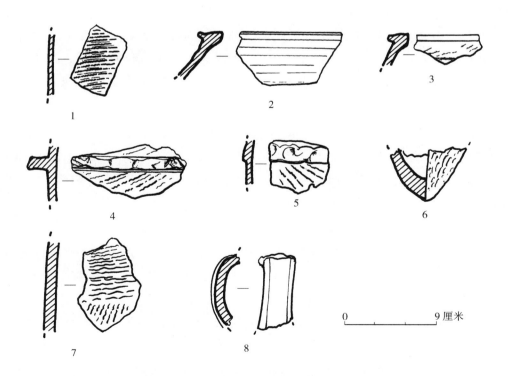

图九五　燕河乡马连坝遗址标本

1. 尖底瓶残片（38：7）　2. 缸口沿（38：3）　3. 缸口沿（38：5）　4. 陶片（38：4）　5. 陶片（38：8）　6. 鬲足（38：1）　7. 绳纹陶片（38：6）　8. 器耳（38：2）

　　标本 38：5　缸口沿。夹粗砂红陶。直口，折平沿，圆唇。腹部饰绳纹。残高 3、残宽 7、壁厚 0.8 厘米（图九五，3）。年代为仰韶文化晚期。

　　标本 38：4　陶片。泥质红陶。饰绳纹和一鸡冠状附加堆纹。残高 5.4、残宽 11.5、壁厚 0.8 厘米（图九五，4）。年代为仰韶文化晚期。

　　标本 38：8　陶片。夹砂红陶。上部饰宽条压印波浪状附加堆纹，下部饰斜向绳纹。残高 5、残宽 6、壁厚 0.8 厘米（图九五，5）。年代为仰韶文化晚期。

　　标本 38：1　鬲足。夹砂灰陶。尖锥状足。饰斜向粗绳纹。残高 5.4、足根高 2.4、壁厚 1 厘米（图九五，6）。年代为春秋早期。

　　标本 38：6　绳纹陶片。夹砂灰陶。上部饰横向绳纹，下部饰竖向绳纹。残高 9.6、残宽 6、壁厚 0.8 厘米（图九五，7）。年代为周代。

　　标本 38：2　器耳。泥质灰陶。桥形耳，耳外侧中部内凹。素面。耳高 7.5、耳宽 3、厚 1.1 厘米（图九五，8）。文化属性不明。

39　燕河乡石岭子遗址

　　遗址位于燕河乡石寨村西、石岭子村南、西汉水南岸、夹山沟东西两侧发育良好的小坪台地上。范围北到石岭子村南，南到台地最高处，东到台地边缘的石寨村西，西到碌碡坪村东（图九六）。遗址呈倒三角形，范围较小，东西长约 120、南北宽约 100 米。夹山沟呈南北走向，为一山涧泉水小溪，可为人们生活提供足够的水源。在遗址内多处断崖上发现有仰韶时期的灰坑和厚约 50 厘米的文化层，遗址东侧夹山沟两侧发现有齐家文化的墓葬，并采集有若干陶片。

　　标本介绍如下：

　　标本 39：2　盆口沿。泥质红陶。敛口，折平沿，圆唇。素面。口径 30、残高 4.2、唇厚 0.6、壁厚 0.6 厘米（图九七，1）。年代为仰韶文化晚期。

　　标本 39：3　缸口沿。夹砂红陶。敛口，宽平沿，尖唇。饰横向粗绳纹。残高 4.2、残宽 9、壁厚 0.7 厘米（图九七，2）。年代为仰韶文化晚期。

　　标本 39：1　带耳罐。夹砂灰陶。口微侈，斜平沿，圆尖唇，直领圆肩。沿下外侧有桥形耳，耳上端略低于口沿，耳与器身结合处抹泥加固。颈部以下饰斜绳纹，耳表面饰竖绳纹。残高 6.6、残宽 5.6、壁厚 0.8 厘米（图九七，3；图版一九，1）。属齐家文化。

　　标本 39：4　器底。泥质红陶。平底，斜腹。腹部饰斜篮纹。残高 7.2、残宽 11、壁厚 0.9 厘米（图九七，4），属齐家文化。

　　标本 39：5　绳纹陶片。泥质红陶。饰麻点状斜绳纹。残高 5.6、残宽 7、壁厚 0.6 厘米（图九七，5）。属齐家文化。

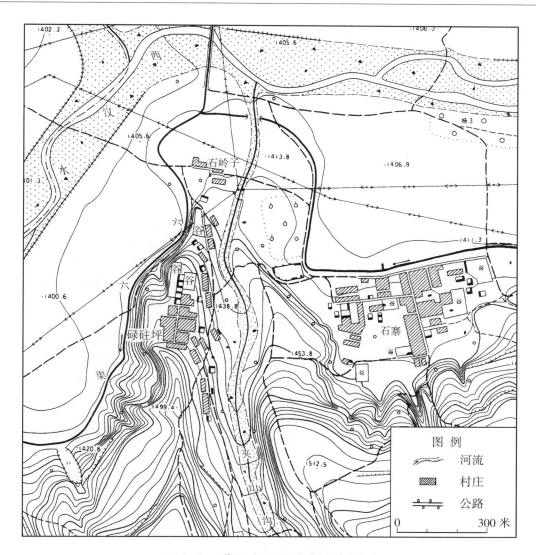

图九六　燕河乡石岭子遗址地形图

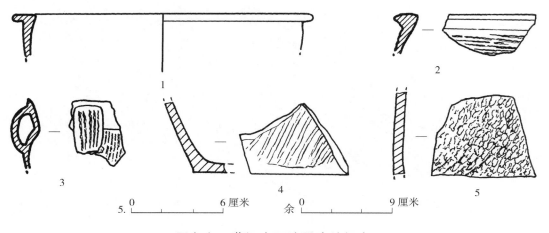

图九七　燕河乡石岭子遗址标本

1. 盆口沿（39∶2）　2. 缸口沿（39∶3）　3. 带耳罐（39∶1）　4. 器底（39∶4）　5. 绳纹陶片（39∶5）

40　燕河乡指甲沟遗址

　　遗址位于燕河乡东台村东南、指甲沟东、西汉水南的第 2 级台地上，范围西至指甲沟边缘（图九八）。有一条通向山顶的便道穿过遗址中部。南北长约 150、东西宽约 100 米。遗址内发现有灰坑、地层，灰坑较大，但分布稀疏。采集有若干齐家文化的红褐色篮纹陶片、石矛、石斧以及周代的绳纹灰陶片。

　　标本介绍如下：

　　标本 40∶2　罐口沿。夹砂灰黑陶。侈口，平折沿，方唇。沿下有錾，錾上饰小圆泥饼，錾与器身结合处抹泥加固。唇部饰斜绳纹。残高 4、残宽 7.5、壁厚 0.6 厘米（图九

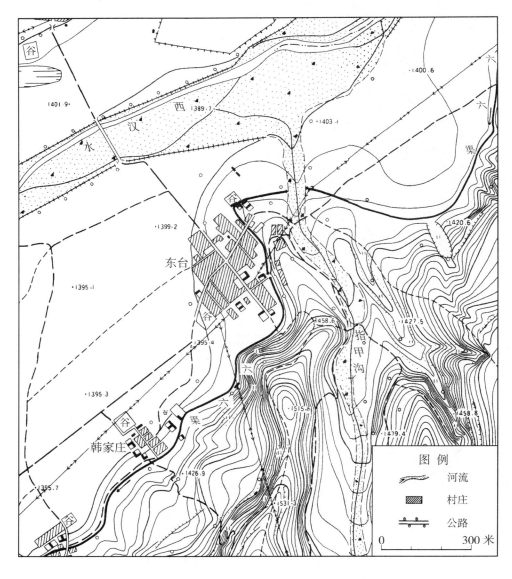

图九八　燕河乡指甲沟、韩家庄遗址地形图

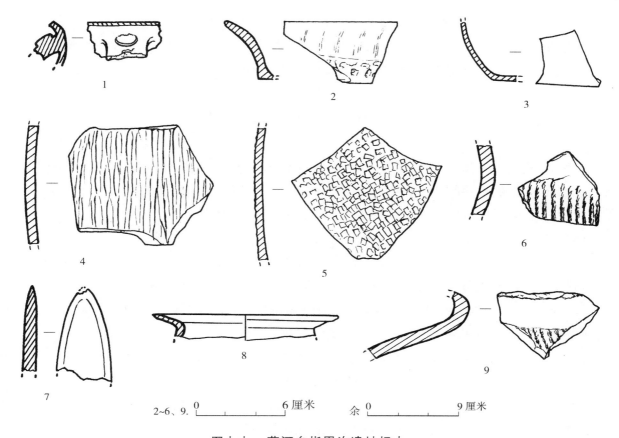

图九九　燕河乡指甲沟遗址标本

1. 罐口沿（40：2）　2. 杯口沿（40：6）　3. 钵底（40：4）　4. 陶片（40：8）　5. 陶片
（40：9）　6. 陶片（40：5）　7. 石矛（40：3）　8. 鬲口沿（40：1）　9. 鬲口沿（40：10）

九，1）。属齐家文化。

　　标本 40：6　杯口沿。泥质橙红陶。侈口，圆唇，斜腹，平底。素面，有抹痕。残高
4.2、残宽7.8、壁厚0.4厘米（图九九，2）。属齐家文化。

　　标本 40：4　钵底。泥质红陶。平底，斜弧腹。素面，表面磨光。残高3.6、残宽4、
壁厚0.4厘米（图九九，3）。属齐家文化。

　　标本 40：8　陶片。泥质橙红陶。外饰篮纹。残高8.4、残宽9.8、壁厚0.6厘米（图
九九，4）。属齐家文化。

　　标本 40：9　陶片。泥质橙红陶。外饰麻点状方格纹。残高9、残宽10、壁厚0.5厘
米（图九九，5）。属齐家文化。

　　标本 40：5　陶片。夹砂橙红陶。外饰竖向绳纹。残高5、残宽5.4、壁厚0.8厘米
（图九九，6）。属齐家文化。

　　标本 40：3　石矛。青灰石。柳叶形，磨制，已残，刃部锋利，双面刃。残高9.3、
残宽5.4、厚1.2厘米（图九九，7）。属齐家文化。

　　标本 40：1　鬲口沿。夹砂灰陶。口微敛，折沿尖圆唇，沿近平。在口沿内侧及唇部

各饰两周凹弦纹。口径 18.3、残高 2.7、壁厚 0.6 厘米（图九九，8）。年代为西周。

标本 40∶10　鬲口沿。夹砂灰陶。口微敛，折沿方唇，腹微鼓。颈以下饰绳纹。残高 2.3、残宽 6.8、壁厚 1 厘米（图九九，9）。年代为春秋时期。

41　燕河乡韩家庄遗址

遗址位于燕河乡东台村韩家庄东北、东台村南侧的西汉水南岸台地上（见图九八）。遗址范围较小，东西长约 120、南北宽约 150 米。发现有齐家时期灰坑，但分布稀疏，包含物很少。采集到部分常山文化、西周和汉代的陶器残片标本。

标本介绍如下：

标本 41∶2　器耳。泥质灰陶。罐腹部桥形耳，已残。耳表面饰竖向细绳纹。残高 8.1、残宽 7.6、耳宽 4.6、壁厚 0.8 厘米（图一○○，1）。属齐家文化。

标本 41∶1　鬲裆部。夹砂灰褐陶。裆内隔圆缓。裆底滚压中绳纹。残高 6.8、残宽 6.6、壁厚 0.6 厘米（图一○○，2）。年代为西周。

标本 41∶3　罐底。泥质灰陶。平底，斜腹。腹部饰稀疏浅绳纹。残高 5.3、残宽 8.8、壁厚 1 厘米（图一○○，3）。年代为战国至汉代。

标本 41∶4　陶片。泥质灰陶。火候较高，陶质较硬。饰斜行细绳纹。残高 7、残宽 7、壁厚 1.1 厘米（图一○○，4）。年代为战国至汉代。

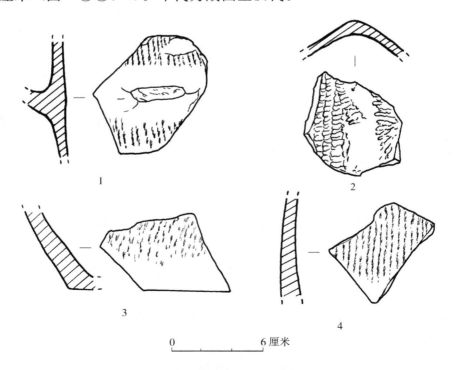

图一○○　燕河乡韩家庄遗址标本

1. 器耳（41∶2）　2. 鬲裆部（41∶1）　3. 罐底（41∶3）　4. 陶片（41∶4）

42　燕河乡赤土山遗址

燕河乡旧城村东侧，西汉水和燕河在此交汇，遗址西为燕河、南为西汉水（图一〇一）。遗址在西汉水北岸第 4～7 级台地，在县城附近，开发成公园。赤土山因其山下土色为红色而得名，山下红土黏性大，较硬，至第 2～3 级台地为黄土，土质同样较硬。面积约 3000 平方米，暴露有寺洼文化和汉代的墓葬。采集有寺洼文化、春秋战国和新石器时代陶片。

标本介绍如下：

标本 42：7　罐底。夹砂灰陶。斜腹，平底。腹部饰绳纹，近底处饰附加堆纹并抹光。残高 3.6、残宽 9.4、厚 1 厘米（图一〇二，1；图版一七，3）。属案板三期文化。

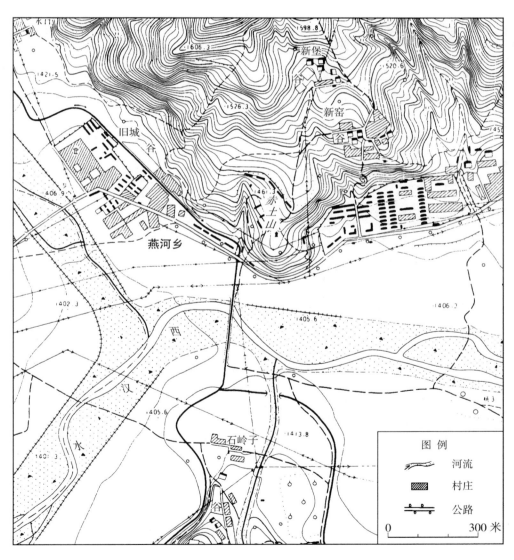

图一〇一　燕河乡赤土山遗址地形图

标本42：8　陶片。夹砂灰陶。饰绳纹，另饰附加堆纹。残高5.6、残宽7、厚0.5厘米（图一〇二，2；图版一八，6）。属案板三期文化。

标本42：3　鬲口沿。夹砂灰陶。宽平沿硬折，尖圆唇。沿内、外侧各一道凹弦纹。素面。残高3、残宽8.4、壁厚0.5厘米（图一〇二，3）。年代为西周晚期。

标本42：4　罐耳。泥质红褐陶。桥形耳。素面。耳宽3、壁厚0.8厘米（图一〇二，4）。属寺洼文化。

标本42：9　罐底。夹粗砂褐陶。鼓腹，平底，底部内侧中间略鼓。素面。残高8、底径8.4、壁厚0.7厘米（图一〇二，5）。属寺洼文化。

标本42：6　篮形豆口沿。泥质灰黑陶。圆唇，颈微束，鼓腹。素面。残高11、残宽8.4、厚0.5厘米（图一〇二，6）。属寺洼文化。

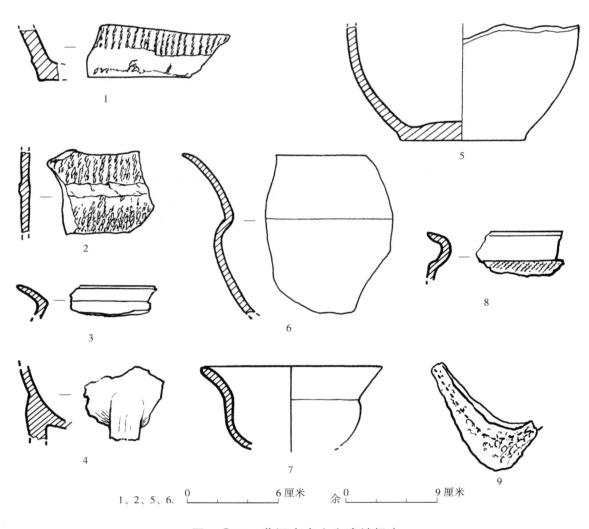

图一〇二　燕河乡赤土山遗址标本

1.罐底（42：7）　2.陶片（42：8）　3.鬲口沿（42：3）　4.罐耳（42：4）　5.罐底（42：9）　6.篮形豆口沿（42：6）　7.豆口沿（42：1）　8.鬲口沿（42：5）　9.鬲足（42：2）

标本42：1　豆口沿。夹粗砂褐陶，黑色驳杂。敞口，圆唇，宽颈，鼓腹。素面。口径18、残高8.4、壁厚0.9厘米（图一〇二，7）。属寺洼文化。

标本42：5　鬲口沿。夹砂灰陶。侈口，卷沿，圆唇，缩颈，圆肩，肩、颈分界明显。肩以下饰斜绳纹。残高4.5、宽8.7、壁厚0.8厘米（图一〇二，8）。年代为春秋中期。

标本42：2　鬲足。夹砂灰褐陶。空心鬲足，足根矮钝，裆较低。腹部饰交错绳纹，足端饰方格纹。残高10.8、足根高3、壁厚0.7厘米（图一〇二，9）。年代为战国早期。

43　燕河乡马沟遗址

遗址位于燕河乡捷地村南，分布于西汉水南岸支流马家沟河和西汉水形成的台地上（图一〇三）。范围西至马家沟河东岸，东部一直到台地东侧水沟。遗址范围较小，东西长约100、南北宽约120米（彩版四六）。遗址内未见灰坑、地层堆积，采集到寺洼文化豆、罐等若干陶器标本。

标本介绍如下：

标本43：2　罐口沿。泥质褐陶，斑驳不均。手制。马鞍形口罐口沿残片，口微侈，尖圆唇，沿部下凹成马鞍形桥形宽大耳。素面。残高4.1、残宽4.8、耳宽0.4、壁厚0.9厘米（图一〇四，1）。属寺洼文化。

标本43：1　豆座残片。泥质黄褐陶，斑驳不均。圈足喇叭口外撇，外附加泥条磨光。

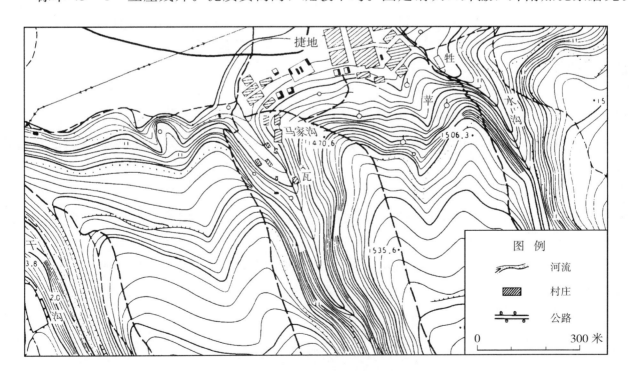

图一〇三　燕河乡马沟遗址地形图

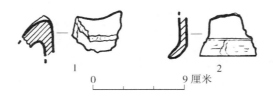

图一〇四　燕河乡马沟遗址标本
1. 罐口沿（43∶2）　2. 豆座残片（43∶1）

圈足内侧有楔形刻划纹。残高 4.2、残宽 5.6、壁厚 0.6 厘米（图一〇四，2）。属寺洼文化。

44　燕河乡干沟遗址

遗址位于西汉水南岸支流干沟东岸台地上，台地位于干沟村和干沟河之间，呈倒三角形延伸到西汉水南岸（图一〇五）。遗址东西长约 100、南北宽约 200 米。在靠近干沟河的断崖上暴露有多处灰坑、地层，但内含物较少。遗址内采集到仰韶文化、齐家文化、寺洼文化和周代的陶片若干。从调查结果分析周代遗址主要分布于遗址北部靠近汉水南岸。

标本介绍如下：

标本 44∶4　盆口沿。泥质红陶，红底黑彩。直口，平沿，圆唇。沿面饰黑彩圆点纹，颈部饰黑彩弦纹及弧线纹。残高 3、残宽 10.5、壁厚 0.7 厘米（图一〇六，1）。年代为仰韶文化晚期。

标本 44∶3　缸底。夹砂红褐陶。厚平底，斜腹壁。腹部饰斜向粗绳纹。残高 7.5、残宽 11、壁厚 1.6 厘米（图一〇六，2）。年代为仰韶文化晚期。

标本 44∶5　鬲口沿。夹砂灰褐陶。宽折平沿，圆唇。沿内外、侧各饰一周凹弦纹，腹部饰绳纹。残高 4.5、残宽 11、壁厚 0.8 厘米（图一〇六，3）。年代为西周晚期。

标本 44∶1　豆口沿。泥质酱褐陶，陶色斑驳不均。手制。簋形豆口沿残片，侈口，尖圆唇，浅腹，圜底。口沿下饰两道弦纹，内填刻划三角纹。残高 8.7、残宽 10.5、壁厚 0.6 厘米（图一〇六，4）。属寺洼文化。

标本 44∶2　豆柄。夹砂红褐陶，陶色红、褐、黑斑驳不均。手制。口、足部残，盘为圜底，束腰，倒喇叭状空心高圈足。素面。柄径 7.2、残高 6.7、壁厚 1 厘米（图一〇六，5）。属寺洼文化。

45　燕河乡庙嘴子遗址

遗址位于燕河乡油坊村庙嘴子山、燕子河东岸、王家庄东南侧。整个遗址南临大沟，

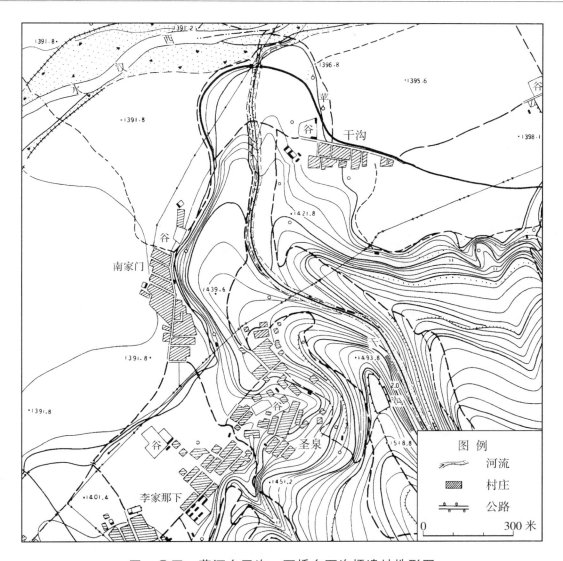

图一〇五 燕河乡干沟、石桥乡石沟坪遗址地形图

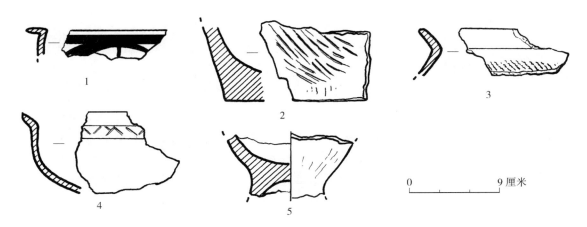

图一〇六 燕河乡干沟遗址标本

1. 盆口沿（44：4） 2. 缸底（44：3） 3. 鬲口沿（44：5） 4. 豆口沿（44：1） 5. 豆柄（44：2）

北临张沟里，西临燕子河，地势呈缓坡分布，堆积较厚，面积约5000平方米（图一〇七；彩版四七）。在其第2台地便道旁断崖发现一段灰层。灰层土色灰黑中夹杂白色的物质，处于两层黄土之间；还发现房子的白灰面。白灰面有两层，中间还夹一层草拌泥，长1.5米，每层白灰面厚0.8厘米，白灰面和中间泥共厚4厘米。灰层暴露厚度1～2米，土质比较纯净，夹杂陶片和其他杂物不多。另外发现有砖室墓和人骨。

标本介绍如下：

标本45：14　盆口沿。夹粗砂红褐陶。直口，卷沿，圆唇。沿内、外各有一道凹槽。

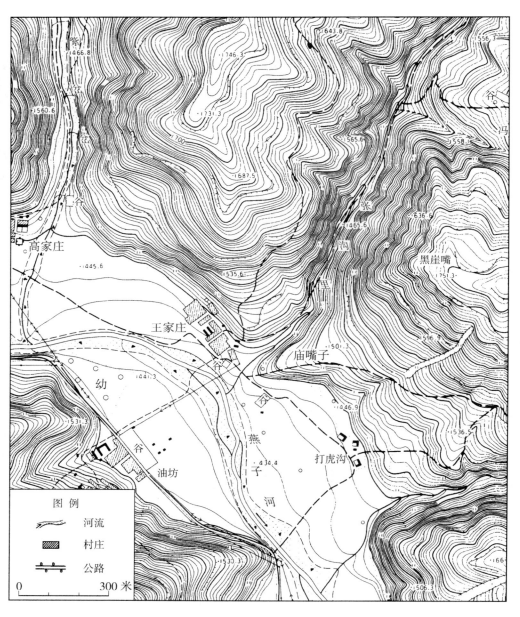

图一〇七　燕河乡庙嘴子遗址地形图

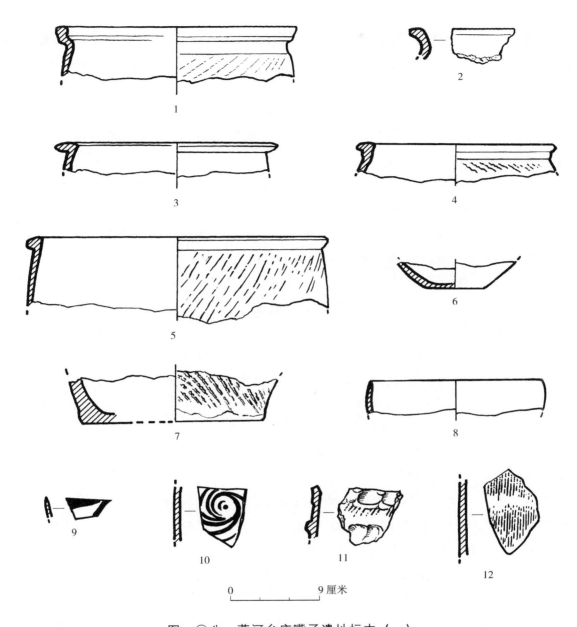

0   9厘米

图一〇八　燕河乡庙嘴子遗址标本（一）

1. 盆口沿（45∶14）　2. 盆口沿（45∶18）　3. 盆口沿（45∶15）　4. 盆口沿（45∶12）

5. 盆口沿（45∶7）　6. 罐底（45∶11）　7. 罐底（45∶10）　8. 钵口沿（45∶17）

9. 钵口沿（45∶20）　10. 陶片（45∶19）　11. 陶片（45∶16）　12. 陶片（45∶13）

饰斜向细绳纹。口径 24、残高 5.7、唇宽 1.5、壁厚 0.6 厘米（图一〇八，1；图版五，3）。年代为仰韶文化中期。

标本 45∶18　盆口沿。夹砂红陶。直口，斜折平沿，圆唇。素面。残高 3.3、残宽 6、壁厚 1 厘米（图一〇八，2）。年代为仰韶文化晚期。

标本 45∶15　盆口沿。细泥质红陶。宽平折沿，尖圆唇，颈侧内曲。素面。口径 22、残高 3.6、壁厚 1 厘米（图一〇八，3）。年代为仰韶文化晚期。

标本 45：12　盆口沿。夹砂红陶。宽平沿。沿下内侧凹，外侧有两道凹弦纹。肩部饰粗绳纹。口径 19.8、残高 4、沿宽 1.8、壁厚 0.9 厘米（图一〇八，4）。年代为仰韶文化晚期。

标本 45：7　盆口沿。泥质红褐陶。敛口，平沿，厚唇，壁较薄。饰斜向粗绳纹。口径 30、残高 9、沿宽 1.4、唇厚 0.7、壁厚 0.6 厘米（图一〇八，5；图版八，8）。年代为仰韶文化晚期。

标本 45：11　罐底。细泥质红陶。圆腹，小平底，外壁光滑。素面。底径 6、残高 2.7、壁厚 0.5 厘米（图一〇八，6）。年代为仰韶文化晚期。

标本 45：10　罐底。夹粗砂红陶。斜腹，平底。饰斜行粗绳纹。底径 18.4、残高 5.6、壁厚 1.3 厘米（图一〇八，7）。年代为仰韶文化晚期。

标本 45：17　钵口沿。细泥质红陶。口微敛，圆唇。素面。口径 17.4、残高 3.8、壁厚 0.3 厘米（图一〇八，8）。年代为仰韶文化晚期。

标本 45：20　钵口沿。泥质红陶。口微敛，尖圆唇。红底，弧线黑彩，口沿内侧一道黑彩。残高 2.1、残宽 4.5、壁厚 0.5 厘米（图一〇八，9）。年代为仰韶文化晚期。

标本 45：19　陶片。细泥质红陶。饰鸟首黑彩纹。残高 6、残宽 5、壁厚 0.5 厘米（图一〇八，10）。年代为仰韶文化晚期。

标本 45：16　陶片。夹砂红陶。饰斜向粗绳纹、抹平弦纹、两道波浪堆纹。残高 5.7、残宽 6.3、壁厚 1 厘米（图一〇八，11）。年代为仰韶文化晚期。

标本 45：13　陶片。泥质红陶。应为尖底瓶残片。饰细线纹。残高 9、残宽 5.6、壁厚 0.8 厘米（图一〇八，12）。年代为仰韶文化晚期。

标本 45：8　陶片。夹粗砂红褐陶。饰齐整的平行粗绳纹。残高 12、残宽 10、壁厚 0.7 厘米（图一〇九，1）。年代为仰韶文化晚期。

标本 45：6　罐底。夹砂灰褐陶。斜腹壁，平底。素面。底径 9、残高 3.6、壁厚 0.9 厘米（图一〇九，2）。属寺洼文化。

标本 45：5　鬲足。夹砂褐陶。圆柱状足根，空心足，裆底连接，裆内隔平缓圆滑。素面。残高 5、足间距 9、壁厚 0.6 厘米（图一〇九，3）。属寺洼文化。

标本 45：4　篮形豆。细泥质浅红褐陶。侈口，圆唇，缩颈，鼓腹。素面。口径 14、残高 5.3、壁厚 0.6 厘米（图一〇九，4）。属寺洼文化。

标本 45：3　篮形豆。夹砂红褐陶，陶色斑驳不均。侈口，卷沿，斜方唇，鼓腹。素面。口径 16.2、残高 6、唇宽 0.5、壁厚 0.6 厘米（图一〇九，5）。属寺洼文化。

标本 45：1　篮形豆。夹砂灰褐陶，陶色斑驳不均。侈口，斜卷沿，宽唇，沿外一条宽泥条，鼓腹。素面。口径 21、残高 6.6、壁厚 0.9 厘米（图一〇九，6）。属寺洼文化。

标本 45：2　豆柄。泥质红褐陶。柄中空，下有喇叭形圈足。素面。柄径 5、残高 6、

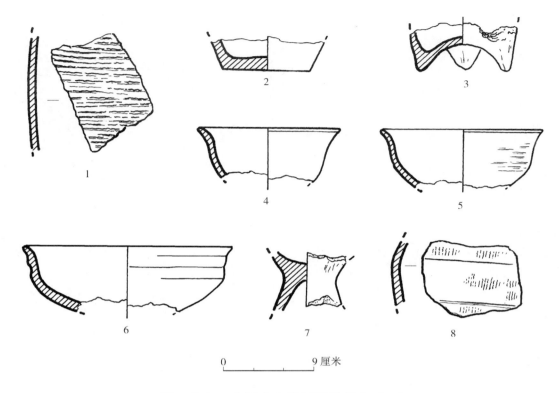

图一〇九　燕河乡庙嘴子遗址标本（二）

1. 陶片（45:8）　2. 罐底（45:6）　3. 鬲足（45:5）　4. 簋形豆（45:4）

5. 簋形豆（45:3）　6. 簋形豆（45:1）　7. 豆柄（45:2）　8. 陶片（45:9）

壁厚 0.9 厘米（图一〇九，7）。属寺洼文化。

标本 45:9　陶片。泥质灰陶。折肩。有少量抹光后的绳纹痕迹。残高 7.5、残宽 10、壁厚 0.8 厘米（图一〇九，8）。年代为汉代。

46　城关镇鸾亭山遗址

遗址位于城关镇后排村北侧，东为燕河（燕子河），西为刘家沟，南为县城，北为黄土峁梁地带，地势险峻。遗址位于山顶被挖断的山脊上，坡度比较缓，面积约 2000 平方米，海拔 1576.9 米（图一一〇）。鸾亭山为县城最高点，山上和山下有汉墓，西面的刘家沟里有墓葬，山的第 3～4 级台地上曾经出土玉戈，也曾采集到"长乐未央"瓦当和冥钱，山的最高点有祭祀坑和汉代的建筑遗迹，祭祀坑被盗（彩版四八～五二）。山腰的两翼还有两个对称的夯土台，山腰东部的夯土呈梯形，东西长 20、南北宽 25、高 6 米（彩版五三）。山顶为夯土，面积 20×20 平方米。山顶上面散落大量的瓦片、陶片和骨头，另外还留用石头铺制的散水遗迹。瓦有板瓦和筒瓦，纹饰外为粗绳纹，内饰布纹，还有内部饰方格纹的。半山腰也散落瓦片。采集到乳状矮足鬲、素面泥质红陶鬲足、灰陶罐等。

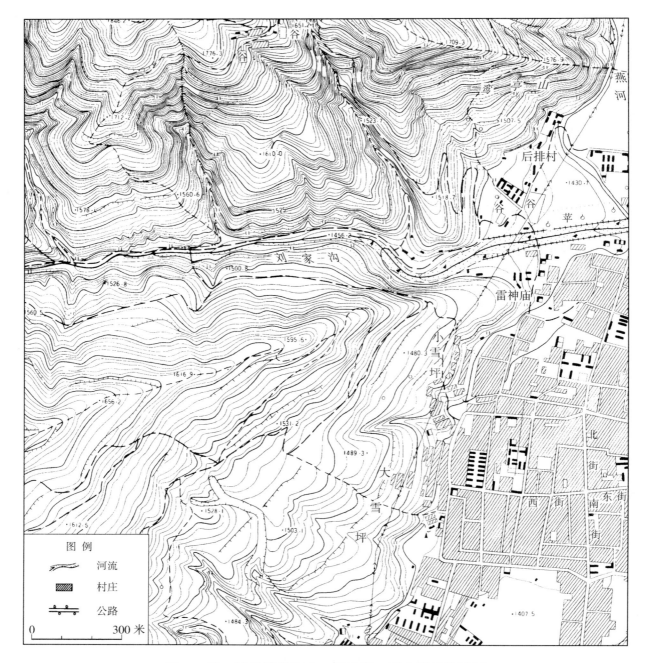

图一一○　城关镇鸾亭山、雷神庙、西山遗址地形图

标本介绍如下：

标本 46：27　陶片。泥质红陶。饰竖向篮纹。残高 5.6、残宽 6.6、壁厚 0.6 厘米（图一一一，1）。属齐家文化。

标本 46：22　鬲鋬。夹砂灰陶。扁柱状实足根。上部原饰有细绳纹，再敷一层薄泥抹光。残高 3、残宽 7.6、鋬高 3.8 厘米（图一一一，2；图版二一，1）。属刘家文化。

标本 46：13　鬲足。夹砂灰陶。为联裆鬲足的锥状足，瘪裆位置较高。饰交错细绳纹，绳纹直通足尖。残高 7.8、足根高 3、壁厚 0.7 厘米（图一一一，3；图版二六，1）。

年代为西周早期。

标本 46：15 鬲口沿。夹砂灰陶。圆唇，侈口，鼓腹。素面。残高 3、残宽 8.4、沿宽 2.2、壁厚 0.6 厘米（图一一一，4）。年代为西周晚期。

标本 46：4 鬲口沿。夹砂灰陶。尖圆唇，平折沿，鼓腹。颈以下饰绳纹。残高 4.5、残宽 7.5、壁厚 0.5～1 厘米（图一一一，5）。年代为西周晚期。

标本 46：24 鬲口沿。夹砂灰陶。宽平沿硬折。沿内、外缘各有一道凹弦纹。素面。口沿宽 3、残高 3.6、残宽 4.6、壁厚 0.8 厘米（图一一一，6）。年代为西周晚期。

标本 46：9 鬲口沿。夹砂灰陶。宽平沿硬折，沿内、外侧各有一道凹弦纹。颈下饰斜绳纹。口径 28.2、沿宽 3、残高 6.8、残宽 10.4、壁厚 0.8 厘米（图一一一，7）。年代为西周晚期。

标本 46：12 罐口沿。泥质灰褐陶。侈口，颈部有一周凸棱。上腹部饰道凹弦纹。残高 9、残宽 10.5、壁厚 0.6 厘米（图一一一，8）。年代为西周。

标本 46：8 甗口沿。夹砂灰陶。方唇，平折沿，上腹微鼓，口沿外角为钝角。唇、沿外侧及腹部饰细绳纹。残高 10.2、残宽 12、沿宽 3、壁厚 0.7～1 厘米（图一一一，9；图版三一，3）。年代为西周中晚期至春秋早期。

标本 46：5 甗口沿。泥质灰褐陶。方唇，平折沿，上腹微鼓。唇、沿外壁及腹部饰细绳纹。口径 37.5、残高 9、残宽 15、壁厚 0.6～1.2 厘米（图一一一，10；图版三一，2）。年代为西周。

标本 46：23 甗口沿。夹砂灰陶。敞口，斜高领。饰细绳纹。残高 4.8、残宽 9.4、壁厚 1 厘米（图一一一，11）。年代为西周。

标本 46：6 罐残片。泥质灰陶。大喇叭口罐腹部残片。上腹部有两周凹弦纹，弦纹中间为四组凹弦纹组成的三角纹。残高 10、残宽 13.5、厚 0.8～1.1 厘米（图一一一，12；图版二八，1）。年代为西周中晚至春秋早期。

标本 46：10 罐口沿。夹砂灰陶。圆唇，大喇叭口，口部较小，束颈。素面。口径 21、残高 6、壁厚 0.5～0.8 厘米（图一一一，13）。年代为西周晚期～春秋早期。

标本 46：16 豆盘。泥质灰陶。直口，浅盘，折腹。素面。残高 3.5、口径 16、壁厚 0.6 厘米（图一一一，14）。年代为西周晚期～春秋早期。

标本 46：25 陶片。夹砂陶，内黑外褐。素面。残高 4.6、残宽 5.6、壁厚 0.8 厘米（图一一二，1）。属寺洼文化。

标本 46：26 陶片。夹砂黄褐陶，陶质较粗，陶色不均。素面。残高 6、残宽 6.6、壁厚 0.6 厘米（图一一二，2）。属寺洼文化。

标本 46：17 罐。泥质灰陶。尖唇，沿上有一道凸棱，大喇叭口，束颈，鼓腹，口径大于肩颈，平底。口沿外侧、颈部及肩部以下饰绳纹。口径 16、腹径 14.7、底径 8、高 18 厘米（图一一二，3；图版二七，5）。年代为春秋早期。

标本 46：14 盆口沿。泥质灰陶。直口，圆唇，短平折沿，折腹。上腹及下腹各饰一

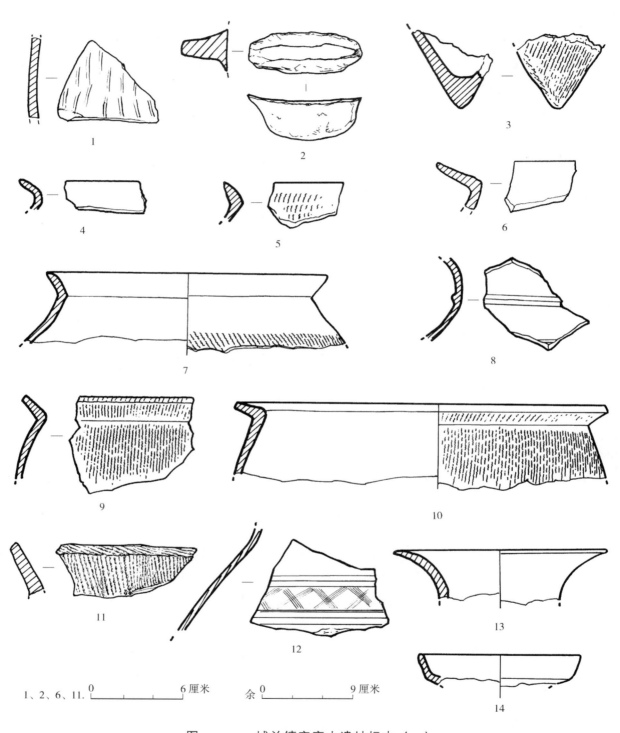

图一一一　城关镇鸾亭山遗址标本（一）

1. 陶片（46：27）　2. 鬲鍪（46：22）　3. 鬲足（46：13）　4. 鬲口沿（46：15）　5. 鬲口沿（46：4）
6. 鬲口沿（46：24）　7. 鬲口沿（46：9）　8. 罐沿（46：12）　9. 甑口沿（46：8）　10. 甑口沿
（46：5）　11. 甑口沿（46：23）　12. 罐残片（46：6）　13. 罐口沿（46：10）　14. 豆盘（46：16）

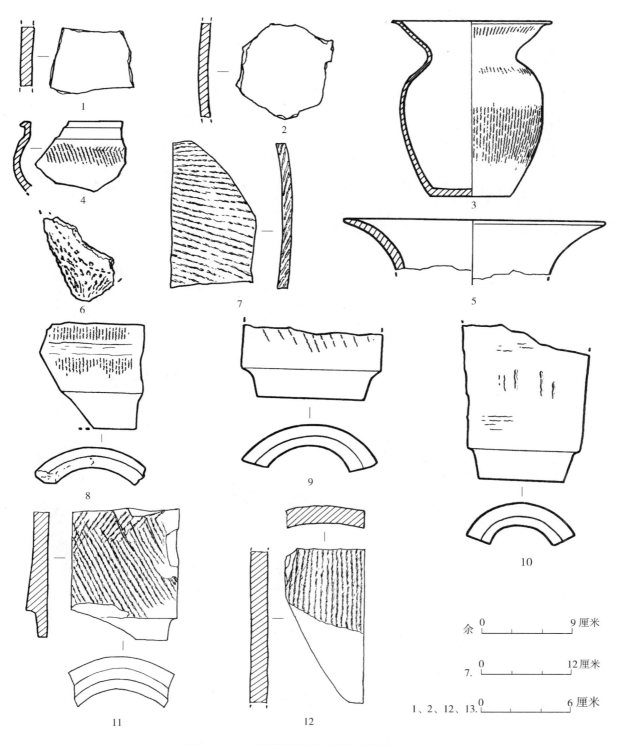

图——二　城关镇鸾亭山遗址标本（二）

1. 陶片（46∶25）　2. 陶片（46∶26）　3. 罐（46∶17）　4. 盆口沿（46∶14）

5. 罐口沿（46∶7）　6. 鬲足（46∶11）　7. 板瓦残片（46∶20）　8. 瓦（46∶

3）　9. 瓦（46∶1）　10. 瓦（46∶2）　11. 瓦（46∶19）　12. 瓦（46∶33）

周斜绳纹。残高7.2、残宽9、厚0.7厘米（图一一二，4）。年代为春秋晚期。

标本46：7 罐口沿。泥质灰陶。圆唇，大喇叭口，束颈。素面。口径26、残高6、残宽11、厚0.6～1厘米（图一一二，5）。年代为春秋。

标本46：11 鬲足。夹砂灰陶。足圆钝，低裆。饰麻点纹。残高8.5、足根高3.6、

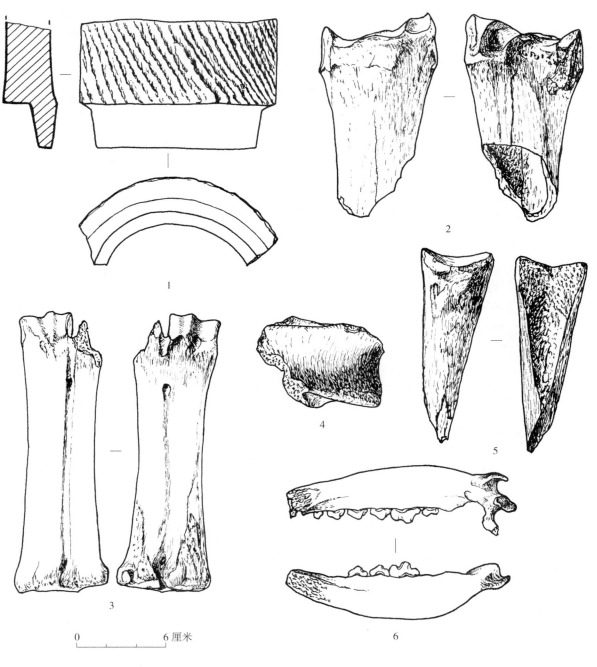

0   6厘米

图一一三　城关镇鸢亭山遗址标本（三）

1. 筒瓦（46：18）　2. 牲骨（46：28）　3. 牲骨（46：29）

4. 牲骨（46：30）　5. 牲骨（46：31）　6. 牲骨（46：32）

壁厚 1 厘米（图一一二，6）。年代为战国中期。

标本 46：20　板瓦残片。泥质灰陶。外壁饰绳纹较细，外沿亦饰绳纹，内饰麻布纹。残长 20、残宽 11.2、厚 1.2 厘米（图一一二，7）。年代为周代。

标本 46：3　瓦。泥质灰陶。为筒瓦瓦头残片。内饰布纹，外饰间断绳纹。残长 11.5、厚 1 厘米（图一一二，8）。年代为汉代。

标本 46：1　瓦。泥质灰陶。为筒瓦瓦头残片。内饰布纹，外饰绳纹。残长 7.5、残宽 13.5、厚 1.2 厘米（图一一二，9）。年代为汉代。

标本 46：2　瓦。泥质灰陶。为筒瓦瓦头残片。内饰布纹，外饰戳刺纹。残长 16、厚 1～1.4 厘米（图一一二，10）。年代为汉代。

标本 46：19　瓦。泥质灰陶。外壁粗绳纹较深，内壁饰细麻布纹。残长 14、残宽 11、舌长 2.4、唇厚 1、壁厚 1.4～2 厘米（图一一二，11）。年代为汉代。

标本 46：33　瓦。泥质灰陶。外壁绳纹较粗深，内壁饰细麻布纹。残长 16.4、残宽 8.8、壁厚 1.8 厘米（图一一二，12）。年代为汉代。

标本 46：18　筒瓦。夹砂灰陶。外饰绳纹粗而深，内饰细麻布纹。瓦舌内面抹平一周。残长 8.7、残宽 13、瓦舌长 3、瓦唇厚 1、瓦壁厚 3 厘米（图一一三，1）。年代为汉代。

标本 46：28　牲骨。为肢骨，残。残长 14、残宽 5.4 厘米。（图一一三，2）。

标本 46：29　牲骨。为肢骨。稍残。长 19.4、残宽 4.4 厘米（图一一三，3）。

标本 46：30　牲骨。为膝关节，残。残高 6、残宽 8.6 厘米（图一一三，4）。

标本 46：31　牲骨。残长 13.2、残宽 4.8 厘米。（图一一三，5）

标本 46：32　牲骨。残长 15.2、残宽 3 厘米。（图一一三，6）

47　城关镇雷神庙遗址

位于礼县城关镇西北 100 米（见图一一〇），西汉水、燕河、刘家沟交汇地带。其北为刘家沟，东为燕河，南为西汉水，属于黄土峁梁带，地势平缓，堆积较厚，占有西汉水北岸第 2～7 台地，上部较陡（彩版五四）。面积约 15 万平方米，海拔 1550 米。遗址在雷神庙西侧。暴露有厚约 2～3 米的灰层，并有灰坑、夯土，以及大量被盗掘的周代、春秋、战国和汉代墓葬等，在遗址东南角夯土下还发现有陶水管道。文化层厚 0.5～2.5 米，堆积东北厚于西南。礼县博物馆馆藏"亚父辛"鼎相传出于雷神庙。采集有大量的泥质、夹砂红、灰陶片和彩陶片。

标本介绍如下：

标本 47：43　尖底瓶底。泥质红陶。圆腹，尖底，内腹有泥条盘筑痕迹。素面。残高 7、壁厚 0.6～0.8 厘米（图一一四，1）。年代为仰韶文化早期。

标本 47：30　钵口沿。泥质红陶，上有一宽道黑彩。口微敛，尖圆唇。残高 7.5、残宽 6.6、壁厚 0.6～0.8 厘米（图一一四，2）。年代为仰韶文化早期。

标本 47：33　钵口沿。泥质红陶，红底黑宽带彩。口微敛，圆唇。残高 7.5、残宽 10.2、壁厚 0.5 厘米（图一一四，3）。年代为仰韶文化早期。

标本 47：3　钵口沿。细泥质红陶。口微敛，圆唇，深腹。素面。残高 4、残宽 6.4、壁厚 0.6 厘米（图一一四，4）。年代为仰韶文化早期。

标本 47：29　盆口沿。泥质红陶。侈口，卷沿，圆唇。口沿外侧一道黑彩，肩部饰弧线黑彩纹。残高 5.7、残宽 16、壁厚 0.6 厘米（图一一四，5；图版五，4）。年代为仰韶文化中期。

标本 47：31　罐口沿。泥质红陶。直口微敛，厚圆唇。饰平行凹弦纹。残高 12、残长 13.5、壁厚 1.8 厘米（图一一四，6）。年代为仰韶文化中期。

标本 47：44　钵。细泥质红陶。口微敛，深腹，圜底。素面。口径 26.7、高 13.5、壁厚 0.5 厘米（图一一四，7）。年代为仰韶文化中期。

标本 47：5　尖底瓶残片。细泥质红陶。肩部饰细线划纹。残高 3.4、残宽 5.4、壁厚 0.6 厘米（图一一四，8）。年代为仰韶文化晚期。

标本 47：32　盆口沿。泥质橙黄陶。敛口，圆唇，折平沿。口沿上饰道黑彩，肩部饰弧线纹黑彩。残高 6、残宽 7.5、壁厚 0.6 厘米（图一一四，9）。年代为仰韶文化晚期。

标本 47：1　盆残片。细泥质红陶。饰弧线三角纹黑彩。残高 4.5、残宽 7.5、壁厚 0.5 厘米（图一一四，10）。年代为仰韶文化晚期。

标本 47：36　罐口沿。夹砂红陶。斜平沿，尖圆唇"T"形口。饰粗绳纹。残高 7、残宽 9、沿宽 2、壁厚 0.9 厘米（图一一四，11）。年代为仰韶文化晚期。

标本 47：39　罐底。夹砂红陶。斜壁，平底。素面。残高 5.2、残宽 5、壁厚 1 厘米（图一一四，12）。年代为仰韶文化晚期。

标本 47：34　罐口沿。夹砂红褐陶。斜折平沿，方唇。口沿压一道窄绳纹花边，饰斜向平行划纹。残高 7、残宽 8.2、沿宽 1.6、壁厚 0.5 厘米（图一一四，13；图版一〇，4）。年代为仰韶文化晚期。

标本 47：35　罐口沿。夹砂红褐陶。侈口，卷平沿，尖圆唇。口沿内、外侧起脊。饰少许斜行绳纹，并压两道绳纹带。残高 5、残宽 8.6、壁厚 0.8～1.2 厘米（图一一四，14）。年代为仰韶文化晚期。

标本 47：14　钵口沿。细泥质红褐陶。敛口，圆唇。口沿顶部饰一道窄黑彩。残高 3.6、残宽 5.8、壁厚 0.5 厘米（图一一四，15）。年代为仰韶文化晚期。

标本 47：38　陶片。泥质红陶。饰交错绳纹，绳纹间距较宽。残高 15.2、残宽 18、厚 0.8～1.6 厘米（图一一四，16）。年代为仰韶文化晚期。

标本 47：40　陶片。夹砂红陶。饰附加堆纹一周，上有交错绳纹，堆纹宽约 2.5 厘米。残高 6、残宽 7.6、厚 1～1.2 厘米（图一一四，17）。年代为仰韶文化晚期。

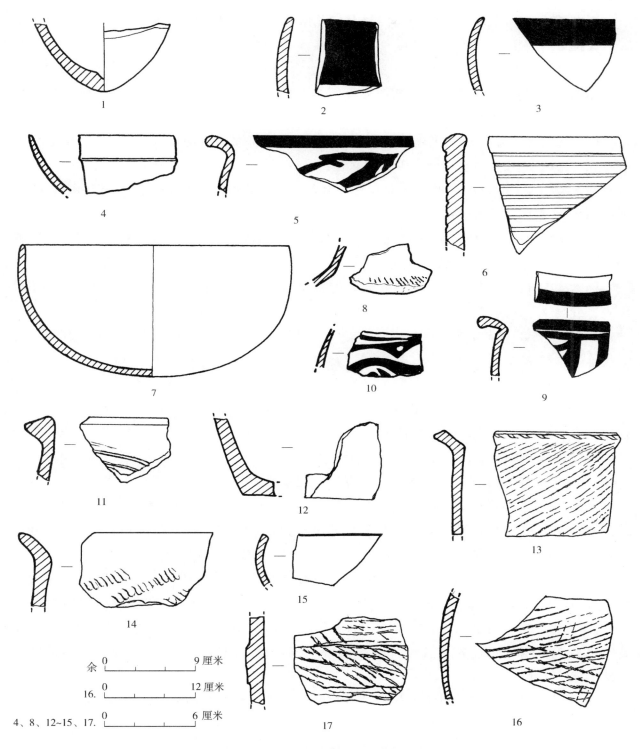

图——四　城关镇雷神庙遗址标本（一）

1. 尖底瓶底（47：43）　2. 钵口沿（47：30）　3. 钵口沿（47：33）　4. 钵口沿（47：3）　5. 盆口沿（47：29）　6. 罐口沿（47：31）　7. 钵（47：44）　8. 尖底瓶残片（47：5）　9. 盆口沿（47：32）　10. 盆残片（47：1）　11. 罐口沿（47：36）　12. 罐底（47：39）　13. 罐口沿（47：34）　14. 罐口沿（47：35）　15. 钵口沿（47：14）　16. 陶片（47：38）　17. 陶片（47：40）

标本47：45　甑。泥质红陶，内壁有白色陶衣。口微敛，凸圆唇，鼓肩，浅腹，大圜底，底正中有一圆孔。素面。口径29.4、通高8.8、壁厚0.6~0.8厘米（图一一五，1）。年代为仰韶文化晚期。

标本47：2　高领罐残片。细泥质红褐陶。高领，束颈。下部饰一道凹弦纹。残高7.5、残宽7.8、壁厚0.5厘米（图一一五，2）。属齐家文化。

标本47：4　罐残片。细泥质红褐陶。折肩。腹部饰斜行绳纹。残高11、残宽8.4、壁厚0.7厘米（图一一五，3）。属齐家文化。

标本47：9　盆口沿。泥质灰陶。直口微敛，折沿，圆唇，深腹。沿下有一周浅绳纹。口径30、沿宽3、壁厚0.6厘米（图一一五，4；图版二七，1）。年代为周代。

标本47：16　陶片。夹砂灰陶。饰交错绳纹。残高10.5、残宽15、壁厚0.8厘米（图一一五，5）。年代为周代。

标本47：17　盆口沿。夹细砂灰陶。宽折平沿，溜肩，深腹。肩部饰绳纹，腹部素面抹光。残高7.8、残宽15、壁厚0.8厘米（图一一五，6）。年代为西周。

标本47：41　甗口沿。夹砂灰陶。直口，斜平沿，方唇。饰斜行绳纹，颈部压捺一道窝状堆纹。残高3.8、残宽6.8、沿宽2、唇厚1、壁厚0.8厘米（图一一五，7）。年代为西周。

标本47：18　鬲口沿。夹砂灰陶。敞口，宽平沿，圆唇，口沿仰角大。沿外缘一道凹弦纹，饰细绳纹，沿外、颈部有抹光后的绳纹残迹。残高7.2、残宽7、口沿宽3.5、唇厚0.6、壁厚0.8厘米（图一一五，8）。年代为西周中期。

标本47：37　鬲口沿。夹砂灰陶。直口，宽平沿硬折。饰斜行绳纹。残高4.4、残宽7.9、沿宽2.4、唇厚0.8、壁厚1厘米（图一一五，9）。年代为西周晚期。

标本47：19　鬲口沿。夹细砂灰陶。颈肩不明显，宽平折沿。饰绳纹。残高5、残宽9.4、口沿宽3.6、壁厚0.6厘米（图一一五，10）。年代为西周晚期。

标本47：21　鬲口沿。夹砂灰陶。宽平沿硬折。沿内、外各有一道凹弦纹。残高3.8、残宽7、沿宽3.2、唇厚0.6、壁厚0.8厘米（图一一五，11）。年代为西周晚期。

标本47：23　鬲足。夹砂灰陶。尖锥状鬲足，裆内侧起脊。饰麻点状粗绳纹，直通足尖。残高7、足根高2、壁厚1.2厘米（图一一五，12；图版三〇，1）。年代为西周晚~春秋早期。

标本47：22　豆盘。泥质黑灰陶。斜腹壁，浅盘。盘外壁饰两道凹弦纹。素面。残高2、残宽6.6、盘深2、壁厚0.6厘米（图一一六，1）。年代为西周晚期。

标本47：42　罐口沿。夹细砂灰陶。耳残，侈口，方唇。口沿外压印四道绳纹带。残高5、残宽6.2、耳宽2、耳壁厚0.5、器壁厚0.4厘米（图一一六，2）。年代为西周晚期。

标本47：27　罐。夹砂黑褐陶。颜色驳杂不均。斜腹，底微内凹。肩、腹交界处有凸弦纹。底径3.2、残高4.6、壁厚0.6厘米（图一一六，3）。年代为西周晚期。

标本47：28　陶片。夹粗砂褐陶，陶质粗，陶色不均。残高5、残宽5、壁厚1厘米

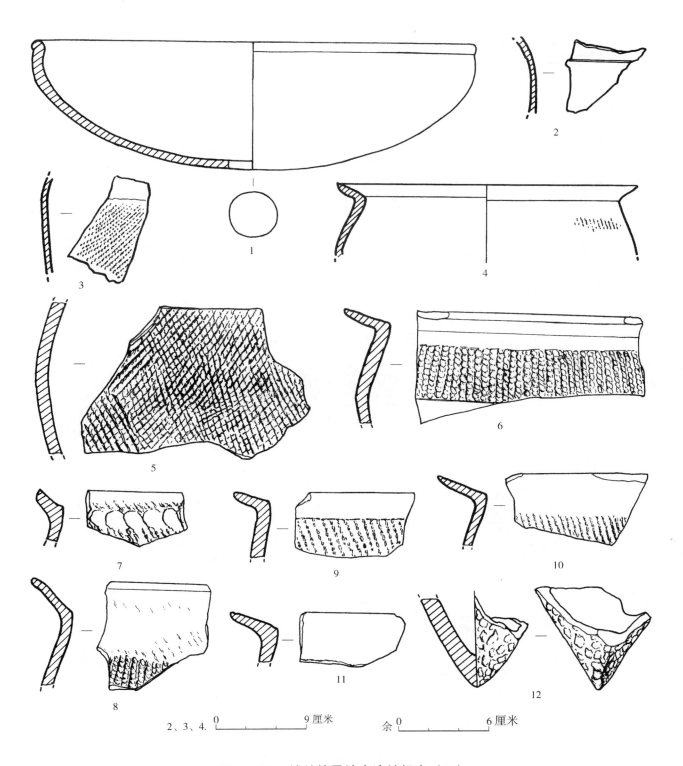

图——五 城关镇雷神庙遗址标本（二）

1. 甑（47：45） 2. 高领罐残片（47：2） 3. 罐残片（47：4） 4. 盆口沿（47：9） 5. 陶片（47：16） 6. 盆口沿（47：17） 7. 甑口沿（47：41） 8. 鬲口沿（47：18） 9. 鬲口沿（47：37） 10. 鬲口沿（47：19） 11. 鬲口沿（47：21） 12. 鬲足（47：23）

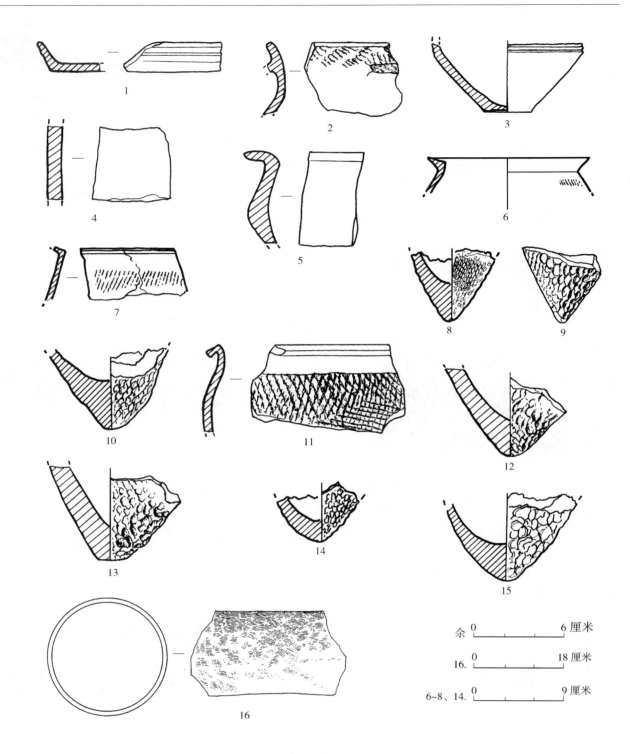

图一一六　城关镇雷神庙遗址标本（三）

1. 豆盘（47：22）　　2. 罐口沿（47：42）　　3. 罐（47：27）　　4. 陶片（47：28）

5. 盆口沿（47：15）　　6. 盆口沿（47：8）　　7. 鬲口沿（47：7）　　8. 鬲足（47：10）

9. 鬲足（47：24）　　10. 鬲足（47：13）　　11. 鬲口沿（47：20）　　12. 鬲足（47：25）

13. 鬲足（47：26）　　14. 鬲足（47：6）　　15. 鬲足（47：12）　　16. 水管（47：11）

（图一一六，4）。年代为西周晚期。

标本 47：15　盆口沿。夹砂灰陶。尖唇，平沿，鼓肩。素面。残高 6.5、残宽 3.7、壁厚 0.6～1.4 厘米（图一一六，5）。年代为春秋。

标本 47：8　盆口沿。泥质黑灰陶。直口微敛，斜平沿，沿上有一周凹槽，尖唇。沿下饰浅绳纹。口径 16.1、残高 3.3、沿宽 1.8、壁厚 0.4 厘米（图一一六，6）。年代为春秋。

标本 47：7　鬲口沿。夹砂黑灰陶。敛口，折沿，方唇。通体饰斜向绳纹。沿内侧有凸棱，沿下有抹痕。残高 5.4、残宽 10.7、沿宽 1.2、唇厚 0.3、壁厚 0.6 厘米（图一一六，7）。年代为春秋。

标本 47：10　鬲足。夹砂灰陶。实足根，足尖尖锥状，较扁。饰麻点状粗绳纹。残高 7.6、足根高 4、壁厚 0.9 厘米（图一一六，8）。年代为春秋中期。

标本 47：24　鬲足。夹砂灰陶。尖锥状足。饰粗绳纹，足内侧有麻点纹。残高 4.8、足根高 3 厘米（图一一六，9）。年代为春秋中晚期。

标本 47：13　鬲足。夹粗砂灰陶。足端圆钝，裆较低。饰麻点粗绳纹。残高 5.4、足根高 3.4、壁厚 0.8～1.2 厘米（图一一六，10）。年代为春秋晚期。

标本 47：20　鬲口沿。夹粗砂灰陶。直口，斜平沿，方唇，缩颈，鼓肩。饰交错绳纹。残高 6、残宽 10.4、沿宽 1.1、颈宽 1.2、壁厚 0.7 厘米（图一一六，11）。年代为春秋晚～战国早期。

标本 47：25　鬲足。夹砂灰陶。鬲足较矮胖，足端圆钝。饰麻点状粗绳纹。残高 6、足根高 2.4、壁厚 0.8 厘米（图一一六，12）。年代为战国早期。

标本 47：26　鬲足。夹砂灰陶。足矮胖，足端平钝。饰粗麻点纹。残高 6.4、足根高 2.2、壁厚 1.2 厘米（图一一六，13）。年代为战国早中期。

标本 47：6　鬲足。夹砂黑灰陶。裆较低，足端平钝，足矮胖，较扁。饰粗绳纹。残高 6、足根高 2.1、壁厚 0.9 厘米（图一一六，14）。年代为战国中期。

标本 47：12　鬲足。夹粗砂灰陶。足部粗矮，足端平钝，低裆。饰粗方格纹。残高 6、足根高 2.6、壁厚 0.8～1.2 厘米（图一一六，15）。年代为战国中期。

标本 47：11　水管。夹细砂灰陶。筒形。通体饰交错绳纹。直径 27、厚 0.9 厘米（图一一六，16）。年代为东周。

48　城关镇西山遗址

位于礼县城关镇（见图一一○），在雷神庙遗址南侧，由大雪坪、小雪坪组成（彩版五五）。其东南临西汉水，北为雷神庙，西为峁梁，地势平缓，堆积较厚，面积约 10 万平方米。地面及断崖上暴露有灰层、房址、墓葬、夯土等，文化层厚约 0.5～2 米。采集有仰韶文化晚期、周、齐家文化和寺洼文化的陶片。

标本介绍如下：

标本 48：11　盆口沿。泥质红陶。平折沿，圆唇，侈口。红底黑彩，饰黑色条带纹。残高 2、残宽 5、壁厚 0.3～0.6 厘米（图一一七，1）。年代为仰韶文化晚期。

标本 48：8　罐口沿。夹粗砂红陶。敛口，平沿，口沿呈"T"形，微鼓腹。饰粗绳纹，绳纹较浅。残高 5.2、残宽 6.2、壁厚 0.6～2.6 厘米（图一一七，2；图版一○，5）。年代为仰韶文化晚期。

标本 48：2　罐耳。夹细砂黑灰陶。为残存颈部，侈口，尖唇，斜平沿。耳饰竖绳纹。耳高 3.4、耳宽 1.5、壁厚 0.6 厘米（图一一七，3）。属齐家文化。

标本 48：4　罐肩。细泥质红陶。折肩。肩部素面，腹部饰竖行绳纹，表面磨光。残高 5、残宽 8、厚 0.4～0.8 厘米（图一一七，4；图版二○，2）。属齐家文化。

标本 48：3　罐底。夹粗砂红褐陶。圆腹，平底。饰麦粒状粗绳纹。底径 10、残高 6、壁厚 0.6 厘米（图一一七，5）。属齐家文化。

标本 48：6　罐底。夹砂陶，外壁黑褐色，内壁红褐色。斜腹，平底。底缘一周附加泥条，腹部饰斜绳纹。残高 3、残宽 6.6、壁厚 1.2 厘米（图一一七，6）。属齐家文化。

标本 48：5　陶片。夹砂黑褐陶。饰网格状绳纹。残高 6、残宽 9、厚 0.4 厘米（图一一七，7）。属齐家文化。

标本 48：7　陶片。夹粗砂红陶。饰麻点状斜绳纹。残高 8、残宽 11.4、壁厚 0.4～0.7 厘米（图一一七，8）。属齐家文化。

标本 48：16　鬲足。夹砂灰陶。圆锥形实足根，足端钝平。饰细绳纹。残高 5 厘米（图一一七，9）。年代为西周中期。

标本 48：12　罐耳。夹砂灰褐陶。耳为宽带状。素面，表面磨光。残高 7.6、残宽 6、厚 0.6 厘米（图一一七，10）。属寺洼文化。

标本 48：9　簋形豆盘。泥质红褐陶。陶色斑驳不均。斜沿，方唇，侈口，腹下有刮削痕迹。素面，表面磨光。口径 16.2、残高 10.5、壁厚 0.6 厘米（图一一七，11）。属寺洼文化。

标本 48：15　豆柄。泥质灰黑陶，陶色不均。为豆的残柄，实心，深腹，豆柄腹部有一道折棱。素面。残高 9、柄径 6、壁厚 0.6～1 厘米（图一一七，12）。属寺洼文化。

标本 48：10　豆柄。泥质黑褐陶，表面色彩不均。空心。素面。残高 6.6、柄径 7.2、壁厚 0.6 厘米（图一一七，13）。属寺洼文化。

标本 48：14　豆底座。泥质灰褐陶，表面陶色不均。呈喇叭状，外壁有很浅的刮削痕迹。素面。残高 10、残宽 10、厚 0.3～0.8 厘米（图一一七，14）。属寺洼文化。

标本 48：13　豆盘。泥质黄褐陶。为簋形豆的豆盘残片，圆唇，侈口，腹微鼓。口沿外有一周浅附加堆纹加固。残高 7.2、残宽 4.4、厚 0.6～0.8 厘米（图一一七，15）。属寺洼文化。

标本 48：1　豆圈足。夹细砂红褐陶。足底外侈。素面。底径 22、残高 6.9、壁厚 0.6

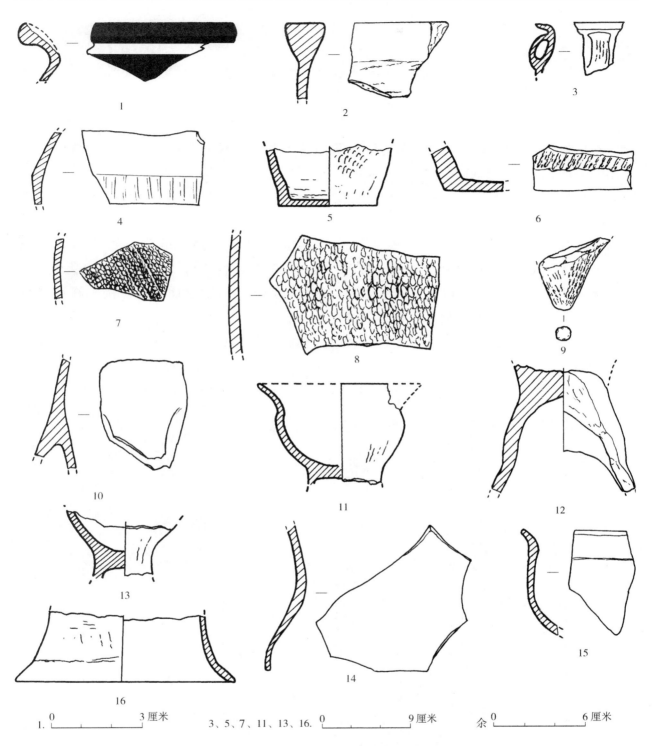

图一一七　城关镇西山遗址标本

1. 盆口沿（48:11）　2. 罐口沿（48:8）　3. 罐耳（48:2）　4. 罐肩（48:4）　5. 罐底（48:3）　6. 罐底（48:6）　7. 陶片（48:5）　8. 陶片（48:7）　9. 高足（48:16）　10. 罐耳（48:12）　11. 簋形豆盘（48:9）　12. 豆柄（48:15）　13. 豆柄（48:10）　14. 豆底座（48:14）　15. 豆盘（48:13）　16. 豆圈足（48:1）

厘米（图一一七，16）。属寺洼文化。

49　城关镇庄窠地遗址

　　位于城关镇石碑村东北 200 米、西汉水北岸第 2～3 级台地（图一一八）。面积 300×100 平方米（彩版五六）。暴露有灰层、白灰面房子基址（长 8、宽 3.2 米）（彩版五七）。采集到庙底沟仰韶文化晚期、周、齐家文化和寺洼文化的陶片，器形有鬲、盆、罐、尖底瓶、石环等。

　　标本介绍如下：

　　标本 49：3　尖底瓶口沿。泥质红陶。重唇口，内外唇之间一道宽凹弦纹，口残。素面。残高 3、残宽 7、壁厚 0.9 厘米（图一一九，1；图版四，2）。年代为仰韶文化中期。

　　标本 49：10　尖底瓶口沿。泥质红陶。重唇口，口沿残。素面，外有慢轮修整痕迹。残高 4、残宽 7、壁厚 0.6 厘米（图一一九，2；图版四，3）。年代为仰韶文化中期。

　　标本 49：1　缸口沿。夹细砂陶，土红色。宽厚唇，敛口。唇下饰指甲窝点纹。残高 4.5、残宽 9、壁厚 0.6 厘米（图一一九，3；图版七，5）。年代为仰韶文化中期。

　　标本 49：9　钵口沿。泥质红陶，陶质细腻。圆唇，敛口。口沿顶端一道黑彩。残高

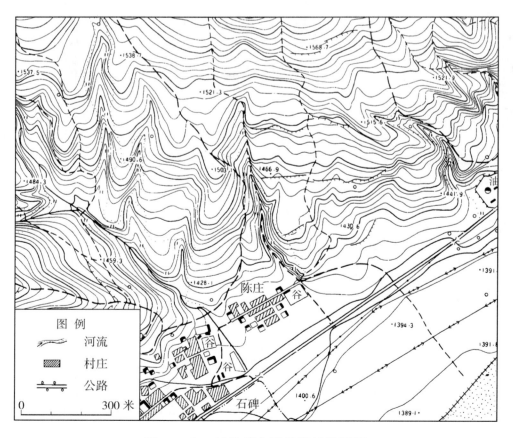

图一一八　城关镇庄窠地遗址地形图

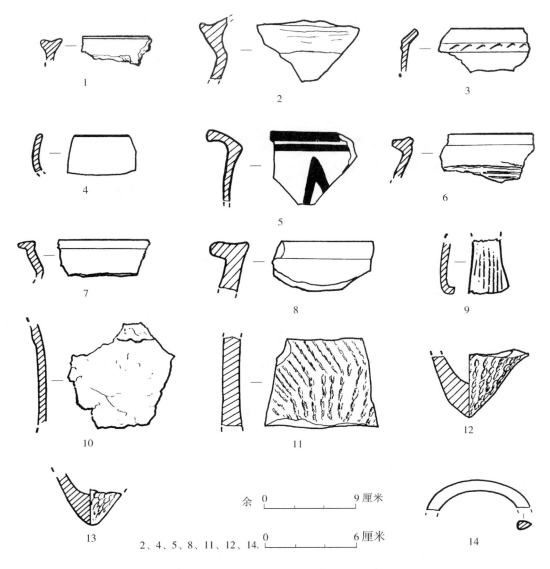

图一一九 城关镇庄窠地遗址标本

1. 尖底瓶口沿（49：3） 2. 尖底瓶口沿（49：10） 3. 缸口沿（49：1） 4. 钵口沿（49：9） 5. 盆口沿（49：12） 6. 盆口沿（49：2） 7. 盆口沿（49：5） 8. 罐口沿（49：11） 9. 器耳（49：7） 10. 豆口沿（49：6） 11. 甑残片（49：14） 12. 鬲足（49：13） 13. 鬲足（49：4） 14. 陶环（49：8）

2.8、残宽 4.4、壁厚 0.4 厘米（图一一九，4）。年代为仰韶文化中期。

标本 49：12 盆口沿。泥质彩陶。圆唇，斜折平沿。红底黑彩，唇、颈部各饰一道黑彩，腹外饰弧线三角黑彩纹。残高 5、残宽 5.7、壁厚 0.4～1.1 厘米（图一一九，5）。年代为仰韶文化晚期。

标本 49：2 盆口沿。夹粗砂陶，土红色。圆唇，直口，平沿。沿上一道宽凹弦纹，肩饰粗绳纹。残高 5.2、残宽 9.3、壁厚 0.9 厘米（图一一九，6）。年代为仰韶文化晚期。

标本 49：5 盆口沿。夹细砂陶，砖红色。窄唇，敛口，"T"形宽平沿。素面。残高

4、残宽9、壁厚0.9厘米（图一一九，7）。年代为仰韶文化晚期。

标本49：11　罐口沿。夹粗砂红褐陶。圆唇，敛口，凹平沿。素面。残高3.4、残宽6.6、壁厚1厘米（图一一九，8）。年代为仰韶文化晚期。

标本49：7　器耳。夹砂陶，土黄色。宽扁状。饰竖篮纹。耳残高5.6、残宽3.9、厚0.8厘米（图一一九，9）。属齐家文化。

标本49：6　豆口沿。夹粗砂陶，灰褐色，陶质、陶色不均。尖圆唇，侈口，斜腹。残高11、残宽10.5、壁厚0.9厘米（图一一九，10）。属寺洼文化。

标本49：14　瓿残片。夹粗砂灰陶。上部饰斜细绳纹，下部饰粗绳。残高6.2、残宽7.6、壁厚1.2厘米（图一一九，11）。年代为西周时期到春秋时期。

标本49：13　鬲足。夹砂灰陶。锥状足，实足根。饰粗绳纹。残高4.6、实足根高2.4、壁厚0.8厘米（图一一九，12）。年代为春秋中、晚期。

标本49：4　鬲足。夹粗砂灰陶。尖锥状足，根较矮。饰粗绳纹到足尖。残高5.4、足根高3.3、壁厚0.8厘米（图一一九，13）。年代为春秋中、晚期。

标本49：8　陶环。泥质灰陶。截面呈桃形。素面。残宽6.8、厚0.5厘米（图一一九，14）。年代不明。

50　石桥乡汉阳山遗址

位于汉阳村北约500米（图一二〇）。面积不详。采集到齐家文化、寺洼文化的陶片，暴露有灰层。器形有大口罐。

标本介绍如下：

标本50：2　罐口沿。泥质陶，黑灰色。尖唇，敞口，宽颈。颈下饰一道戳点纹。口径24、残高6、壁厚0.5厘米（图一二一，1）。属齐家文化。

标本50：1　喇叭口罐口沿。泥质灰陶。尖唇，敞口，口沿残。颈部残存抹光绳纹痕迹。口径24、残高3.6、壁厚0.5厘米（图一二一，2）。年代为春秋时期。

51　石桥乡沟那下遗址

位于石桥乡远门村沟那下（见彩版五四），面积200×200平方米（图一二二；彩版五八）。有齐家文化遗址和汉墓，暴露有积炭墓、竖穴土坑墓和砖室墓，采集到泥质灰陶罐、灶和泥质灰陶绳纹瓿等，还有带花纹的铺地砖和空心砖。村西北有两个被盗的汉代砖室墓。第3台地上有白灰面，其中一段长9米，另一段长3米，两者相距6米，均为直接在地上涂抹白灰。

标本介绍如下：

标本51：3　罐残片。泥质红陶。溜肩，圆腹。肩部素面，抹平，腹部饰竖行细绳纹。

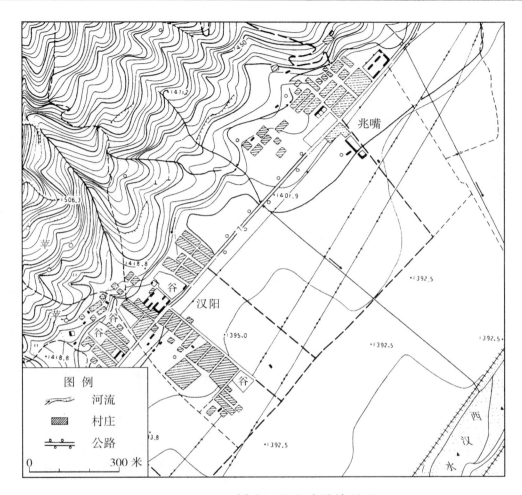

图一二〇　石桥乡汉阳山遗址地形图

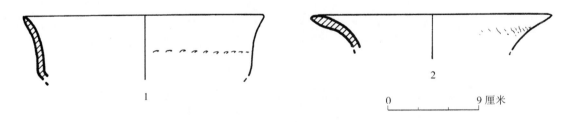

图一二一　石桥乡汉阳山遗址标本

1. 罐口沿（50：2）　　2. 喇叭口罐口沿（50：1）

残高 15、残宽 14.4、壁厚 0.4 厘米（图一二三，1）。属齐家文化。

　　标本 51：1　带耳罐。夹细砂陶，黑褐色，颜色斑驳不均。方唇，侈口，卷沿，小口，束颈，颈部有一耳。口沿外侧有竖行绳纹，颈部抹平，耳上及肩部饰有齐整的竖行绳纹。残高 15.5、残宽 17、壁厚 0.5、耳高 5、耳宽 3.5~5 厘米（图一二三，2；图版一九，2）。属齐家文化。

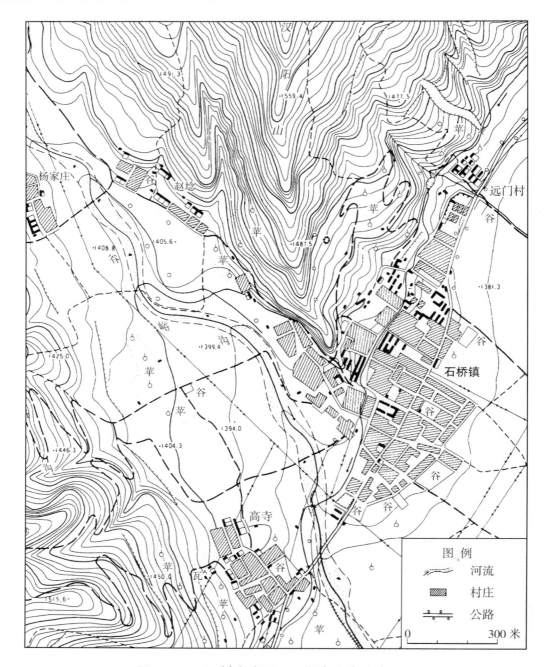

图一二二　石桥乡沟那下、高寺头遗址地形图

标本 51：2　器耳。细泥质灰陶。耳上素面，有竖向抹痕，器身饰竖细绳纹。耳高 8、耳宽 3.3、器壁厚 0.6 厘米（图一二三，3）。属齐家文化。

标本 51：4　陶片。泥质陶，橙红色。饰斜篮纹。残高 4、残宽 6、壁厚 0.8 厘米（图一二三，4）。属齐家文化。

标本 51：5　陶片。泥质陶，橙红色。饰横粗篮纹。残高 5、残宽 5、壁厚 0.3 厘米（图一二三，5）。属齐家文化。

标本 51：6　罐。夹砂灰陶。侈口，束颈，鼓腹，平底。器表饰一周竖向绳纹。口径

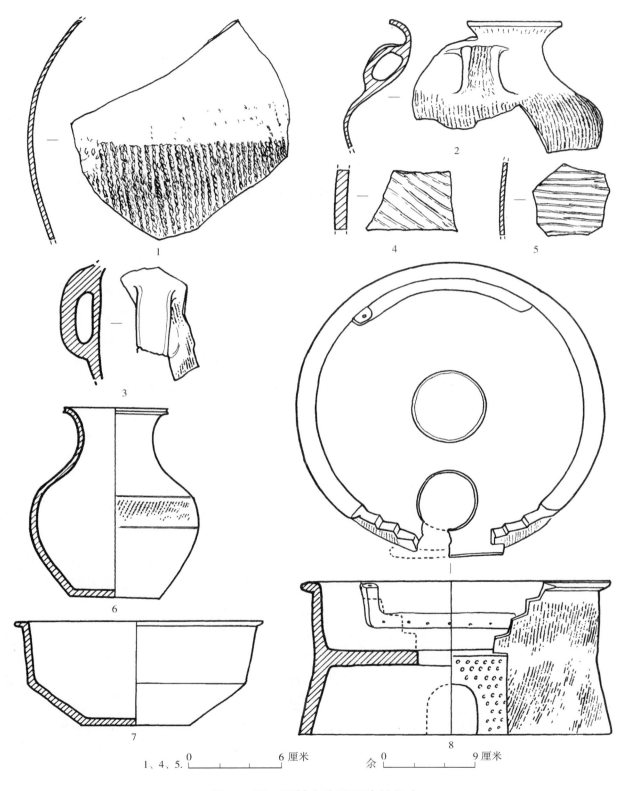

1、4、5. 0 ——————— 6厘米　　　　余 0 ——————— 9厘米

图一二三　石桥乡沟那下遗址标本

1. 罐残片（51：3）　2. 带耳罐（51：1）　3. 器耳（51：2）　4. 陶片（51：4）

5. 陶片（51：5）　6. 罐（51：6）　7. 盆（51：7）　8. 灶（51：8）

10.5、底径 9、通高 19.5 厘米（图一二三，6）。年代为战国时期。

　　标本 51：7　盆。泥质灰陶。尖圆唇，直口，平沿，折腹，平底。素面。口径 24.6、底径 10.8、高 10.5、壁厚 0.75 厘米（图一二三，7）。年代为战国时期到汉代。

　　标本 51：8　灶。泥质灰陶。圆形，灶面上有一大一小两个眼，下直通火口。外壁饰粗绳纹。台径 31.2、底径 31.5、壁厚 1.2 厘米（图一二三，8；图版三二，4）。年代为汉代。

52　石桥乡高寺头遗址

　　位于石桥乡高寺头村西侧，属于甘肃省级文物保护单位，现被村庄占去了一部分，破坏严重。遗址处于高寺河与西汉水交汇的山前台地上，地势较陡，黄土台地发育较好。东到礼县至石桥乡公路，北至谷峪沟（见图一二二）。东西长约 300、南北宽约 300 米，面积约 10 万平方米，文化层厚 1.5～6 米，断面及地面暴露有大量的灰坑、灰层和白灰面房址（彩版五九）。灰坑、灰层中夹杂泥质红陶、灰陶和夹砂红陶，并有一定数量的彩陶。陶片素面或饰绳纹、篮纹、乳丁纹，彩陶有弧线三角纹、平行线纹，器形可见高领罐、尖底瓶、钵、宽沿盆、器座底部等，另有石斧、石纺轮。遗址高处为寺洼墓葬，采集有大耳罐。文化内涵以仰韶文化及寺洼文化为主，另有少量周代、汉代遗物。20 世纪 80 年代，甘肃省文物考古研究所在此进行过发掘，但材料尚未公布。对遗址的内涵只能以本次调查结果为标尺。现今由于取土等原因，遗址及墓葬几乎荡然无存。

　　标本介绍如下：

　　标本 52：4　尖底瓶口沿。泥质，橙黄色。重唇口。沿下饰绳纹。残宽 7.5、残高 5.4、壁厚 0.9 厘米（图一二四，1；图版四，4）。年代为仰韶文化中期。

　　标本 52：54　尖底瓶口沿。夹细砂陶，橘红色。残，重唇口，高领。饰斜绳纹。泥条盘筑。口径 6、残高 6.1、壁厚 0.5 厘米（图一二四，2；图版四，5）。年代为仰韶文化中期。

　　标本 52：75　盆口沿。泥质红陶。盆的口沿残片。圆唇，微敛口。素面。手制，经慢轮修整。残高 5、残宽 7.8、壁厚 0.6 厘米（图一二四，3）。年代为仰韶文化中期。

　　标本 52：10　盆口沿。夹砂红陶。敛口，微折腹。饰斜行细线纹。口径 27.3、残高 4.6、壁厚 0.8 厘米（图一二四，4）。年代为仰韶文化中期。

　　标本 52：33　盆口沿。泥质彩陶。圆唇，口微敛，卷沿。红底黑彩，沿及腹部饰黑色条带状彩。残高 4、残宽 8、壁厚 1 厘米（图一二四，5；图版五，5）。年代为仰韶文化中期。

　　标本 52：42　盆口沿。泥质彩陶。圆唇，平折沿，沿中部略鼓。红底黑彩，腹部饰黑色弧线纹。残高 5.1、残宽 8.6、壁厚 0.6 厘米（图一二四，6；图版五，6）。年代为仰韶文化中期。

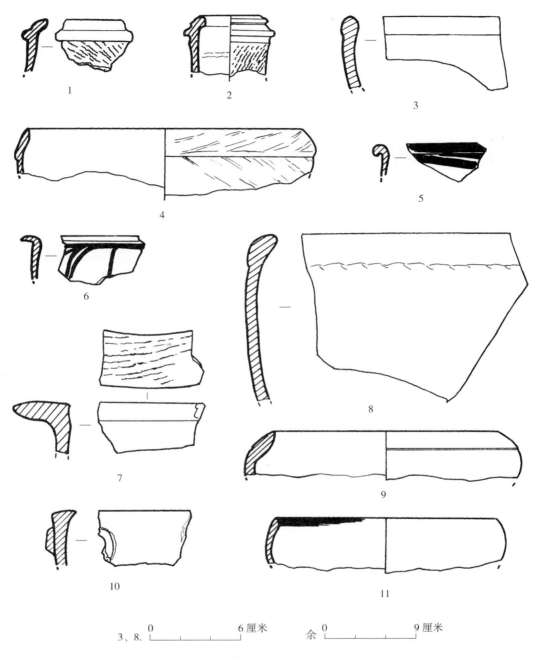

图一二四　石桥乡高寺头遗址标本（一）

1. 尖底瓶口沿（52：4）　2. 尖底瓶口沿（52：54）　3. 盆口沿（52：75）　4. 盆口沿
（52：10）　5. 盆口沿（52：33）　6. 盆口沿（52：42）　7. 罐口沿（52：74）　8. 罐
口沿（52：70）　9. 缸口沿（52：11）　10. 缸口沿（52：13）　11. 钵口沿（52：6）

标本 52：74　罐口沿。泥质红陶。手制。罐的口沿残片，尖圆唇，宽平折沿，沿中部
略鼓。宽沿上饰绳纹，有抹光痕迹。残高 5.1、残宽 10.5、壁厚 0.8～1.8 厘米（图一二
四，7）。年代为仰韶文化中期。

标本 52：70　罐口沿。泥质红陶。手制，经慢轮修整。罐的口沿残片。圆唇，敛口，

微鼓腹，口沿外加厚。素面。残高 11.6、残宽 15、壁厚 0.8 厘米（图一二四，8）。年代为仰韶文化中期。

标本 52：11　缸口沿。泥质红陶。厚唇，敛口。饰一道凹弦纹，表面抹光。口径 22.5、残高 5.1、壁厚 1～1.4 厘米（图一二四，9；图版七，6）。年代为仰韶文化中期。

标本 52：13　缸口沿。泥质红褐陶。微敛口，宽平沿。口沿外饰凸圆形泥饼，器身素面。残高 6、残宽 9、壁厚 1 厘米（图一二四，10；图版七，7）。年代为仰韶文化中期。

标本 52：6　钵口沿。泥质彩陶。尖圆唇，敛口，斜沿。红底黑彩。唇上饰一道黑色宽带纹，表面磨光，内有慢轮修整痕迹。口径 22、残高 5.7、壁厚 0.4 厘米（图一二四，11；图版七，2）。年代为仰韶文化中期。

标本 52：20　陶片。器形不明。夹砂红陶。直口，平沿。饰平行凸弦纹。口径 25.5、残高 4.5、口沿宽 0.8、壁厚 0.6 厘米（图一二五，1）。年代为仰韶文化中期。

标本 52：34　陶片。夹砂灰褐陶。饰平行凸弦纹。残高 3.4、残宽 5.8、壁厚 0.6 厘米（图一二五，2）。年代为仰韶文化中期。

标本 52：72　尖底瓶口沿。泥质红陶。手制。尖底瓶口沿残片，方唇，平折沿。素面。残高 4.5、残宽 12.9、壁厚 0.6 厘米（图一二五，3）。年代为仰韶文化晚期。

标本 52：56　尖底瓶口沿。夹细砂陶，黄褐色。尖底瓶残口，方唇，直口，平沿，高领。唇中部有一圈凹弦纹，其余部分素面。口径 12、残高 4.5、口沿宽 2、壁厚 0.6 厘米（图一二五，4；图版八，3）。年代为仰韶文化晚期。

标本 52：9　尖底瓶口部。细泥质陶，砖红色。泥条盘筑。口沿残，瘦长颈。素面。残高 9、壁厚 0.5 厘米（图一二五，5）。年代为仰韶文化晚期。

标本 52：51　尖底瓶口沿。夹细砂红陶。圆唇，侈口，高领。口沿上饰一周弧线三角纹。口径 16.5、残高 6.4、壁厚 0.5 厘米（图一二五，6；图版八，2）。年代为仰韶文化晚期。

标本 52：2　瓶颈。泥质红陶。饰刻划纹，颈部外有抹光痕迹。残高 9.7、壁厚 0.6 厘米（图一二五，7）。年代为仰韶文化晚期。

标本 52：30　罐底。夹细砂陶，黑褐色。底残片，圆腹，平底。腹部饰斜绳纹，底部饰抹平绳纹。底径 22.2、残高 8、壁厚 0.9～1.5、底厚 1.3 厘米（图一二五，8）。年代为仰韶文化晚期。

标本 52：5　罐口沿。细泥质红陶。圆唇，侈口，宽折沿，鼓腹。素面。残高 5.4、残宽 8.7、壁厚 0.6～0.8、口沿宽 2.6 厘米（图一二五，9）。年代为仰韶文化晚期。

标本 52：32　罐口沿。泥质彩陶。圆唇，平折沿，沿中部略鼓，鼓腹。红底褐彩，口沿以及腹部饰褐色条带纹。口径 22、残高 4.3、壁厚 0.7 厘米（图一二五，10）。年代为仰韶文化晚期。

标本 52：22　罐口沿。泥质陶，器表红色。圆唇，宽平折沿，鼓腹。夹杂些许黑色。素面。残高 3.6、残宽 8.4、口沿宽 2、壁厚 0.5 厘米（图一二五，11）。年代为仰韶文化

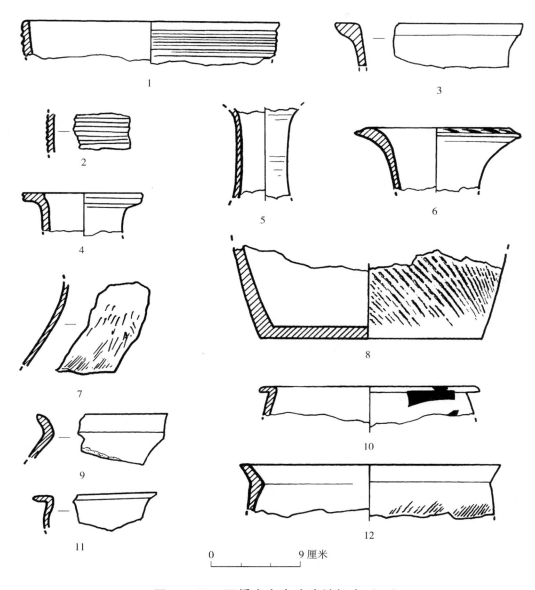

图一二五　石桥乡高寺头遗址标本（二）

1. 陶片（52：20）　　2. 陶片（52：34）　　3. 尖底瓶口沿（52：72）　　4. 尖底瓶口沿（52：56）
5. 尖底瓶口部（52：9）　　6. 尖底瓶口沿（52：51）　　7. 瓶颈（52：2）　　8. 罐底（52：30）
9. 罐口沿（52：5）　　10. 罐口沿（52：32）　　11. 罐口沿（52：22）　　12. 罐口沿（52：45）

晚期。

　　标本 52：45　罐口沿。夹砂红褐陶。尖唇，侈口，斜折沿。颈部以下饰斜绳纹，口沿处抹光。口径 26.1、残高 5.2、口沿宽 3、壁厚 1 厘米（图一二五，12；图版一〇，6）。年代为仰韶文化晚期。

　　标本 52：44　罐口沿。夹细砂红陶。尖圆唇，直口，宽平折沿。沿下饰一周压窝纹。残高 4、残宽 9.8、壁厚 0.5、口沿宽 3 厘米（图一二六，1）。年代为仰韶文化晚期。

标本 52：41　罐耳。细泥质彩陶。红底黑彩，耳上有一道纵向窄附加堆纹。残高 10、耳高 5、耳宽 1.8、壁厚 0.5 厘米（图一二六，2）。年代为仰韶文化晚期。

标本 52：16　罐耳。夹粗砂红陶。侈口，耳上端与口沿齐平。耳上饰竖向绳纹。口径 14、耳高 6、耳宽 3.3、壁厚 1、口沿宽 3 厘米（图一二六，3）。年代为仰韶文化晚期。

标本 52：19　钵口沿。泥质彩陶。敛口。红底黑彩。口径 25.5、残高 6、壁厚 0.6 厘米（图一二六，4；图版一二，1）。年代为仰韶文化晚期。

标本 52：68　钵口沿。泥质陶，橙黄色。圆唇，口微敛。外壁素面，内壁两道斜线黑彩及圆点黑彩纹。残高 3、残宽 7.6、壁厚 0.4～0.6 厘米（图一二六，5）。年代为仰韶文化晚期。

标本 52：66　壶口沿。泥质陶，深红色。圆唇，侈口，平沿，直颈。颈部饰两道黑彩，口沿外缘饰一道黑彩。残高 3.6、残宽 5.8、壁厚 0.6、口沿宽 1.6、唇厚 0.6 厘米（图一二六，6）。年代为仰韶文化晚期。

标本 52：25　器底。夹粗砂红陶。饰竖向绳纹。底径 8.1、残高 4、壁厚 1 厘米（图一二六，7）。年代为仰韶文化晚期。

标本 52：57　环。泥质陶，黑灰色。残，圆形，内缘厚，外缘薄，横截面呈狭长三角形。素面。外径 8.1、内径 5.7、内缘厚 0.6 厘米（图一二六，8）。年代为仰韶文化晚期。

标本 52：17　陶片。泥质彩陶。红底黑彩，饰三道黑线纹，器内为褐色，表面抹光。残高 9.3、残宽 9、壁厚 0.7 厘米（图一二六，9）。年代为仰韶文化晚期。

标本 52：21　陶片。泥质陶，橙黄色。表面饰弧线黑彩，表面磨光。残长 4.2、残宽 5.7、壁厚 0.7 厘米（图一二六，10）。年代为仰韶文化晚期。

标本 52：67　陶片。泥质陶，深红色。饰 6 道同心弧线圆圈纹。残高 8.6、残宽 9、壁厚 0.9 厘米（图一二六，11）。年代为仰韶文化晚期。

标本 52：35　陶片。夹砂陶，橙红色。饰方格纹。残高 4.2、残宽 5.3、壁厚 0.7 厘米（图一二六，12）。年代为仰韶文化晚期。

标本 52：23　陶片。夹砂红陶。饰斜向篮纹，篮纹上饰一道薄附加堆纹。残高 7、残宽 6.8、壁厚 0.8 厘米（图一二六，13）。年代为仰韶文化晚期。

标本 52：43　陶片。夹粗砂红褐陶。饰交错绳纹与附加堆纹。残高 5.7、残宽 11、壁厚 1 厘米（图一二七，1）。年代为仰韶文化晚期。

标本 52：18　陶片。夹细砂彩陶。红底黑彩，饰黑色弧线纹。残高 7.5、残宽 9.3、壁厚 0.4 厘米（图一二七，2）。年代为仰韶文化晚期。

标本 52：15　罐耳。夹砂红褐陶。侈口，耳上端于口沿齐平，桥形耳。耳上饰竖绳纹，颈部与口沿处抹光。口径 16、耳高 4.6、耳宽 3、器壁厚 0.6 厘米（图一二七，3）。属齐家文化。

标本 52：36　陶片。夹砂灰陶。饰网格状交错划纹。残高 6、残宽 5、壁厚 0.6 厘米（图一二七，4）。属齐家文化。

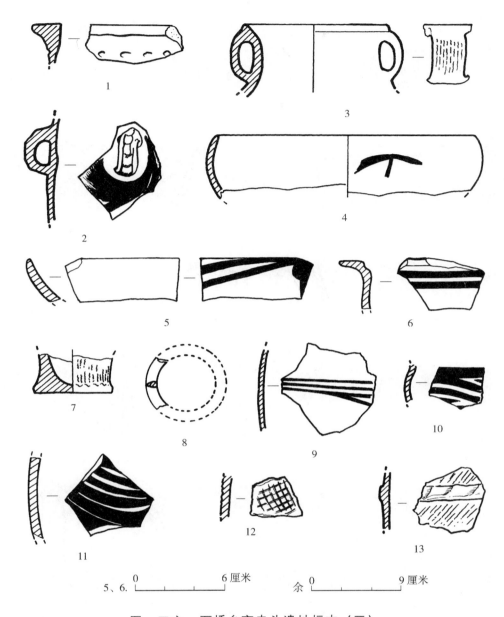

图一二六　石桥乡高寺头遗址标本（三）

1. 罐口沿（52∶44）　2. 罐耳（52∶41）　3. 罐耳（52∶16）　4. 钵口沿（52∶19）　5. 钵口沿（52∶68）　6. 壶口沿（52∶66）　7. 器底（52∶25）　8. 环（52∶57）　9. 陶片（52∶17）　10. 陶片（52∶21）　11. 陶片（52∶67）　12. 陶片（52∶35）　13. 陶片（52∶23）

　　标本 52∶58　盆形豆。泥质陶，黑褐色。盆形豆残片，方唇，直口，斜折沿，斜弧腹。颜色斑驳不均。素面，表面磨光。口径 19.5、残高 9、壁厚 0.5 厘米（图一二七，5）。属寺洼文化。

　　标本 52∶63　盆形豆。夹砂灰褐陶。泥条盘筑。仅存豆柄部分，柄较粗，豆盘较浅。素面，表面磨光。底径 13.5、残高 18.6、柄直径 7.5、壁厚 0.75～1.1 厘米（图一二七，6；图版二四，3）。属寺洼文化。

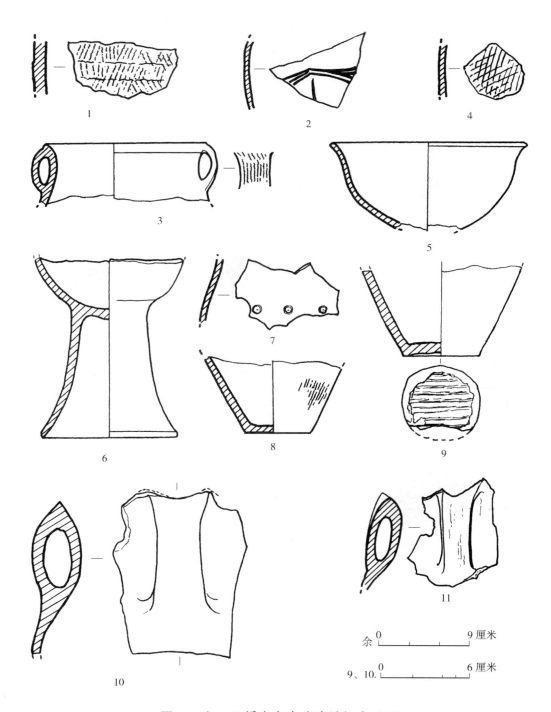

图一二七　石桥乡高寺头遗址标本（四）

1. 陶片（52：43）　　2. 陶片（52：18）　　3. 罐耳（52：15）　　4. 陶片（52：36）　　5.

盆形豆（52：58）　6. 盆形豆（52：63）　7. 罐残片（52：59）　　8. 罐底（52：64）

9. 罐底（52：69）　　10. 马鞍形口罐耳（52：71）　　11. 马鞍形口罐耳（52：61）

标本 52：59　罐残片。泥质红褐陶。肩部饰三个圆圈纹。残高 7.2、残宽 10.5、壁厚 0.6 厘米（图一二七，7）。属寺洼文化。

标本 52：64　罐底。泥质陶，黑灰色。泥条盘筑。小平底，斜腹。素面磨光，表面有刮削痕迹。底径 6.6、残高 7.8、底厚 0.8、壁厚 0.9 厘米（图一二七，8；图版二三，2）。属寺洼文化。

标本 52：69　罐底。夹粗砂灰褐陶。手制。下腹壁斜直，底内凹。底部饰绳纹。残高 6.2、底径 5、壁厚 0.7 厘米（图一二七，9）。属寺洼文化。

标本 52：71　马鞍形口罐耳。泥质灰黑陶。手制。侈口，鼓腹，从口沿处到肩部有一宽带耳。素面。残高 11.2、残宽 9、壁厚 0.6 厘米（图一二七，10；图版二二，3）。属寺洼文化。

标本 52：61　马鞍形口罐耳。泥质灰陶。马鞍形口，耳上端内凹并与口沿相接。素面，表面磨光。残高 11.4、残宽 9、耳上端宽 3.5、下端宽 3.5、耳厚 0.8 厘米（图一二七，11）。属寺洼文化。

标本 52：65　豆盘。泥质灰褐陶。簋形豆上部残片，尖唇，直口，窄平沿，折腹。素面磨光，表面颜色斑驳不均。口径 18、残高腹径 19.8、壁厚 0.7 厘米（图一二八，1）。属寺洼文化。

标本 52：60　豆底座。泥质红褐陶。颜色斑驳不均。泥条盘筑。上部形制不明，座为倒喇叭口状，盘口，豆盘残，素面，表面磨光。柄径 6.4、柄高 13、底径约 11、壁厚 0.5～0.8 厘米（图一二八，2）。属寺洼文化。

标本 52：62　豆底座。夹粗砂陶，黑灰色。泥条盘筑。颜色斑驳不均。豆底座较粗，为倒喇叭口状。素面，表面磨光，有刮削痕迹。座底径 13.8、残高 10、柄直径 7、壁厚 0.9 厘米（图一二八，3）。属寺洼文化。

标本 52：3　豆盘。细泥质灰陶。浅盘。表面饰一道凹弦纹。残高 6.3、残宽 8.4、壁厚 0.6 厘米（图一二八，4）。年代为春秋早期。

标本 52：31　鬲足。夹砂灰陶。尖锥状足根，联裆鬲。饰麻点状粗绳纹。残高 5.1、足根高 3、壁厚 0.8 厘米（图一二八，5）。年代为春秋晚期。

标本 52：7　壶口沿。夹砂灰陶。尖唇，直口，平沿，束颈。口沿上有两道凹弦纹，器身素面，内外均有慢轮修整的痕迹。口径 10.8、残高 3.9、壁厚 0.7 厘米（图一二八，6）。年代为战国时期。

标本 52：29　器盖。泥质黑陶。顶盖上有一圈凹弦纹，表面磨光。直径 7.8、残高 1.8、壁厚 1.5 厘米（图一二八，7）。年代为战国时期到汉代。

标本 52：28　盆口沿。细泥质灰陶。口微敛，宽平沿。素面。口径 28、残高 3.9、壁厚 0.9 厘米（图一二八，8）。年代为汉代。

标本 52：1　罐口沿。夹粗砂灰陶。方唇，侈口，束颈。唇外中间一道凹弦纹，颈部抹光，颈以下饰斜绳纹。口径 7.8、残高 11.7、壁厚 0.7 厘米（图一二八，9）。年代为汉代。

标本 52：12　罐口沿。夹砂灰陶。斜方唇，侈口，束颈。颈部抹光，颈以下饰绳纹。

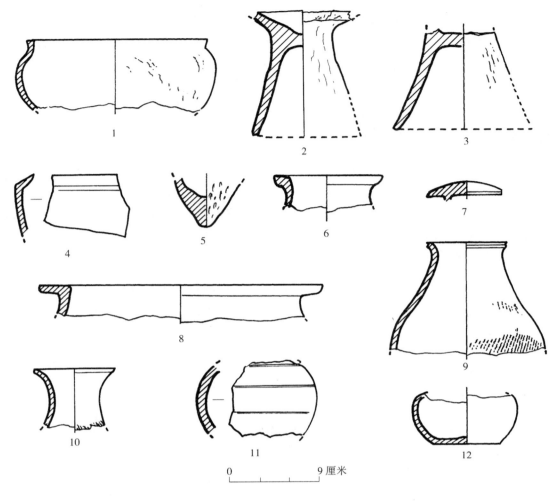

图一二八　石桥乡高寺头遗址标本（五）

1. 豆盘（52：65）　2. 豆底座（52：60）　3. 豆底座（52：62）　4. 豆盘（52：3）

5. 鬲足（52：31）　6. 壶口沿（52：7）　7. 器盖（52：29）　8. 盆口沿（52：28）

9. 罐口沿（52：1）　10. 罐口沿（52：12）　11. 罐残片（52：26）　12. 罐底（52：27）

口径8、残高6.3、壁厚0.6厘米（图一二八，10）。年代为汉代。

　　标本52：26　罐残片。夹粗砂陶，灰褐色。轮制。腹部残片。饰凹弦纹。残高7.5、残宽9、壁厚0.9厘米（图一二八，11；图版一〇，7）。年代为汉代。

　　标本52：27　罐底。夹砂灰陶。圆腹，平底。轮制。底部饰同心圆旋纹。底径6.6、残高5.4、壁厚0.6厘米（图一二八，12）。年代为汉代。

53　石桥乡李家房背后遗址

　　位于石桥乡瑶峪口村东北300米（图一二九；彩版六〇），面积200×400平方米。采集到史前时期及战国、汉代的陶片，暴露有大量的墓葬。

　　标本介绍如下：

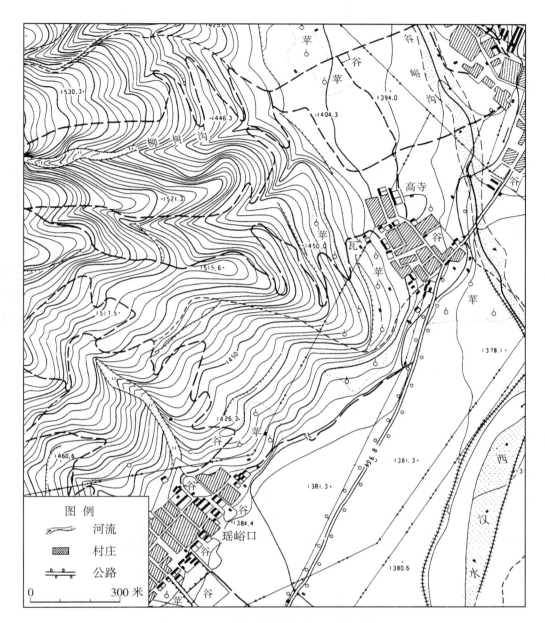

图一二九 石桥乡李家房背后遗址地形图

标本 53：8 缸口沿。夹砂灰黑陶。方唇，直口微侈，唇上有绞丝状压印痕迹，口沿下用泥条加固。口沿下饰两道附加堆纹，器身饰绳纹。残高 7、残宽 10.5、壁厚 0.6～1.2 厘米（图一三〇，1；图版一八，7）。属案板三期文化。

标本 53：4 鬲或罐残片。夹砂红褐陶。饰网眼状绳纹及一个小圆泥饼。残高 4.8、残宽 9.3、壁厚 0.4 厘米（图一三〇，2）。属齐家文化。

标本 53：7 罐耳。夹砂陶，砖红色。残片。素面，器表有抹光痕迹。耳宽 8.7、残高 7.5、器壁厚 1.2 厘米（图一三〇，3）。属齐家文化。

标本 53：5 陶片。泥质陶，器表灰色，其内壁红色。器表饰平行刻划纹。残高 7.5、

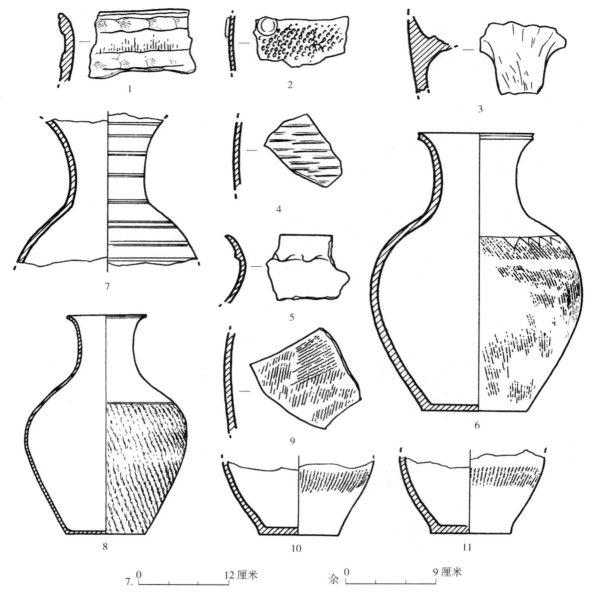

图一三〇　石桥乡李家房背后遗址标本

1. 缸口沿（53:8）　2. 鬲或罐残片（53:4）　3. 罐耳（53:7）　4. 陶片
（53:5）　5. 罐口沿（53:6）　6. 高领罐（53:9）　7. 高领罐（53:11）

8. 罐（53:10）　9. 陶片（53:3）　10. 罐底（53:1）　11. 罐底（53:2）

残宽 7.5、壁厚 0.4 厘米（图一三〇，4）。属齐家文化。

标本 53:6　罐口沿。夹砂陶，灰黑色。陶色斑驳不均。侈口，窄平沿。口颈饰附加堆纹。残高 7.2、残宽 8.4、壁厚 0.5 厘米（图一三〇，5）。属寺洼文化。

标本 53:9　高领罐。泥质灰陶。轮制。方唇，侈口，高领，唇部有一周凹槽，斜肩，鼓腹。颈与肩之间用一道凹弦纹分隔，颈部抹光，弦纹下饰斜细绳纹，腹部有一周抹光弦纹，肩部一侧有"V"字形刻划纹。口径 11.2、腹径 21、底径 10.5、高 28.8、壁厚 0.3～

0.5 厘米（图一三〇，6；图版三二，2）。年代为东周时期。

标本 53：11　高领罐。夹细砂灰陶。侈口，高领。通体用弦纹作几乎等距离的分隔。领径 10、残高 21、壁厚 0.8 厘米（图一三〇，7）。年代为东周时期。

标本 53：10　罐。泥质灰褐陶。轮制。方唇，侈口，长颈，圆肩，鼓腹斜收，小平底。唇部有一周凹弦纹，肩部饰一周凹弦纹，肩部以下饰斜细绳纹。口径 7.8、腹径16.2、底径 8.1、壁厚 0.4～0.5、高 22.8 厘米（图一三〇，8）。年代为战国时期。

标本 53：3　陶片。泥质灰陶。饰交错细绳纹。残高 10.5、残宽 11、壁厚 0.7 厘米（图一三〇，9）。年代为周代。

标本 53：1　罐底。夹砂灰陶。器形瘦高，小平底。饰细绳纹。底径 8、残高 7.5、壁厚 0.7 厘米（图一三〇，10）。年代为汉代。

标本 53：2　罐底。夹砂灰陶。器形瘦高，小平底。饰细绳纹。底径 8.4、残高 8.7、壁厚 0.5 厘米（图一三〇，11）。年代为汉代。

54　石桥乡上碾渠遗址

位于石桥乡斩龙村上碾渠、斩龙大队枣林村北 300～400 米的坪子（图一三一；彩版六一）。面积 200×200 平方米。采集到史前的陶片，暴露有灰层和墓葬，在其第 2 台地断崖上发现一段灰层，暴露长度 20～30 米，厚 1 米左右，采集到灰色、红色素面和绳纹的陶片。另外在村子的西南王家堡山下便道旁发现 10 多个被盗汉墓，其中有积炭墓、竖穴带斜坡墓道的墓、砖石墓、攒尖顶墓（四角有灯台）。

标本介绍如下：

标本 54：3　尖底瓶口沿。泥质陶，砖红色。残，葫芦形口，口颈之间一道折棱。素面。残高 7.5、残宽 6、壁厚 0.6 厘米（图一三二，1）。年代为仰韶文化早期。

标本 54：1　罐口沿。夹砂陶，土红色。口微敛，平沿，颈内侧内凹。唇下外侧一道凹弦纹，肩部饰平行凹弦纹。口径 19.9、残高 5.7、壁厚 0.7 厘米（图一三二，2）。年代为仰韶文化早期。

标本 54：2　尖底瓶口沿。泥质红陶。重唇口。内、外唇之间一道凹弦纹，其余部分素面。口径 9、残高 4、壁厚 0.8 厘米（图一三二，3）。年代为仰韶文化中期。

标本 54：5　罐口沿。泥质红陶。手制。圆唇，斜折沿，缩颈。颈部以下饰绳纹。残高 3.6、残宽 9.2、壁厚 0.5～1 厘米（图一三二，4）。年代为仰韶文化晚期。

标本 54：6　罐底。夹砂陶，灰黑色。手制。平底。腹部近底处饰绳纹。残高 5.2、残宽 6、壁厚 0.6 厘米（图一三二，5）。属齐家文化。

标本 54：4　器口沿。夹砂灰陶。直口，平沿。饰竖向绳纹。残高 6、残宽 6、壁厚 1.8 厘米（图一三二，6）。年代为东周时期到汉代。

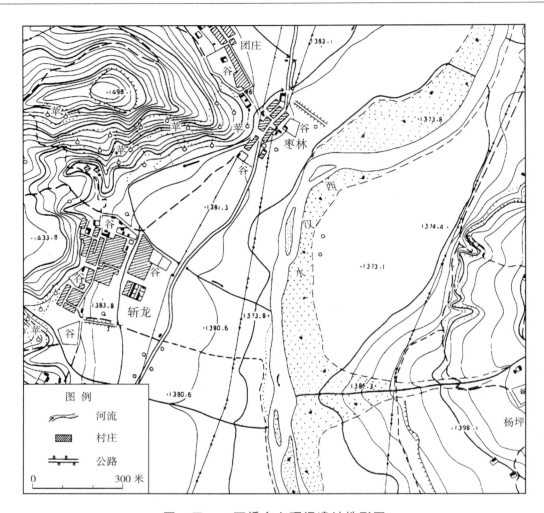

图一三一　石桥乡上碾渠遗址地形图

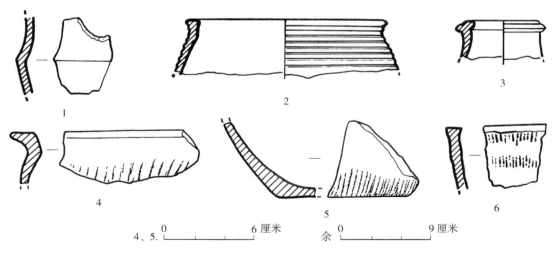

图一三二　石桥乡上碾渠遗址标本

1. 尖底瓶口沿（54：3）　2. 罐口沿（54：1）　3. 尖底瓶口沿（54：

2）　4. 罐口沿（54：5）　5. 罐底（54：6）　6. 器口沿（54：4）

55　石桥乡石沟坪遗址

位于石桥乡圣泉村，属于甘肃省级文物保护单位。遗址一部分在圣泉村内，大部分分布于西汉水和干沟交汇处的台地上，地势平坦，黄土堆积厚，台地面积大，水源充足，土质发育良好（见图一○五）。遗址东至干沟，西至圣泉村西，南至圣泉村东北侧，北至西汉水北岸第 2 级台地（彩版六二、六三）。

遗址东西长200～400、南北宽约 1000 米，文化层厚 3～4 米。断崖上暴露有大量灰坑、陶窑和大面积的灰层，地表还散布大量的陶片。在灰坑、灰层和地表采集有泥质红陶、夹砂红陶片，同时还有泥质、夹砂灰陶片、少量泥质灰褐陶片和彩陶片。同时在调查时还在干沟西岸便道旁第 2～3 级阶地发现两层砾石层，可能为干旱期，河床枯竭所致，目前只发现其下限为仰韶文化晚期，而上限的确定有待将来进一步的工作。

标本介绍如下：

标本 55∶24　盆口沿。泥质彩陶。手制。盆的口沿残片，圆唇，微侈口，卷沿。红底黑彩。口沿及腹部饰条带状黑彩，表面磨光。残高 5.2、残宽 7、壁厚 0.5 厘米（图一三三，1；图版五，7）。年代为仰韶文化中期。

标本 55∶61　盆口沿。泥质彩陶。圆唇，直口，卷沿。橙红色，饰弧线、圆点黑彩，口沿上饰一道黑彩带，表面磨光。残高 5、残宽 6.6、口沿宽 2、唇厚 0.8、壁厚 0.6 厘米（图一三三，2）。年代为仰韶文化中期。

标本 55∶23　罐口沿。泥质彩陶。手制。罐的口沿残片，近方唇，敛口，折沿稍卷，鼓腹。红底黑彩，唇及腹部饰条带状黑彩，表面磨光。残高 4、残宽 9、壁厚 0.3～0.5 厘米（图一三三，3；图版六，8）。年代为仰韶文化中期。

标本 55∶26　尖底瓶口沿。泥质红褐陶。手制。尖底瓶口沿残部，尖唇，宽平沿，束颈。红褐色，素面。残高 4.8、残宽 8.6、壁厚 0.6～0.8 厘米（图一三三，4；图版八，4）。年代为仰韶文化晚期。

标本 55∶11　尖底瓶底。泥质陶，橙黄色。泥条盘筑。乳头状。外壁饰斜行粗线纹，内壁有螺旋状泥条盘筑痕迹。残高 4.5、壁厚 0.6～0.8 厘米（图一三三，5）。年代为仰韶文化晚期。

标本 55∶52　尖底瓶底。细泥质红陶。泥条盘筑。尖底略圆，内底有盘筑的泥条。饰少许绳纹，表面磨光。残高 5.5、壁厚 0.6 厘米（图一三三，6）。年代为仰韶文化晚期。

标本 55∶9　盆口沿。泥质彩陶。尖唇，口微敛，折平沿，圆腹。红底黑彩，口沿上饰三角弧线纹黑彩，肩、腹部饰三角弧线纹构成的花瓣纹，表面磨光。口径 27、残高 6.9、壁厚 0.4～0.6、口沿宽 2.1 厘米。泥条盘筑（图一三三，7；图版九，1）。年代为仰

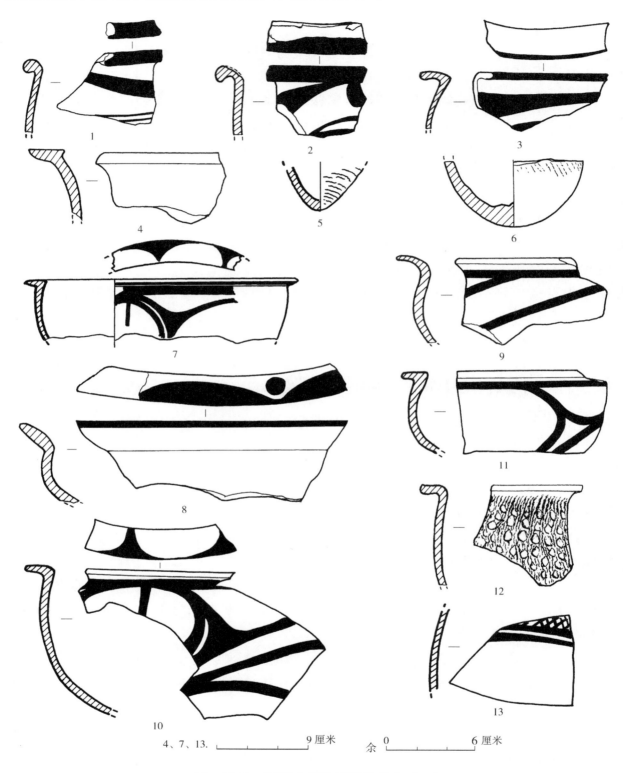

4、7、13.┣━━━━━━━━┫9厘米　　　余 0┣━━━━━━━━┫6厘米

图一三三　石桥乡石沟坪遗址标本（一）

1. 盆口沿（55：24）　2. 盆口沿（55：61）　3. 罐口沿（55：23）　4. 尖底瓶口沿（55：26）　5. 尖底瓶底（55：11）　6. 尖底瓶底（55：52）　7. 盆口沿（55：9）　8. 盆口沿（55：21）　9. 盆口沿（55：22）　10. 盆口沿（55：59）　11. 盆口沿（55：62）　12. 罐口沿（55：25）　13. 罐残片（55：10）

韶文化晚期。

标本 55：21 盆口沿。泥质彩陶。手制。口沿残片，圆唇，侈口，微鼓腹。红底黑彩，口沿内、外壁上饰弧线圆点黑彩。残高 5.4、残宽 18、壁厚 0.5 厘米（图一三三，8；图版九，2）。年代为仰韶文化晚期。

标本 55：22 盆口沿。泥质彩陶。手制。口沿残片，圆唇，微敛口，平沿，沿中间略鼓，鼓腹。红底黑彩，腹部饰条带状黑彩。残高 6、残宽 10、壁厚 0.6 厘米（图一三三，9）。年代为仰韶文化晚期。

标本 55：59 盆口沿。泥质彩陶。轮制。圆唇，平折沿，微鼓腹。红底黑彩，口沿及腹部均饰黑色弧线纹，表面磨光。残高 10、残宽 16、壁厚 0.5 厘米（图一三三，10；图版九，3）。年代为仰韶文化晚期。

标本 55：62 盆口沿。泥质彩陶。轮制。圆唇，敛口，平折沿，微鼓腹。红底黑彩，腹部饰黑色弧线带状纹，表面磨光。残高 5.6、残宽 10、壁厚 0.5 厘米（图一三三，11；图版九，4）。年代为仰韶文化晚期。

标本 55：25 罐口沿。夹砂褐陶。手制。口沿残片，方唇，敛口，折沿。颈部饰绳纹及压窝纹。残高 7、残宽 7.2、壁厚 0.5 厘米（图一三三，12）。年代为仰韶文化晚期。

标本 55：10 罐残片。泥质彩陶。泥条盘筑。可能为罐腹部残片。红底黑彩，饰网格纹和带状纹黑彩，表面磨光。残高 9、残宽 12.3、壁厚 0.6 厘米（图一三三，13）。年代为仰韶文化晚期。

标本 55：14 罐口沿。夹砂红褐陶。尖唇，直口，平沿。颈部饰波浪状附加堆纹，陶色不均。手制。口径 28.5、壁厚 0.8、口沿宽 1.8 厘米（图一三四，1；图版一〇，7）。年代为仰韶文化晚期。

标本 55：16 罐口沿。夹砂灰褐陶。侈口，平沿。口沿外缘按印小窝点成花边口沿，颈部饰横行绳纹，肩部饰竖行细绳纹。口径 21、残高 7.5、口沿宽 1、壁厚 0.6 厘米（图一三四，2）。年代为仰韶文化晚期。

标本 55：55 罐口沿。夹砂红褐陶。尖唇，侈口，斜折平沿。饰竖粗绳纹，口沿外侧及其下抹光。残高 6.4、残宽 14、壁厚 1、唇厚 1.2、口沿宽 1.4 厘米（图一三四，3）。年代为仰韶文化晚期。

标本 55：56 罐口沿。夹粗砂红褐陶。尖唇，侈口，折平沿。饰附加堆纹及竖行绳纹，口沿外侧及其下抹平。残高 7、残宽 10.4、壁厚 1.2、口沿宽 2.2、唇厚 0.6 厘米（图一三四，4；图版一〇，8）。年代为仰韶文化晚期。

标本 55：58 罐口沿。夹砂红褐陶。尖唇，"T"形口沿，沿上有一道凸棱。饰横行绳纹和波浪状附加堆纹，口沿外侧抹泥加固。残高 5.6、残宽 6、壁厚 0.6、口沿宽 2 厘米（图一三四，5；图版一一，1）。年代为仰韶文化晚期。

标本 55：54 罐底。泥质陶，深红色。斜腹，大平底。素面。底径 15.6、残高 4.6、

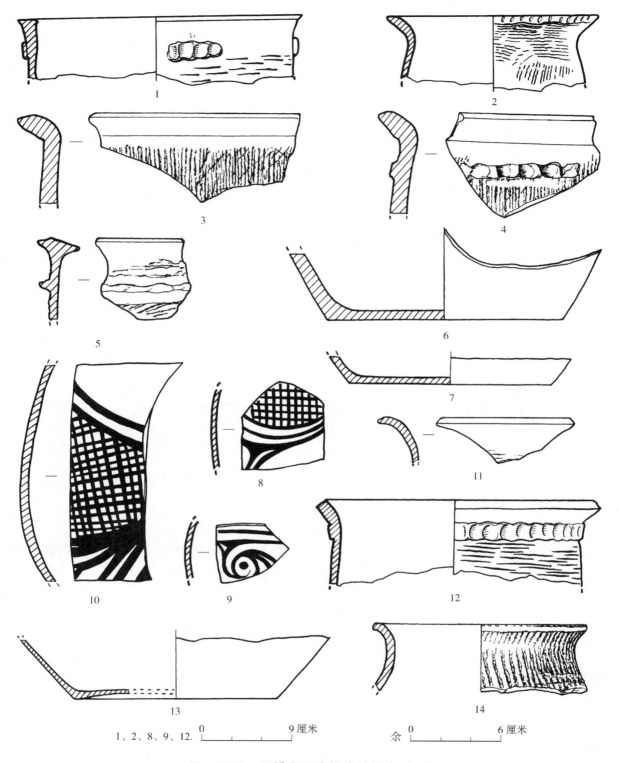

图一三四　石桥乡石沟坪遗址标本（二）

1. 罐口沿（55∶14）　　2. 罐口沿（55∶16）　　3. 罐口沿（55∶55）　　4. 罐口沿（55∶56）　　5. 罐口沿
（55∶58）　　6. 罐底（55∶54）　　7. 罐底（55∶63）　　8. 陶片（55∶12）　　9. 陶片（55∶17）　　10. 陶片
（55∶60）　　11. 罐口沿（55∶27）　　12. 罐口沿（55∶13）　　13. 罐底（55∶53）　　14. 器口沿（55∶57）

壁厚 1 厘米（图一三四，6）。年代为仰韶文化晚期。

标本 55 : 63　罐底。泥质陶，深红色。斜腹，大平底。素面，表面磨光。底径 13.4、残高 1.8、壁厚 0.5 厘米（图一三四，7）。年代为仰韶文化晚期。

标本 55 : 12　陶片。泥质彩陶。泥条盘筑。可能为罐腹部残片。红底黑彩，饰网格纹和弧线纹黑彩。残高 9、残宽 8.1、壁厚 0.6 厘米（图一三四，8）。年代为仰韶文化晚期。

标本 55 : 17　陶片。细泥质陶，橙红色。饰鸟首形黑彩。残高 6、残宽 7、壁厚 0.4 厘米（图一三四，9；图版一三，6）。年代为仰韶文化晚期。

标本 55 : 60　陶片。泥质陶，深红色。表面饰弧线黑彩及圆圈网格纹。残高 15、残宽 7、壁厚 0.6～0.7 厘米（图一三四，10）。年代为仰韶文化晚期。

标本 55 : 27　罐口沿。夹砂灰褐陶。轮制。高领罐的口沿残片，尖唇，沿上有道凹痕，喇叭形口。素面，外壁有轮制的痕迹。残高 3、残宽 9、壁厚 0.6 厘米（图一三四，11）。年代为常山下层文化。

标本 55 : 13　罐口沿。夹砂红陶。手制。方唇，侈口，平沿。颈部饰一道链锁状附加堆纹，肩部饰斜篮纹。口径 28.2、残高 8.2、口沿宽 1、壁厚 0.6～1.2 厘米（图一三四，12；图版一四，4）。年代为常山下层文化。

标本 55 : 53　罐底。细泥质陶，深红色。斜腹，平底。素面。底径 13.6、残高 4、壁厚 0.3 厘米（图一三四，13；图版一七，4）。属常山下层文化。

标本 55 : 57　器口沿。夹砂红褐陶。圆唇，侈口，卷沿。花边口沿，颈部、口沿下饰斜向绳纹。口径 14、残高 4.8、壁厚 0.6 厘米（图一三四，14）。属齐家文化。

标本 55 : 15　器耳。泥质陶，橙红色。桥形耳。耳上饰竖向细绳纹。耳高 10、耳宽 3.6、器壁厚 0.6 厘米（图一三五，1）。属齐家文化。

标本 55 : 28　罐口沿。夹砂红褐陶。手制。带耳罐的口沿及耳部残片，方唇，侈口，带一耳，残。素面。残高 7、残宽 6.5、壁厚 0.6 厘米（图一三五，2）。属寺洼文化。

标本 55 : 29　马鞍形口罐。泥质灰褐陶。马鞍形口罐的耳部残片，鼓腹。素面。手制。残高 7.4、残宽 8.6、壁厚 0.6 厘米（图一三五，3）。属寺洼文化。

标本 55 : 31　鬲口沿。夹砂灰褐陶。圆唇，侈口，卷沿，口沿仰角大于 90°。肩部残留少许细绳纹。残高 3、残宽 6、口沿宽 2、壁厚 0.6 厘米（图一三五，4）。年代为西周早期。

标本 55 : 5　鬲足。夹砂灰陶。尖锥状联裆鬲足，器形较大。器表饰绳纹，绳纹较粗，直通到足底。残高 6、足根高 3、壁厚约 1.2 厘米（图一三五，5；图版二六，2）。年代为西周早期。

标本 55 : 7　鬲足。夹砂陶，浅灰色。尖锥状实足根，联裆，瘪裆较高，有较明显的裆脊线。饰细绳纹，绳纹直通到足底。残高 5.4、实足根高 2、壁厚 0.6 厘米（图一三五，6；图版二六，3）。年代为西周早期。

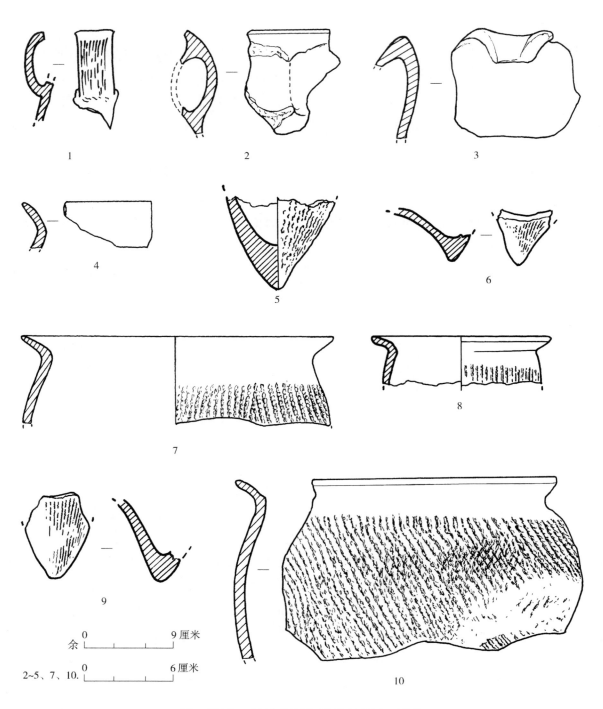

图一三五　石桥乡石沟坪遗址标本（三）

1. 器耳（55∶15）　　2. 罐口沿（55∶28）　　3. 马鞍形口罐（55∶29）　　4. 鬲口沿（55∶31）　　5. 鬲足（55∶5）

6. 鬲足（55∶7）　　7. 鬲口沿（55∶46）　　8. 鬲口沿（55∶3）　　9. 鬲足（55∶6）　　10. 鬲口沿（55∶30）

标本 55∶46　鬲口沿。夹砂陶，黑灰色。圆唇，侈口，平沿圆折，口沿仰角较大。饰竖行绳纹，口沿外侧抹光。口径 20.8、残高 6、壁厚 0.8、口沿宽 2.2、唇厚 0.4 厘米（图一三五，7）。年代为西周中期。

标本 55：3　鬲口沿。夹砂灰陶。侈口，斜折沿略卷，沿的仰角小于 90°。沿外缘一道凹弦纹，器身饰绳纹，绳纹较粗。口径 17.8、残高 5.1、口沿宽 2.1、壁厚 0.8 厘米（图一三五，8）。年代为西周中期。

标本 55：6　鬲足。夹砂陶，灰黑色。尖锥状联裆鬲足，瘪裆位置较高。饰细绳纹直通到足底。残高 9、实足根高 3、壁厚 0.7 厘米（图一三五，9）。年代为西周中期。

标本 55：30　鬲口沿。夹砂陶，黑灰色。圆唇，侈口，平沿，口沿仰角较大。口沿内、外各有一道凹弦纹，肩部以下饰斜向绳纹。残高 12、残宽 20、壁厚 0.8、口沿宽 2.4 厘米（图一三五，10）。年代为西周中期或略晚。

标本 55：33　鬲口沿。夹粗砂灰陶。宽平折沿。口沿外端一道凹弦纹，肩部饰竖行绳纹。残高 5、残宽 8.4、壁厚 0.8～1、口沿宽 2 厘米（图一三六，1）。年代为西周晚期。

标本 55：35　鬲口沿。夹砂灰褐陶。侈口，折平沿，缩颈。肩部饰斜向绳纹。残高 5、残宽 7.5、口沿宽 2、唇厚 0.6、壁厚 0.8 厘米（图一三六，2）。年代为西周晚期。

标本 55：51　喇叭口罐口沿。泥质陶，青灰色。圆唇，敞口，斜沿。沿上饰竖向绳纹后又抹平，残留下少许绳纹印痕。残高 8.8、残宽 10、壁厚 0.6 厘米（图一三六，3）。年代为西周晚期。

标本 55：2　鬲口沿。夹砂灰褐陶。圆唇，侈口，宽平折沿。沿内、外侧各有一道凹弦纹，颈以下饰绳纹。残高 3.4、残宽 6.6、口沿宽 6、壁厚 0.7 厘米（图一三六，4；图版三〇，6）。年代为西周晚期至春秋早期。

标本 55：43　鬲口沿。夹砂灰陶。尖唇，宽平折沿，溜肩，宽颈。颈部抹光，颈以下饰交错绳纹。口径 22.2、残高 11.2、壁厚 1 厘米（图一三六，5）。年代为西周晚期。

标本 55：18　鬲口沿。夹砂灰陶。尖圆唇，侈口，斜折沿。饰绳纹，绳纹较粗。残高 5.6、残宽 7.6、口沿宽 1.4、壁厚 0.4 厘米（图一三六，6）。年代为西周晚期。

标本 55：19　鬲口沿。夹粗砂灰陶。尖圆唇，宽折沿。口沿内、外均有一道凹弦纹，颈部外一道凹弦纹，颈以下饰粗绳纹。残高 4.2、残宽 6.8、口沿宽 2.1、壁厚 0.9 厘米（图一三六，7）。年代为西周晚期。

标本 55：45　盆口沿。泥质陶，深灰色。圆唇，直口，宽平沿。口沿外侧抹平，器身饰粗绳纹。残高 3.4、残宽 10、口沿宽 3.5、唇厚 0.5、壁厚 1 厘米（图一三六，8）。年代为西周时期。

标本 55：1　罐。泥质灰褐陶。圆唇，侈口，卷沿，束颈，小口。颈以下饰斜绳纹。口径 16.2、残高 11.4、壁厚 0.6 厘米（图一三六，9）。年代为西周时期。

标本 55：4　罐肩。泥质灰褐陶。斜平折肩。饰三角划纹、平行竖线纹、弦纹组成的图案。残高 9.6、残宽 10.5、壁厚 0.6 厘米（图一三七，1；图版二八，2）。年代为西周晚期至春秋早期。

标本 55：8　鸟兽状鎜。泥质陶，黑灰色。鎜中央有一圆孔。素面。残高 3.1、残宽

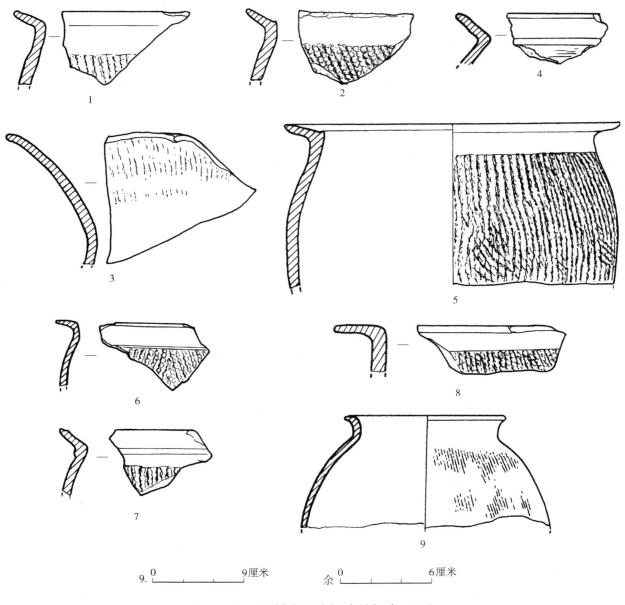

图一三六　石桥乡石沟坪遗址标本（四）

1. 鬲口沿（55：33）　2. 鬲口沿（55：35）　3. 喇叭口罐口沿（55：51）　4. 鬲口沿（55：2）　5.

鬲口沿（55：43）　6. 鬲口沿（55：18）　7. 鬲口沿（55：19）　8. 盆（55：45）　9. 罐（55：1）

1、壁厚 0.6～0.9 厘米（图一三七，2；图版三一，6）。年代为西周晚期至春秋早期。

标本 55：32　鬲口沿。夹砂灰陶。宽平折沿，短颈。残留少许绳纹。残高 4.8、残宽 7.8、壁厚 0.8、口沿宽 3.2 厘米（图一三七，3）。年代为西周晚期到春秋早期。

标本 55：34　鬲口沿。夹砂陶，黑灰色。宽平折沿，缩颈。口沿内、外缘各有一道凹弦纹，肩部残留少许绳纹。残高 3、残宽 8.4、口沿宽 4.5、唇厚 0.6、壁厚 0.8 厘米（图一三七，4）。年代为西周晚期到春秋早期。

标本 55：44　鬲口沿。夹砂灰褐陶。圆唇，直口，平折沿。口沿外侧抹平，器身饰斜

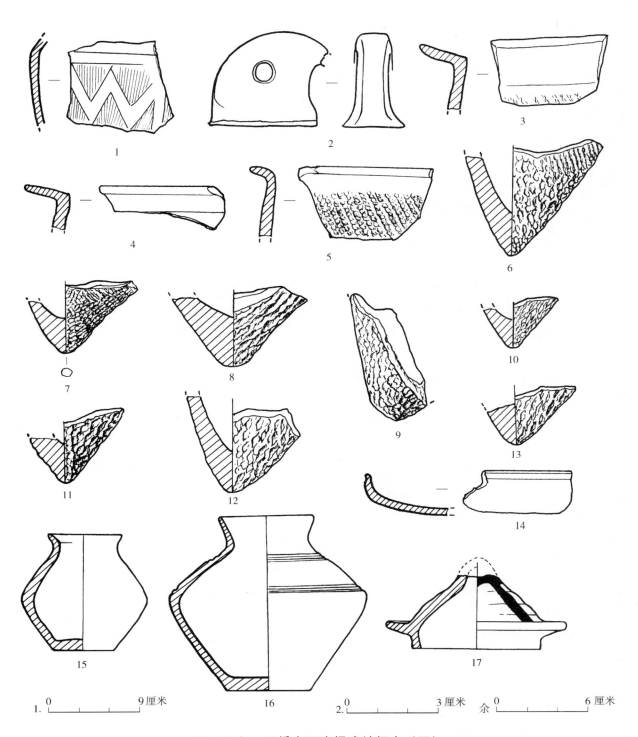

图一三七 石桥乡石沟坪遗址标本（五）

1. 罐肩（55∶4） 2. 鸟兽状錾（55∶8） 3. 鬲口沿（55∶32） 4. 鬲口沿（55∶34） 5. 鬲口沿（55∶44） 6. 鬲足（55∶47） 7. 鬲足（55∶20） 8. 鬲足（55∶36） 9. 鬲足（55∶37） 10. 鬲足（55∶38） 11. 鬲足（55∶49） 12. 鬲足（55∶48） 13. 鬲足（55∶50） 14. 豆盘（55∶42） 15. 罐（55∶40） 16. 罐（55∶39） 17. 器盖（55∶41）

行绳纹。残高5、残宽9、口沿宽1.4、壁厚0.6厘米（图一三七，5）。年代为西周晚期到春秋早期。

标本55：47　鬲足。夹砂陶，浅灰色。联裆鬲的尖锥状实足根，横截面略扁。饰麻点纹，足上部与腹相接处少许细绳纹。残高8、足根高3、壁厚1厘米（图一三七，6）。年代为春秋早期。

标本55：20　鬲足。夹砂灰陶。手制。联裆鬲足，实足根，顶端较平钝。饰斜行绳纹，绳纹较粗，不见麻点纹。残高5、足根高2.4、壁厚0.8厘米（图一三七，7）。年代为春秋早、中期。

标本55：36　鬲足。夹粗砂陶，灰黑色。圆锥状实足根，足端圆钝。饰粗绳纹，直通到足底。残高5、足根高3.2、壁厚1.6厘米（图一三七，8）。年代为春秋晚期到战国早期。

标本55：37　鬲足。夹粗砂陶，灰黑色。矮足，足端圆钝。饰麻点状粗绳纹，直通到足底。残高8.4、壁厚0.9厘米（图一三七，9）。年代为战国中期。

标本55：38　鬲足。夹砂灰陶。圆锥状实足根。饰绳纹，绳纹较粗，直通到足底。残高3.6、足根高2、壁厚0.8厘米（图一三七，10）。年代为春秋中、晚期。

标本55：49　鬲足。夹砂陶，浅灰色。锥状足。饰粗绳纹。残高5、足根高2.6、壁厚0.8厘米（图一三七，11）。年代为春秋中、晚期。

标本55：48　鬲足。夹砂陶，浅灰色。足较矮，尖锥状足，裆较低。饰粗绳纹，直通到足底。残高6.6、足根高3、壁厚0.8厘米（图一三七，12）。年代为春秋晚期。

标本55：50　鬲足。夹砂陶，浅灰色。锥状实足根。饰粗绳纹。残高4、壁厚0.8厘米（图一三七，13）。年代为春秋晚期。

标本55：42　豆盘。泥质灰陶。圆唇，浅盘。沿外侧一道凹弦纹，器身素面，表面抹光。盘深3.2、壁厚0.6厘米（图一三七，14）。年代为春秋早、中期。

标本55：40　罐。泥质陶，黑灰色。手制。尖唇，侈口，束颈，鼓腹，下腹壁斜直，平底，内底中间略鼓。素面。高8、口径4.8、最大腹径8.4、底径4厘米（图一三七，15）。年代为汉代。

标本55：39　罐。夹砂灰陶。手制。圆唇，侈口，束颈，鼓腹，下腹斜内收，小平底。肩及腹部各有两道凹弦纹。高12、口径6.4、最大腹径13.2、底径5.6厘米（图一三七，16；图版二五，1）。年代为汉代。

标本55：41　器盖。泥质灰陶。手制。呈上小下大的斗笠状。器壁有凸棱与凹弦纹，饰有红色彩绘，部分脱落，应为朱砂。残高5、最大径12、底径8.6厘米（图一三七，17）。年代为汉代。

56　石桥乡石碱沟遗址

遗址位于石桥乡石碱湾村东、石碱沟北侧的西汉水南岸台地上，在沟东台地内发现有灰坑、地层。遗址东西长约100、南北宽约150米（图一三八）。采集有仰韶文化晚期及寺洼文化的陶片若干。

标本介绍如下：

标本56：4 尖底瓶底部。夹砂橙红陶。底部呈钝角，底部内有泥条盘筑的泥芯，外有浅细刻划纹。残高9、壁厚0.5厘米（图一三九，1）。年代为仰韶文化晚期。

标本56：2 盆口沿。泥质橙红陶，红底黑彩。侈微口，卷沿，圆唇。口沿及腹部饰黑色宽带彩绘。残高4.2、残宽9.6、壁厚0.4厘米（图一三九，2）。年代为仰韶文化晚期。

标本56：1 罐口沿。泥质橙红陶。敛口，平沿，圆唇。沿上有一周浅凹弦纹，沿下

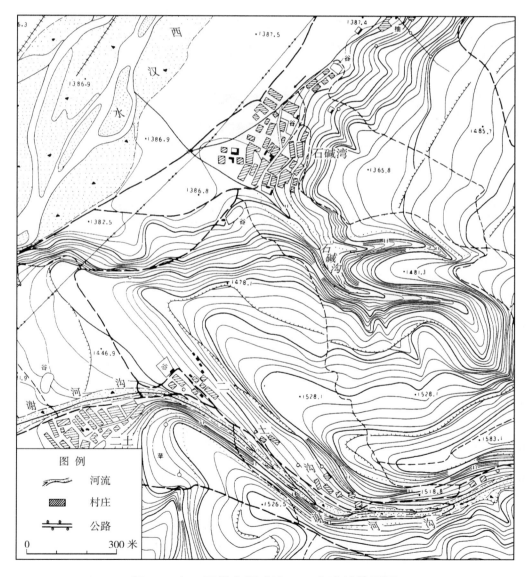

图一三八 石桥乡石碱沟、二土遗址地形图

饰一周戳印纹，颈部饰两道凹弦纹。口径 32、残高 3.9、壁厚 0.7 厘米（图一三九，3）。年代为仰韶文化晚期。

标本 56：5　罐口沿。夹砂橙红陶，红底黑彩。敛口，卷沿，圆唇。沿及腹部饰黑色条带纹。残高 4、残宽 8、壁厚 0.4 厘米（图一三九，4）。年代为仰韶文化晚期。

标本 56：3　陶片。泥质橙红陶。饰竖向高附加堆纹和横向凹弦纹。残高 9、残宽 6、壁厚 0.7 厘米（图一三九，5）。年代为仰韶文化晚期。

标本 56：6　豆柄。泥质红褐陶，陶色斑驳不均。手制。残豆柄，柄颈内束，中空，圜底，喇叭形圈足。素面。残高 6.5、柄径 5.6、壁厚 0.8 厘米（图一三九，6）。属寺洼文化。

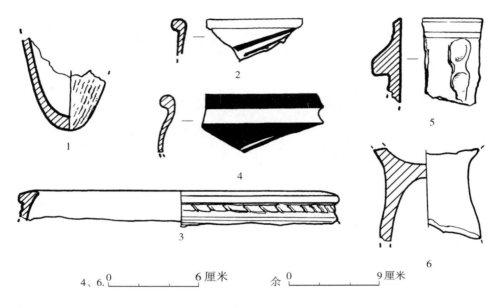

图一三九　石桥乡石碱沟遗址标本

1. 尖底瓶底部（56：4）　2. 盆口沿（56：2）　3. 罐口沿（56：1）　4. 罐口沿（56：5）　5. 陶片（56：3）　6. 豆柄（56：6）

57　石桥乡二土遗址

遗址位于石桥乡二土村东北，分布在石碱沟南、谢家河（谢河沟）北、西汉水东岸、石碱沟与二土沟之间的台塬上（见图一三八；彩版六四、六五）。遗址东西长约 400、南北宽约 800 米，面积约 30 万平方米。遗址范围内地层堆积丰富，发现多处暴露的地层、灰坑、居住址和墓葬，不少寺洼文化的墓葬被破坏。从调查分析墓葬区主要位于台地东侧高地，居址区主要位于台地西侧平缓地带。遗址内采集有史前、寺洼文化及周代陶片，数量甚多。

标本介绍如下：

标本 57：2　尖底瓶口沿。泥质红陶。小口微侈，高领。领部有刮削痕迹，素面。残高 3.3、残宽 7.5、壁厚 0.6～0.8 厘米（图一四○，1）。年代为仰韶文化晚期。

标本 57：22　尖底瓶残片。泥质灰褐陶。饰细绳纹。残高 4、残宽 7、壁厚 0.6 厘米（图一四○，2）。年代为仰韶文化晚期。

标本 57：16　罐底。夹粗砂红褐陶。斜腹内收呈小平底。腹壁饰交错绳纹。底径 12、残高 6、壁厚 0.8 厘米（图一四○，3）。年代为仰韶文化晚期。

标本 57：18　陶片。泥质褐陶。红底黑彩，饰黑色弧线宽带纹。残高 5.7、残宽 5.7、壁厚 0.5 厘米（图一四○，4）。年代为仰韶文化晚期。

标本 57：1　罐口沿。夹砂红褐陶。侈口，尖圆唇。颈部饰一周附加堆纹，口沿内侧饰一周黑色环带纹。残高 5.7、残宽 7、壁厚 0.3 厘米（图一四○，5）。属齐家文化。

标本 57：6　罐口沿。夹砂灰褐陶。口微侈，圆唇。口沿外贴锯齿形附加堆纹。残高 3、残宽 4.8、壁厚 0.5 厘米（图一四○，6）。属齐家文化。

标本 57：3　罐底。夹细砂黑灰陶。圆弧腹，平底。腹饰斜向平行交错绳纹。底径 4.8、残高 3.6、壁厚 0.6 厘米（图一四○，7；图版二○，6）。属齐家文化。

标本 57：24　罐底。泥质红陶。下腹内收，平底。素面。残高 6、残宽 8.6、壁厚 0.5 厘米（图一四○，8）。属齐家文化。

标本 57：4　鬲足。夹砂红褐陶。柱状实足根，横截面为圆形，足根细长。足根上部饰竖向绳纹，下部饰横向绳纹。残高 7.8、足根高 3、壁厚 0.9 厘米（图一四○，9；图版二○，8）。属齐家文化。

标本 57：23　器腹。泥质红褐陶。有折棱。饰竖篮纹。残高 5、残宽 7.4、壁厚 0.5 厘米（图一四○，10）。属齐家文化。

标本 57：5　器底。夹砂红褐陶。斜腹，平底。底部饰麻点状绳纹。底径 12、残高 2.5、壁厚 1 厘米（图一四○，11）。属齐家文化。

标本 57：21　陶片。夹砂灰褐陶。饰麻点状窝纹。残高 5.2、残宽 7.6、壁厚 0.8 厘米（图一四○，12）。属齐家文化。

标本 57：9　罐。夹砂褐陶，陶色不均。手制。腹以上残，鼓腹，小平底，底内凸起。素面。底径 5、残高 5.4、壁厚 0.6 厘米（图一四○，13；图版二三，3）。属寺洼文化。

标本 57：40　罐。夹砂红褐陶。敛口，方唇，肩部有耳（或鋬），小平底。素面。高 8、口径 8.8、最大腹径 10、底径 6 厘米（图一四○，14）。属寺洼文化。

标本 57：13　罐口沿。泥质黑褐陶。手制。侈口，圆唇，束颈，鼓腹。颈下部有两个戳点纹，腹壁有刮削痕迹。素面。残高 7、残宽 10.4、壁厚 0.5 厘米（图一四○，15；图版二二，4）。属寺洼文化。

标本 57：15　罐耳。泥质黑褐陶。侈口，沿面下凹呈马鞍形，尖唇，束颈，高领，桥形竖耳。素面。耳上端宽 2.6、下端宽 2.8、壁厚 0.6 厘米（图一四○，16；图版二二，

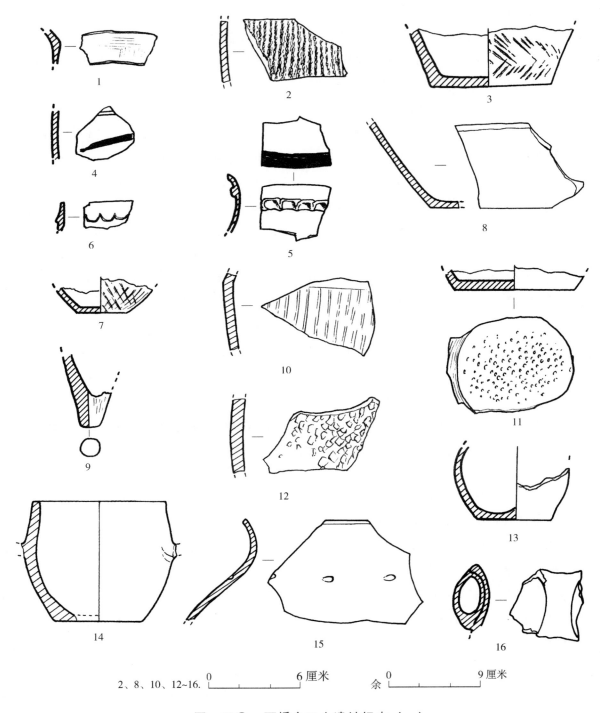

图一四〇　石桥乡二土遗址标本（一）

1. 尖底瓶口沿（57：2）　2. 尖底瓶残片（57：22）　3. 罐底（57：16）　4. 陶片（57：18）
5. 罐口沿（57：1）　6. 罐口沿（57：6）　7. 罐底（57：3）　8. 罐底（57：24）　9. 鬲足
（57：4）　10. 器腹（57：23）　11. 器底（57：5）　12. 陶片（57：21）　13. 罐（57：9）
14. 罐（57：40）　15. 罐口沿（57：13）　16. 罐耳（57：15）

5）。属寺洼文化。

标本 57：25　罐耳。泥质灰褐陶。陶罐的口沿及耳部，圆唇，口微侈，条带状环形耳。素面。残高 5、残宽 6、壁厚 0.6 厘米（图一四一，1）。属寺洼文化。

标本 57：26　罐耳。泥质灰褐色。为马鞍形罐的耳部，侈口，条形耳。素面。耳高 4.2、宽 1.8～3.4、厚 0.4～0.6 厘米（图一四一，2）。属寺洼文化。

标本 57：27　罐耳。夹细砂红陶。侈口，圆唇，桥形耳附着于口沿及肩部。耳高 5.4、宽 2、壁厚 0.4 厘米（图一四一，3）。属寺洼文化。

标本 57：28　罐耳。夹砂灰褐陶。与耳连接处的口沿呈马鞍状弧形，耳端附两方形泥饼，上有凹窝。耳上部有折线纹。耳高 5.6、宽 2、壁厚 0.3～0.5 厘米（图一四一，4）。属寺洼文化。

标本 57：8　罐底。夹细砂红褐陶，陶色不均。手制。鼓腹斜收成平底。素面。底径 9、残高 6、壁厚 1～1.2 厘米（图一四一，5）。属寺洼文化。

标本 57：41　罐底。夹砂灰黄色。深斜腹，小平底。陶质松，火候低。素面。残高 9.2、底径 6、壁厚 0.5 厘米（图一四一，6；图版二三，4）。属寺洼文化。

标本 57：29　罐底。泥质灰褐陶。下腹壁斜直，有竖向划痕，平底。素面。残高 8、底径 8、壁厚 0.6～1.2 厘米（图一四一，7）。属寺洼文化。

标本 57：10　鬲足。夹砂灰褐陶，陶色不均。锥状尖足，实足根尖锐，微内敛，分档。表面抹光。残高 6、足根高 3 厘米（图一四一，8；图版二四，7）。属寺洼文化。

标本 57：12　豆口沿。泥质红褐陶。手制。斜腹，圜底，束腰形粗柄。素面。柄径 9、壁厚 0.6 厘米（图一四一，9）。属寺洼文化。

标本 57：35　豆口沿。夹砂灰陶。圆唇，侈口，口沿外侧加厚。素面。残高 5.8、残宽 9.2、壁厚 0.5～0.8 厘米（图一四一，10）。属寺洼文化。

标本 57：36　豆口沿。夹砂红褐陶。侈口，方唇，口沿外侧加厚，器壁有轻微刮削痕迹。素面。残高 6、残宽 8.4、壁厚 0.4～0.8 厘米（图一四一，11）。属寺洼文化。

标本 57：37　豆口沿。夹砂灰褐陶。侈口，圆唇，口沿外加厚。素面。残高 9、残宽 7、壁厚 0.5～1 厘米（图一四一，12）。属寺洼文化。

标本 57：14　豆口沿。夹细砂红褐陶。侈口，尖圆唇，口沿外贴一圈泥条，浅圆弧腹，圜底。残高 7.8、残宽 15、壁厚 0.6 厘米（图一四一，13；图版二四，2）。属寺洼文化。

标本 57：11　豆口沿。泥质黑褐陶。手制。侈口，方圆唇，鼓腹较深。素面。残高 7.5、残宽 11.7、壁厚 0.6 厘米（图一四一，14）。属寺洼文化。

标本 57：7　豆柄。夹细砂红褐陶，陶色不均匀。泥条盘筑。斜腹，粗柄。素面。残高 9.6、柄径 6、壁厚 0.6～1 厘米（图一四二，1）。属寺洼文化。

标本 57：30　豆底座。夹砂红褐陶。喇叭形，外壁底端用泥条加厚并抹光。残高 7.6、底径 12.4、壁厚 0.8 厘米（图一四二，2）。属寺洼文化。

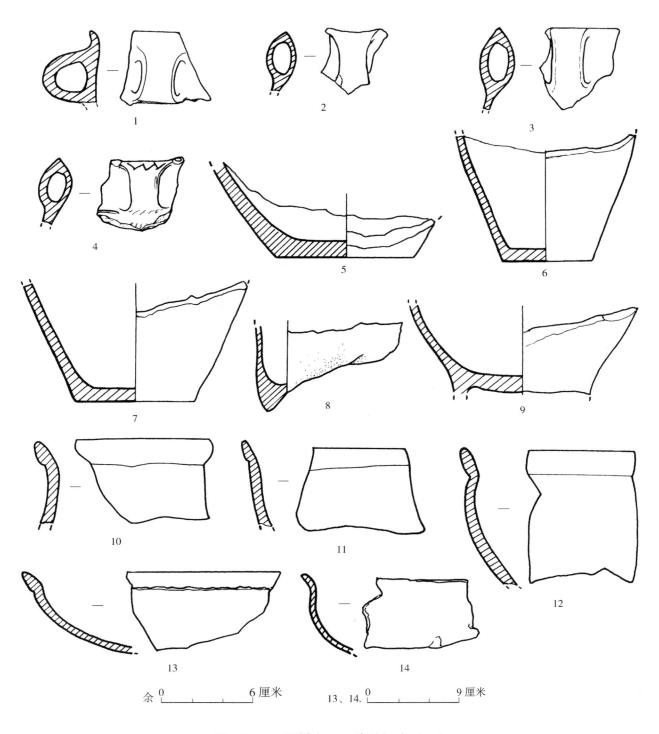

余 0 _____ 6厘米　　　13、14. 0 _____ 9厘米

图一四一　石桥乡二土遗址标本（二）

1. 罐耳（57：25）　2. 罐耳（57：26）　3. 罐耳（57：27）　4. 罐耳（57：28）　5. 罐底（57：8）
6. 罐底（57：41）　7. 罐底（57：29）　8. 鬲足（57：10）　9. 豆口沿（57：12）　10. 豆口沿（57：35）　11. 豆口沿（57：36）　12. 豆口沿（57：37）　13. 豆口沿（57：14）　14. 豆口沿（57：11）

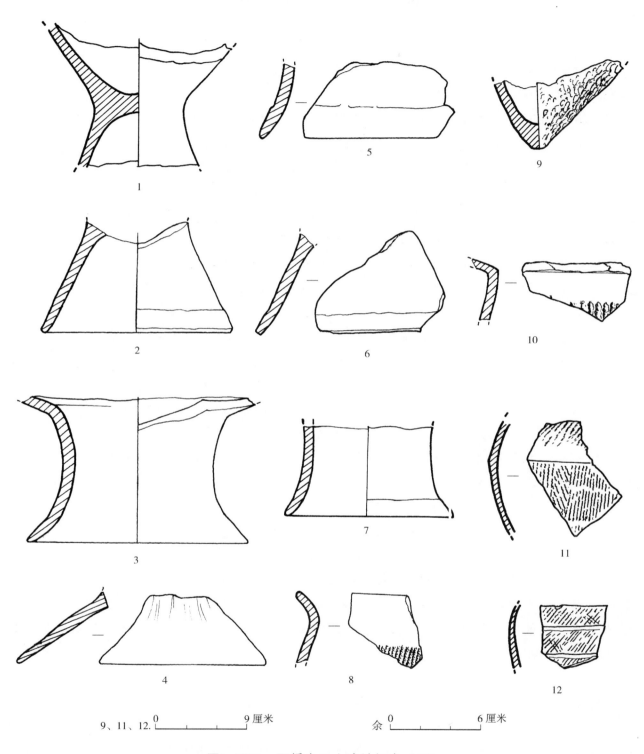

图一四二 石桥乡二土遗址标本（三）

1. 豆柄（57∶7） 2. 豆底座（57∶30） 3. 豆底座（57∶31） 4. 豆底座（57∶32） 5. 豆底座（57∶38） 6. 豆底座（57∶39） 7. 豆底座（57∶42） 8. 鬲口沿（57∶33） 9. 鬲足（57∶19） 10. 鬲口沿（57∶34） 11. 罐残片（57∶20） 12. 陶片（57∶17）

标本 57：31　豆底座。泥质红褐陶。上壁外侈，束腰，底端呈喇叭口形。素面，有竖向抹光痕迹。残高 10、柄径 10、底径 14.6、壁厚 0.8 厘米（图一四二，3）。属寺洼文化。

标本 57：32　豆底座。泥质褐陶。倒喇叭口形。素面，上有刮削痕迹。残高 5.2、残宽 11.2、壁厚 0.4～1 厘米（图一四二，4）。属寺洼文化。

标本 57：38　豆底座。夹砂灰陶。倒喇叭形，底边外侧加厚。素面。残高 5.4、残宽 10、壁厚 0.8 厘米（图一四二，5）。属寺洼文化。

标本 57：39　豆底座。夹砂灰褐陶。倒喇叭形，底边外侧加厚，有刮削痕迹。残高 7、残宽 8.6、壁厚 0.5～1 厘米（图一四二，6）。属寺洼文化。

标本 57：42　豆底座。夹砂灰褐陶。倒喇叭形，底边外侧加厚。素面。底径 11.2、残高 6.2、壁厚 0.6 厘米（图一四二，7）。属寺洼文化。

标本 57：33　鬲口沿。夹砂灰陶。侈口，卷沿，圆唇，口沿仰角大。肩部有斜行细绳纹。口沿宽 2、残高 5、残宽 5、壁厚 0.6 厘米（图一四二，8）。年代为西周早期。

标本 57：19　鬲足。夹砂灰陶。瘪裆，裆部较高，裆内侧脊明显，锥状实足根。饰斜行细绳纹到足底。残高 9、足根高 2.6 厘米（图一四二，9）。年代为西周早期。

标本 57：34　鬲口沿。夹砂灰陶。折平沿，沿内侧有一道凹弦纹。饰较粗绳纹。残高 4、残宽 7.2、壁厚 0.6 厘米（图一四二，10）。年代为于西周晚期。

标本 57：20　罐残片。泥质灰陶。折肩。饰中绳纹，并有抹光的条带。残高 12、残宽 9.6、壁厚 0.7 厘米（图一四二，11）。年代为周代。

标本 57：17　陶片。泥质灰陶。饰间断绳纹。残高 6.3、残宽 6.6、壁厚 0.4～0.8 厘米（图一四二，12）。年代为周代。

58　石桥乡古泉寺遗址

遗址位于石桥乡古泉寺村东、大山沟北、西汉水东岸的第 2 级台地上（图一四三）。范围南至大山沟北，北到黄家庄西南约 100 米，东至台地东的山脚下，西至古泉寺村东的台地边缘。遗址东西长约 400、南北宽约 200 米。遗址内发现有地层堆积，采集有周代、寺洼文化的陶片若干。

标本介绍如下：

标本 58：2　罐底。夹砂灰褐陶。鼓腹小平底。腹部饰绳纹。底径 9、残高 10、壁厚 0.8 厘米（图一四四，1）。年代为周代。

标本 58：7　瓮口沿。夹砂灰陶。敛口，平沿，鼓腹。腹部饰绳纹，颈部抹光。口径 19.6、残高 5.5、壁厚 0.8～1.5 厘米（图一四四，2）。年代为西周时期。

标本 58：4　蛋形瓮口沿。夹砂灰陶。敛口，宽厚唇，短颈，鼓腹。颈部饰一周锥刺纹。口径 26.4、残高 7.5、壁厚 1.2 厘米（图一四四，3；图版三一，5）。年代为西周时期。

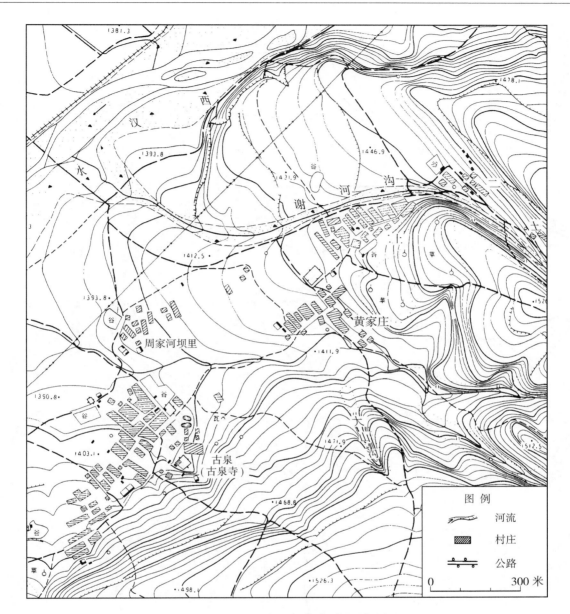

图一四三　石桥乡古泉寺遗址地形图

标本 58：6　三足瓮底。夹粗砂灰陶。钝尖底，矮乳状足，足内敛。饰绳纹。足高 8.4、壁厚 1.2～2.1 厘米（图一四四，4；图版三〇，4）。年代为西周时期。

标本 58：14　罐残片。夹砂灰褐陶。手制。马鞍形口罐，侈口，束领较高，宽桥形耳残，腹微鼓。耳及腹部饰绳纹。残高 9.6、残宽 9.3、壁厚 0.6 厘米（图一四四，5）。属寺洼文化。

标本 58：11　罐口沿。夹砂灰褐陶。手制。马鞍形罐口沿残片。侈口，尖圆唇，沿凹呈马鞍口，束领较高，宽桥形耳，深腹微鼓。耳、肩部饰细绳纹。耳高 5.4、宽 3～4.5、壁厚 0.6 厘米（图一四四，6）。属寺洼文化。

标本 58：10　豆盘。泥质陶，陶色红、灰斑驳不均。手制。篮形豆豆盘残片，敞口，

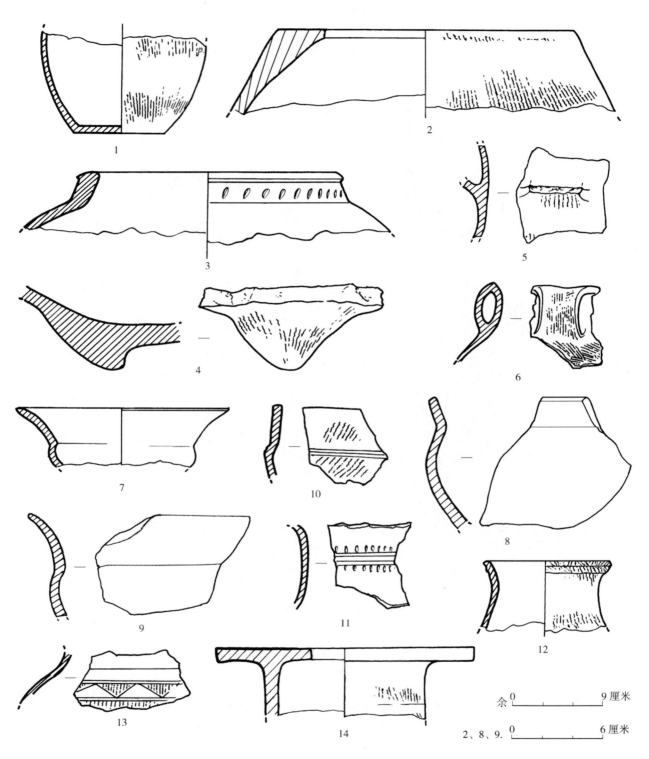

图一四四　石桥乡古泉寺遗址标本

1. 罐底（58：2）　2. 瓮口沿（58：7）　3. 蛋形瓮口沿（58：4）　4. 三足瓮底（58：6）　5. 罐残片（58：14）　6. 罐口沿（58：11）　7. 豆盘（58：10）　8. 豆盘（58：12）　9. 豆盘（58：13）　10. 盆口沿（58：9）　11. 罐颈部（58：1）　12. 罐口沿（58：8）　13. 罐残片（58：3）　14. 灶（58：5）

圆尖唇，深腹外鼓。素面。口径 21、残高 6、壁厚 0.6 厘米（图一四四，7）。属寺洼文化。

标本 58 ∶ 12　豆盘。泥质红褐陶。手制。篦形豆豆盘残片，敞口，方唇，鼓腹。素面。残高 9、残宽 10、壁厚 0.7 厘米（图一四四，8）。属寺洼文化。

标本 58 ∶ 13　豆盘。泥质灰褐陶。手制。篦形豆豆盘残片，敞口，方唇，鼓腹。素面。残高 7、残宽 10.2、壁厚 0.7 厘米（图一四四，9）。属寺洼文化。

标本 58 ∶ 9　盆口沿。夹砂灰褐陶。侈口，方唇，折肩。腹部饰绳纹，沿外侧有刮抹痕迹。残高 7.5、残宽 8、壁厚 0.8 厘米（图一四四，10）。年代为战国时期。

标本 58 ∶ 1　罐颈部。泥质灰陶。饰四周凹弦纹及锥刺纹。残高 9、残宽 8.4、壁厚 0.5 厘米（图一四四，11）。年代为战国至汉代。

标本 58 ∶ 8　罐口沿。泥质灰陶。侈口斜方唇，外部加厚，颈微束。口沿外侧及颈下部饰细绳纹。口径 12.9、残高 7.5、壁厚 0.4 厘米（图一四四，12）。年代为战国时期。

标本 58 ∶ 3　罐残片。夹砂灰褐陶。圆肩。饰内填三角纹的凹弦纹及绳纹。残高 6、残宽 12、壁厚 0.7 厘米（图一四四，13）。年代为战国时期。

标本 58 ∶ 5　灶。夹砂灰陶。灶面平，中间有孔为灶眼。灶台径 25.5、残高 7.5、壁厚 1~1.3 厘米（图一四四，14）。年代为汉代。

59　石桥乡石坝 1 号遗址

遗址位于石桥乡石坝村东、黑沟与堡子沟之间的西汉水东岸第 2 级台地上（图一四五；彩版六六）。范围北到黑沟南，南到堡子沟北，东到山脚前，西到台地边缘西汉水东岸。东西长约 250、南北宽约 800 米。遗址内地层堆积丰富，发现大量地层堆积、灰坑及被破坏的寺洼文化墓葬等遗迹现象，采集到的陶片数量甚多，以罐、豆等器物为大宗。

标本介绍如下：

标本 59 ∶ 10　罐口沿。夹砂红褐陶。侈口，斜沿，方唇。沿外侧贴一周泥条加固，饰细绳纹。颈部饰附加堆纹和间歇斜向绳纹。口径 30、残高 10.2、壁厚 0.9 厘米（图一四六，1；图版一四，6）。年代为仰韶文化晚期。

标本 59 ∶ 9　罐口沿。夹砂灰黑陶。筒形深腹罐，斜沿方唇。唇上有压印痕，锯齿状口沿下饰竖绳纹，肩、腹饰三周附加堆纹，其间饰粗篮纹。口径 24、残高 19、壁厚 0.8 厘米（图一四六，2；图版一四，5）。属案板三期文化。

标本 59 ∶ 13　罐口沿。夹砂灰黑陶。斜折沿，方唇，花边形口沿。沿下饰斜绳纹，内有抹痕。残高 5.8、残宽 6.4、壁厚 0.4 厘米（图一四六，3；图版一四，7）。属案板三期文化。

标本 59 ∶ 14　器耳。泥质灰陶。耳与口沿齐平。素面。耳高 7.8、耳宽 2.4、残宽 8.6、壁厚 0.5、耳厚 0.8 厘米（图一四六，4；图版一六，3）。属案板三期文化。

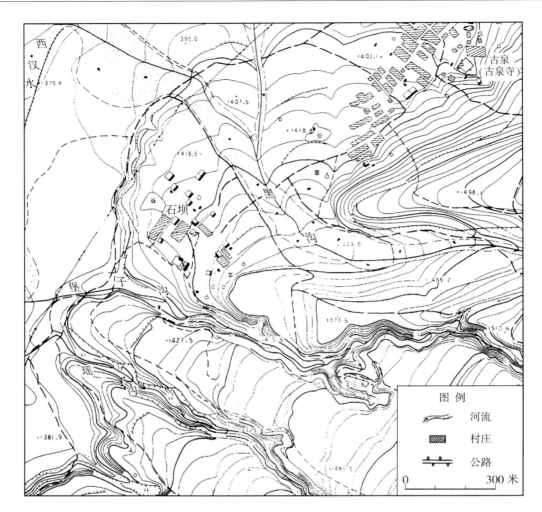

图一四五　石桥乡石坝 1 号、石坝 2 号遗址地形图

　　标本 59：15　器耳。泥质灰陶。耳位于肩腹交界处，折肩。耳下有少许绳纹。耳宽 2.4、耳高 2.6、壁厚 0.8、壁厚 0.6 厘米（图一四六，5）。属案板三期文化。

　　标本 59：17　器耳。夹砂灰陶。直口，尖唇，鼓腹，桥形耳。耳及腹部饰绳纹。残高 9、耳宽 2、残宽 7.4、壁厚 0.6 厘米（图一四六，6；图版一六，4）。属案板三期文化。

　　标本 59：16　罐口沿。泥质灰褐陶。马鞍形口，带一宽耳。素面。残高 6、残宽 8、厚 0.6 厘米（图一四六，7）。属寺洼文化。

　　标本 59：7　罐口沿。泥质灰褐陶。手制。侈口，圆尖唇，沿部下凹呈马鞍口，束颈宽耳。素面。残高 7.7、残宽 7.2、壁厚 0.8 厘米（图一四六，8）。属寺洼文化。

　　标本 59：18　罐口沿。泥质灰陶。马鞍形口，带一耳。素面。残高 7、残宽 8、壁厚 0.5 厘米（图一四六，9）。属寺洼文化。

　　标本 59：6　罐口沿。夹砂灰褐陶。手制。侈口，斜方唇，束颈，鼓腹，颈部有一桥形耳。素面。耳高 4.5、耳宽 2.4、壁厚 0.8 厘米（图一四七，1）。属寺洼文化。

　　标本 59：11　罐耳。泥质灰褐陶。手制。鼓腹，桥形耳。腹饰间断形细线纹。耳高

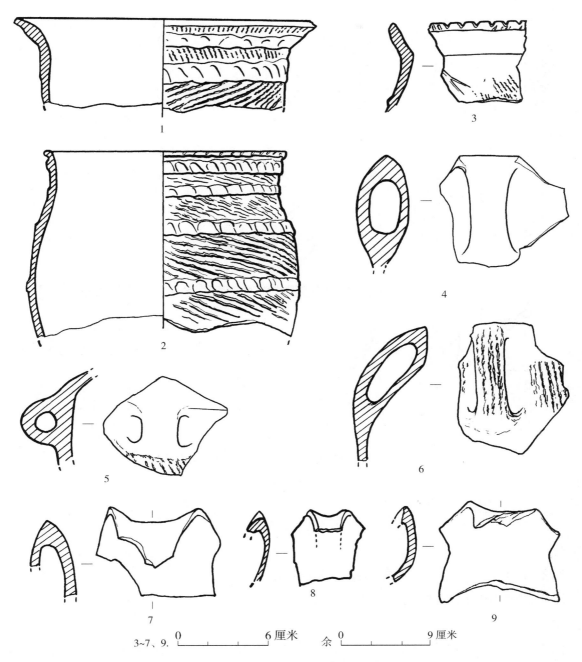

图一四六　石桥乡石坝 1 号遗址标本（一）

1. 罐口沿（59：10）　2. 罐口沿（59：9）　3. 罐口沿（59：13）　4. 器耳（59：14）　5. 器耳
（59：15）　6. 器耳（59：17）　7. 罐口沿（59：16）　8. 罐口沿（59：7）　9. 罐口沿（59：18）

6.6、耳宽 3、壁厚 0.8 厘米（图一四七，2）。属寺洼文化。

　　标本 59：2　豆盘。泥质灰褐陶。簋形豆豆盘残部，侈口，窄方唇，圆肩，斜腹内收，足残。素面。口径 16、残高 10、壁厚 0.7 厘米（图一四七，3）。属寺洼文化。

　　标本 59：3　豆盘。泥质陶，陶色红、灰斑驳不均。手制。簋形豆，侈口，方唇，鼓腹，圜底。腹上部饰三角折线纹。残高 6、残宽 9、壁厚 0.8 厘米（图一四七，4）。属寺

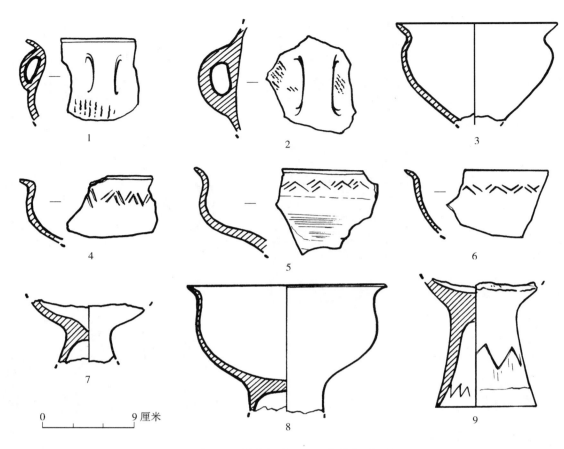

图一四七　石桥乡石坝 1 号遗址标本（二）

1. 罐口沿（59∶6）　2. 罐耳（59∶11）　3. 豆盘（59∶2）　4. 豆盘（59∶3）　5. 豆盘
（59∶4）　6. 豆盘（59∶5）　7. 豆柄（59∶8）　8. 豆柄（59∶12）　9. 豆座（59∶1）

洼文化。

标本 59∶4　豆盘。泥质灰褐陶，陶色斑驳不均。手制。簋形豆，侈口，圆尖唇，鼓腹，圜底。腹上部饰折线、凹弦纹。残高 9、残宽 10、壁厚 0.8 厘米（图一四七，5）。属寺洼文化。

标本 59∶5　豆盘。泥质灰褐陶。手制。簋形豆，侈口，圆尖唇，斜腹。腹上部饰三角锥刺纹。残高 7、残宽 10.5、壁厚 0.5 厘米（图一四七，6）。属寺洼文化。

标本 59∶8　豆柄。夹砂灰褐陶。手制。实心柄。素面。柄径 4.5、残高 6.6、壁厚 0.5～1 厘米（图一四七，7）。属寺洼文化。

标本 59∶12　豆柄。泥质陶，陶色灰、褐斑驳不均。手制。簋形豆，侈口，圆尖唇，斜腹圜底。细柄中空。口径 19.8、残高 13、壁厚 0.5 厘米（图一四七，8；图版二四，4）。属寺洼文化。

标本 59∶1　豆座。夹砂灰褐陶。倒喇叭口空心高圈足，近底处外壁加贴泥条并抹光。残高 13、柄径 6.6、圈足径 10、壁厚 0.5～1 厘米（图一四七，9）。属寺洼文化。

60　石桥乡石坝2号遗址

遗址位于石桥乡石坝村南、堡子沟与瑶沟之间的西汉水东岸第2级台地上（见图一四五）。范围北到堡子沟沟口南，南到瑶沟北，东到台地最高处，西到台地边缘西汉水东岸（见彩版六六），东西长约200、南北宽约300米。遗址内地层堆积丰富，发现多处厚约1～2米的灰层堆积、居住址、灰坑等遗迹现象。采集的陶片数量丰富。

标本介绍如下：

标本60：15　陶片。夹粗砂红褐陶。饰斜向绳纹与附加堆纹。残高10、残宽7.5、壁厚1厘米（图一四八，1）。年代为仰韶文化晚期。

标本60：2　带耳罐。泥质灰褐陶。腹微鼓，肩部饰桥形耳。腹部及耳部饰细绳纹。残高12.6、残宽8.4、耳高9、耳宽3、壁厚0.5厘米（图一四八，2；图版一五，3）。属案板三期文化。

标本60：3　罐残片。夹砂红褐陶。腹微鼓，饰半环形耳，已残。腹下部饰压印附加堆纹。残高12.5、残宽15、耳高4.5、壁厚0.7厘米（图一四八，3）。属案板三期文化。

标本60：1　罐口沿。夹砂灰褐陶。侈口，尖圆唇，斜沿外侧贴加厚泥条，溜肩，腹微鼓，肩部饰桥形耳，已残。肩、腹部饰压印附加堆纹。残高7.5、残宽11.4、壁厚0.5厘米（图一四八，4）。属案板三期文化。

标本60：4　罐口沿。夹粗砂灰陶。侈口，圆唇，口沿外壁加厚。颈部以下加厚。口沿以下饰绳纹。残高6、残宽10、壁厚1.2厘米（图一四八，5）。属案板三期文化。

标本60：5　罐口沿。夹砂红褐色陶。侈口，圆唇。口沿以下饰绳纹，有抹光痕迹。残高8、残宽9.6、壁厚1厘米（图一四八，6）。属案板三期文化。

标本60：6　罐口沿。夹砂褐陶。侈口，圆唇，口沿外壁加厚。口沿及腹部均饰绳纹。残高5、残宽4.4、厚1厘米（图一四八，7）。属案板三期文化。

标本60：7　罐口沿。夹粗砂灰陶。侈口，圆唇，口沿外壁加厚。素面。残高6.7、残宽8、壁厚0.6～1.2厘米（图一四八，8）。属案板三期文化。

标本60：8　罐口沿。夹砂灰陶。侈口，圆唇。口沿外侧饰绳纹，肩部附加堆纹。残高9.4、残宽15、壁厚0.6～1.2厘米（图一四八，9；图版一五，1）。属案板三期文化。

标本60：9　带耳罐。泥质灰陶。环状宽带耳，折肩。腹部饰绳纹。残高12、残宽13、壁厚0.8～1.6厘米（图一四八，10）。属案板三期文化。

标本60：10　罐底。夹砂灰陶。斜弧腹，平底。下腹部饰绳纹，近底处附加一道堆纹。残高6.6、残宽8.1、耳高6.6、耳宽4、壁厚0.6～1厘米（图一四八，11；图版一七，5）。属于案板三期文化。

标本60：11　罐底。夹砂灰陶。饰绳纹与指甲纹。残高6.7、残宽9、壁厚1厘米（图一四八，12）。属案板三期文化。

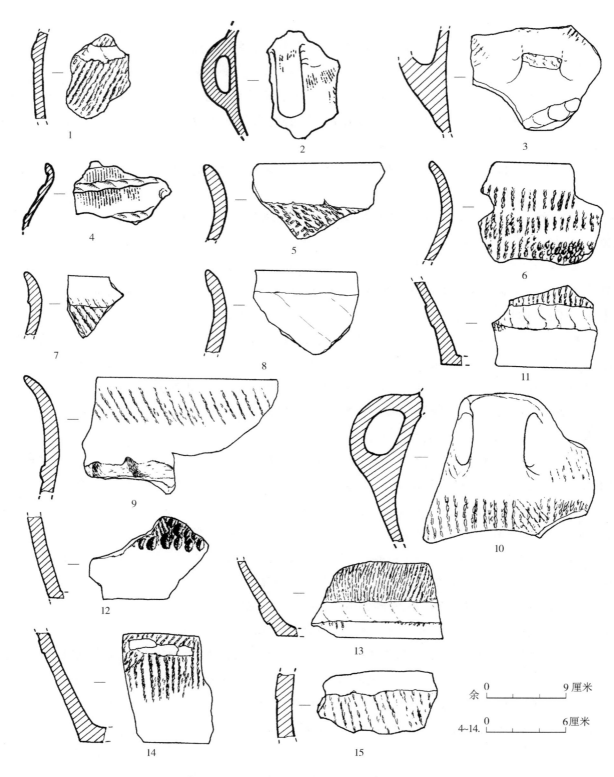

图一四八　石桥乡石坝 2 号遗址标本

1. 陶片（60：15）　2. 带耳罐（60：2）　3. 罐残片（60：3）　4. 罐口沿（60：1）　5. 罐口沿（60：4）

6. 罐口沿（60：5）　7. 罐口沿（60：6）　8. 罐口沿（60：7）　9. 罐口沿（60：8）　10. 带耳罐（60：9）

11. 罐底（60：10）　12. 罐底（60：11）　13. 罐底（60：13）　14. 罐底（60：12）　15. 陶片（60：14）

标本 60：13　罐底。夹砂灰陶。腹部饰细绳纹，近底处饰附加堆纹。残高 6、残宽 10、壁厚 1 厘米（图一四八，13；图版一七，6）。属案板三期文化。

标本 60：12　罐底。夹粗砂灰陶。下腹壁斜直，平底。饰竖绳纹与附加堆纹。残高 8.6、残宽 7、壁厚 0.8 厘米（图一四八，14）。属案板三期文化。

标本 60：14　陶片。夹砂褐陶。饰斜向绳纹，上有附加堆纹。残高 7.5、残宽 14.2、壁厚 1.8 厘米（图一四八，15）。属案板三期文化。

61　石桥乡瑶沟遗址

遗址位于石桥乡刘坪村北、西汉水东岸第 2 级台地上（图一四九）。范围北到瑶沟里，南到刘坪村北山涧冲沟，西延伸到西汉水东岸，东西长约 300、南北宽约 150 米。遗址内地层堆积丰富，发现多处厚约 1～1.2 米的灰层堆积、灰坑等遗迹现象，个别灰坑口宽约 4、深 2 米。从调查中观察遗址的中心区域应在台地的东北边缘靠近瑶沟地段内，在该段区域不仅地层堆积丰富，断崖上暴露的灰坑数量多，而且地面上陶片也非常集中。该遗址与石坝 1 号遗址、石坝 2 号遗址处于同一较大的台地上。

标本介绍如下：

标本 61：4　罐口沿。夹砂红褐陶。侈口，尖圆唇，唇外侧贴加厚泥条。颈部饰斜向绳纹。口径 22.5、残高 7.2、壁厚 1 厘米（图一五〇，1）。属案板三期文化。

标本 61：2　罐口沿。夹粗砂灰陶。侈口，圆唇，唇外侧贴加厚泥条。颈部饰斜向绳纹。残高 7、残宽 11、壁厚 0.6、外沿宽 2.4 厘米（图一五〇，2）。属案板三期文化。

标本 61：3　罐腹。泥质灰褐陶。腹微鼓。上部饰锥刺纹，下部素面。残高 10.5、残宽 9、壁厚 0.4 厘米（图一五〇，3）。属案板三期文化。

标本 61：5　罐腹。夹砂灰褐陶。腹微鼓。饰斜向绳纹及波浪状附加堆纹。残高 9、残宽 9.6、壁厚 0.8 厘米（图一五〇，4）。属案板三期文化。

标本 61：6　杯残片。泥质灰褐陶。鼓腹。腹部饰三行刺点纹。残高 5.6、残宽 5.8、壁厚 0.6 厘米（图一五〇，5）。属案板三期文化。

标本 61：1　带耳罐。夹砂灰褐陶。小口微侈，圆尖唇，口沿下外接耳形耳，斜腹。腹部饰斜行绳纹。残高 9、残宽 8.4、壁厚 0.4、耳宽 1.2、耳高 5.1 厘米（图一五〇，6；图版一五，4）。属齐家文化。

62　石桥乡刘坪遗址

遗址位于上石沟北侧的西汉水东岸的刘坪台地上（彩版六七），遗址的范围南到上石沟，北到村北的山涧冲沟，东到村后山嘴，西一直到西汉水东岸台地边缘，其中一部分已被现代村庄所叠压（见图一四九）。东西长约 100、南北宽约 100 米。遗址内发现有多处史

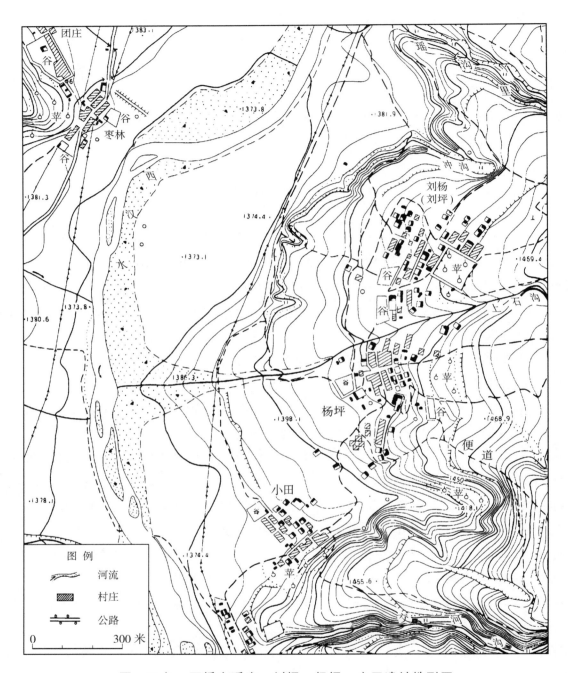

图一四九　石桥乡瑶沟、刘坪、杨坪、小田遗址地形图

前时期的地层、灰坑，有些地层堆积厚约 2 米。采集到若干陶片。

标本介绍如下：

标本 62：6　盆口沿。泥质红陶。圆唇微卷，平折沿。红底饰黑彩，腹部的黑色彩绘脱落不辨形状。残高 3、残宽 6.4、壁厚 0.4～0.6 厘米（图一五一，1；图版五，8）。年代为仰韶文化中期。

标本 62：5　罐口沿。夹砂褐陶。敛口，圆唇，鼓腹。口沿外侧饰一周凹弦纹。残高

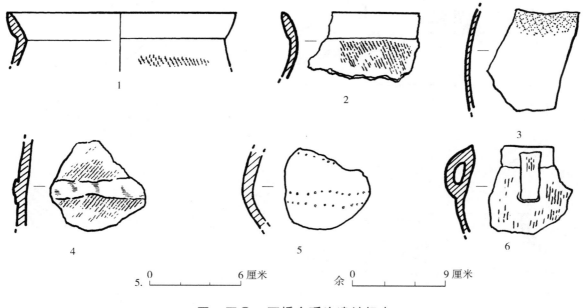

图一五〇　石桥乡瑶沟遗址标本

1. 罐口沿（61：4）　　2. 罐口沿（61：2）　　3. 罐腹（61：3）

4. 罐腹（61：5）　　5. 杯残片（61：6）　　6. 带耳罐（61：1）

3.6、残宽9、壁厚0.5厘米（图一五一，2）。年代为仰韶文化中期。

　　标本62：7　钵口沿。泥质红陶。口微侈，尖圆唇，下腹内收。唇部有一道很窄的黑彩。高5、残宽5、壁厚0.4厘米（图一五一，3）。年代为仰韶文化中期。

　　标本62：8　钵口沿。夹砂红陶。口微侈，圆唇。素面。残高5.6、口径17.4、壁厚0.5厘米（图一五一，4；图版七，3）。年代为仰韶文化中期。

　　标本62：2　盆口沿。泥质红褐陶。斜折沿，圆唇，弧腹。红底黑彩，唇、腹饰黑色彩绘纹。残高3、残宽10.5、壁厚0.4厘米（图一五一，5）。年代为仰韶文化晚期。

　　标本62：1　罐口沿。夹砂橙黄陶。敛口，斜折平沿，圆尖唇，短颈，溜肩，鼓腹。腹部饰交错细线纹。口径14.6、残高4.4、壁厚0.6厘米（图一五一，6）。年代为仰韶文化晚期。

　　标本62：10　罐底。夹粗砂褐陶。平底。下腹及底部饰绳纹。底径15、残高3、壁厚0.8～1.2厘米（图一五一，7）。年代为仰韶文化晚期。

　　标本62：4　钵口沿。泥质红褐陶。敛口，圆唇，弧腹。红底黑彩，饰圆点直线纹。残高3.3、残宽6.6、壁厚0.5厘米（图一五一，8）。年代为仰韶文化晚期。

　　标本62：3　陶片。夹砂红褐陶。壁较厚。表面饰交错绳纹。残高9.6、残宽10、壁厚0.9厘米（图一五一，9）。年代为仰韶文化晚期。

　　标本62：9　陶片。夹砂红陶。饰绳纹及锁链状附加堆纹。残高3.6、残宽6.2、壁厚0.8～1.2厘米（图一五一，10）。年代为仰韶文化晚期。

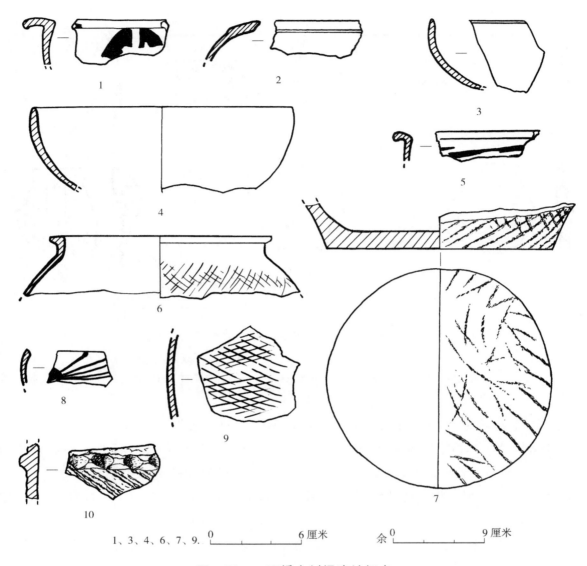

1、3、4、6、7、9. 0 ——————— 6厘米　　　余 0 ——————— 9厘米

图一五一　石桥乡刘坪遗址标本

1. 盆口沿（62：6）　2. 罐口沿（62：5）　3. 钵口沿（62：7）　4. 钵口沿（62：8）　5. 盆口沿（62：2）
6. 罐口沿（62：1）　7. 罐底（62：10）　8. 钵口沿（62：4）　9. 陶片（62：3）　10. 陶片（62：9）

63　石桥乡杨坪遗址

　　遗址位于石桥乡杨坪村东，分布在上石沟与西汉水形成的狭小台地上，北至上石沟，南至杨坪村南的便道，西至杨坪村东的台地边缘，东至台地后的山脚下（见图一四九；彩版六八）。东西长约 150、南北宽约 100 米。发现有地层、灰坑，采集有史前时期及周代的陶片。

　　标本介绍如下：

　　标本 63：4　罐残片。夹砂红陶。饰附加堆纹和绳纹。残高 4、残宽 4.1、壁厚 0.5 厘米（图一五二，1）。年代为仰韶文化晚期。

标本 63：5　陶片。夹砂红陶。饰宽绳纹。残高 5、残宽 5、壁厚 0.5 厘米（图一五二，2）。年代为仰韶文化晚期。

标本 63：3　鬲足。夹砂灰陶。锥状尖足，实足根圆钝。饰绳纹，有抹光痕迹。残高 4.5、足根高 3.3 厘米（图一五二，3）。年代为春秋时期。

标本 63：1　鬲口沿。夹砂灰褐陶。平折沿，敛口，短颈，溜肩。腹部饰竖绳纹。残高 6.9、残宽 9.6、壁厚 0.8 厘米（图一五二，4）。年代为周代。

标本 63：6　鬲腹。夹砂灰陶。饰交错中绳纹。残高 6、残宽 4.8、壁厚 0.8 厘米（图一五二，5）。年代为周代。

标本 63：2　陶片。泥质灰褐陶。耳侧有一刺纹小圆圈。残高 5.4、残宽 6.6、壁厚 0.5 厘米（图一五二，6）。年代为周代。

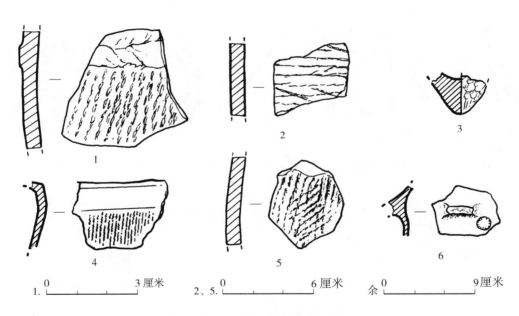

图一五二　石桥乡杨坪遗址标本

1. 罐残片（63：4）　　2. 陶片（63：5）　　3. 鬲足（63：3）

4. 鬲口沿（63：1）　　5. 鬲腹（63：6）　　6. 陶片（63：2）

64　石桥乡小田遗址

遗址位于石桥乡小田村东，分布于交河沟与西汉水形成的小田台地和台地后的山坡上，北至小田村，南至交河沟，东至台地后的山脚下（见图一四九；彩版六九）。从遗迹现象看遗址区主要分布于台地的北侧，发现多处堆积较厚的地层、大量的灰坑及居住址等遗迹现象，而墓葬区多分布在台地的南侧靠近交河沟的区域内。南北长约 200、东西宽约 170 米。采集有龙山文化和寺洼文化的陶片，数量甚多。

标本介绍如下：

标本64：1　斝耳。夹砂红褐陶。泥条盘筑，手制。侈口，圆尖唇宽桥形耳，耳上端与口沿齐平，溜肩。肩部以下饰粗绳纹，耳中部贴有一道竖向泥条，泥条及耳上饰粗绳纹。耳高10、耳宽4.4、壁厚0.7厘米（图一五三，1；图版一九，4）。属齐家文化。

标本64：2　斝耳。夹砂褐陶。侈口，长颈，溜肩。宽桥形耳，耳上端与口沿齐平。颈部饰横篮纹，腹部饰竖绳纹；耳表面饰四排三角状锥刺纹。耳高10.5、耳宽4.6、壁厚0.8厘米（图一五三，2；图版一九，5）。属齐家文化。

标本64：4　罐口沿。夹砂灰褐陶。马鞍形口，宽桥形耳。耳上端与口沿结合处饰"V"形折线纹。残高4、残宽7.6、壁厚0.6厘米（图一五三，3）。属寺洼文化。

标本64：3　豆底座。夹砂褐陶。喇叭口实心柄。素面。柄径7、残高8.5、口径10.5、底径7.2、壁厚0.8厘米（图一五三，4）。属寺洼文化。

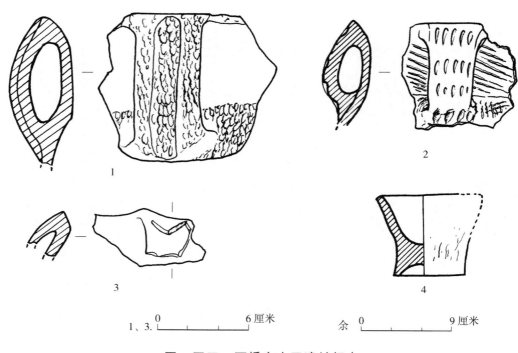

图一五三　石桥乡小田遗址标本
1. 斝耳（64：1）　2. 斝耳（64：2）　3. 罐口沿（64：4）　4. 豆底座（64：3）

65　江口乡庙背后遗址

遗址位于江口乡庙背后村东，分布在庙背后村东，西汉水东岸台地上，台地相对河床较高，坡度较大（图一五四）。遗址东西长约200、南北宽约100米。发现有地层、灰坑等遗迹现象。采集有仰韶及汉代的陶片。

标本介绍如下：

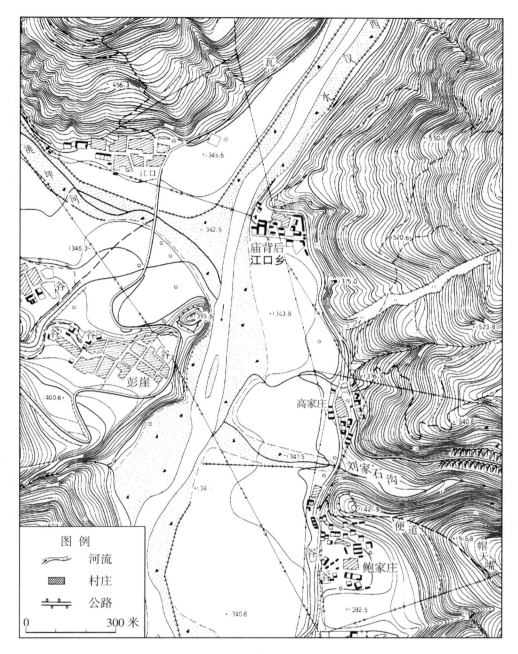

图一五四　江口乡庙背后、鲍家庄、彭崖遗址地形图

　　标本 65：1　钵口沿。泥质灰陶。敛口，斜沿叠唇，器壁外有轮制痕迹。素面。残高 3.6、残宽 5、壁厚 0.4 厘米（图一五五，1）。年代为仰韶文化晚期。

　　标本 65：5　尖底瓶腹。泥质红褐陶。斜腹，表面饰斜方格纹。残高 5.2、残宽 8.4、壁厚 0.6 厘米（图一五五，2）。年代为仰韶文化时期。

　　标本 65：3　陶片。泥质灰陶。内壁有慢轮修整痕迹。外饰细绳纹。残高 4.5、残宽 4.5、壁厚 0.5 厘米（图一五五，3）。年代为周代。

　　标本 65：4　盆底。泥质灰陶。斜腹壁，平底。腹部饰绳纹。残高 4.4、残宽 9、壁厚

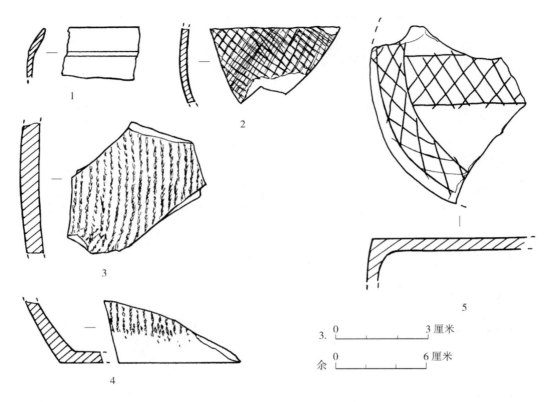

图一五五　江口乡庙背后遗址标本

1. 钵口沿（65∶1）　2. 尖底瓶腹（65∶5）　3. 陶
片（65∶3）　4. 盆底（65∶4）　5. 陶灶（65∶2）

0.8 厘米（图一五五，4）。年代为汉代。

标本 65∶2　陶灶。泥质灰陶。灶面平整，斜直壁，喇叭口。灶面外侧饰一周刻划的菱形网格纹，内侧饰两道刻划的凹弦纹，内填菱形网格纹。残高 12、残宽 10.6、壁厚 1 厘米（图一五五，5）。年代为汉代。

66　江口乡鲍家庄遗址

遗址位于江口乡鲍家庄东北，分布于刘家石沟与西汉水形成的三角形台地内及台地东的山坡上，北至剂家石沟，南至山间便道南，东至帽天嘴西端的山嘴下，西面延伸到台地边缘鲍家庄东（见图一五四；彩版七〇）。有一山间便道穿过遗址。东西长约 200 米、南北宽约 100 米。发现有多处地层堆积和数处暴露的灰坑。采集有仰韶、龙山时代和周代陶片。

标本介绍如下：

标本 66∶9　罐口沿。夹砂红褐陶。敛口，斜沿，尖圆唇。领部贴一周戳印附加堆纹，以下饰细绳纹。残高 5.1、残宽 6、壁厚 0.5 厘米（图一五六，1）。年代为仰韶文化晚期。

标本 66∶14　罐口沿。夹砂红褐陶。口微敛，小平沿，尖圆唇。口沿表面饰两周凹弦纹，颈部素面。残高 2.8、残宽 2.8、壁厚 0.8 厘米（图一五六，2）。年代为仰韶文化晚期。

标本 66∶11　陶片。夹砂红褐陶。表面饰竖向绳纹。残高 4.5、残宽 6、壁厚 0.7 厘米（图一五六，3）。属齐家文化。

标本 66∶12　陶片。夹砂红褐陶。表面饰网眼状绳纹。残高 6、残宽 4.5、壁厚 1 厘米（图一五六，4）。属齐家文化。

标本 66∶7　罐腹。夹砂灰陶。折肩，斜腹。表面饰斜向细绳纹。残高 4.8、残宽 7.2、壁厚 1 厘米（图一五六，5）。年代为西周时期。

标本 66∶1　鬲足。夹砂灰陶。乳状足，实足根较高，足尖微外撇。表面饰零乱麻点纹。残高 8、足根高约 3、壁厚 1 厘米（图一五六，6）。年代为春秋时期。

标本 66∶6　盆残片。泥制灰褐陶。表面饰竖行间断细绳纹及浅细弦纹。残高 6.6、残宽 9.7、壁厚 0.6 厘米（图一五六，7）。年代为周代。

标本 66∶13　罐腹。夹砂灰褐陶。折肩，斜腹。表面饰斜形细绳纹。残高 4.5、残宽 7、壁厚 1 厘米（图一五六，8）。年代为周代。

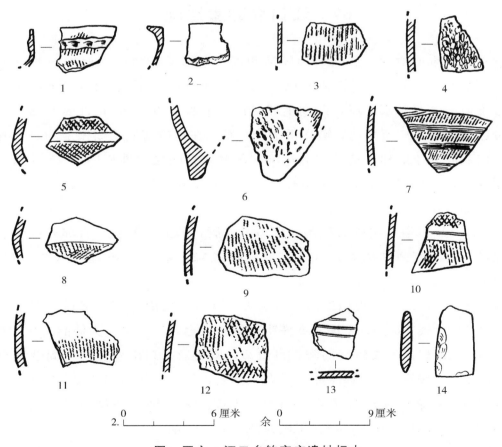

图一五六　江口乡鲍家庄遗址标本

1. 罐口沿（66∶9）　2. 罐口沿（66∶14）　3. 陶片（66∶11）　4. 陶片（66∶12）　5. 罐腹（66∶7）　6. 鬲足（66∶1）　7. 盆残片（66∶6）　8. 罐腹（66∶13）　9. 鬲腹（66∶5）　10. 陶片（66∶3）　11. 陶片（66∶8）　12. 陶片（66∶2）　13. 弦纹陶片（66∶10）　14. 石凿（66∶4）

标本66：5　鬲腹。夹砂灰陶。表面饰绳纹。残高6、残宽9、壁厚0.8厘米（图一五六，9）。年代为周代。

标本66：3　陶片。泥制灰陶。表面饰绳纹，绳纹间有抹光弦纹。残高6、残宽6、壁厚0.7厘米（图一五六，10）。年代为周代。

标本66：8　陶片。泥制灰褐陶。肩部以下饰细绳纹。残高5.7、残宽7.5、壁厚0.9厘米（图一五六，11）。年代为周代。

标本66：2　陶片。夹砂灰陶。表面饰绳纹。残高6.6、残宽7.5、壁厚0.8厘米（图一五六，12）。年代为周代。

标本66：10　弦纹陶片。夹砂灰褐陶。表面饰三周凹弦纹。残高5.1、残宽4.8、壁厚0.6厘米（图一五六，13）。年代为周代。

标本66：4　石凿。青灰石。表面打磨光滑平整，双面刃。残高7.2、残宽3.9、厚1.2厘米（图一五六，14）。年代不明。

67　江口乡彭崖遗址

遗址位于江口乡彭崖村，分布与洮坪河和西汉水形成的西汉水西岸向前突出的台地内，台地三面临水，一面靠山，向阳避风（见图一五四）。范围东到西汉水西岸，西到台地后的山坡下，南到西汉水北岸，北到洮坪河口，东西长约300、南北宽约250米。遗址北部大部分已被现代村庄所叠压，破坏得十分严重，在村庄四周的断崖上均发现有暴露的地层堆积、白灰面居住址和数量甚多的灰坑、墓葬，有些地段堆积厚达2～3米，白灰面居住址层层叠压，遗物非常丰富。采集有史前、寺洼文化和周代陶片，数量甚多。

标本介绍如下：

标本67：1　罐口沿。夹砂灰黑陶。侈口，方唇，斜肩，鼓腹。唇部有压印痕，肩部以下饰竖绳纹，肩部有两周抹痕。口径17.1、残高12、壁厚0.45厘米（图一五七，1）。年代为仰韶文化中期。

标本67：8　钵口沿。细泥质红陶。口微敛，圆唇。口沿上有一窄道黑彩，外饰黑彩圆点纹。残高2.2、残宽3.3、壁厚0.5厘米（图一五七，2）。年代为仰韶文化中期。

标本67：3　罐口沿。夹砂红褐陶。口微侈，圆尖唇。口沿外侧贴一周带戳印纹的附加堆纹。残高2.7、残宽7、壁厚1厘米（图一五七，3）。年代为仰韶文化晚期。

标本67：4　罐底。夹砂红褐陶。斜腹，平底。表面饰斜向细绳纹。底径9、残高4.5、壁厚0.6厘米（图一五七，4）。年代为仰韶文化晚期。

标本67：5　罐底。夹细砂红褐陶。直腹，平底。腹部饰竖向绳纹，底缘一周斜行绳纹。残高5.2、残宽5.6、壁厚1厘米（图一五七，5）。属齐家文化。

标本67：6　篮形豆残片。夹砂褐陶。口沿外附加泥条。素面，有抹光痕迹。残高6.2、残宽6.2、壁厚0.7厘米（图一五七，6）。属寺洼文化。

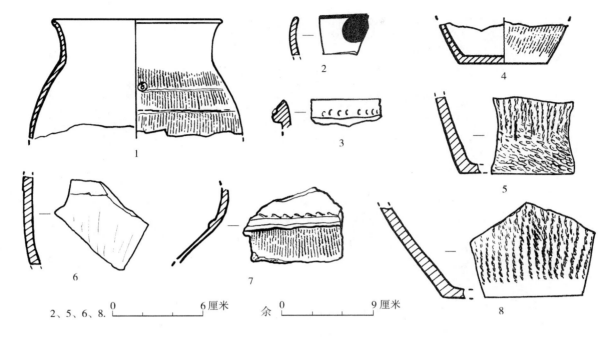

图一五七　江口乡彭崖遗址标本

1. 罐口沿（67：1）　2. 钵口沿（67：8）　3. 罐口沿（67：3）　4. 罐底（67：4）　5.
罐底（67：5）　6. 篮形豆残片（67：6）　7. 罐颈部残片（67：2）　8. 罐底（67：7）

2、5、6、8. <del>0</del>_____<del>6厘米</del>　余 <del>0</del>_____<del>9厘米</del>

标本 67：2　罐颈部残片。夹砂灰褐陶。侈口，束颈，斜腹。颈部饰附加堆纹，堆纹
的上、下侧各饰戳印纹，肩部饰浅细绳纹。残高 7.8、残宽 10、壁厚 0.8 厘米（图一五
七，7）。年代为周代。

标本 67：7　罐底。泥质灰陶。斜腹，平底。饰竖行细绳纹。残高 6.4、残宽 8.2、壁
厚 0.8 厘米（图一五七，8）。年代为周代。

68　江口乡王家台遗址

遗址位于江口乡王家台村，分布于碧玉河（碧玉沟）和西汉水形成的西汉水西岸向前
突出的第 2 级台地内，被现代村庄破坏得十分严重，遗址的大部分被现代村庄所叠压，范
围南至西汉水，往北一直延伸到白礼公路（白关至礼县）东侧，西至台地后山脚下，东至
西汉水西岸（图一五八；彩版七一）。东西长 150、南北宽 180 米。在村庄东南侧断崖上发
现有地层堆积、灰坑和墓葬。采集有仰韶文化晚期及汉代陶片。

标本介绍如下：

标本 68：1　罐口沿。泥制灰褐陶。敛口，方唇，溜肩，鼓腹斜收。肩部饰内填菱形
网格纹的双线凹弦纹，腹部饰凹弦纹及细绳纹。口径 8、残高 11.4、壁厚 0.8 厘米（图一
五九，1）。年代为汉代。

标本 68：2　罐残片。夹砂灰褐陶。表面饰附加堆纹及绳纹。残高 7.5、残宽 9、壁厚

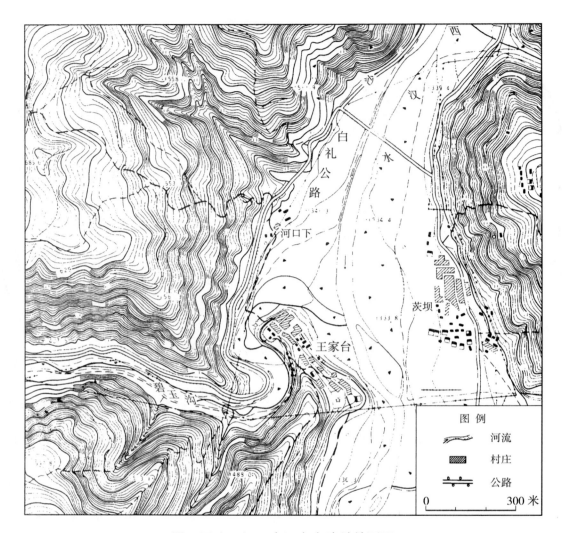

图一五八　江口乡王家台遗址地形图

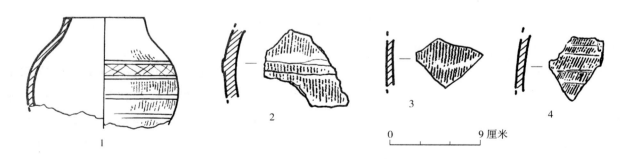

图一五九　江口乡王家台遗址标本

1. 罐口沿（68：1）　2. 罐残片（68：2）　3. 陶片（68：3）　4. 陶片（68：4）

1.5 厘米（图一五九，2）。年代为仰韶文化晚期。

　　标本 68：3　陶片。泥制红褐陶。表面饰竖线绳纹。残高 5、残宽 6.6、壁厚 0.6 厘米（图一五九，3）。年代为汉代。

标本 68：4　陶片。泥制红褐陶。表面饰浅细绳纹及凹弦纹。残高 6.3、残宽 5.3、壁厚 0.8 厘米（图一五九，4）。年代为汉代。

69　红河乡焦家沟遗址

位于红河乡焦家沟村西、红河（峁水河）东岸台地，地势平缓，面积约 4000 平方米，文化层厚约 1～2 米。暴露有灰层、灰坑等（图一六〇）。断崖上采集有史前及周代的陶片。

标本介绍如下：

标本 69：1　钵口沿。泥质褐陶。圆唇，敛口，鼓肩，下腹斜收。素面。口径 26.4、残高 5.7、壁厚 0.6 厘米（图一六一，1；图版一二，2）。年代为仰韶文化晚期。

标本 69：2　鬲足。夹砂灰陶。饰粗绳纹。残高 4、残宽 5.8、厚 1.2 厘米（图一六一，2）。年代为春秋。

标本 69：3　陶片。泥质灰陶。饰交错绳纹。残高 5、残宽 6、壁厚 0.8 厘米（图一六一，3）。年代为东周。

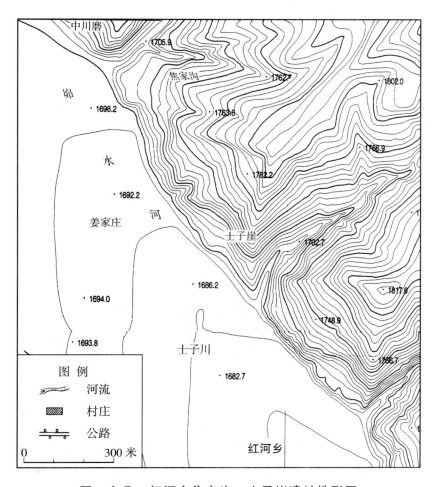

图一六〇　红河乡焦家沟、士子崖遗址地形图

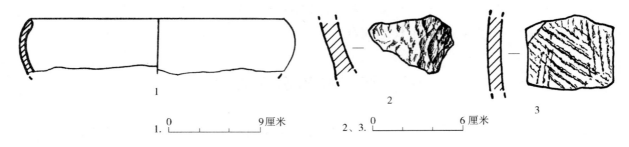

图一六一　红河乡焦家沟遗址标本

1. 钵口沿（69：1）　2. 鬲足（69：2）　3. 陶片（69：3）

70　红河乡士子崖遗址

遗址位于红河乡士子崖村南，分布在士子崖村南约 500 米的红河（峁水河）东岸台地上（见图一六〇）。遗址沿河岸分布，范围较小。因仅捡到少量陶片，尚未发现遗迹现象，故遗址范围无法确定。在地面采集到少量篮纹泥质红陶片、残石凿等，时代多为仰韶、齐家文化。

标本介绍如下：

标本 70：2　器耳。泥制橙黄陶。桥形耳。耳及腹部均饰细绳纹。残高 3.6、残宽 6、壁厚 0.6 厘米（图一六二，1）。年代为仰韶文化晚期。

标本 70：4　器耳。泥制橙黄陶。桥形耳。耳上饰绳纹，并经抹光。残高 7.5、残宽 5.4、壁厚 0.8 厘米（图一六二，2）。年代为仰韶文化晚期。

标本 70：1　器口沿。泥制橙黄陶。花边口沿，直口，方唇。颈部饰戳印纹。残高 4.5、残宽 6、壁厚 0.6 厘米（图一六二，3）。属齐家文化。

标本 70：3　石凿。青灰石。表面打磨光滑平整，长方形，两端残，单面刃。残长 5、残宽 6.3、厚 0.7 厘米（图一六二，4）。年代不明。

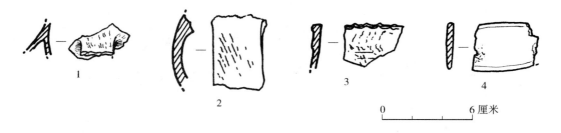

图一六二　红河乡士子崖遗址标本

1. 器耳（70：2）　2. 器耳（70：4）　3. 器口沿（70：1）　4. 石凿（70：3）

71 红河乡六八图遗址

位于红河流域的红河乡六八图村西北的黄土台地上、红河东北岸。遗址所处台地西北高、东南低，东、西两侧各有一天然沟壑，向北延伸是比较平坦的缓坡地带（图一六三；彩版七二）。红河由西北向东南在遗址前流过。遗址东西长约 400、南北宽约 800 米，面积约 32 万平米。在遗址区中发现多处暴露的灰层、灰坑和其他遗迹现象（彩版七三），灰层厚 0.5～2.5 米，内含丰富遗物，主要有鬲、罐等器物残片，多夹砂灰陶，饰粗细不同的绳纹。

标本介绍如下：

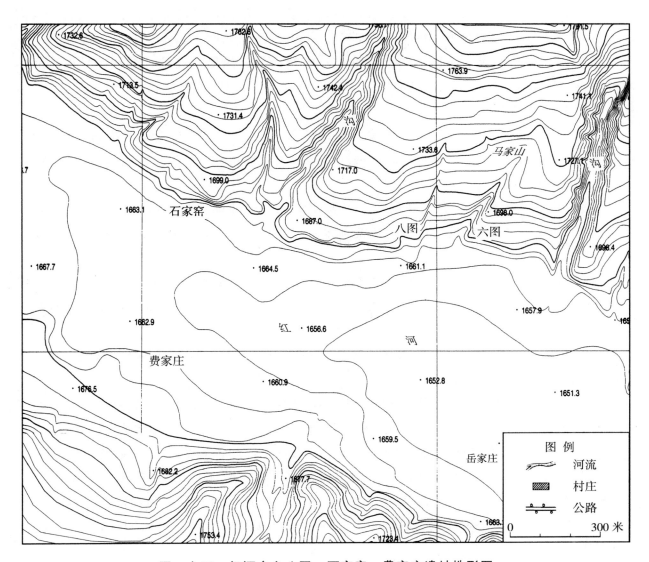

图一六三 红河乡六八图、石家窑、费家庄遗址地形图

标本 71：20　鬲足。夹砂红陶。弧裆，锥形足，足内侧微鼓突起。足部饰竖向细绳纹，裆部以上是平行绳纹。残高 5.5、实足根高 2 厘米（图一六四，1；图版二六，4）。年代为西周早期。

标本 71：21　鬲足。夹砂灰陶。锥形足，足内外侧有明显的凸棱，前后面扁平，实足根部分较矮。通体饰细绳纹。残高 6.8、实足根高 2.6 厘米（图一六四，2；图版二六，5）。年代为西周早期。

标本 71：25　鬲足。夹砂灰陶。尖锥足，联裆鬲足根。通体饰细绳纹。残高 3.6、实足根高 1.8 厘米（图一六四，3）。年代为西周早期。

标本 71：22　鬲口沿。夹细砂灰陶。宽折平沿。沿面饰两道凹弦纹。残高 4.5、残宽 7.8、壁厚 0.8 厘米（图一六四，4）。年代为西周晚期。

标本 71：23　鬲口沿。夹砂灰陶。硬折宽平沿。口沿内、外缘各有一道凹弦纹。残高 4、残宽 8.8、壁厚 0.8 厘米（图一六四，5）。年代为西周晚期。

标本 71：16　鬲足。夹砂灰陶。圆锥足，横截面呈三角形，高裆、柱状实足根。通体饰粗绳纹，上有烟炱的痕迹。残高 7.5、实足根高 3.3 厘米（图一六四，6；图版三〇，3）。年代为西周晚期。

标本 71：9　盆口沿。泥质红褐陶。侈口，窄平沿，沿上部有轮制的痕迹，矮直领，肩微鼓，斜腹。颈部以下饰通体斜向细绳纹。残高 9、残宽 9、壁厚 0.4 厘米（图一六四，7）。年代为西周时期。

标本 71：7　罐肩部。泥质浅灰陶。折肩，斜腹。肩部饰三条一组的凹弦纹两周，两周凹弦纹间填以刻划的复线三角纹。残高 4.5、残宽 7.2、壁厚 0.9 厘米（图一六四，8）。年代为西周时期。

标本 71：8　罐底。夹砂灰陶。腹部饰竖向绳纹，腹近底处附一周泥条，上压印有横绳纹，底部压交错绳纹。底径 12、残高 3.6、壁厚 0.8 厘米（图一六四，9）。年代为西周时期。

标本 71：12　陶片。夹粗砂灰陶。饰粗绳纹，附加堆纹一道。残高 8、残宽 5.4、壁厚 0.8、堆纹宽 2 厘米（图一六四，10）。年代为西周时期。

标本 71：14　盆口沿。泥质灰陶。口微侈，平沿，方唇，束颈，腹部微鼓。颈部以下饰竖向细绳纹。残高 6、残宽 8.7、壁厚 0.8 厘米（图一六四，11）。年代为春秋早期。

标本 71：6　喇叭口罐口沿。夹砂灰陶。大喇叭口，斜沿，尖圆唇，束颈。口沿下有少许绳纹。残高 6、残宽 10.5、壁厚 0.3~0.6 厘米（图一六四，12）。年代为春秋早期。

标本 71：15　鬲口沿。夹砂灰陶。敛口，斜沿，圆唇，矮直领，腹微鼓。颈部以下饰规整的斜行细绳纹。残高 4.2、残宽 7.5、壁厚 0.3~0.6 厘米（图一六四，13）。年代为春秋早期。

标本 71：11　鬲足。夹砂灰褐陶。圆锥形足，柱状实足根。足内裆部连接处有加固泥条，并有木条挤压的痕迹。通体饰麻点式粗绳纹。残高 6、实足根高 3 厘米（图一六四，

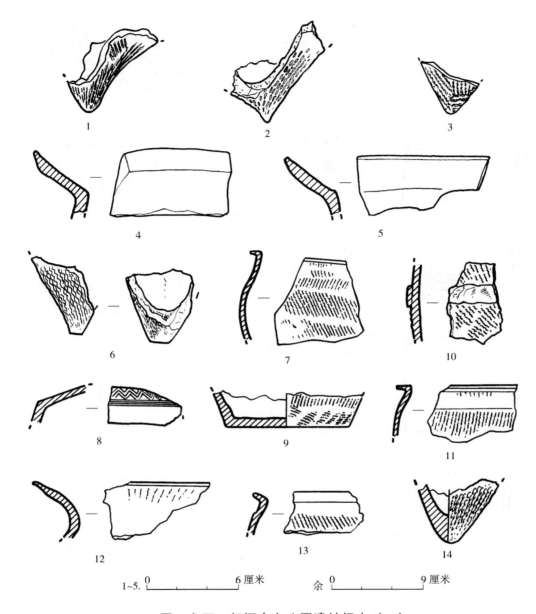

图一六四　红河乡六八图遗址标本（一）

1. 鬲足（71∶20）　2. 鬲足（71∶21）　3. 鬲足（71∶25）　4. 鬲口沿（71∶22）　5. 鬲口沿（71∶23）
6. 鬲足（71∶16）　7. 盆口沿（71∶9）　8. 罐肩部（71∶7）　9. 罐底（71∶8）　10. 陶片（71∶12）
11. 盆口沿（71∶14）　12. 喇叭口罐口沿（71∶6）　13. 鬲口沿（71∶15）　14. 鬲足（71∶11）

14；图版三〇，2）。年代为春秋早期。

　　标本 71∶13　鬲口沿。夹粗砂灰陶。侈口，平沿，方唇，束颈，圆肩。腹部饰交错绳纹，粗而深，唇中饰一道凹弦纹。残高 5.4、残宽 8.4、壁厚 0.8 厘米（图一六五，1）。年代为春秋中期。

　　标本 71∶17　鬲足。夹砂红褐陶。乳状足，足内侧微鼓，横截呈三角形，柱状形实足根。通体饰粗绳纹。残高 5、实足根高 3 厘米（图一六五，2）。年代为春秋晚期。

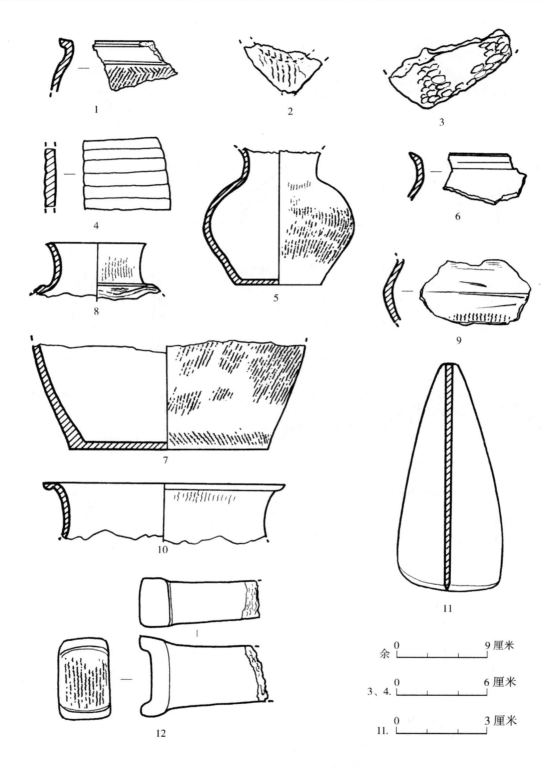

图一六五　红河乡六八图遗址标本（二）

1. 鬲口沿（71：13）　12. 鬲足（71：17）　13. 鬲足（71：19）　4. 喇叭口罐颈部（71：24）
5. 罐（71：1）　6. 罐口沿（71：10）　7. 罐底（71：3）　8. 罐口沿（71：4）　9. 罐肩部
（71：2）　10. 盆口沿（71：5）　11. 铲骨（71：18）　12. 制陶工具（71：26）

　　标本 71：19　鬲足。夹砂灰褐陶。乳状足，足部容积较大，矮裆，乳状实足根。通体饰麻点式粗绳纹。残高 5.5、实足根高 2.5（图一六五，3）。年代为战国中期。

　　标本 71：24　喇叭口罐颈部。泥质青灰陶。颈部饰六道凹弦纹。残高 5、残宽 5.8、壁厚 0.6 厘米（图一六五，4）。年代为战国中期。

　　标本 71：1　罐。口部残，夹砂灰陶。束颈，鼓腹，平底。腹部饰竖向绳纹又抹平。底径 8.6、残高 13.8、壁厚 0.4 厘米（图一六五，5；图版三二，3）。年代为战国时期。

　　标本 71：10　罐口沿。泥质青灰陶。侈口，卷沿，尖唇。颈部饰两道凹弦纹。残高 5、残宽 7.8、壁厚 0.6 厘米（图一六五，6）。年代为战国时期。

　　标本 71：3　罐底。夹粗砂灰陶。圆腹，平底。外腹饰绳纹。底径 19.8、残高 11、壁厚 0.8 厘米（图一六五，7）。年代在战国至汉代之间。

　　标本 71：4　罐口沿。泥质灰陶。直口，窄平沿，鼓肩。肩部饰绳纹。口径 10、残高 6、壁厚 0.7 厘米（图一六五，8）。年代在战国至汉代之间。

　　标本 71：2　罐肩部。泥质灰陶。口颈残，折肩。下腹部饰绳纹，折肩处饰两道凹弦纹。残高 6.3、残宽 10.5、壁厚 0.9 厘米（图一六五，9）。年代为周代。

　　标本 71：5　盆口沿。泥质青灰陶。侈口，平沿，方唇。颈部饰少许绳纹，后经抹光。口径 24、残高 6.3、壁厚 0.6 厘米（图一六五，10）。时代属于汉代。

　　标本 71：18　骨铲。橘红色。呈圭形，两边略弧内收，双面刃，刃部较短，横截面呈长方形。高 7.8、最宽 3.4 厘米（图一六五，11）。时代不明。

　　标本 71：26　制陶工具（？）。夹砂红褐陶。方柄，上端内凹如斗拱。顶端有绳纹。高 8.5、宽 13、厚 4.2 厘米（图一六五，12）。时代不明。

72　红河乡石家窑遗址

　　遗址位于六八图村的西边、石家窑村后的台地上，与六八图遗址隔一条小冲沟相望（见图一六三；彩版七四）。断崖和地表可采集到少量周代绳纹陶片和史前时期的陶片。在此还捡到了一些汉代的陶罐残片、口沿等，主要为遗址西北部被盗墓葬中出土。

　　标本介绍如下：

　　标本 72：3　罐口沿。夹砂橙红陶。侈口，圆唇。口内有一道凹弦纹，外有一凸棱，颈下部残留少许绳纹。口径 28.5、残高 4.2、壁厚 0.6 厘米（图一六六，1）。年代为仰韶文化中期。

　　标本 72：2　罐口沿。泥质灰陶。口沿稍向外卷，方唇，唇中间内凹。颈部抹光，颈以下饰竖行细绳纹，间以细凹弦纹。残高 5、残宽 7.8、壁厚 0.6 厘米（图一六六，2）。年代为汉代。

　　标本 72：4　罐下腹。夹砂黑灰陶。微鼓腹，下腹内收，平底。底部素面，泥条盘筑痕迹明显。饰交错绳纹，绳纹较细，间以抹痕状弦纹。残高 13.2、残宽 9.6、壁厚 0.8 厘

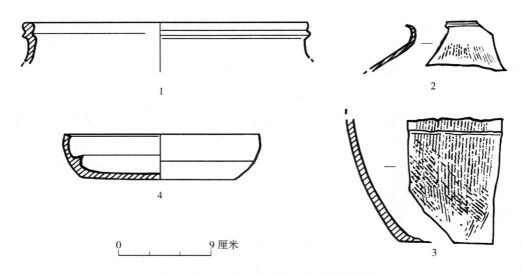

图一六六　红河乡石家窑遗址标本

1. 罐口沿（72：3）　2. 罐口沿（72：2）　3. 罐下腹（72：4）　4. 盘（72：1）

米（图一六六，3）。年代为汉代。

标本72：1　盘。夹砂青灰陶。侈口，尖唇。素面，内外均有抹痕，盘内靠近底部有一周凸棱。口径19.5、底径15、高4.5、壁厚0.5～1.3厘米（图一六六，4）。年代为汉代。

73　红河乡费家庄遗址

位于费家庄西南侧的台地上，捡到了许多灰陶片。其中有西周及春秋时期的遗物。该台地隔红河与六八图遗址相望，位于红河与北侧的下寺河交汇处（见图一六三；彩版七五）。现为耕地，地里面发现有不少的卵石，因地势较低，可能曾受到河流冲刷。

标本介绍如下：

标本73：1　鬲口沿。夹砂灰陶。侈口，平沿，沿圆折，圆唇。饰竖向中绳纹。残高6、残宽10.4、壁厚1厘米（图一六七，1）。年代为西周中期。

标本73：12　鬲口沿。夹砂灰陶。直口，折平沿，尖唇。沿内、外缘各有一道凹弦纹。饰竖向绳纹。残高5.4、残宽5、壁厚0.6厘米（图一六七，2）。年代为西周晚期。

标本73：8　盆口沿。泥质灰陶。直口，宽折平沿。饰绳纹，沿下有绳纹残迹。残高9.6、残宽7.4、壁厚0.6～1厘米（图一六七，3）。年代为西周时期。

标本73：9　盆口沿。泥质灰陶。侈口，宽平沿圆折，方唇。颈以下饰细绳纹。残高7、残宽6、壁厚0.9厘米（图一六七，4）。年代为西周时期。

标本73：3　盆（或簋）口沿。泥质青灰陶。口微侈，平沿，圆唇。器壁外有轮制痕迹。残高6.8、残宽15.3、壁厚0.6厘米（图一六七，5）。年代为西周时期。

标本73：2　三足瓮口部。夹砂青灰陶。敛口，平沿，厚唇。饰少许绳纹。残高4、

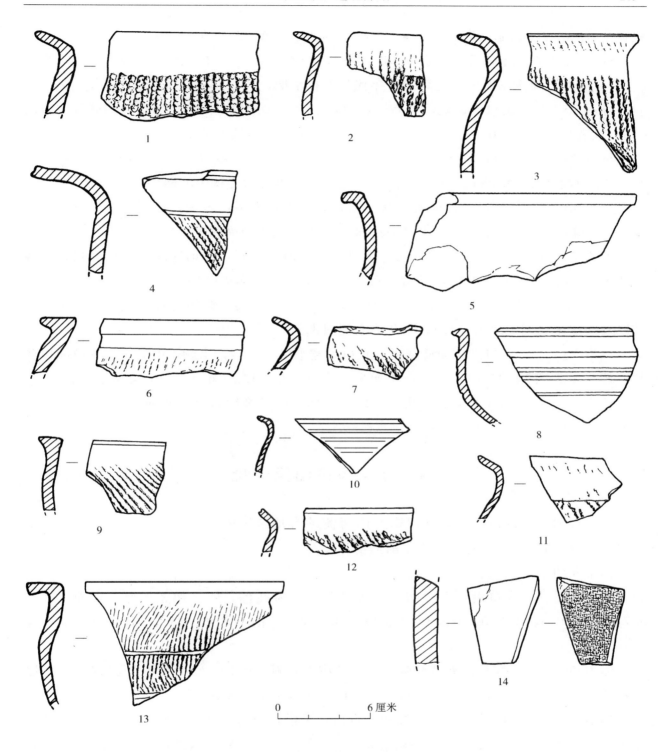

图一六七 红河乡费家庄遗址标本

1. 鬲口沿（73：1） 2. 鬲口沿（73：12） 3. 盆口沿（73：8） 4. 盆口沿（73：9） 5. 盆（或篮）口沿（73：3） 6. 三足瓮口部（73：2） 7. 鬲口沿（73：7） 8. 盆口沿（73：11） 9. 鬲口沿（73：13） 10. 盆口沿（73：6） 11. 盆口沿（73：4） 12. 鬲口沿（73：5） 13. 盆口沿（73：10） 14. 瓦残块（73：14）

残宽 9.6、壁厚 1 厘米（图一六七，6）。年代为西周时期。

标本 73：7　鬲口沿。夹砂灰陶。侈口，平沿，圆唇。饰粗绳纹。残高 3.8、残宽 6.2、壁厚 0.6 厘米（图一六七，7）。年代为春秋早期。

标本 73：11　盆口沿。泥质灰陶。敛口，卷沿，尖圆唇，曲腹。饰凸、凹弦纹。残高 6.6、残宽 9.5、壁厚 0.6 厘米（图一六七，8）。年代为春秋中晚期。

标本 73：13　鬲口沿。夹砂灰陶。直口，平沿，尖唇，鼓肩。口沿下饰斜行绳纹。残高 5.2、残宽 5.2、壁厚 0.8 厘米（图一六七，9）。年代为春秋中晚期。

标本 73：6　盆口沿。泥质青灰陶。直口，平沿，圆唇，短颈。外饰数道凹弦纹。残高 3.8、残宽 7.5、壁厚 0.4 厘米（图一六七，10）。年代为春秋时期。

标本 73：4　盆口沿。泥质灰陶。侈口，折平沿，圆唇。外饰绳纹，有抹光痕迹。残高 4.6、残宽 6、壁厚 0.6 厘米（图一六七，11）。年代为东周时期。

标本 73：5　鬲口沿。夹砂灰陶。侈口，平沿，斜方唇。饰粗绳纹。残高 3、残宽 7、壁厚 0.5 厘米（图一六七，12）。年代为东周时期。

标本 73：10　盆口沿。泥质灰陶。直口，宽平沿，方唇，束颈，鼓肩。饰绳纹间以弦纹。残高 8.5、残宽 13、壁厚 0.6～1 厘米（图一六七，13）。年代为战国至汉代之间。

标本 73：14　瓦残块。泥质灰陶。外表素面，内壁饰麻布纹。残高 6、残宽 4.6、厚 1.6 厘米（图一六七，14）。年代为汉代。

74　红河乡黑山梁遗址

位于红河乡石沟村西北、红河水库西南侧的台地"黑山梁"上（图一六八；彩版七六），在此捡到了一些红陶片，为史前遗物。

标本介绍如下：

标本 74：2　罐口沿。夹砂陶，外灰黑色，内为红色。外沿加宽加厚。素面。残高 5.7、残宽 10.5、壁厚 0.8～2.3、外沿宽约 4.4 厘米（图一六九，1）。年代为仰韶文化晚期。

标本 74：3　罐残片。夹砂红陶。饰两道波浪状附加堆纹。残高 4.8、残宽 6.7、壁厚 0.4～0.9 厘米（图一六九，2；图版一八，1）。属常山下层文化。

标本 74：1　罐口沿。夹砂橙红陶。直口，平沿，方唇。外饰三道浅附加堆纹，堆纹上压印有竖向绳纹。口径 32.7、残高 7.5、壁厚 1 厘米（图一六九，3；图版一五，2）。属常山下层文化。

75　红河乡黑山梁墓群

位于红河乡石沟村西北、红河水库西南侧黑山梁的山顶处（见图一六八）。在此地发

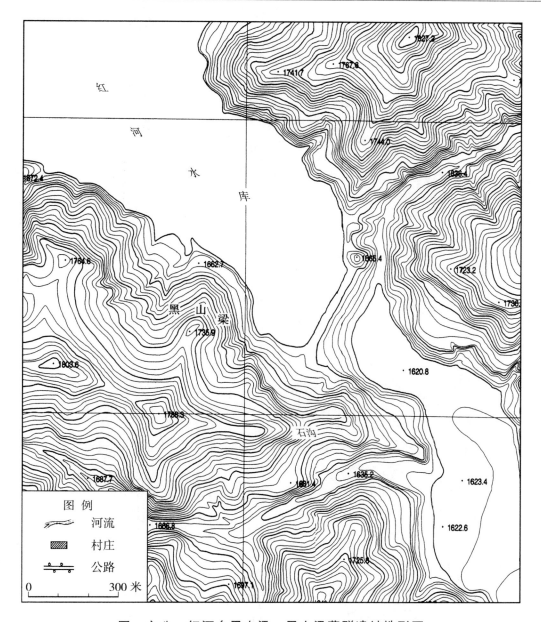

图一六八　红河乡黑山梁、黑山梁墓群遗址地形图

现了被盗掘的汉墓群，砖块、陶片等随处可见。

标本介绍如下：

标本 75：2　罐腹。泥质灰褐陶。斜腹。饰交错细绳纹和刮印凹弦纹。残高 9.6、残宽 9.8、壁厚 0.7 厘米（图一七〇，1）。年代为汉代。

标本 75：3　罐肩。泥质灰黑陶。饰细绳纹、凹弦纹和水波纹。残高 6.4、残宽 5.6、壁厚 0.5 厘米（图一七〇，2）。年代为汉代。

标本 75：4　罐腹。夹砂陶，土红色。饰竖向细绳纹。残高 11.2、残宽 6、壁厚 0.8 厘米（图一七〇，3）。年代为汉代。

标本 75：1　钵。泥质灰褐陶。敛口，方唇，鼓肩，斜腹，颈、肩部有慢轮修整的痕

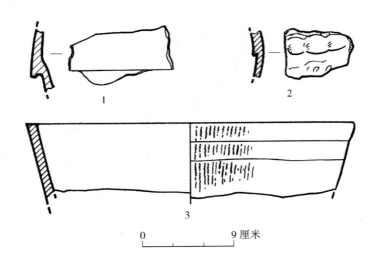

图一六九　红河乡黑山梁遗址标本

1. 罐口沿（74∶2）　2. 罐残片（74∶3）　3. 罐口沿（74∶1）

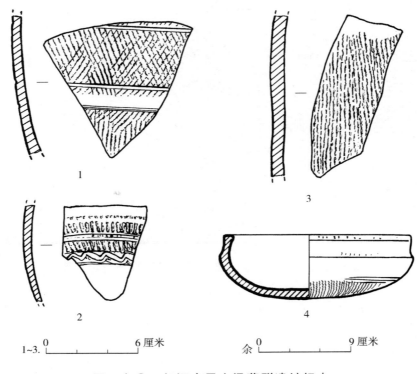

图一七〇　红河乡黑山梁墓群遗址标本

1. 罐腹（75∶2）　2. 罐肩（75∶3）

3. 罐腹（75∶4）　4. 钵（75∶1）

迹。腹部饰斜行细绳纹。口径 18.7、最大腹径 19.5、残高 6.3、壁厚 0.75 厘米（图一七〇，4）。年代为汉代。

76　草坝乡花儿山遗址

位于红河东岸石嘴村东侧（彩版七七），是由塬上突出来的一个半圆形台地（图一七一）。花儿山遗址是一处大型的仰韶文化遗址，面积超过 4 万平方米（200×200 米），遗址上随处可见红陶片，断崖上暴露出厚 1.5～2.5 米的灰层及多处灰坑，堆积最厚处可达 4 米以上（彩版七八），遗址性质较为单纯。南部较低台地上有汉墓群。

标本介绍如下：

标本 76：3　盆口沿。泥质红陶。微敛口，圆唇，圆弧腹，平底。饰交错刻划纹。高 8.7、残宽 7.5、壁厚 0.5～1 厘米（图一七二，1）。年代为仰韶文化晚期。

标本 76：2　罐口沿。泥质陶，黄色。敛口，平折沿，圆唇，鼓腹，器表磨光。素面。口径 34、残高 8.7、壁厚 0.4～0.6 厘米（图一七二，2）。年代为仰韶文化晚期。

标本 76：4　罐口沿。夹砂灰褐陶。敛口，斜折平沿，圆唇，束颈。肩部饰附加堆纹。残高 6.6、残宽 10.8、壁厚 0.8 厘米（图一七二，3）。年代为仰韶文化晚期。

标本 76：5　罐口沿。夹砂红陶。花边口沿。唇及口沿外侧饰凹弦纹。残高 5.1、残宽 7.5、壁厚 1.2 厘米（图一七二，4）。年代为仰韶文化晚期。

标本 76：6　罐口沿。夹砂红褐陶。敛口，平沿，方唇较厚。唇下饰一道凹弦纹，余为素面。残高 3.6、残宽 10、壁厚 1 厘米（图一七二，5）。年代为仰韶文化晚期。

标本 76：7　器底。夹砂红陶。下腹内收，平底。腹部饰斜绳纹。底径 13.8、残高 5.7、壁厚 0.7～1、底厚 1.1 厘米（图一七二，6）。年代为仰韶文化晚期。

标本 76：15　陶片。泥质红陶。饰附加堆纹及刻划纹。残高 7.5、残宽 10.6、壁厚 0.7 厘米（图一七二，7）。年代为仰韶文化晚期。

标本 76：1　陶片。夹粗红褐陶。饰扁平堆纹及绳纹。残高 10、残宽 15、壁厚 1 厘米（图一七二，8）。年代为仰韶文化晚期。

标本 76：10　罐口沿。泥质红陶。微侈口，圆唇，高领。素面。残高 7、残宽 8.7、壁厚 0.5 厘米（图一七二，9）。属齐家文化。

标本 76：9　罐口沿。泥质橙黄陶。侈口，圆唇，束颈，鼓腹。花边口沿，颈及腹部饰绳纹，颈部有抹光的痕迹。残高 7.8、残宽 8.1、壁厚 0.5～0.9 厘米（图一七二，10；图版二〇，1）。属齐家文化。

标本 76：8　罐口沿。夹细砂红陶。敞口，斜折沿，圆唇，鼓腹。花边口沿，腹部饰绳纹。口径 11.7、残高 7.5、壁厚 0.8 厘米（图一七二，11；图版一九，3）。属齐家文化。

标本 76：12　罐口沿。夹细砂黄褐陶。侈口。颈部以下饰绳纹。残高 4.8、残宽 6、壁厚 0.4 厘米（图一七二，12）。属齐家文化。

标本 76：14　高领罐口沿。泥质红陶。口微侈，圆唇，直颈。素面。残高 6.6、宽 7.3、壁厚 0.5 厘米（图一七二，13）。属齐家文化。

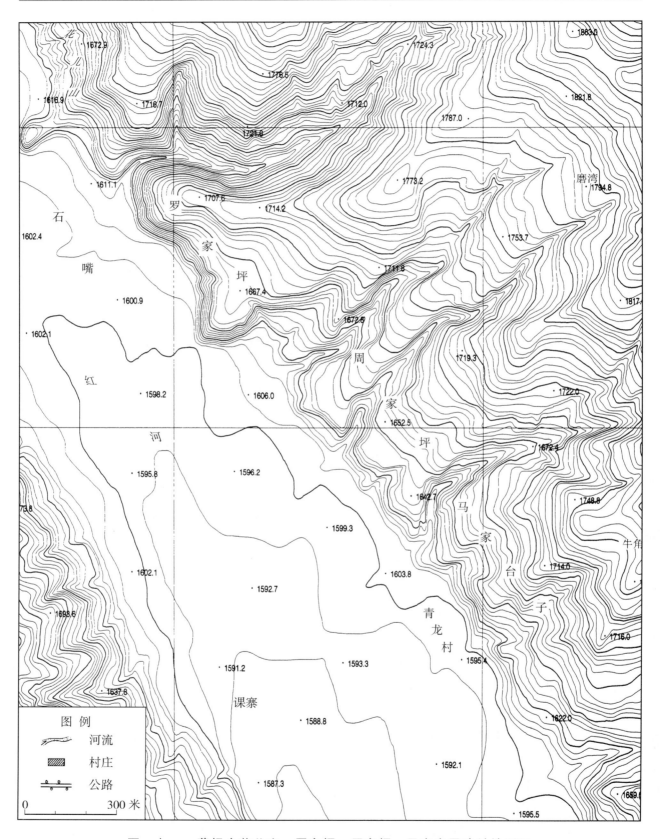

花
儿
山
·1672.9
·1616.9
·1718.7
石
嘴
1602.4
·1611.1
罗
·1707.6
家
坪
·1714.2
·1667.4
·1600.9
·1602.1
红
·1598.2
·1606.0
河
·1595.8
·1596.2
73.8
·1602.1
·1598.6
·1592.7
课寨
·1591.2
·1537.8
·1588.8
·1587.3
·1672.9
·1778.6
·1724.3
·1863.0
·1712.0
·1821.8
·1787.0
17xx.x
·1773.2
磨湾
·1794.8
·1753.7
·1711.8
·1817
·1672.6
周
·1719.3
家
·1652.5
坪
·1672.1
·1722.0
·1642.7
马
·1599.3
家
·1748.8
·1603.8
台
牛角
·1714.0
子
·1715.0
青
龙
·1595.4
村
·1593.3
·1622.0
·1592.1
·1595.5
·1659.

图　例

〰〰〰　河流

▨　村庄

▭▭▭　公路

0　　　　　300 米

图一七一　草坝乡花儿山、罗家坪、周家坪、马家台子遗址地形图

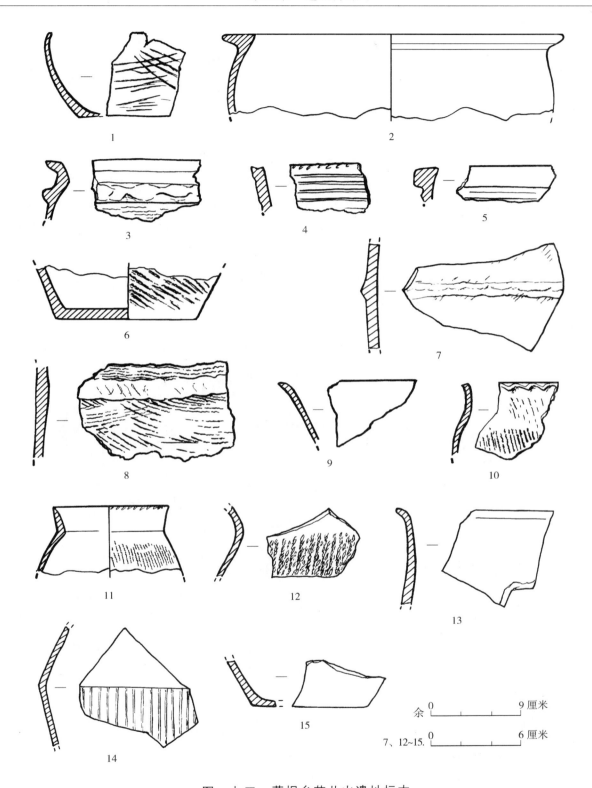

图一七二 草坝乡花儿山遗址标本

1. 盆口沿（76：3） 2. 罐口沿（76：2） 3. 罐口沿（76：4） 4. 罐口沿（76：5） 5. 罐口沿（76：6） 6. 器底（76：7） 7. 陶片（76：15） 8. 陶片（76：1） 9. 罐口沿（76：10） 10. 罐口沿（76：9） 11. 罐口沿（76：8） 12. 罐口沿（76：12） 13. 高领罐口沿（76：14） 14. 罐肩（76：11） 15. 罐底（76：13）

标本 76：11　罐肩。细泥质红陶。折肩。肩部素面，腹部饰竖向平行篮纹。残高 8、残宽 8、壁厚 0.4 厘米（图一七二，14；图版二〇，3）。属齐家文化。

标本 76：13　罐底。夹细砂红陶。平底小罐。素面。残高 3、残宽 6.2、壁厚 0.6 厘米（图一七二，15）。属齐家文化。

77　草坝乡罗家坪遗址

遗址位于石嘴村东南侧（彩版七九），坪上到处可见被盗掘的墓葬，均为土坑墓（见图一七一）。出土的陶片有器耳、豆柄残片等，应为一处寺洼墓地遗址。遗址东西长约 200、南北宽约 100 米，面积约为 2 万平方米。罗家坪与花儿山之间的低缓台地上，分布着许多被盗掘的汉代墓葬，多为砖室墓，墓砖随处可见，除了灰陶片外，还分布有红陶片。这儿应是一处汉代墓葬群。

标本介绍如下：

标本 77：7　陶片。泥质陶，橙红色。饰平行绳纹，绳纹上附加一道堆纹。残高 7.5、残宽 6.6、壁厚 0.7 厘米（图一七三，1）。年代为仰韶文化晚期。

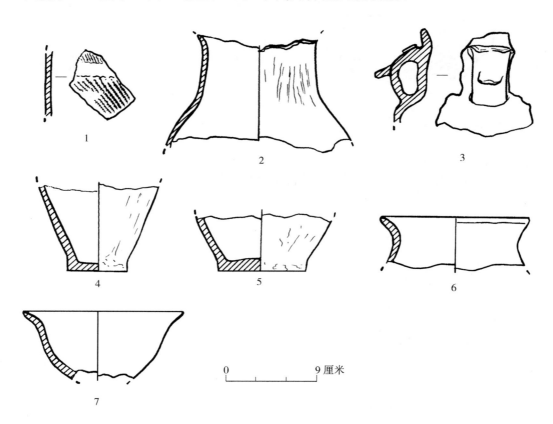

图一七三　草坝乡罗家坪遗址标本
1. 陶片（77：7）　2. 罐（77：2）　3. 双耳罐耳部（77：3）　4. 罐底（77：4）　5. 罐底（77：6）　6. 簋形豆口沿（77：1）　7. 簋形豆口沿（77：5）

标本 77：2 罐。残。泥质红褐陶，色彩不均。侈口，尖唇，高领，颈部有刮削痕迹。素面。残高 12、最宽处 18.3、壁厚 0.3～0.7 厘米（图一七三，2）。属寺洼文化。

标本 77：3 双耳罐耳部。夹细砂黄褐陶，色彩不均。侈口，尖唇，桥形耳，耳上有三个钉状突起，其中靠上两个残，中间一个完整。素面。残高 10.8、残宽 9.6、壁厚 0.3～0.9、耳长 6.4、耳宽 3.9 厘米（图一七三，3）。属寺洼文化。

标本 77：4 罐底。夹砂陶，外橙红色，内黑色。泥条盘筑。斜腹，平底。素面。底径 6、残高 9、壁厚 0.8 厘米（图一七三，4）。属寺洼文化。

标本 77：6 罐底。夹细砂陶，表面红褐、黑色，色彩斑驳不均，内橙黄色。斜腹，平底，腹底结合处有泥条加固痕迹。腹素面，外底饰平行细绳纹。底径 9、残高 5.7、壁厚 0.8～1、底厚 1～1.8 厘米（图一七三，5）。属寺洼文化。

标本 77：1 簋形豆口沿。泥质红褐陶，色彩不均。侈口，圆唇，束颈。素面，表面磨光。口径 15、残高 5.5、壁厚 0.9～1.1 厘米（图一七三，6）。属寺洼文化。

标本 77：5 簋形豆口沿。泥质红褐陶，色彩不均。侈口，方唇，斜腹。素面，器表磨光。口径 16.3、残高 7.3、壁厚 0.9 厘米（图一七三，7）。属寺洼文化。

78 草坝乡周家坪遗址

周家坪遗址位于柯寨村东北，北边隔条冲沟为罗家坪（见图一七一；彩版八〇）。在此捡到的陶片多为周代，西周时期的少，东周的多一点，可能还有齐家文化的遗存。上述三处遗址从北向南依次排列，中间仅以冲沟相隔。冲沟中都有细小的山泉，这是存在遗址的必要条件。

标本介绍如下：

标本 78：4 罐耳。泥质红陶。耳上有竖向泥条。饰斜向细绳纹。残高 4.4、耳宽 3、壁厚 0.5 厘米（图一七四，1）。属齐家文化。

标本 78：5 陶片。泥质红陶。饰平行凹弦纹和锥刺纹。残高 4、残宽 8、壁厚 0.3 厘米（图一七四，2）。属齐家文化。

标本 78：2 鬲足。夹砂红褐陶。高领袋足鬲鬲足。扁柱状实足根。上端饰绳纹、足端抹光。残高 5.7、壁厚 0.6、实足根高 4.5 厘米（图一七四，3；图版二一，6）。属商代刘家文化。

标本 78：6 瓿腰。夹砂灰陶。饰中绳纹。残高 6、残宽 8.8、壁厚 1 厘米（图一七四，4）。年代为西周时期。

标本 78：1 罐腹。夹砂灰陶。肩部素面，腹部饰交叉绳纹。残高 10、残宽 12、壁厚 0.6 厘米（图一七四，5）。年代为周代。

标本 78：3 罐口沿。夹粗砂灰褐陶，陶色不均。侈口，圆唇，口沿外侧用宽泥条加厚。素面。残高 10.2、残宽 9、壁厚 0.8～1.5、泥条宽约 2.2 厘米（图一七四，6）。属寺

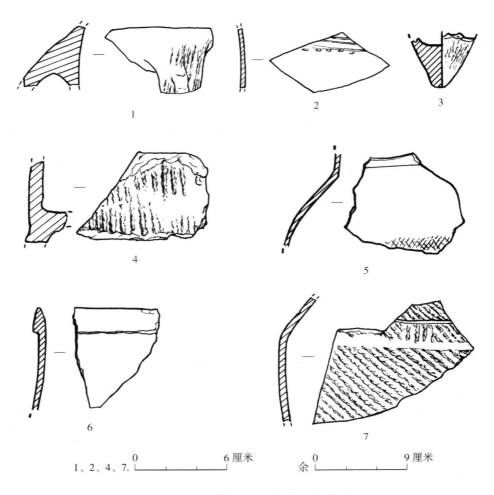

图一七四　草坝乡周家坪遗址标本

1. 罐耳（78：4）　2. 陶片（78：5）　3. 鬲足（78：2）　4. 甗腰（78
：6）　5. 罐腹（78：1）　6. 罐口沿（78：3）　7. 罐肩（78：7）

洼文化。

标本 78：7　罐肩。泥质灰陶。折肩。饰斜向绳纹，中间有两道抹光弦纹。残高 8、残宽 10、壁厚 0.4 厘米（图一七四，7）。年代在战国至汉代之间。

79　草坝乡唐河口遗址

位于草坝乡唐河口（唐家河口）村西、红河西岸与唐河交汇处的第 2 级台地上（图一七五）。断崖上暴露有较多的灰坑和灰层，地表和断崖上可采集到仰韶文化不同阶段的钵、盆、罐、尖底瓶等陶器残片，另有少量齐家、寺洼文化的陶片。

标本介绍如下：

标本 79：20　尖底瓶口沿。浅红色泥质陶。葫芦形口。素面。残高 9、残宽 8.7、壁

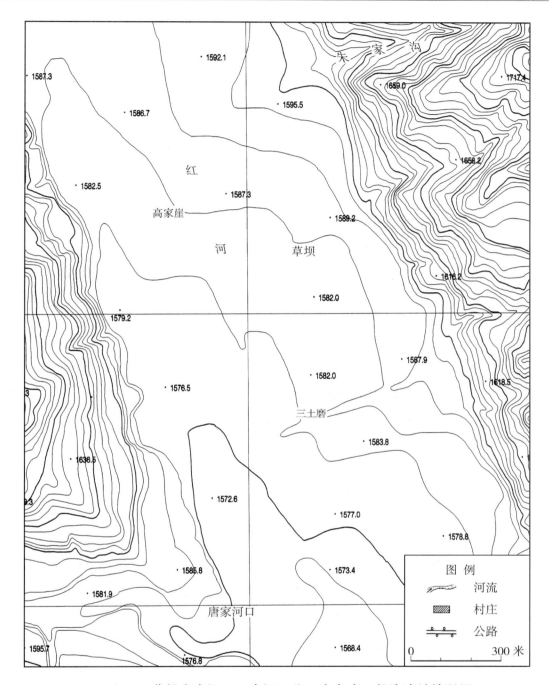

图一七五 草坝乡唐河口、唐河口北、朱家沟、杨湾遗址地形图

厚0.6~1.2厘米（图一七六，1；图版一，4）。年代为仰韶文化早期。

标本79：4 盆口沿。泥质陶，红底褐彩。口微侈，斜折沿，尖唇。腹部饰褐色三角形鱼纹。残高6.4、残宽10.5、壁厚0.4~0.9厘米（图一七六，2；图版一，6）。年代为仰韶文化早期。

标本79：3 盆口沿。夹粗砂红陶。直口，圆唇，束颈。腹部饰竖绳纹。残高7.8、残宽9、壁厚0.5~0.9厘米（图一七六，3）。年代为仰韶文化早期。

标本 79：21　盆口沿。泥质红陶。口较直，尖唇。口沿外壁饰黑色宽带纹。残高 4.8、残宽 7.1、壁厚 0.5 厘米（图一七六，4）。年代为仰韶文化早期。

标本 79：2　罐口沿。夹砂橙红陶。平折沿，尖唇，沿上有凸棱。口沿以下饰紧密的平行凹弦纹。口径 25.5、残高 6.9、壁厚 0.6 厘米（图一七六，5；图版三，2）。年代为仰韶文化早期。

标本 79：1　罐口沿。夹砂橙黄陶。侈口，斜沿，铁轨状唇，鼓腹，束颈，沿下有轮修痕迹。颈下饰斜向刻划绳纹。口径 30、残高 6.3、壁厚 0.9 厘米（图一七六，6）。年代为仰韶文化早期。

标本 79：5　罐腹。泥质陶，红底黑彩。腹较直，表面磨光。饰弧线三角纹。残高 12.6、残宽 6.9、壁厚 1 厘米（图一七六，7）。年代为仰韶文化早期。

标本 79：6　器底。夹细砂橙黄陶。斜腹，小平底，底边有折棱。素面。残高 4、底径 5.1、壁厚 0.5 厘米（图一七六，8；图版三，8）。年代为仰韶文化早期。

标本 79：24　尖底瓶口沿。泥质红陶。双唇口。素面。残高 4、残宽 5.2、壁厚 0.7 厘米（图一七六，9；图版四，6）。年代为仰韶文化中期。

标本 79：22　盆口沿。泥质陶，红底黑彩。圆唇，宽折沿，中间略鼓。沿及腹部均饰黑色条带纹。残高 3、残宽 6.2、壁厚 0.6 厘米（图一七六，10；图版六，1）。年代为仰韶文化中期。

标本 79：23　钵口沿。泥质红陶。敛口，尖圆唇，微鼓腹。素面。残高 4.6、残宽 7、壁厚 0.5～0.7 厘米（图一七六，11；图版七，4）。年代为仰韶文化中期。

标本 79：12　尖底瓶口沿。泥质红陶。平折沿，尖圆唇，高领，沿中部微凹。素面，外施白色陶衣。口径 11、残高 7.2、壁厚 0.7 厘米（图一七六，12；图版八，5）。年代为仰韶文化晚期。

标本 79：14　尖底瓶口沿。泥质红陶。侈口，宽平沿，圆唇。素面，外有乳白色陶衣。残高 7.6、残宽 4、壁厚 0.6～0.8 厘米（图一七六，13；图版八，6）。年代为仰韶文化晚期。

标本 79：19　盆口沿。泥质红陶。侈口，宽平沿，尖圆唇，束颈。素面。残高 4、残宽 8、壁厚 0.6 厘米（图一七六，14）。年代为仰韶文化晚期。

标本 79：13　罐残片。泥质红陶。饰波浪状附加堆纹。残高 7.6、残宽 9.8、堆纹宽约 1.5 厘米（图一七七，1）。年代为仰韶文化晚期。

标本 79：17　罐口沿。泥质红褐陶。斜折平沿，圆唇。颈下饰粗绳纹。残高 4.8、残宽 6.6、壁厚 0.6～0.8 厘米（图一七七，2）。年代为仰韶文化晚期。

标本 79：11　罐口沿。夹粗砂灰陶。敛口，斜折沿，圆唇。颈以下饰绳纹和附加堆纹，沿上有一道凹弦纹。残高 5、残宽 9、壁厚 0.7～1.3 厘米（图一七七，3；图版一一，2）。年代为仰韶文化晚期。

标本 79：9　钵口沿。泥质红陶。敛口，圆唇。素面。口径 14、残高 4、壁厚 0.5 厘

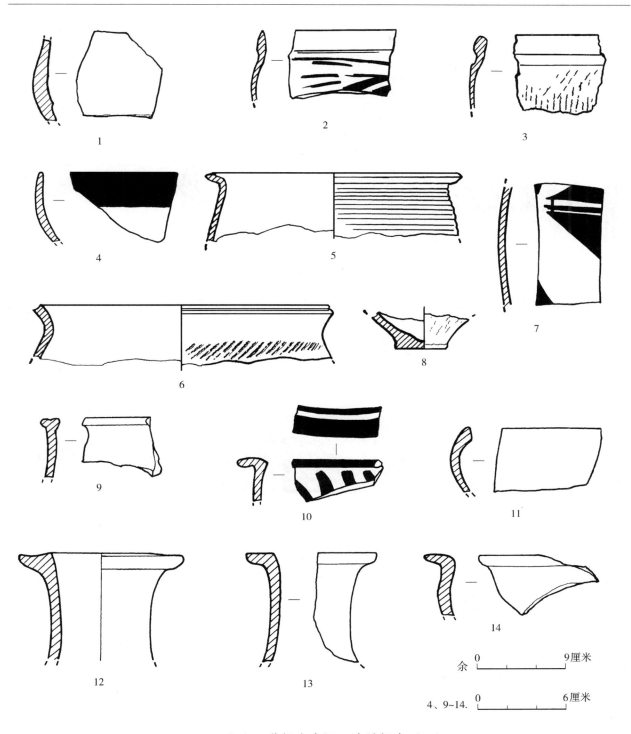

图一七六　草坝乡唐河口遗址标本（一）

1. 尖底瓶口沿（79：20）　2. 盆口沿（79：4）　3. 盆口沿（79：3）　4. 盆口沿
（79：21）　5. 罐口沿（79：2）　6. 罐口沿（79：1）　7. 罐腹（79：5）　8. 器底
（79：6）　9. 尖底瓶口沿（79：24）　10. 盆口沿（79：22）　11. 钵口沿（79：23）
12. 尖底瓶口沿（79：12）　13. 尖底瓶口沿（79：14）　14. 盆口沿（79：19）

米（图一七七，4；图版一二，3）。年代为仰韶文化晚期。

标本 79：15　瓮（或罐）口沿。夹细砂橙黄陶。"T"字形口沿。素面。残高 5.8、残宽 11.6、口沿宽 3.6、壁厚 1.2 厘米（图一七七，5）。年代为仰韶文化晚期。

标本 79：10　瓮口沿。夹粗砂红陶。敛口，平沿，外唇宽厚。腹部饰交错绳纹。沿宽

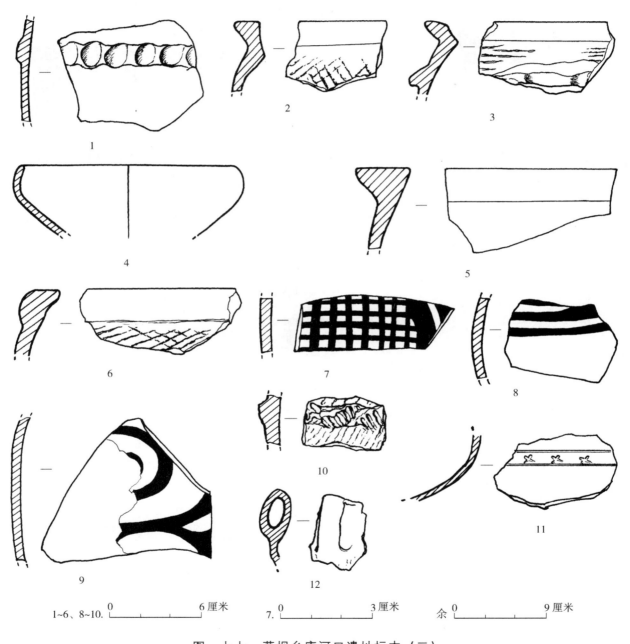

1~6、8~10.　0 ————————— 6厘米　　　7.　0 ————————— 3厘米　　　余 0 ————————— 9厘米

图一七七　草坝乡唐河口遗址标本（二）

1. 罐残片（79：13）　2. 罐口沿（79：17）　3. 罐口沿（79：11）　4. 钵口沿（79：9）
5. 瓮（或罐）口沿（79：15）　6. 瓮口沿（79：10）　7. 陶片（79：16）　8. 陶片（79：25）　9. 陶片（79：26）　10. 陶片（79：18）　11. 罐颈部（79：7）　12. 器耳（79：8）

2、残高 4.8、残宽 10.8、壁厚 1 厘米（图一七七，6）。年代为仰韶文化晚期。

标本 79：16　陶片。泥质，红底黑彩。饰圆圈网格纹。残高 2、残宽 5.2、壁厚 0.4 厘米（图一七七，7）。年代为仰韶文化晚期。

标本 79：25　陶片。泥质，红底黑彩。饰黑色条带纹。残高 5.6、残宽 7.4、壁厚 0.6 厘米（图一七七，8）。年代为仰韶文化晚期。

标本 79：26　陶片。泥质，红底黑彩。饰弧线圆圈纹。残高 10、残宽 11.4、壁厚 0.6 厘米（图一七七，9）。年代为仰韶文化晚期。

标本 79：18　陶片。夹砂陶，土红色。饰附加堆纹，上压印绳纹。残高 3.8、残宽 5.4、壁厚 0.8 厘米（图一七七，10）。年代为仰韶文化晚期。

标本 79：7　罐颈部。泥质橙红陶。颈部饰两道凹弦纹，中间夹有一周"×"形戳刺纹。残高 7.5、残宽 12、壁厚 0.6 厘米（图一七七，11）。属齐家文化。

标本 79：8　器耳。夹砂红陶。侈口，方唇，桥形耳，上端与口沿平齐。素面。器壁厚 0.3～0.8 厘米，耳长 6、耳宽 2、耳厚 1 厘米（图一七七，12）。属寺洼文化。

80　草坝乡唐河口北遗址

位于草坝乡唐河口村北约 400 米处、红河西岸台地上（见图一七五）。发现多座被盗掘破坏的汉墓，地面有打碎的陶罐。还采集有常山下层文化的陶罐。

标本介绍如下：

标本 80：1　带耳罐。完整。夹细砂红陶。侈口，尖圆唇，束颈，桥形耳，耳上端与口沿齐平，鼓腹，大平底。器形矮胖。耳部有抹光绳纹痕迹，颈腹相接处有一周戳刺纹带。口径 11.4、腹径 17.1、底径 9.1、壁厚 0.45、耳宽 2～4.5、耳高 6 厘米（图一七八，1；图版一五，5）。属常山下层文化。

81　草坝乡朱家沟遗址

位于草坝乡草坝村朱家沟北侧（见图一七一；彩版八一）。发现有厚约 2 米的灰层、灰坑，采集有仰韶文化晚期陶片。

标本介绍如下：

标本 81：2　盆口沿。夹粗砂红陶。方唇，平折沿，中部微凹。腹部饰粗绳纹。残高 4.3、残宽 7、壁厚 1、沿宽 2.5 厘米（图一七八，2）。年代为仰韶文化晚期。

标本 81：5　罐口沿。夹粗砂红褐陶。敛口，方唇，口沿外壁用泥条加厚。腹部饰斜绳纹。残高 5、残宽 5.4、壁厚 0.5～1.5 厘米（图一七八，3）。年代为仰韶文化晚期。

标本 81：1　罐口沿。夹粗砂红陶。敛口，平沿，圆唇，唇外侧有一道凹痕。腹部饰绳纹。残高 4、残宽 9.6、沿宽 2.5、壁厚 0.8 厘米（图一七八，4）。年代为仰韶文化晚期。

　　标本 81：4　陶片。夹砂红陶。饰交错斜绳纹，上有附加堆纹。残高 8、残宽 7、壁厚 0.8～1.4 厘米（图一七八，5）。年代为仰韶文化晚期。

　　标本 81：3　陶环。泥质红陶。截面呈弧线三角形。素面。外径 8、内径 6、宽 1、厚 0.9 厘米（图一七八，6）。属仰韶文化。

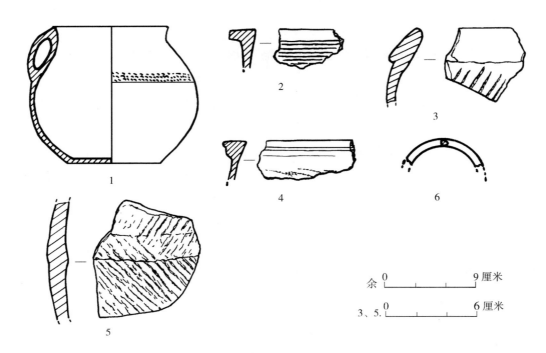

图一七八　草坝乡唐河口北、朱家沟遗址标本

1. 带耳罐（80：1）　2. 盆口沿（81：2）　3. 罐口沿（81：5）
4. 罐口沿（81：1）　5. 陶片（81：4）　6. 陶环（81：3）

82　草坝乡杨湾遗址

　　位于红河东岸、草坝乡草坝村东的台地上（见图一七五）。捡到了少量红陶片，还发现了一处灰土堆积，厚、长均约 2 米左右，夹杂有较多的红陶片，应属于仰韶文化。

　　标本介绍如下：

　　标本 82：1　尖底瓶口沿。泥质红陶。葫芦形口。素面。残高 5.4、残宽 6、壁厚 0.5～0.8 厘米（图一七九，1）。年代为仰韶文化早期。

　　标本 82：2　陶片。夹砂红陶。饰两条附加堆纹。残高 3、残宽 6、壁厚 1～1.2 厘米（图一七九，2）。年代为仰韶文化晚期。

　　标本 82：7　钵口沿。泥质红陶。直口，下腹斜内收。素面。残高 3、残宽 6、壁厚 0.4 厘米（图一七九，3）。属仰韶文化。

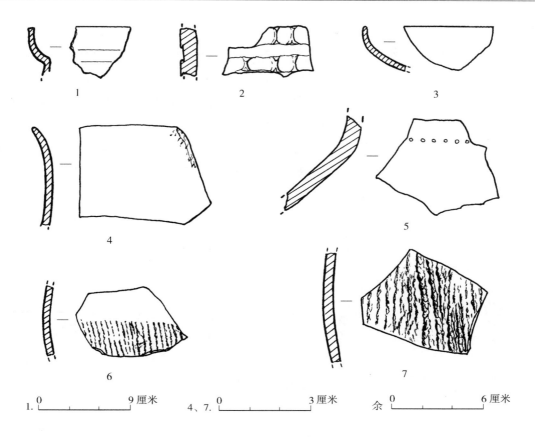

图一七九 草坝乡杨湾遗址标本

1. 尖底瓶口沿（82：1） 2. 陶片（82：2） 3. 钵口沿（82：7） 4. 陶
片（82：4） 5. 陶片（82：3） 6. 陶片（82：6） 7. 陶片（82：5）

标本82：4 陶片。泥质红陶。素面。残高3.4、残宽4.4、壁厚0.3～0.4厘米（图一七九，4）。属齐家文化。

标本82：3 陶片。泥质红陶。颈部饰一周小圆窝纹。残高6.6、残宽8、壁厚1厘米（图一七九，5）。属齐家文化。

标本82：6 陶片。泥质红褐陶。下腹部饰细绳纹。残高5、残宽7.6、壁厚0.4厘米（图一七九，6）。属齐家文化。

标本82：5 陶片。泥质红陶。饰中绳纹。残高3.7、残宽4.1、壁厚0.3～0.4厘米（图一七九，7）。属齐家文化。

83 草坝乡马家台子遗址

马家台子位于红河东岸周家坪南、青龙村东侧的台地上（见图一七一）。在此处发现了器耳和罐底残片。还在断崖上发现了一处长约2.5米的白灰面，可能为房子的遗迹。此处陶片分布不是很多。

标本介绍如下：

标本 83：1　罐耳。泥质红褐陶。桥形耳。耳上部及器腹饰竖向篮纹。耳长 7.5、耳宽 2.9、耳最厚 0.5、壁厚 0.4 厘米（图一八〇，1；图版一六，2）。属常山下层文化。

标本 83：2　罐底。夹砂灰陶。斜腹，平底。饰竖向细绳纹。残高 7.5、残宽 8.1、壁厚 0.8 厘米（图一八〇，2）。属常山下层文化。

标本 83：3　罐肩。泥质红陶。耳残。腹部饰竖向篮纹。残高 4.8、残宽 8、壁厚 0.4 厘米（图一八〇，3；图版二〇，4）。属齐家文化。

标本 83：4　器口沿。泥质红陶。直口，圆唇。饰宽绳纹，有抹光痕迹。残高 5.8、残宽 4.4、壁厚 0.4 厘米（图一八〇，4）。属齐家文化。

标本 83：5　陶片。夹砂红陶。饰斜行篮纹。残高 6.6、残宽 4.6、壁厚 0.6 厘米（图一八〇，5）。属齐家文化。

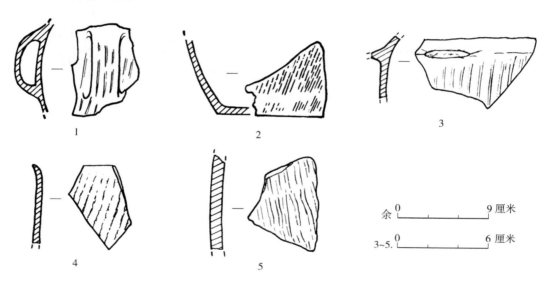

图一八〇　草坝乡马家台子遗址标本

1. 罐耳（83：1）　2. 罐底（83：2）　3. 罐肩（83：3）
4. 器口沿（83：4）　5. 陶片（83：5）

84　草坝乡套边遗址

位于草坝乡套边村西北 200 米的台地上（图一八一）。汉墓中采集有较多的罐和灶等遗物。

标本介绍如下：

标本 84：5　罐底。泥质灰陶。下腹内收，小平底。腹部饰绳纹，有抹的痕迹。底缘用泥条加厚，上压绳纹。残高 9、残宽 10.6、壁厚 0.4～0.7 厘米（图一八二，1）。年代为周代。

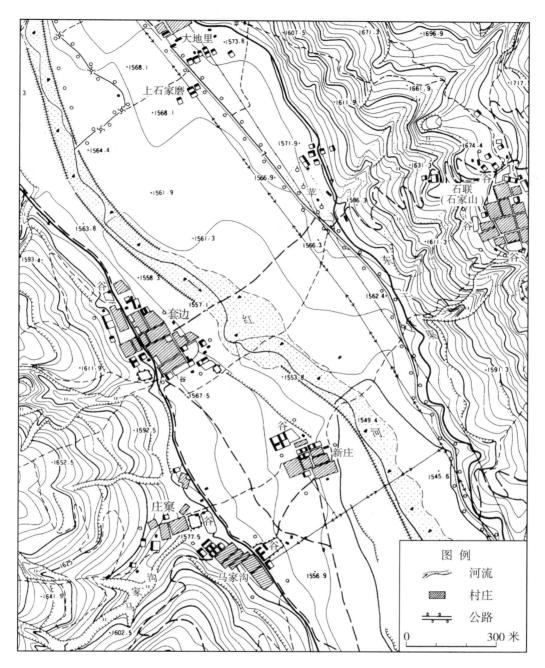

图一八一　草坝乡套边、庄窠遗址地形图

标本 84：3　罐。夹细砂灰陶。口沿残，略向外侈，斜肩，鼓腹。肩部饰两道弦纹，将颈、腹分隔，腹部饰绳纹，底内部饰绳纹。腹径 9.6、底径 6、残高 9、壁厚 0.9 厘米（图一八二，2）。年代为汉代。

标本 84：1　罐底。泥质红褐陶。斜腹平底。饰竖向细绳纹。底径 15、残高 4.5、壁厚 0.6 厘米（图一八二，3）。年代为汉代。

标本 84：2　灶。泥质灰褐陶。圆形，口小底大，呈喇叭口形。斜壁，灶面外侧有高

2.5 厘米的灶壁，灶壁上有梯形灶口。灶壁饰抹光的细绳纹。口径 20.6、底径 22.8、高 9、壁厚 1 厘米（图一八二，4）。年代为汉代。

　　标本 84：4　钺。石质，青灰色。近方形，刃部为弧形，两面磨光，其余部分也均经打磨光滑。背部残。素面。高 13.5、刃部宽 12、厚 0.4 厘米（图一八二，5）。年代不明。

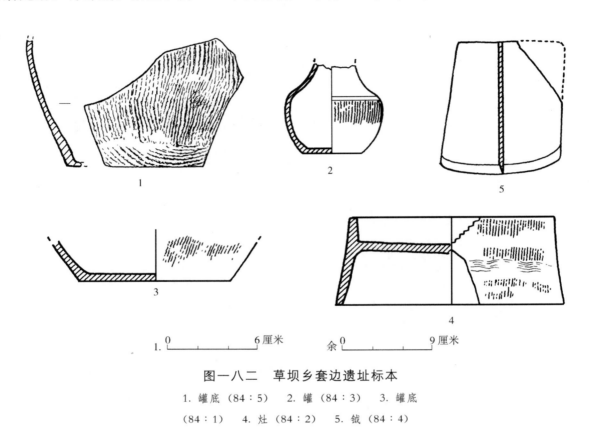

图一八二　草坝乡套边遗址标本

1. 罐底（84：5）　2. 罐（84：3）　3. 罐底
（84：1）　4. 灶（84：2）　5. 钺（84：4）

85　草坝乡庄窠遗址

　　位于草坝乡庄窠村东南 300 米、红河和马家沟的交汇处（见图一八一）。采集有仰韶文化晚期陶片。

　　标本介绍如下：

　　标本 85：4　罐口沿。夹砂红褐陶。侈口，圆唇，高领。口沿外侧以下饰绳纹，颈部有一周扁平状堆纹，上压有绳纹。残高 9、残宽 13.5、壁厚 0.6～1 厘米（图一八三，1）。年代为仰韶文化晚期。

　　标本 85：6　罐口沿。夹粗砂红陶。敛口，方唇，宽平沿，口沿成"T"字形。素面。残高 2.6、残宽 10、沿宽 3.5、壁厚 0.6～3.2 厘米（图一八三，2）。年代为仰韶文化晚期。

　　标本 85：1　缸口沿。夹砂灰陶。平沿，高直领。口沿外侧以下饰竖绳纹。口径 24、

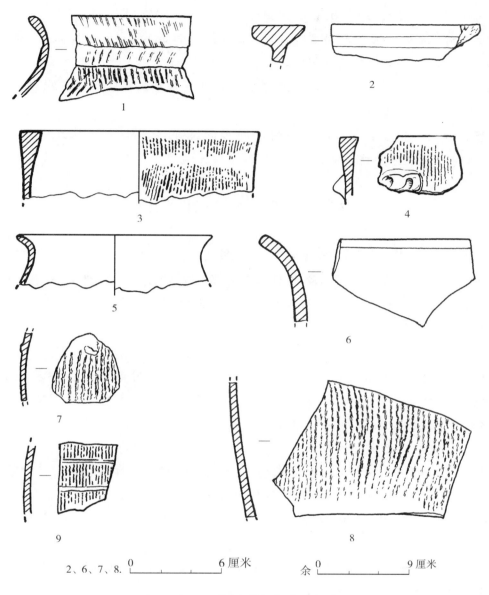

图一八三　草坝乡庄窠遗址标本

1. 罐口沿（85：4）　2. 罐口沿（85：6）　3. 缸口沿（85：1）　4. 缸（？）口沿（85：2）　5. 罐
口沿（85：5）　6. 高领罐口沿（85：7）　7. 陶片（85：8）　8. 陶片（85：9）　9. 陶片（85：3）

残高 7.5、沿宽 2.2、壁厚 0.6～2.2 厘米（图一八三，3）。年代为仰韶文化晚期。

标本 85：2　缸（？）口沿。夹砂红褐陶。平沿，高直领，颈部带一鋬。口沿外侧以下
饰浅竖绳纹。残高 6、残宽 8.4、沿宽 2.2、壁厚 0.5～2 厘米（图一八三，4）。年代为仰
韶文化晚期。

标本 85：5　罐口沿。泥质红陶。侈口，圆唇，鼓腹。素面抹光。口径 19.5、残高 6、
壁厚 0.4 厘米（图一八三，5）。属常山下层文化。

标本 85：7　高领罐口沿。泥质橙黄陶。侈口，方唇。素面。残高 6、残宽 9.4、壁厚

0.6 厘米（图一八三，6）。属常山下层文化。

标本 85：8　陶片。夹砂灰褐陶。饰绳纹，黏附有泥点。残高 4.6、残宽 4.4、壁厚 0.4 厘米（图一八三，7）。属齐家文化。

标本 85：9　陶片。泥质红陶。饰细绳纹，有抹光痕迹。残高 9.4、残宽 13、壁厚 0.6 厘米（图一八三，8）。属齐家文化。

标本 85：3　陶片。泥质陶，灰白色。饰竖向绳纹，间饰两道抹光弦纹。残高 7.5、残宽 5.7、壁厚 0.7 厘米（图一八三，9）。年代为汉代。

86　草坝乡朴鸽坪遗址

位于红河西岸、牟家庄西侧的台地上（见图三六；彩版八二）。面积不详。在此捡到了一些红陶片，分布零散。断崖上暴露有灰层及灰坑，灰层厚约 2 米，采集有仰韶、齐家的陶片。还在一处断崖上发现了一条长约 10 米的文化层，厚约 0.1 米左右，夹杂有少量夹粗砂的红陶片。

标本介绍如下：

标本 86：5　罐口沿。泥质红褐陶。直口，方唇，口沿外侧加厚。唇及腹部饰竖向绳纹。残高 6、残宽 8.1、壁厚 0.7～1.2 厘米（图一八四，1）。年代为仰韶文化晚期。

标本 86：7　器座。泥质红陶。带圈足。素面。高 3.5、底径 12、上面径 12 厘米（图一八四，2）。年代为仰韶文化晚期。

标本 86：9　陶片。夹砂红陶。饰横绳纹，绳纹上有一道附加堆纹。残高 5、残宽 6、壁厚 0.8～1 厘米（图一八四，3）。年代为仰韶文化晚期。

标本 86：8　罐口沿。夹砂褐陶。侈口，圆唇。素面。口径 18、残高 4.8、壁厚 0.5 厘米（图一八四，4）。属齐家文化。

标本 86：3　罐腹。泥质橙红陶。肩部饰一周戳刺纹，腹部饰竖向绳纹。残高 8、残宽 13.5、壁厚 0.5 厘米（图一八四，5）。属齐家文化。

标本 86：10　器耳。泥质红陶。器壁饰绳纹。残高 5.4、残宽 6、壁厚 0.6 厘米（图一八四，6）。属齐家文化。

标本 86：1　罐腹。泥质灰陶。饰细绳纹。残高 6、残宽 13、壁厚 0.5～0.8 厘米（图一八四，7）。年代在战国到汉代之间。

标本 86：2　器耳。泥质灰陶。素面。耳宽 3、耳厚 0.8、器壁厚 0.4 厘米（图一八四，8）。年代在战国到汉代之间。

标本 86：6　器盖。泥质灰陶。圆形，带圈足形捉手，弧形顶。素面。盖径 15、捉手径 10 厘米（图一八四，9）。年代在战国到汉代之间。

标本 86：4　罐腹。泥质红陶。腹部饰斜绳纹。底径 15、残高 7.4、壁厚 0.6～1.3 厘米（图一八四，10）。年代为汉代。

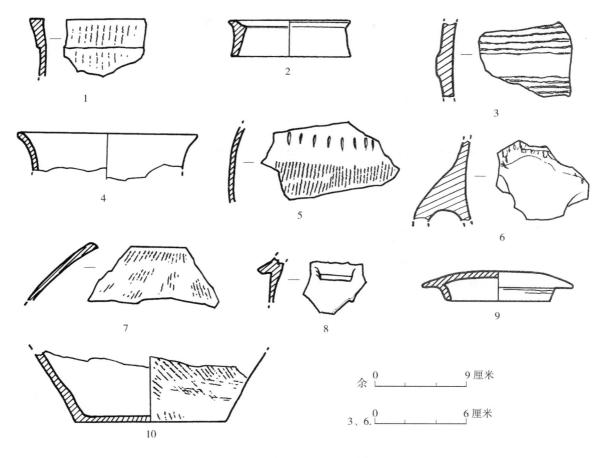

图一八四　草坝乡朴鸽坪遗址标本

1. 罐口沿（86:5）　2. 器座（86:7）　3. 陶片（86:9）　4. 罐口沿（86:8）　5. 罐腹（86:3）　6. 器耳（86:10）　7. 罐腹（86:1）　8. 器耳（86:2）　9. 器盖（86:6）　10. 罐腹（86:4）

87　草坝乡大湾嘴遗址

　　位于草坝乡牟家庄南侧红河西岸台地（见图三六）。地面和断崖上可采集到少量仰韶文化晚期的罐、缸等陶片。

　　标本介绍如下：

　　标本 87:3　尖底瓶口沿。泥质橙红陶。口微侈，平沿，束颈，圆唇，口沿外侧向上凸起。素面。残高 3.3、残宽 9、壁厚 0.6、沿宽 2.2 厘米（图一八五，1）。年代为仰韶文化晚期。

　　标本 87:4　盆口沿。泥质灰陶。敛口，宽平折沿，尖圆唇，斜腹。素面。残高 3.6、残宽 10.3、沿宽 4.2、壁厚 0.5 厘米（图一八五，2）。年代为仰韶文化晚期。

　　标本 87:1　盆口沿。夹砂红褐陶。敛口，平折沿，沿外卷，口沿表面有轮修的痕迹，

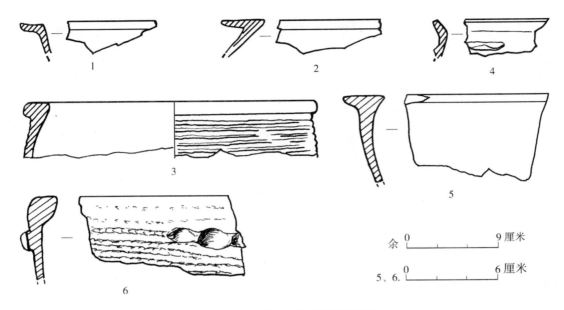

图一八五　草坝乡大湾嘴遗址标本

1. 尖底瓶口沿（87：3）　　2. 盆口沿（87：4）　　3. 盆口沿（87：1）

4. 罐口沿（87：2）　　5. 罐口沿（87：6）　　6. 罐口沿（87：5）

斜腹微鼓。腹部饰横向粗绳纹。口径29.4、残高6、壁厚0.9、沿宽2.5厘米（图一八五，3）。年代为仰韶文化晚期。

　　标本87：2　罐口沿。泥质红褐陶。敛口，斜折沿，方唇，直领，颈部有一鸡冠状錾。残高3.9、残宽8.6、壁厚0.5厘米（图一八五，4）。年代为仰韶文化晚期。

　　标本87：6　罐口沿。泥质陶，灰白色。敛口，宽平沿，圆唇，腹微鼓。素面，外有白色陶衣。残高6、残宽9.4、壁厚0.4～1、沿宽2.8厘米（图一八五，5）。年代为仰韶文化晚期。

　　标本87：5　罐口沿。夹粗砂红褐陶。敛口，窄平沿，唇外部加宽加厚。口沿外侧及腹部饰有绳纹，口沿外侧绳纹不明显，颈部有附加堆纹。残高5.6、残宽11、壁厚0.6～1.6厘米（图一八五，6）。年代为仰韶文化晚期。

88　草坝乡景家坪遗址

　　位于草坝乡红河西岸大湾嘴南侧（见图三六），面积不详，暴露有灰层、灰坑，地面和断崖上可采集到少量齐家文化的陶罐等红陶片。

　　标本介绍如下：

　　标本88：2　罐残片。泥质橙黄陶。为罐的口沿残片，侈口，平折沿，斜腹。素面。残高5.4、残宽5.4、壁厚0.5厘米（图一八六，1）。属齐家文化。

　　标本88：1　杯残片。泥质橙黄陶。直腹，平底。素面。底径6、残高4.5、壁厚0.6

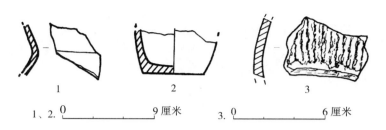

图一八六 草坝乡景家坪遗址标本

1. 罐残片（88：2） 2. 杯残片（88：1） 3. 陶片（88：3）

厘米（图一八六，2）。属齐家文化。

标本88：3 陶片。夹砂红褐陶。上贴有一薄层泥片。饰竖绳纹。残高4、残宽5.4、厚0.6厘米（图一八六，3）。属齐家文化。

89 草坝乡龙池遗址

位于草坝乡红河东岸、龙池村的石家磨东侧（见图三六）。断崖上暴露有灰坑和灰层。标本介绍如下：

标本89：2 罐口沿。夹砂陶，土红色。直口，窄平沿，尖唇，直领，鼓腹。沿上有斜向绳纹，颈部抹平。领部饰一周带有刻划纹的附加堆纹，肩部饰一周带压印指纹的附加堆纹。残高7、残宽7.5、壁厚0.8厘米（图一八七，1）。年代为仰韶文化晚期。

标本89：8 陶片。夹砂褐陶。饰宽附加堆纹和横绳纹。残高3.4、残宽6.8、壁厚0.8厘米（图一八七，2）。年代为仰韶文化晚期。

标本89：3 盆口沿。泥质红褐陶。侈口，斜折沿，圆唇，斜腹。口沿下饰篮纹和一周附加堆纹，均经抹光。残高5.5、残宽8.1、壁厚0.6厘米（图一八七，3；图版一四，1）。属常山下层文化。

标本89：6 罐腹。夹细砂红陶。折肩。饰竹节状附加堆纹和斜篮纹，肩部抹光。残高6.4、残宽9.6、壁厚0.6～0.8厘米（图一八七，4；图版一八，2）。属常山下层文化。

标本89：9 罐口沿。细泥质青灰陶。直口，尖圆唇。素面，器表有轮制痕迹。残高5.2、残宽5、壁厚0.3厘米（图一八七，5）。属齐家文化。

标本89：7 罐口沿。夹砂陶，外壁黑褐色，陶色不均，内壁黄色。侈口，平沿，锯齿状花边口沿。饰粗绳纹，经抹光。残高4、残宽4.4、壁厚0.4厘米（图一八七，6）。属齐家文化。

标本89：4 罐肩。夹细砂灰褐陶。折肩。肩部有一道凹弦纹。残高6.2、残宽6.8、壁厚0.4厘米（图一八七，7）。属齐家文化。

标本89：5 罐底。夹砂陶，外壁黑褐色，内壁红褐色。斜腹，平底。腹、底均饰粗绳纹及窝点纹，器内有抹痕。残高3.8、残宽6.8、底厚0.5、壁厚0.8厘米（图一八七，

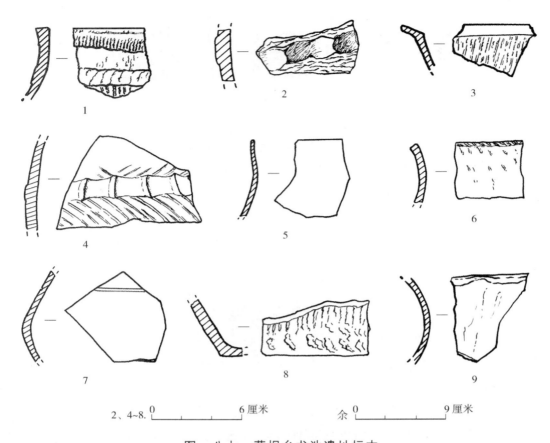

图一八七　草坝乡龙池遗址标本

1. 罐口沿（89：2）　2. 陶片（89：8）　3. 盆口沿（89：3）

4. 罐腹（89：6）　5. 罐口沿（89：9）　6. 罐口沿（89：7）

7. 罐肩（89：4）　8. 罐底（89：5）　9. 壶口沿（89：1）

8）。属齐家文化。

标本 89：1　壶口沿。泥制灰褐陶。侈口，尖圆唇，高领，鼓腹。素面。残高 9、残宽 7.5、壁厚 0.7 厘米（图一八七，9）。年代为战国时期。

90　草坝乡王家沟坪遗址

位于草坝乡红河东岸、刘家磨东北侧的王家沟坪（见图三六）。暴露有灰坑，灰层厚 1～2 米，采集到灰陶罐、浅腹盆等的残片。

标本介绍如下：

标本 90：1　盆口沿。泥质红陶。敞口，宽折平沿，圆唇。内壁光滑，陶质硬，烧成温度高。腹部饰横向篮纹。残高 4.5、残宽 16.5、壁厚 0.6 厘米（图一八八，1；图版一四，2）。属常山下层文化。

标本 90：2　罐口沿。泥质黄褐陶。口微侈，平沿，圆唇，高领。素面。口径 19.8、残高 4、沿宽 1.6、壁厚 0.8 厘米（图一八八，2）。属常山下层文化。

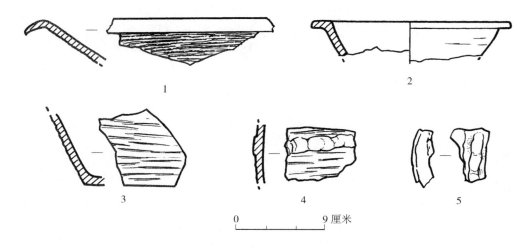

图一八八　草坝乡王家沟坪遗址标本

1. 盆口沿（90：1）　2. 罐口沿（90：2）　3. 罐底
（90：3）　4. 罐腹残片（90：4）　5. 器耳（90：5）

标本 90：3　罐底。夹细砂陶，砖红色。深斜腹，平底。上饰横向细篮纹。残高 8、残宽 8.8、壁厚 0.6 厘米（图一八八，3；图版一七，7）。属常山下层文化。

标本 90：4　罐腹。夹砂红褐陶。饰横向篮纹，上有波浪状扁附加堆纹。残高 5.4、残宽 7.1、壁厚 0.6 厘米（图一八八，4）。属常山下层文化。

标本 90：5　器耳。泥质橙黄陶。桥形耳。上有交错绳纹，并附一道纵向的波浪状窄泥条。耳残高 5.4、耳宽 2.4 厘米（图一八八，5）。属常山下层文化。

91　永坪乡蹇家坪遗址

位于永坪乡下石嘴村北侧、上石嘴村南侧蹇家坪，永坪河东岸的山前台地上，地势较高，台地为黄土，地势平坦，发育良好，为县级文物保护单位（彩版八三）。遗址西临礼县—永坪乡公路，东至蹇家坪山，北至上石嘴村，南至下石嘴村，东西长约 800、南北宽约 300 余米，面积约 24 万平米（图一八九）。文化层厚 2～6 米。遗址主要分布于蹇家坪山突出的平缓台地上，第 1～6 级台地满地陶片，台地断面上暴露有灰层、灰坑、陶窑等（彩版八四、八五）。陶片有泥质、夹砂红陶、红褐陶及彩陶片，素面或饰绳纹、篮纹、附加堆纹、线纹，彩陶纹样有弧线纹、垂幛纹，器形可见厚唇罐、平沿罐、重唇口尖底瓶、平沿尖底瓶、鬲、敛口钵、斝、陶拍等。应为一处大型聚落遗址。

标本介绍如下：

标本 91：37　尖底瓶口沿。细泥质红陶。葫芦形口，器物略有变形。素面。残高 5、残宽 4.8、壁厚 0.4 厘米（图一九〇，1；图版三，5）。年代为仰韶文化早期。

标本 91：22　盆口沿。泥质彩陶。轮制。圆唇，敛口，平折沿，鼓腹。红底黑彩，口沿下及腹部饰黑彩弧线纹。残高 5.1、残宽 8.4、口沿宽 1.9、壁厚 0.6 厘米（图一九〇，

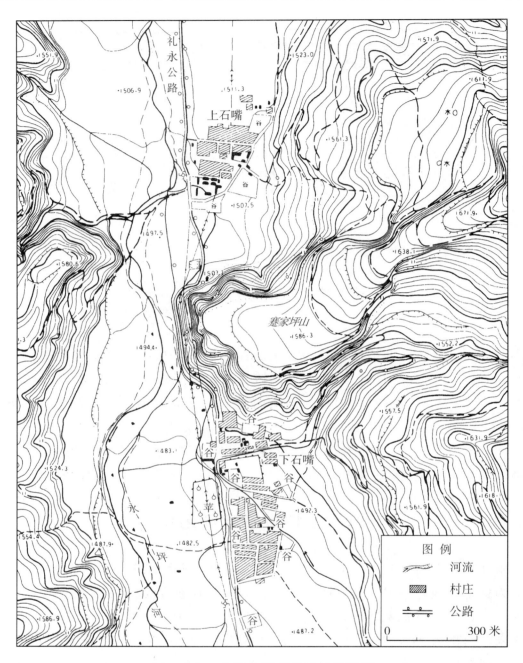

图一八九　永坪乡蹇家坪遗址地形图

2）。年代为仰韶文化中期。

　　标本91：40　盆口沿。泥质红陶。圆唇，敛口，卷平沿。饰两道黑彩斜线纹。残高3、残宽9.6、壁厚0.6、口沿宽1厘米（图一九〇，3）。年代为仰韶文化中期。

　　标本91：42　盆口沿。泥质彩陶。圆唇，侈口，折沿。红底黑彩，器表剥落。残高4.4、残宽6、壁厚0.6厘米（图一九〇，4）。年代为仰韶文化中期。

　　标本91：24　钵口沿。泥质陶，橘红色。轮制。圆唇，敛口，曲腹。唇下饰黑彩垂幛纹。口径17、壁厚0.4、残高3.3厘米（图一九〇，5）。年代为仰韶文化中期。

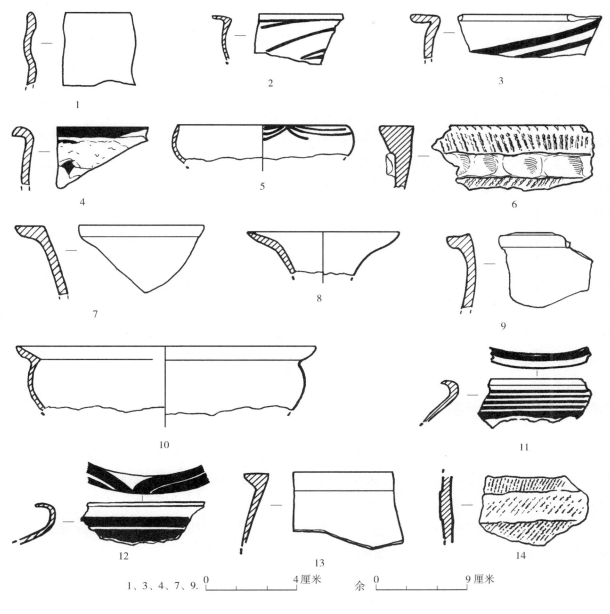

图一九〇　永坪乡蹇家坪遗址标本（一）

1. 尖底瓶口沿（91：37）　2. 盆口沿（91：22）　3. 盆口沿（91：40）　4. 盆口沿（91：42）　5.
钵口沿（91：24）　6. 瓮口沿（91：1）　7. 尖底瓶口沿（91：45）　8. 尖底瓶口沿（91：20）　9.
尖底瓶口沿（91：46）　10. 盆口沿（91：10）　11. 罐口沿（91：21）　12. 罐口沿（91：25）　13.
罐口沿（91：14）　14. 罐腹（91：12）

标本91：1　瓮口沿。夹砂红陶。尖圆唇，直口，"T"形平沿。沿上饰划纹，唇外侧
一周戳印纹，唇下及器身饰绳纹，颈部饰附加堆纹。残高6.6、残宽16、壁厚1.2、口沿
宽3.6厘米（图一九〇，6；图版一二，4）。年代为仰韶文化中期。

标本91：45　尖底瓶口沿。夹细砂红陶。手制。尖底瓶的口沿残片，尖唇，喇叭形
口，平折沿，束颈。素面。残高4.6、残宽8.4、壁厚0.6～1、沿宽2厘米（图一九〇，

7）。年代为仰韶文化晚期。

标本 91：20　尖底瓶口沿。泥质红陶。尖圆唇，喇叭口，斜折沿，颈部有刮削痕迹。素面。口径 15.2、残高 4.5、壁厚 0.4～0.6 厘米（图一九〇，8；图版八，7）。年代为仰韶文化晚期。

标本 91：46　尖底瓶口沿。泥质红陶。尖底瓶的口沿残片，近方唇，平折沿，束颈。素面。残高 5、残宽 6.2、壁厚 0.6 厘米（图一九〇，9）。年代为仰韶文化晚期。

标本 91：10　盆口沿。细泥质陶，橘红色。轮制。圆唇，敛口，宽斜沿，腹微鼓。素面。口径 30、残高 6.9、壁厚 0.6、口沿宽 3 厘米（图一九〇，10；图版九，5）。年代为仰韶文化晚期。

标本 91：21　罐口沿。泥质彩陶。圆唇，侈口，卷沿，低领，鼓腹。橙黄色底黑彩，口沿上饰一圈黑色彩带纹，颈部及腹部饰四道黑色彩带纹。残高 4.8、残宽 10.5、壁厚 0.4～0.6 厘米（图一九〇，11；图版一一，3）。年代为仰韶文化晚期。

标本 91：25　罐口沿。泥质彩陶。泥条盘筑，慢轮修整。方唇，侈口，卷沿，鼓腹。橙红色底黑彩，口沿饰黑彩垂幛纹，腹部饰两道黑彩宽带纹。残高 4、残宽 11.7、壁厚 0.6 厘米（图一九〇，12；图版一一，4）。年代为仰韶文化晚期。

标本 91：14　罐口沿。泥质陶，橘黄色。轮制。圆唇，"T"形口微敛，宽平折沿。素面磨光。残高 7.5、残宽 11、壁厚 0.9、口沿宽 2.5 厘米（图一九〇，13）。年代为仰韶文化晚期。

标本 91：12　罐腹。夹砂灰褐陶。罐的腹部残片。饰斜绳纹，并有一道宽约 3 厘米的附加堆纹，附加堆纹上的绳纹被抹平。残高 7、残宽 10.2、壁厚 0.9 厘米（图一九〇，14）。年代为仰韶文化晚期。

标本 91：5　罐腹。夹粗砂灰褐陶。泥条盘筑。罐腹部残片，微鼓腹。腹部饰三道附加堆纹，附加堆纹上有指压痕。残高 7.5、残宽 9、壁厚 1 厘米（图一九一，1）。年代为仰韶文化晚期。

标本 91：36　罐口沿。夹砂灰陶。口微敛。口沿外饰一周附加泥条，饰少量绳纹。残高 5、残宽 4、壁厚 0.4 厘米（图一九一，2）。年代为仰韶文化晚期。

标本 91：2　罐口沿。夹砂红褐陶。圆唇，敛口，斜折沿。沿下有指压痕，器身饰交错划纹，上部交错划纹上附一条有压痕的附加堆纹。残高 6.6、残宽 12.6、壁厚 0.6～1.0 厘米（图一九一，3）。年代为仰韶文化晚期。

标本 91：7　罐口沿。夹细砂红陶。圆唇，直口，斜折沿，微鼓腹。唇上有划纹组成的花边，颈下部有捏痕，腹部饰斜向绳纹及附加堆纹。口径 30、残高 9、壁厚 0.6 厘米（图一九一，4）。年代为仰韶文化晚期。

标本 91：3　缸口沿。夹砂灰陶。圆唇，直口，"T"形宽平折沿，器壁较厚，沿下附一大环形泥饼。素面。残高 7.8、残宽 17.1、口沿宽 6、壁厚 1 厘米（图一九一，5；图版一三，2）。年代为仰韶文化晚期。

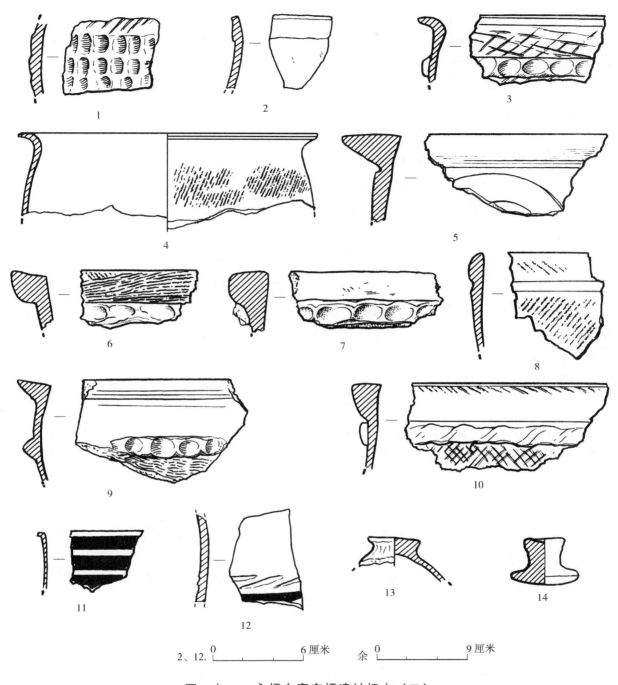

图一九一　永坪乡蹇家坪遗址标本（二）

1. 罐腹（91：5）　2. 罐口沿（91：36）　3. 罐口沿（91：2）　4. 罐口沿（91：7）　5. 缸口沿（91：3）　6. 缸口沿（91：13）　7. 瓮口沿（91：9）　8. 瓮口沿（91：4）　9. 瓮口沿（91：17）　10. 瓮口沿（91：8）　11. 壶口沿（91：23）　12. 壶颈部（91：41）　13. 器盖（91：15）　14. 陶拍（91：16）

标本91：13　缸口沿。夹粗砂红陶。厚圆唇，直口，宽平沿。沿、唇外饰绳纹，唇下饰附加堆纹，附加堆纹上有压痕。残高5.7、残宽11、壁厚1.8、口沿宽3.6厘米（图一九一，6）。年代为仰韶文化晚期。

标本91：9　瓮口沿。夹粗砂陶，橙红色。厚圆唇，直口微敛，宽平折沿。唇下饰附加堆纹，附加堆纹上有压痕。残高5.7、残宽14.7、沿宽6、壁厚3.3厘米（图一九一，7；图版一二，7）。年代为仰韶文化晚期。

标本91：4　瓮口沿。夹砂红陶。圆唇，直口，宽平沿。唇下磨光，沿下饰鸡冠状鋬耳，腹部饰斜向绳纹。残高10.5、残宽16.5、壁厚0.8、口沿宽3.5厘米（图一九一，8；图版一二，5）。年代为仰韶文化晚期。

标本91：17　瓮口沿。夹粗砂陶，橙黄色。轮制。叠厚唇，直口。唇面有抹过的指纹痕迹，唇下有手抹凹弦纹，器身饰斜绳纹。残高10.5、残宽9、壁厚0.8～1.2、唇厚1.8厘米（图一九一，9）。年代为仰韶文化晚期。

标本91：8　瓮口沿。夹砂红陶。圆厚唇，"T"形口微敛，宽平沿。沿外侧饰划纹，颈下饰链状附加堆纹，其下饰交错绳纹。残高8.5、残宽19、壁厚0.8、口沿宽3厘米（图一九一，10；图版一二，6）。年代为仰韶文化晚期。

标本91：23　壶口沿。泥质彩陶。轮制。壶口部残片，圆唇，侈口，小卷沿，高领。橙黄色底黑彩，沿下及领部饰三道黑彩宽带纹。残高6、残宽6.9、壁厚0.5厘米（图一九一，11；图版一三，5）。年代为仰韶文化晚期。

标本91：41　壶颈部。泥质陶，深红色。饰有三道剔划纹和一道黑彩。残高6.8、残宽4.6、壁厚0.6厘米（图一九一，12）。年代为仰韶文化晚期。

标本91：15　器盖。夹细砂红褐陶。手制，慢轮修整。器盖残，现存盖面较斜，其上有圆形捉手，捉手上有捏痕。素面。捉手直径5.2、壁厚0.6厘米（图一九一，13）。年代为仰韶文化晚期。

标本91：16　陶拍。夹细砂灰陶。手制。倒置如蘑菇状，柄部上端略大，面上稍凹，面部中间微凸。素面。上部直径4、下部直径6.3、高5厘米（图一九一，14；图版一三，7）。年代为仰韶文化晚期。

标本91：11　陶片。泥质陶，橙黄色。附一鸡冠状鋬耳。素面。耳长11.5、耳宽3、壁厚0.8厘米（图一九二，1）。年代为仰韶文化晚期。

标本91：43　陶片。泥质陶。橙黄色底，饰弧线三角黑彩纹。残高5、残宽6、壁厚0.6厘米（图一九二，2）。年代为仰韶文化晚期。

标本91：44　陶片。泥质陶。橙黄色底，饰圆圈网格纹黑彩。残高3、残宽2.5、壁厚0.6厘米（图一九二，3）。年代为仰韶文化晚期。

标本91：6　陶片。夹粗砂红陶。罐的腹部残片，腹壁较直。腹部饰交错绳纹及一道饰交错绳纹的附加堆纹。残高10.5、残宽9、壁厚0.8～1.2厘米（图一九二，4）。年代为仰韶文化晚期。

标本91：18　罐口沿。夹砂灰褐陶。残留口部，方唇，侈口，斜沿，高领。唇上饰有细划纹，颈下饰竖向绳纹。口径14、残高7.3、壁厚0.4厘米（图一九二，5）。属齐家文化。

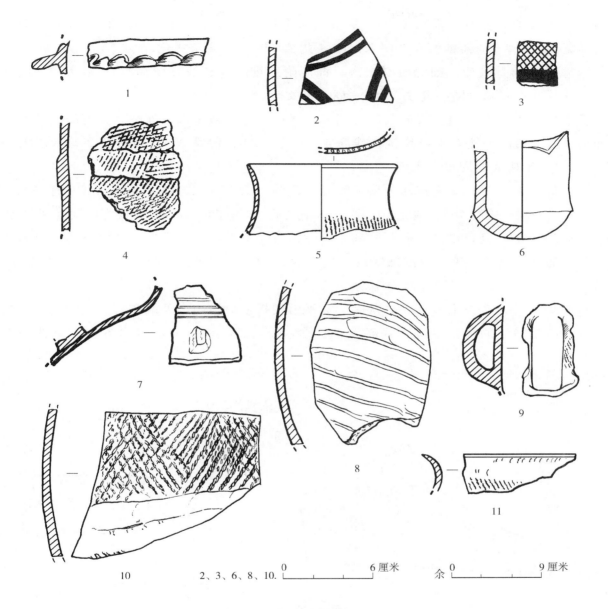

图一九二　永坪乡蹇家坪遗址标本（三）

1. 陶片（91∶11）　2. 陶片（91∶43）　3. 陶片（91∶44）　4. 陶片（91∶6）

5. 罐口沿（91∶18）　6. 豆残片（91∶35）　7. 斝残片（91∶19）　8. 斝（或鬲）

袋足（91∶33）　9. 器耳（91∶31）　10. 陶片（91∶34）　11. 鬲口沿（91∶32）

标本 91∶35　豆残片。夹砂红陶。中空，有圈足。素面。直径 6.6、残高 7、壁厚 0.8 厘米（图一九二，6）。属齐家文化。

标本 91∶19　斝残片。夹砂灰陶。罐形，残。颈部饰两道弦纹，腹中部饰一竖向錾耳。残高 8、残宽 7、壁厚 0.8 厘米（图一九二，7）。属齐家文化。

标本 91∶33　斝（或鬲）袋足。夹砂红褐陶，陶色斑驳不均。空心袋足。饰平行篮纹。残高 10.8、残宽 8、壁厚 0.7 厘米（图一九二，8）。属齐家文化。

　　标本91：31　器耳。泥质灰陶。器物耳部残片，桥形耳。耳内侧及器表饰竖向细绳纹。耳宽3、耳厚1、器壁厚0.7厘米（图一九二，9）。属齐家文化。

　　标本91：34　陶片。细泥质红褐陶。饰薄附加堆纹一道及交错绳纹。残高10、残宽12.8、壁厚0.6厘米（图一九二，10）。属齐家文化。

　　标本91：32　鬲口沿。夹砂灰陶。圆唇，侈口，卷沿略平。唇外端有一道凹弦纹，肩部饰细绳纹，口沿外侧有绳纹痕迹。残高4、残宽10.8、壁厚0.5、口沿宽2厘米（图一九二，11）。年代为西周早、中期。

　　标本91：47　罐口沿。泥质灰陶。喇叭口罐的口沿残片，方唇，宽沿，沿上有一道凸棱。素面。手制。残高1.8、残宽10、壁厚0.4厘米（图一九三，1）。年代为西周晚期。

　　标本91：29　鬲口沿。夹砂灰陶。方唇，敛口，宽平沿。口沿内、外侧各有一道凹弦纹，唇中部饰一道凹弦纹，肩部饰绳纹。残高5.5、残宽10.5、壁厚0.4～0.7、口沿宽4厘米（图一九三，2）。年代为西周晚期。

　　标本91：38　鬲口沿。夹粗砂灰陶。宽平沿硬折。口沿内、外端各有一道凹弦纹，其外壁有少许抹平后的绳纹痕迹。残高3.4、残宽6.4、壁厚0.6、沿宽2.6厘米（图一九

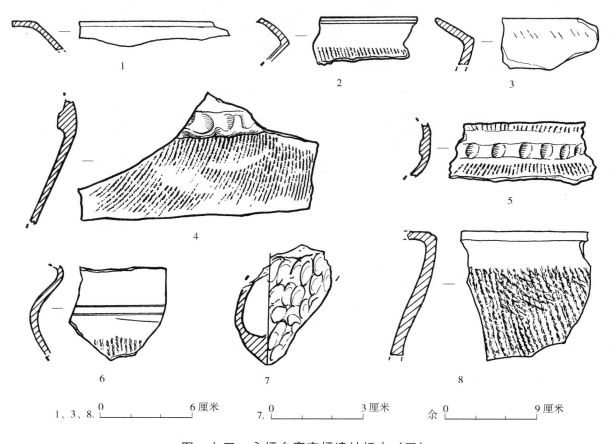

图一九三　永坪乡蹇家坪遗址标本（四）

1. 罐口沿（91：47）　2. 鬲口沿（91：29）　3. 鬲口沿（91：38）　4. 甗腰（91：26）
5. 甗颈（91：28）　6. 盆残片（91：30）　7. 鬲足（91：27）　8. 甗口沿（91：39）

三，3）。年代为西周晚期。

标本 91：26　甗腰。泥质灰陶。腰部饰链锁状附加堆纹，其下饰细绳纹。残高 13、残宽 23.7、壁厚 1 厘米（图一九三，4）。年代为西周时期。

标本 91：28　甗颈。夹细砂灰陶。束颈。颈饰锁眼状附加堆纹，附加堆纹两边抹平，下饰绳纹。残高 6、残宽 13.5、壁厚 0.6 厘米（图一九三，5；图版三一，4）。年代为西周时期。

标本 91：30　盆残片。夹砂灰陶。唇残，敛口，斜沿，腹微折。腹上部饰三道弦纹，下饰绳纹。残高 9.8、残宽 9.8、壁厚 0.7～1 厘米（图一九三，6）。年代为春秋时期。

标本 91：27　鬲足。夹砂灰陶。联裆鬲空心足，足较矮，三角锥状足根，足根圆钝。饰麻点状粗绳纹。残高 4.2、足根高 0.8 厘米（图一九三，7）。年代为春秋时期。

标本 91：39　甗口沿。夹砂灰陶。平沿，沿外端残，溜肩。饰粗绳纹。残高 8.4、残宽 8.7、壁厚 0.6、口沿宽 0.6 厘米（图一九三，8）。年代为春秋时期。

92　永坪乡焦坪遗址

位于永坪乡焦坪村（图一九四），属县级文物保护单位，其西北侧为大坪山，东南为马家沟，西为永坪河，马家沟和永坪河在此交汇（彩版八六）。遗址位于马家沟北侧第 3～4 级台地，暴露有红烧土块、灰坑、墓葬（彩版八七）。面积约 1.5 万平方米，文化层厚约 3～6 米，现在被村庄所叠压，并被破坏得几乎荡然无存。

标本介绍如下：

标本 92：6　罐口沿。泥质红陶。直口，圆唇。唇下饰有宽平行凹弦纹。残高 7、残宽 7.5、壁厚 1.4 厘米（图一九五，1）。年代为仰韶文化中期。

标本 92：1　罐底。夹砂黄褐陶。深斜腹，平底。通体饰交错绳纹。底径 15、残高 10.5、壁厚 1.2 厘米（图一九五，2）。年代为仰韶文化晚期。

标本 92：3　缸口沿。夹粗砂红褐陶。"T"形口沿，宽平沿，外唇宽厚，凹颈。素面。残高 7.5、残宽 15、沿宽 5.4、壁厚 1.4 厘米（图一九五，3；图版一三，3）。年代为仰韶文化晚期。

标本 92：4　陶片。泥质橙红陶。红底黑彩，饰三道弧线黑彩纹。残高 6、残宽 6、壁厚 0.5 厘米（图一九五，4）。年代为仰韶文化晚期。

标本 92：5　罐耳。泥质浅灰陶。为拱形耳。耳下部饰少许细绳纹。耳高 5、耳宽 2.8、壁厚 0.4 厘米（图一九五，5）。属常山下层文化。

标本 92：2　盆口沿。泥质灰陶。直口，宽平沿。沿外侧饰少许绳纹。残高 4.2、残宽 11.4、沿宽 3、壁厚 0.5 厘米（图一九五，6）。年代为战国～汉代。

标本 92：7　罐底。泥质浅灰陶。斜腹，平底。腹部饰绳纹，近底处抹光。残高 4.5、残宽 6.6、壁厚 0.6 厘米（图一九五，7）。年代为战国～汉代。

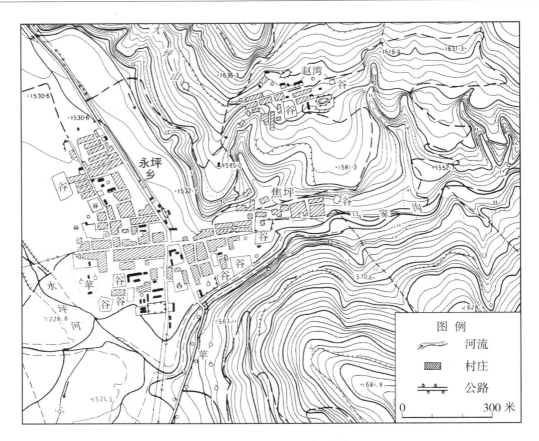

图一九四　永坪乡焦坪遗址地形图

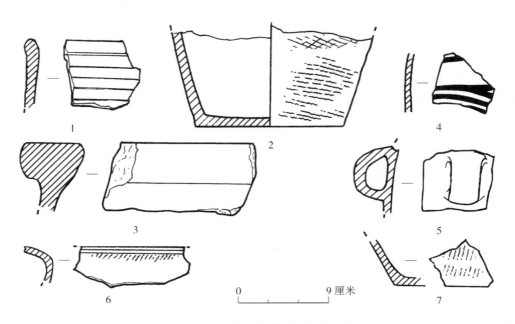

图一九五　永坪乡焦坪遗址标本

1. 罐口沿（92：6）　2. 罐底（92：1）　3. 缸口沿（92：3）　4. 陶片
（92：4）　5. 罐耳（92：5）　6. 盆口沿（92：2）　7. 罐底（92：7）

93　崖城乡何家庄遗址

位于崖城乡山沟河西岸、父子河东岸、何家庄西侧第 2～6 级台地上（图一九六）。地势平坦，黄土堆积很厚，面积约 5000 平方米，文化层厚 0.5～0.7 米。暴露有灰坑、白灰面，其中断崖上发现一段非常薄的白灰面，长 3.4 米，第 3 级台地上部还有一段红褐色土带，另有被盗掘的汉代墓葬。

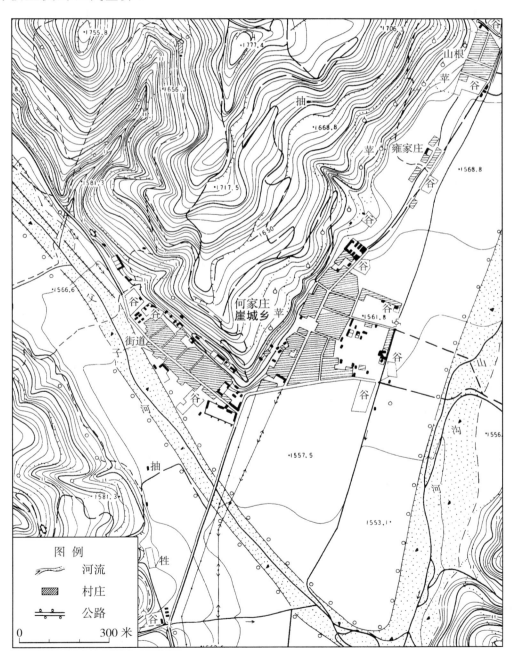

图一九六　崖城乡何家庄遗址地形图

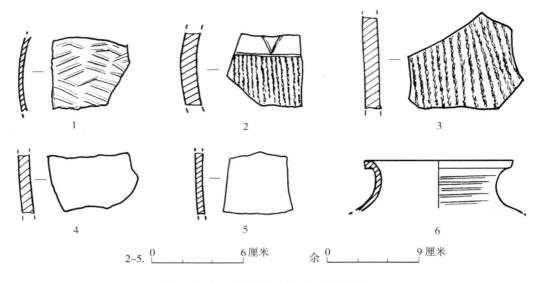

图一九七　崖城乡何家庄遗址标本

1. 陶片（93：2）　　2. 陶片（93：6）　　3. 陶片（93：3）

4. 陶片（93：4）　　5. 陶片（93：5）　　6. 罐口沿（93：1）

标本介绍如下：

标本 93：2　陶片。泥质橙黄陶。饰交错篮纹。残高 7.4、残宽 7.6、厚 0.65 厘米（图一九七，1）。属齐家文化。

标本 93：6　陶片。泥质灰陶。饰三角弦纹和绳纹。残高 5、残宽 5、厚 1 厘米（图一九七，2）。年代为周代。

标本 93：3　陶片。夹砂灰陶。饰中绳纹。残高 6.8、残宽 7.6、厚 1 厘米（图一九七，3）。年代为周代。

标本 93：4　陶片。夹砂黄褐陶，内黄外黑，陶色不均。素面。残高 4、残宽 6、厚 0.8 厘米（图一九七，4）。属寺洼文化。

标本 93：5　陶片。夹砂黄褐陶，内褐外黑。素面。残高 4.2、残宽 4.6、厚 0.5 厘米（图一九七，5）。属寺洼文化。

标本 93：1　罐口沿。泥质灰陶。侈口，卷沿，方唇。饰弦纹。口径 15、残高 5.6、壁厚 0.4 厘米（图一九七，6）。年代为汉代。

94　石堡乡苏家团村遗址

位于西和县石堡乡苏家团村东北 200 米，俗称堆子梁，南为漾水河，西为苏家沟，地势较开阔、平缓（图一九八；彩版八八）。面积约 8000 平方米，文化层厚约 0.3～0.6 米。暴露有灰坑，堆积中夹杂红烧土。采集到泥质绳纹灰陶和夹砂红陶，另外还有被盗掘的墓葬，地面散落有汉砖。

标本介绍如下：

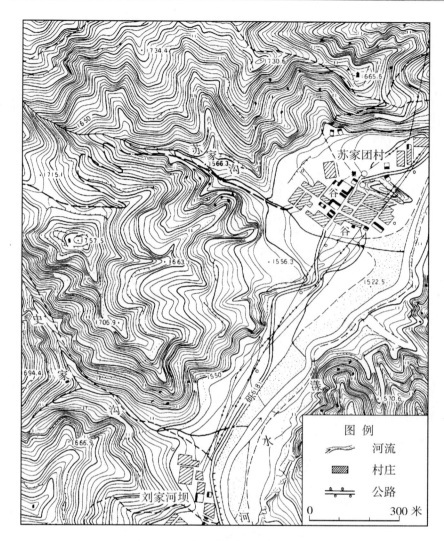

图一九八　石堡乡苏家团村遗址地形图

标本 94：2　罐腹。泥质红陶。饰细绳纹。残高 7、残宽 5、厚 0.5 厘米（图一九九，1）。属常山下层文化。

标本 94：1　罐腹。夹砂红褐陶。上饰斜向篮纹，并有两道附加堆纹。堆纹间距 0.5、堆纹宽约 1、残高 5.2、残宽 4.9、厚 0.5 厘米（图一九九，2）。属常山下层文化。

标本 94：5　罐腹。泥质灰陶，陶质较硬。饰细绳纹，并有两道抹光弦纹痕迹。残高 8.2、残宽 7.7、厚 0.6 厘米（图一九九，3）。年代为周代。

标本 94：6　罐底。夹砂灰陶。斜腹，平底。饰粗绳纹至腹、底交界处。残高 3.6、残宽 5.1、厚 1 厘米（图一九九，4）。年代为周代。

标本 94：4　鬲裆。夹细砂灰陶。为鬲足、腹结合部的残片。饰细绳纹，绳纹深而清晰。残高 4.4、残宽 4.7、厚 0.5 厘米（图一九九，5）。年代为周代。

标本 94：3　陶片。夹细砂灰陶，陶质较粗。上饰交错绳纹。残高 7.6、残宽 7、厚 0.5 厘米（图一九九，6）。年代为周代。

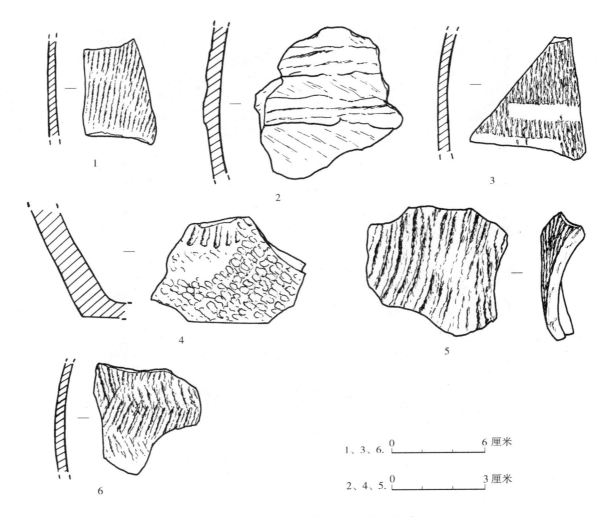

图一九九　石堡乡苏家团村遗址标本

1. 罐腹（94：2）　　2. 罐腹（94：1）　　3. 罐腹（94：5）

4. 罐底（94：6）　　5. 鬲裆（94：4）　　6. 陶片（94：3）

95　西峪乡西峪坪遗址

位于西河县西峪乡上坪村、西峪河南岸、漾水河西岸（彩版八九），地势平缓（图二〇〇）。遗址总面积约 3 万平方米，文化层堆积较厚，约为 0.8 米。暴露有灰层、灰坑（彩版九〇）。采集有大量陶片。

标本介绍如下：

标本 95：7　盆口沿。泥质灰陶。敛口，平折沿，圆唇，腹上部微鼓，下部斜收。素面。口径 28、残高 5、壁厚 0.6 厘米（图二〇一，1）。年代为仰韶文化晚期。

标本 95：4　盆口沿。夹砂红褐陶。直口，厚圆唇，直领折肩，斜腹。饰斜线绳纹。残高 7.5、残宽 7.5、厚 1.1 厘米（图二〇一，2）。年代为仰韶文化晚期。

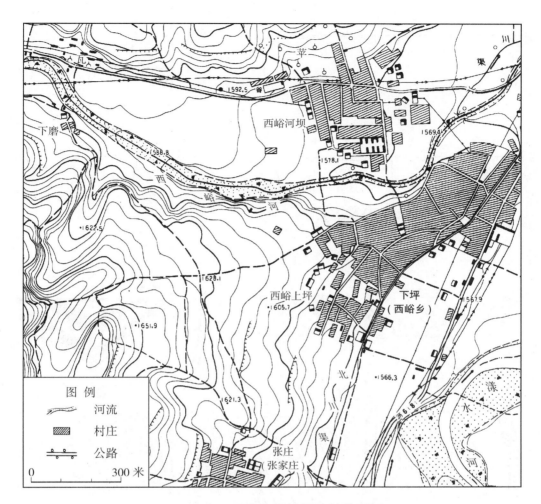

图二〇〇　西峪乡西峪坪遗址地形图

标本 95：5　罐口沿。夹砂红褐陶。口微敛，斜折沿，方唇。口沿内侧有慢轮修整痕迹。唇下饰刻划纹，腹部饰斜绳纹。口径 24、残高 7.1、壁厚 0.5 厘米（图二〇一，3）。年代为仰韶文化晚期。

标本 95：6　罐口沿。夹砂红褐陶。直口，斜沿，方唇，腹微鼓。颈部饰带戳印纹的附加堆纹，唇部饰刻划斜线纹，腹部饰斜线细绳纹。残高 6、残宽 8、厚 0.8 厘米（图二〇一，4）。年代为仰韶文化晚期。

标本 95：11　罐口沿。夹粗砂红褐陶。直口，尖圆唇，斜折沿。腹部饰绳纹。残高 3.4、残宽 7、厚 0.4～1 厘米（图二〇一，5）。年代为仰韶文化晚期。

标本 95：8　罐底。泥质红褐陶。为罐的底部残片，斜腹，平底。素面。底径 4.5、残高 4.5、壁厚 0.5 厘米（图二〇一，6）。年代为仰韶文化晚期。

标本 95：1　罐残片。泥质桔红陶。饰黑彩弧线三角纹，三角纹内填火焰纹圆点。残高 10、残宽 16.5、壁厚 0.8 厘米（图二〇一，7；图版一一，5）。年代为仰韶文化晚期。

标本 95：3　罐残片。夹砂红褐陶。为罐的腹部残片，斜腹。饰不规则的条形附加堆

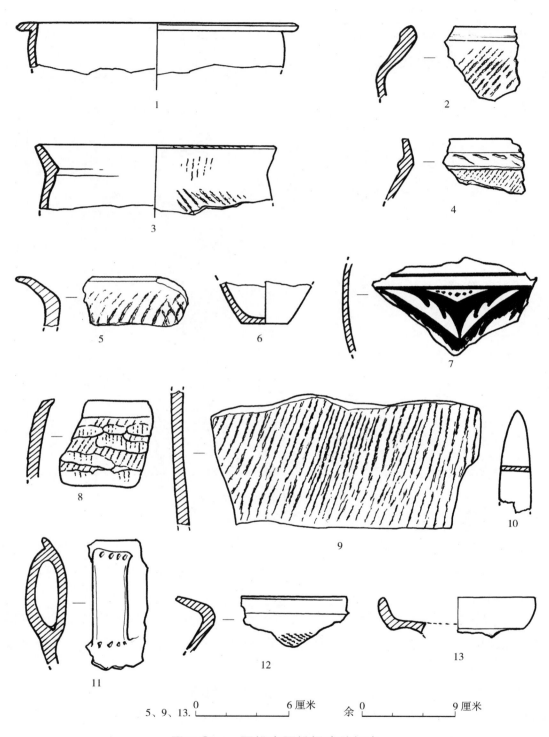

图二〇一　西峪乡西峪坪遗址标本

1. 盆口沿（95：7）　2. 盆口沿（95：4）　3. 罐口沿（95：5）　4. 罐口沿（95：6）　5. 罐口沿（95：11）　6. 罐底（95：8）　7. 罐残片（95：1）　8. 罐残片（95：3）　9. 陶片（95：12）　10. 石矛（95：10）　11. 罐耳（95：2）　12. 鬲口沿（95：9）　13. 豆盘（95：13）

纹，上刻竖线刻划纹。残高 8.8、残宽 9.3、壁厚 1.1 厘米（图二○一，8）。年代为仰韶文化晚期。

标本 95：12 陶片。夹砂红陶。饰绳纹。残高 9、残宽 18、壁厚 0.8 厘米（图二○一，9）。年代为仰韶文化晚期。

标本 95：10 石矛。页岩质，磨制，青灰色。柳叶状，锋部尖锐且较厚，后部已残。残长 10.5、最宽 3.3、厚 0.4 厘米（图二○一，10）。年代为仰韶时代晚期。

标本 95：2 罐耳。夹砂黑褐陶。侈口，圆唇，长颈，颈部腹桥形耳，腹微鼓。素面，耳部上、下饰戳印指甲纹。耳高 10、宽 3.5、壁厚 0.9、残高 13.5、残宽 6 厘米（图二○一，11）。属寺洼文化。

标本 95：9 鬲口沿。夹砂灰陶。敛口，斜平折沿，方唇。沿内侧和唇部各饰一周凹弦纹，腹部饰斜线粗绳纹。残高 5.4、残宽 11、唇厚 0.8、壁厚 0.6 厘米（图二○一，12）。年代为西周晚期。

标本 95：13 豆盘。泥质灰陶。圆唇，侈口，盘外底微凹。素面。口径 10.2、盘高 2.2、壁厚 1 厘米（图二○一，13）。年代为西周晚期至春秋早期。

96 石堡乡祁家庄遗址

位于石堡乡祁家庄西南侧，水磨川河北侧、漾水河西侧（图二○二）。台地平缓，地势比较低。面积约 8 万平方米。暴露有大量墓葬。采集到一些陶片。

标本介绍如下：

标本 96：1 罐口沿。夹细砂灰陶。方唇，敛口，鼓腹。素面。残高 4、残宽 12.3、壁厚 1 厘米（图二○三，1）。年代为汉代。

标本 96：2 罐口沿。夹细砂灰陶。侈口，束颈，鼓腹。素面。残高 9、残宽 9.3、壁厚 1 厘米（图二○三，2）。年代为汉代。

97 永兴乡爷池山坪遗址

位于永兴乡龙槐村东南、爷池村西南侧的台地上，面积不详（见图六四）。在台地上捡到了许多史前时期的遗物。发现少量灰坑。

标本介绍如下：

标本 97：6 盆口沿。泥质橙红陶。卷沿，圆唇。上饰变形鱼纹。残高 5.4、残宽 6.6、壁厚 0.5 厘米（图二○四，1）。年代为仰韶文化早期。

标本 97：5 罐口沿。泥质青灰陶。敛口，圆唇，深腹。素面。残高 10.5、残宽 9.6、壁厚 0.8 厘米（图二○四，2）。年代为仰韶文化中期。

标本 97：7 盆口沿。泥质红陶。敛口，宽平沿，圆唇。上饰弧线纹。残高 3、残宽

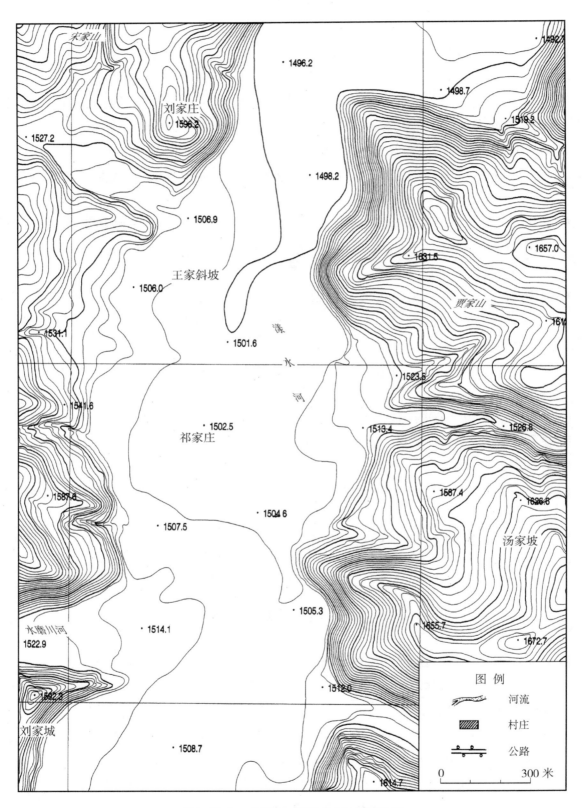

图二〇二　石堡乡祁家庄遗址地形图

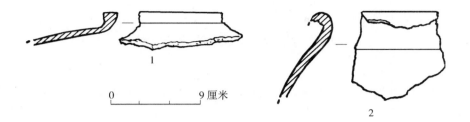

图二〇三　石堡乡祁家庄遗址标本

1. 罐口沿（96：1）　　2. 罐口沿（96：2）

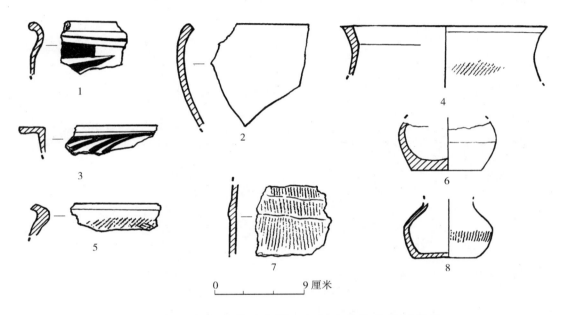

图二〇四　永兴乡爷池山坪、红河乡田家庄遗址标本

1. 盆口沿（97：6）　2. 罐口沿（97：5）　3. 盆口沿（97：7）　4. 盆口沿（97：

3）　5. 盆口沿（97：1）　6. 罐底（97：2）　7. 陶片（97：4）　8. 小罐（98：1）

9.3、沿宽2.2、壁厚0.5厘米（图二〇四，3）。大致年代为仰韶文化晚期。

标本97：3　盆口沿。夹砂红陶。斜折平沿，尖唇。饰绳纹。口径20.8、残高4.8、沿宽1.1～2.4、壁厚0.6厘米（图二〇四，4）。年代为仰韶文化晚期。

标本97：1　盆口沿。夹粗砂红陶。宽折平沿，方唇。饰粗绳纹。残高3、残宽9、沿宽3、壁厚0.8厘米（图二〇四，5）。年代为仰韶文化晚期。

标本97：2　罐底。泥质红陶。圆折腹，平底。底径7.2、残高5、壁厚0.6厘米（图二〇四，6）。年代为仰韶文化晚期。

标本97：4　陶片。夹砂灰陶。饰绳纹，另饰附加堆纹一道，上压绳纹。残高7.5、残宽7.5、壁厚0.6厘米（图二〇四，7）。年代为仰韶文化晚期。

98　红河乡田家庄遗址

位于红河乡田家庄东、下寺河南岸台地（图二〇五）。地面上能采集到少量战国到秦时期的陶罐残片等。

标本介绍如下：

标本98：1　小罐。夹砂陶，浅灰色。敛口，短颈，斜肩，鼓腹。口沿残。肩部有抹平弦纹，腹部有细绳纹。底径6、残高5.5、壁厚0.6～0.8厘米（见图二〇四，8）。年代为周代。

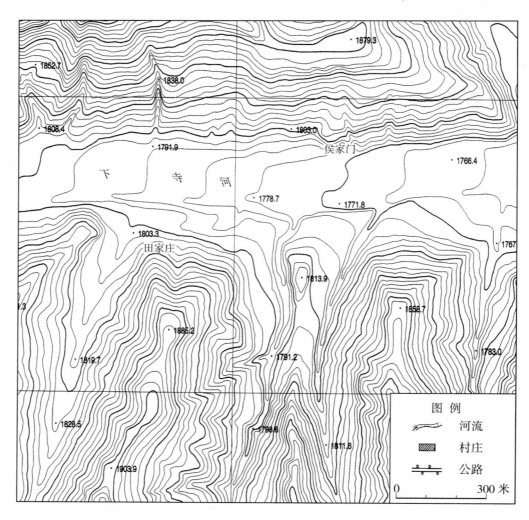

图二〇五　红河乡田家庄遗址地形图

第三章　对西汉水上游考古学文化及相关问题探讨

2004 年调查的收获是多方面的。首先，极大地丰富了对这一流域史前遗址及文化序列的认识，并提出了一些新的问题。其次，基本摸清了商周时期考古学文化的性质，以及它们在流域中的分布，为今后进一步的选点发掘打好了基础；并为探索一些历史上悬而未决的问题，比如秦早期都邑的地望，秦文化的形成，以及秦、戎关系等，提供了重要的线索。

一　史前时期考古学文化的发展序列及相关问题

20 世纪 40 年代裴文中先生到渭河上游做考古调查，曾到过这里，石桥乡石沟坪遗址就是他发现的。当时的学术界用"彩陶文化"来概括中国中、西部的史前文化，用"黑陶文化"来概括中国东部的史前文化；而且这种"彩陶"与"黑陶"东、西并行对立的二元学说还很流行。受其影响，裴先生把包括渭河上游和西汉水流域的陇南地区的史前文化分为三期：彩陶文化鼎盛时期、彩陶文化衰落时期、彩陶文化极衰时期，并推断"齐家文化未传布到渭河上游"[①]。随着资料的积累，1958 年甘肃省博物馆对西汉水流域进行了考古调查，已明确发现仰韶文化遗址 17 处、齐家文化遗址 12 处、周代遗址 14 处，认为这里的文化类型大致与渭河上游相同，并认为仰韶文化的遗存在这里极为丰富，齐家文化却很不发达；虽未发现寺洼文化的遗存，但周代遗址却很丰富[②]。从那以后，对西汉水上游再未做过系统的考古调查。但此后的 40 年间，中国史前期一大批新的文化或文化类型被发现，它们在西汉水上游是否有分布还属于未知数。与之同时，在认识上，20 世纪 50～60 年代流行的大一统"仰韶文化"和"龙山文化"概念逐渐淡出学术界，各地史前文化的丰富多彩和地域特点倍受关注。在这种情况下，用"仰韶文化"和"齐家文化"来概括这个地区仰韶时期和龙山时期的文化遗存，就显得太简单化和粗线条了。

通过这次调查我们发现，在渭水流域所见到的史前文化及其类型，包括从史家、庙底沟、仰韶晚期到相当于中原龙山文化阶段的常山下层文化和齐家文化，在这里都有分布。这一地区史前文化发展序列之完整，是过去没有想到的。

按照学术界的通行做法，可把仰韶时期分为三期。这里仰韶早期的遗存与关中宝鸡北首岭中层、渭南史家、西安半坡等同类文化在面貌上有很大的相似性。根据秦安大地湾遗

---

① 裴文中：《甘肃史前考古报告》，油印本，1947 年。
② 甘肃省博物馆：《甘肃西汉水流域考古调查简报》，《考古》1959 年 3 期。

址的发掘，在甘肃东部分布着早于仰韶文化的大地湾一期遗存。2002 年甘肃省文物考古研究所在盐官镇黑土崖遗址曾采集到大地湾一期文化和半坡类型的陶片。2005 年在城关镇西山遗址也发掘出半坡类型的细颈蒜头瓶残片。由碳十四测年可知，大地湾一期距今 7350～7800 年，大地湾仰韶早期遗存距今 6000 年前后①，二者之间还有不小的年代缺环；大地湾仰韶早期遗存大体相当于关中地区半坡类型的中晚阶段②，如果以后在礼县发掘出相当于半坡类型偏早阶段的遗存，对弥补这个年代缺环，很有意义。

在关中地区，史家类型属于半坡和庙底沟之间的过渡类型；目前在天水乡王坪、盐官镇黑土崖、城关镇雷神庙、草坝乡唐河口、草坝乡杨湾、石桥乡上碾渠、永坪乡蹇家坪、永兴乡爷池山坪遗址都发现了这个阶段的标本（图二〇六）。主要器形有夹砂弦纹罐、叠唇盆、直口钵、葫芦形口的尖底瓶或平底瓶等（图二〇七、二〇八；图版一～三）。以泥质红陶为主。夹砂罐侈口，口沿外侧一般有两道凹弦纹；叠唇盆的口沿外饰黑彩，腹部饰条纹及三角折线纹，应当是鱼纹或变形鱼纹的部分；直口钵上口沿外部有宽带黑彩，宽 3 厘米左右。这些特征都与大地湾仰韶早期遗存非常相似，天水和礼县地域毗邻，我们甚至可以大胆推测，在西汉水上游这一阶段的遗存和大地湾仰韶早期遗存性质相同。当然，在大地湾发掘的一些器形如盘口长颈彩陶壶、圆纽覆碗状器盖等在这次调查中没有发现，这里的直口钵口沿上也没有大地湾的那种刻划符号，地面调查毕竟有很大的局限性，只能有待日后的发掘工作。

仰韶中期遗存在天水乡盘头山、天水乡王坪、礼县盐官镇、盐官镇沙沟口西、盐官镇黑土崖、祁山乡太山庙、长道镇左家磨东、长道镇宁家庄、永兴乡蒙张、燕河乡庄子上、燕河乡庙嘴子、城关镇庄窠地、石桥乡高寺头、石桥乡上碾渠、石桥乡石沟坪、石桥乡刘坪、江口乡彭崖、红河乡石家窑、草坝乡唐河口、永坪乡蹇家坪、永兴乡爷池山坪遗址均有发现，分布范围较仰韶早期有所扩大（图二〇九）。主要为泥质红陶和夹砂红陶，还有一定比例的橙黄色陶。器形有重唇口尖底瓶、铁轨状口沿深腹罐、卷沿圆唇的浅腹盆、斜折沿或平沿的曲腹彩绘盆、叠唇缸、敛口钵、器座、陶挫等。深腹罐的口沿内侧有一道凹槽、外侧有一周凸棱。盆口沿和腹部多绘红底黑彩，多弧线三角、回旋勾连纹及圆点纹，线条轻巧流畅（图二一〇、二一一；图版四～七）。它们和大地湾仰韶中期遗存、扶风案板第一期文化以及河南陕县庙底沟类型的年代相当，内涵接近或相同。地面调查很少能采集到完整器物，再加上标本数量的限制，使我们难以就西汉水上游与上述三个地点仰韶中期遗存的异同发表议论；但从地理位置的远近而言，它与大地湾仰韶中期遗存应该有更多的共性。采集的个别标本也透露出这方面的信息，如黑土崖标本 19：21 是一件卷沿圆唇盆，口沿下饰黑色变形三角鱼纹，与大地湾 H2 标本 27：22 相似；黑土崖标本 19：20 是一件盆口沿，沿下饰斜三角平行线纹，与大地湾的同类器相似。事实上，大地湾仰韶中期遗存还保留了一些早期因素，比如鱼纹和葫芦口瓶。

---

① 甘肃省博物馆文物工作队：《甘肃秦安大地湾遗址 1978 至 1982 年发掘的主要收获》，《文物》1983 年 11 期。
② 同上注。

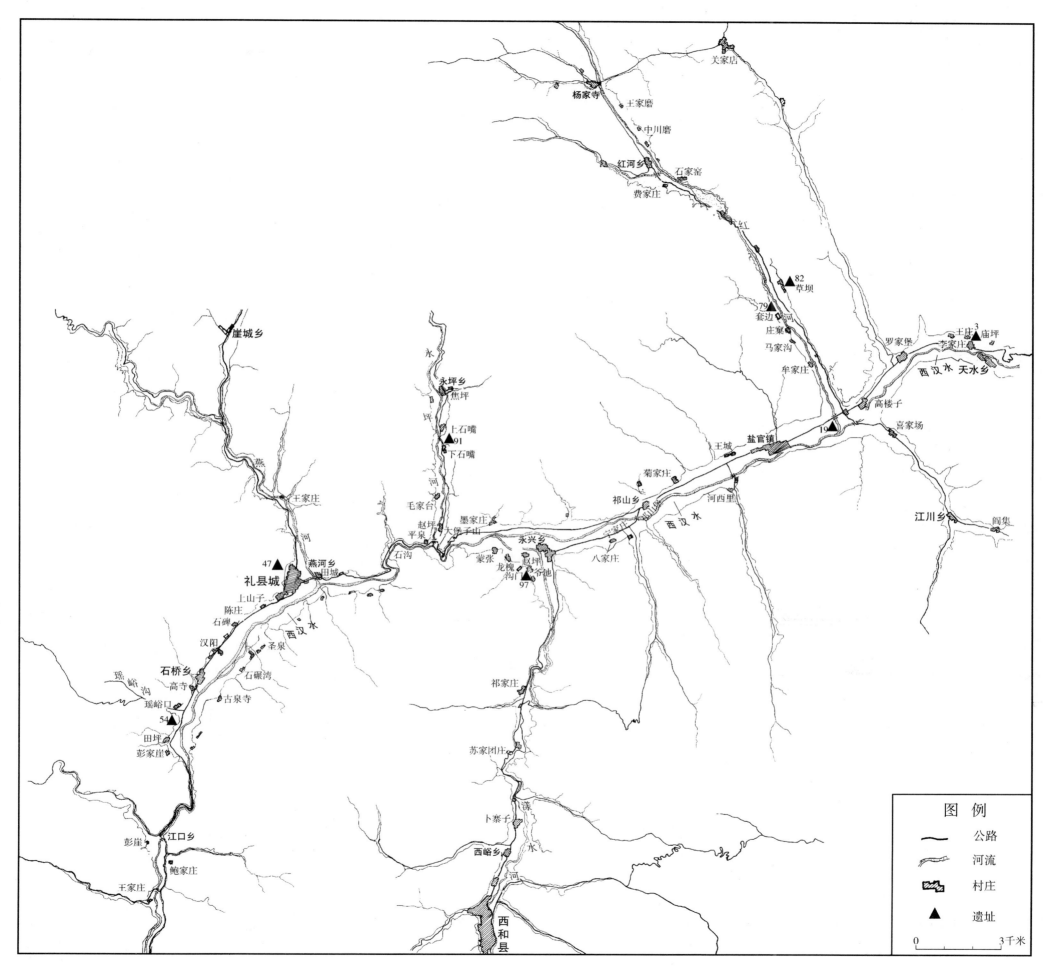

图例

—— 公路

河流

村庄

▲ 遗址

0 _____ 3千米

图二〇六　仰韶文化早期遗址分布示意图

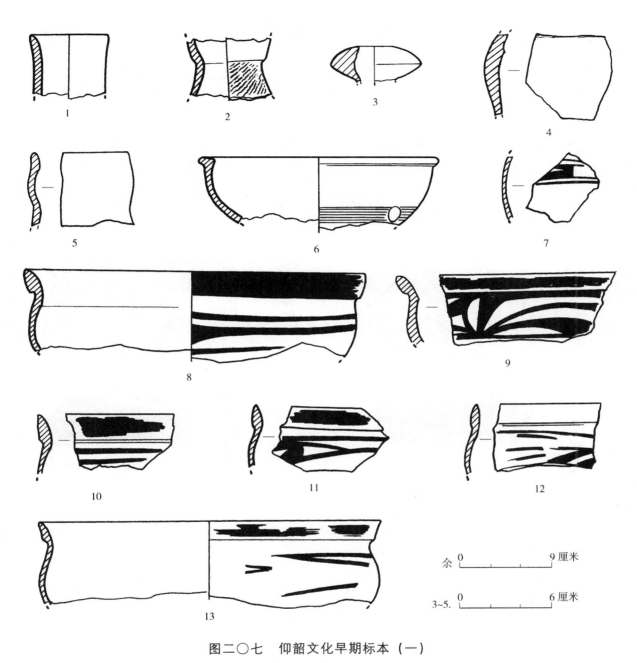

图二〇七 仰韶文化早期标本（一）

1.尖底瓶口沿（03：40） 2.尖底瓶部（19：10） 3.尖底瓶口沿（19：35） 4.
尖底瓶口沿（79：20） 5.尖底瓶口沿（91：37） 6.盆口沿（19：7） 7.盆残片
（19：9） 8.叠唇盆口沿（19：3） 9.叠唇盆口沿（19：17） 10.叠唇盆口沿（19
：23） 11.叠唇盆口沿（19：5） 12.盆口沿（79：4） 13.叠唇盆口沿（19：26）

近年来半坡类型和庙底沟类型的关系问题再次引起了热烈的讨论。由于在山西翼城枣
园 H1、垣曲东关一期单位中发现了和半坡类型年代相当的以环形口尖底瓶为代表的遗存，
越来越多的学者认为这是找到了庙底沟类型的前身，并倾向于半坡和庙底沟是同时共存、

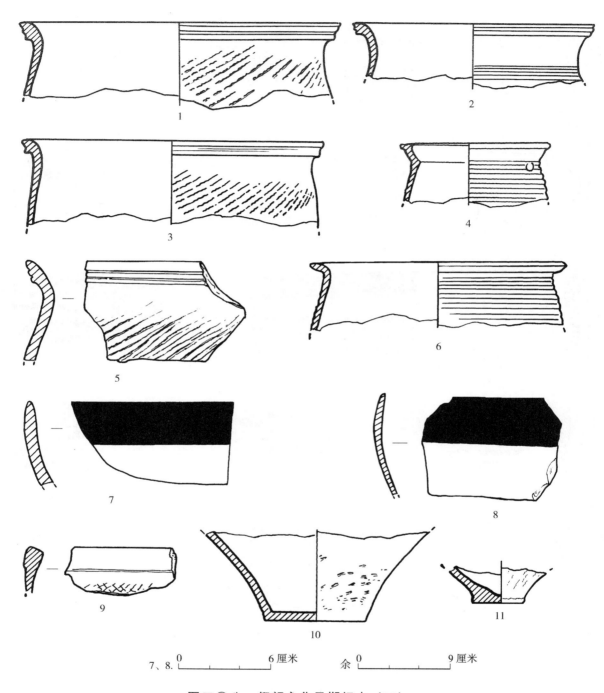

图二○八　仰韶文化早期标本（二）

1. 罐口沿（19：4）　2. 罐口沿（19：6）　3. 罐口沿（19：2）　4. 罐口沿（19：2）　5. 罐口沿（19：36）　6. 罐口沿（79：2）　7. 直口钵口沿（19：30）　8. 直口钵口沿（19：32）　9. 缸口沿（03：36）　10. 器底（19：1）　11. 器底（79：6）

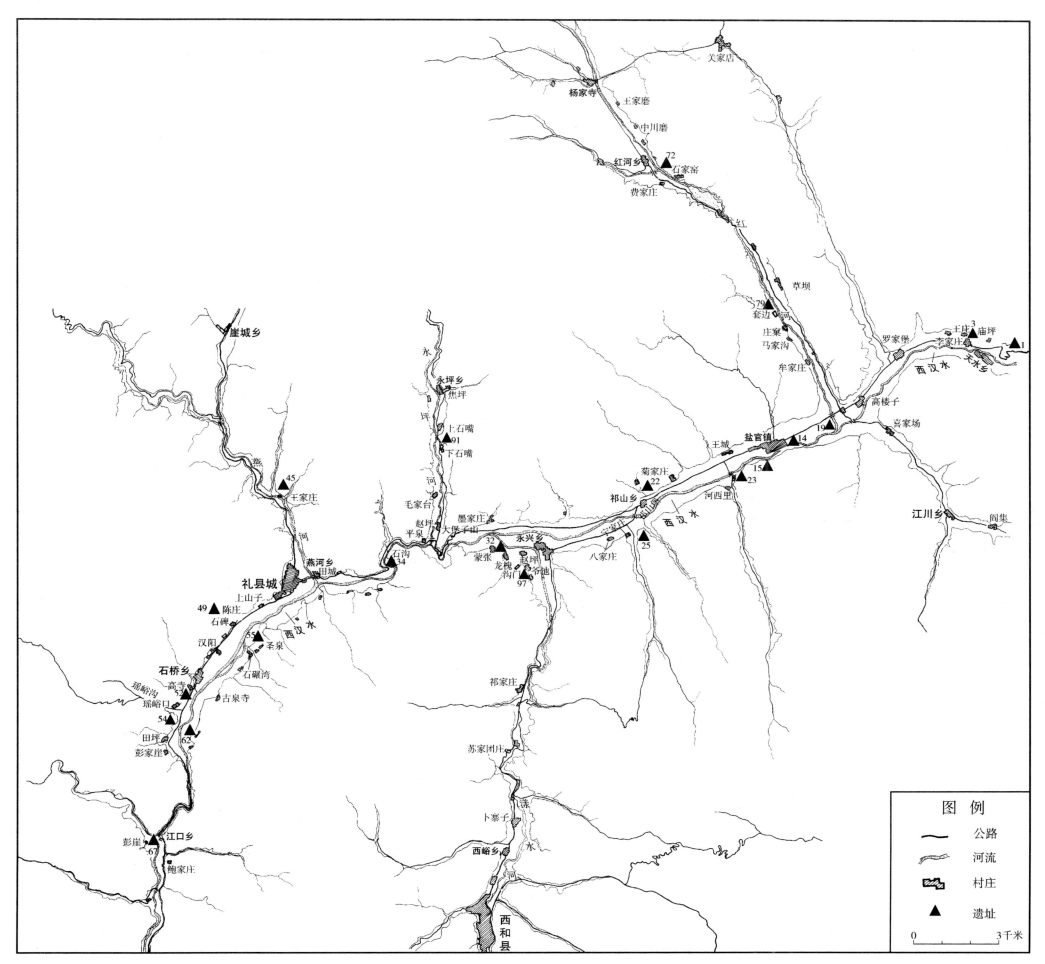

图二〇九　仰韶文化中期遗址分布示意图

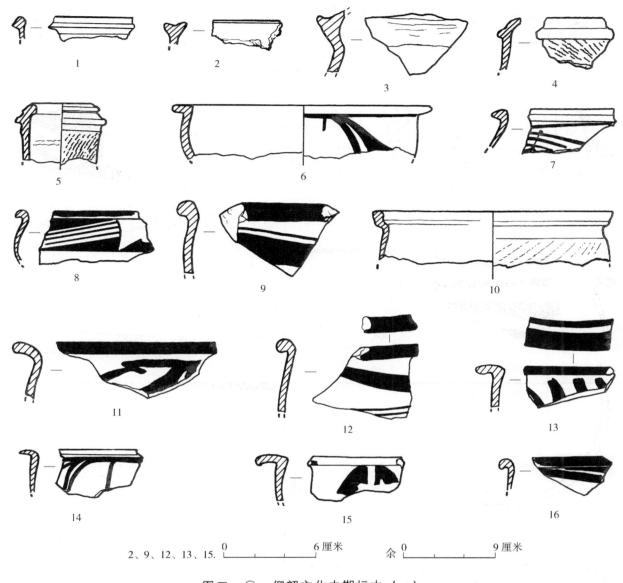

2、9、12、13、15. 0 ——————— 6厘米　　　余 0 ——————— 9厘米

图二一〇　仰韶文化中期标本（一）

1. 尖底瓶口沿（25：17）　2. 尖底瓶口沿（49：3）　3. 尖底瓶口沿（49：10）　4. 尖底瓶口沿（52：4）　5. 尖底瓶口沿（52：54）　6. 深腹盆（03：12）　7. 盆口沿（19：20）　8. 盆口沿（19：21）　9. 盆口沿（19：33）　10. 盆口沿（45：14）　11. 盆口沿（47：29）　12. 盆口沿（55：24）　13. 盆口沿（79：22）　14. 盆口沿（52：42）　15. 盆口沿（62：6）　16. 盆口沿（52：33）

平行发展的两种文化的观点，二者之间不存在前后继承关系①。如果这个说法可以成立的话，那么半坡类型（或文化）的起源地在关中地区，庙底沟类型（或文化）则很有可能起源于晋南豫西地区。这两支文化都有向西传播的趋势，并先后到达甘肃东部。庙底沟类型在西进的过程中并没有完全取代半坡类型，而是与后者的一些因素融合共存，比如在扶风

————————————

① 王建新、张晓虎：《试论班村仰韶文化遗存的分期及相关问题》，《考古与文物》2001 年 3 期。

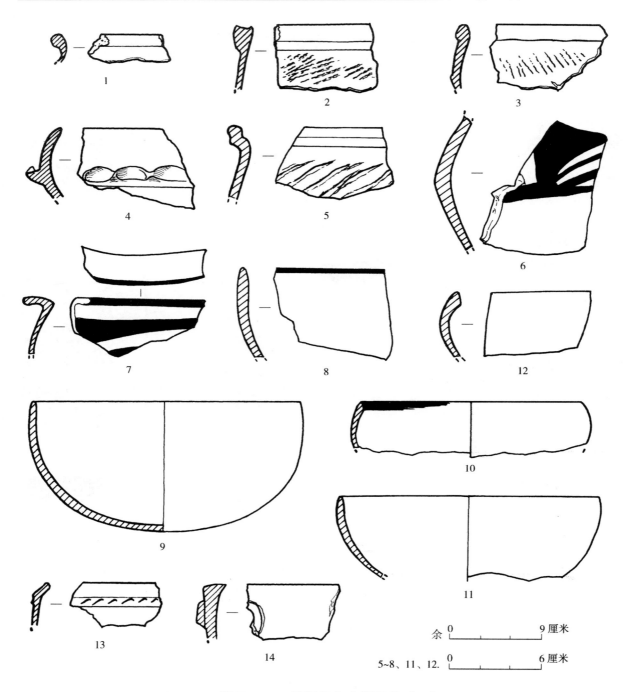

图二——　仰韶文化中期标本（二）

1. 罐口沿（01：6）　2. 罐口沿（03：17）　3. 罐口沿（03：22）　4. 罐口沿（03：38）　5. 罐口沿（19：34）　6. 罐残片（19：31）　7. 罐口沿（55：23）　8. 钵口沿（19：29）　9. 钵（47：44）　10. 钵口沿（52：6）　11. 钵口沿（62：8）　12. 钵口沿（79：23）　13. 缸口沿（49：1）　14. 缸口沿（52：13）

案板第一期遗存中，既有重唇口尖底瓶，又有葫芦形口平底瓶①。在甘肃东部，半坡类型

①　西北大学考古系：《扶风案板遗址发掘报告》，科学出版社，2000年。

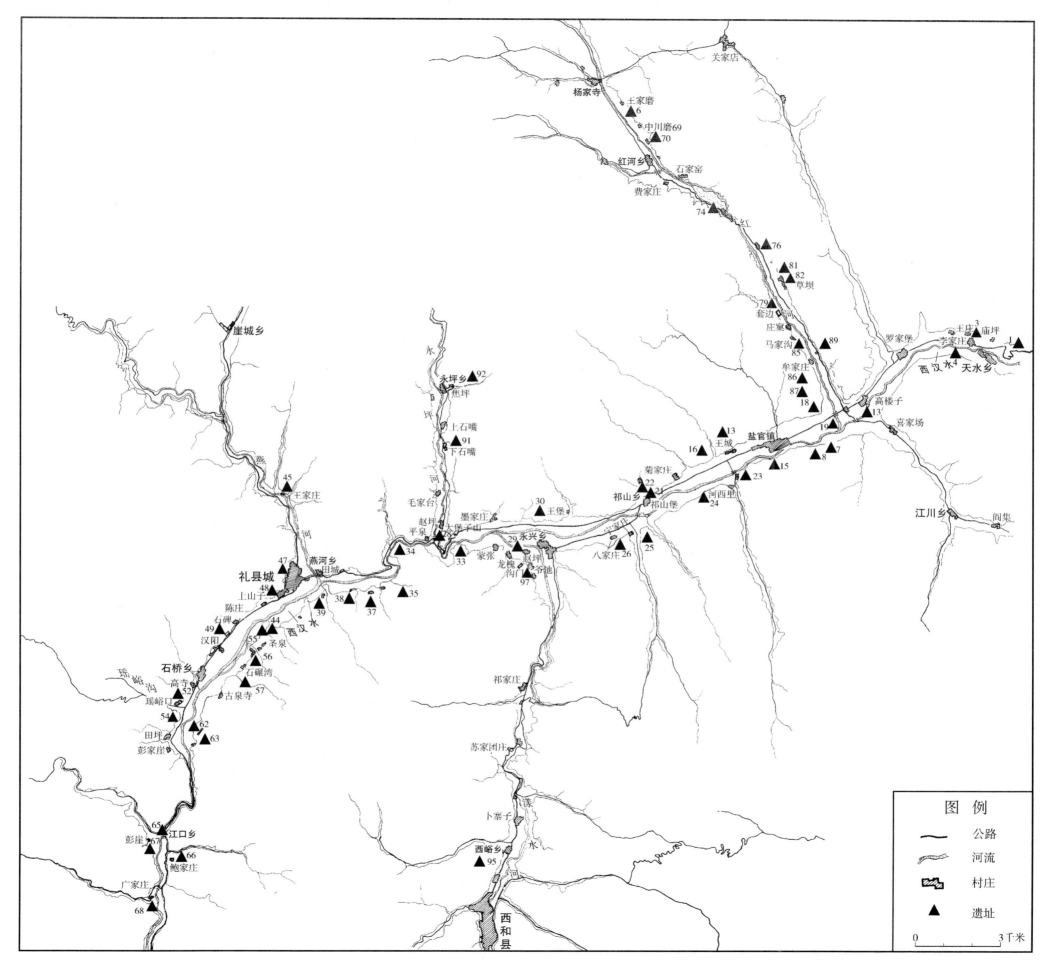

图二一二　仰韶文化晚期遗址分布示意图

的因素似乎更为顽固地延续下去，不仅有葫芦形口尖底瓶，还有长期沿用的鱼纹，只不过鱼纹经历了从写实到写意的系列变化①。事实上，在大地湾仰韶中期遗存中，鱼纹占有相当大的比例，"而变体鱼纹在中期的彩陶花纹中占的比例是略多的，其他如相对半圆纹、变体鱼和鸟相结合的图案花纹都是具有特色的"②。

仰韶晚期文化遗存分布范围空前扩大，遗址数量之多也非其他任何一个时期可以比拟。有天水乡盘头山、王坪、大坟，杨家寺乡王家磨、新山、东庄，盐官镇高楼子、沙沟口西、王磨、高城西山、黑土崖，祁山乡祁山堡、太山庙，长道镇左家磨东、黑鹰沟西、宁家庄、龙八，永坪乡大堡子山，永兴乡赵坪、洩寨湾、庄子上、山脚，燕河乡新田东原、冯崖、马连坝、石岭子、干沟、庙嘴子，城关镇雷神庙、西山、庄窠地、石桥乡高寺头、上碾渠、石沟坪、石碱沟、二土、刘坪、杨坪，江口乡庙背后、鲍家庄、彭崖、王家台，红河乡焦家沟、士子崖、黑山梁，草坝乡花儿山、唐河口、朱家沟、杨湾、庄窠、朴鸽坪、大湾嘴、龙池，永坪乡塞家坪、焦坪，西峪乡西峪坪，永兴乡爷池山坪等（图二一二），共计 57 处，占遗址总数的 58%。以泥质橙黄色陶为主，夹砂红陶或红褐陶占很大比例，还有一定数量的泥质灰陶。主要器形有平唇口或喇叭形口的尖底瓶、大口深腹夹砂罐、宽折沿浅腹盆、敛口浅腹钵、厚唇缸、平沿缸、陶杯、器盖等（图二一三～图二一六；图版八～一三）。尖底瓶底呈直角或钝角，深腹罐多侈口斜折沿，缸的外唇加宽加厚或者口沿截面呈"T"形。以粗绳纹为大宗，还有不少的附加堆纹，有些陶器上有白色陶衣。以黑彩为主；还有少量的白彩，是在绳纹之上直接描画而成。彩绘图案有并行线纹、波曲纹、圆点纹、圆圈网格纹、垂幛纹、鸟首纹等。它们和大地湾仰韶晚期遗存、扶风案板第二期文化、仰韶文化"西王村"类型年代相当，内涵相同或者接近。

20 世纪 70～80 年代在大地湾遗址发掘的仰韶晚期遗存地层清楚，器物组合及发展序列完整，使人们对甘肃东部这一阶段的文化有了全新的认识。大地湾仰韶晚期遗存和关中地区比较也有自己的特点，比如橙黄色陶约占泥质陶陶色的 1/3，而案板第二期灰坑中红陶占 43.35%，其次是灰陶，占 11.88%。无独有偶，这次在西汉水流域采集的仰晚标本中橙黄色陶也占了很大的比例。此外，在尖底瓶绳纹上施白彩的做法也是天水和西汉水流域的共同特点。这些现象似乎说明西汉水仰韶晚期遗存和大地湾的性质相同，应该归入同一个文化或类型；它们都是由甘肃东部仰韶中期遗存直接发展过来的。

过去一直把发现于武山县的"石岭下类型"作为庙底沟类型和马家窑类型之间的过渡环节。由于石岭下遗址的标本多系采集，文化本身的内涵并不清楚，再加上后来大地湾的发掘，越来越多的学者开始怀疑这个说法，有的主张取消"石岭下类型"的命名，将之归入甘肃东部的仰韶晚期遗存③。所谓的"石岭下类型"在西汉水流域也有分布，以前在石沟坪遗址采集到喇叭口双耳平底瓶，瓶身饰鲵鱼纹；涡纹化的鸟首纹被视为该类型的典型

---

①　甘肃省博物馆文物工作队：《甘肃秦安大地湾遗址 1978 至 1982 年发掘的主要收获》，《文物》1983 年 11 期。

②　同上注。

③　郎树德、许永杰、水涛：《试论大地湾仰韶晚期遗存》，《文物》1983 年 11 期。

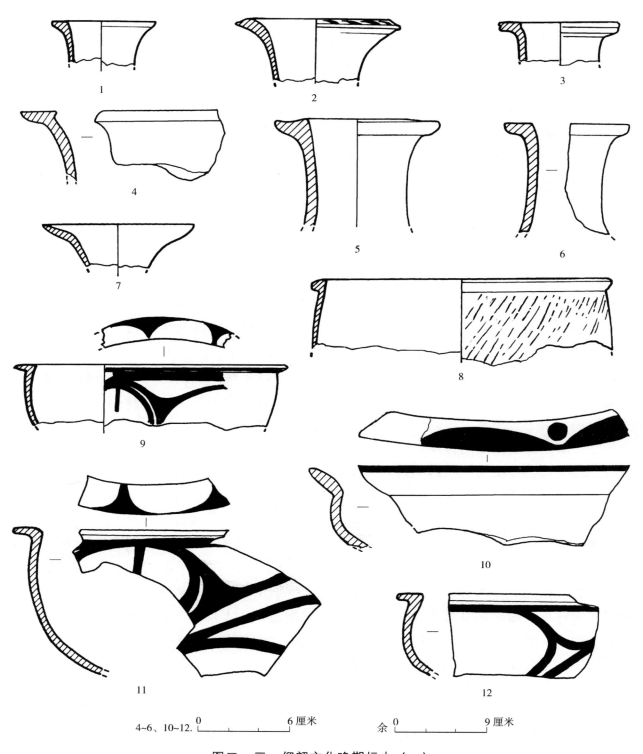

4~6、10~12.　0 —————— 6厘米　　余 0 —————— 9厘米

图二一三　仰韶文化晚期标本（一）

1. 尖底瓶口沿（15：5）　2. 尖底瓶口沿（52：51）　3. 尖底瓶口沿（52：56）　4. 尖底瓶口沿（55：26）　5. 尖底瓶口沿（79：12）　6. 尖底瓶口沿（79：14）　7. 尖底瓶口沿（91：20）　8. 盆口沿（45：7）　9. 盆口沿（55：9）　10. 盆口沿（55：21）　11. 盆口沿（55：59）　12. 盆口沿（55：62）

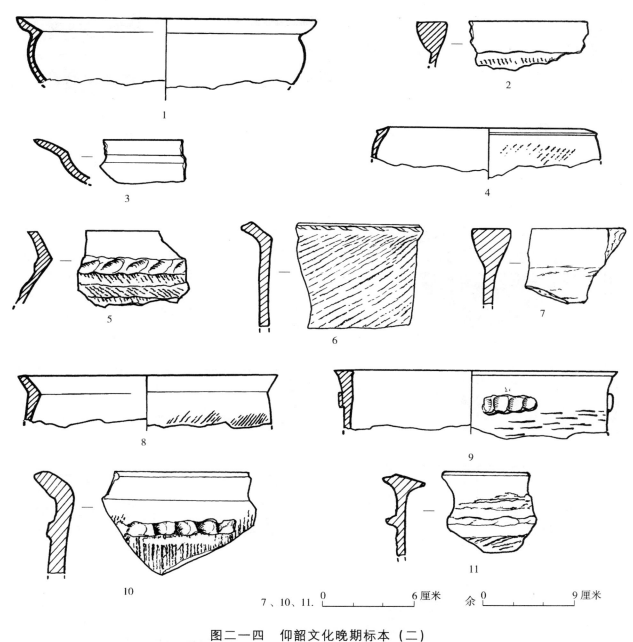

图二一四　仰韶文化晚期标本（二）

1. 盆口沿（91：10）　2. 罐口沿（03：6）　3. 罐口沿（03：27）　4. 罐口沿（03：
20）　5. 罐口沿（15：4）　6. 罐口沿（47：34）　7. 罐口沿（48：8）　8. 罐口沿
（52：45）　9. 罐口沿（55：14）　10. 罐口沿（55：56）　11. 罐口沿（55：58）

纹饰，在这次调查的标本中也有发现。

　　总之，西汉水上游地区仰韶时期文化发展的前后连续性很强。虽然仰韶中期大量的庙底沟类型因素可能来自东方，但这是在庙底沟类型大扩张的背景下出现的，并不代表这里或者甘肃东部有什么特殊性；况且在仰韶中期大量的早期因素还得以保留。文化发展的连续性不仅表现为文化特点的承袭，从遗址数量的逐步增加也可以看得出来：早期8处，中

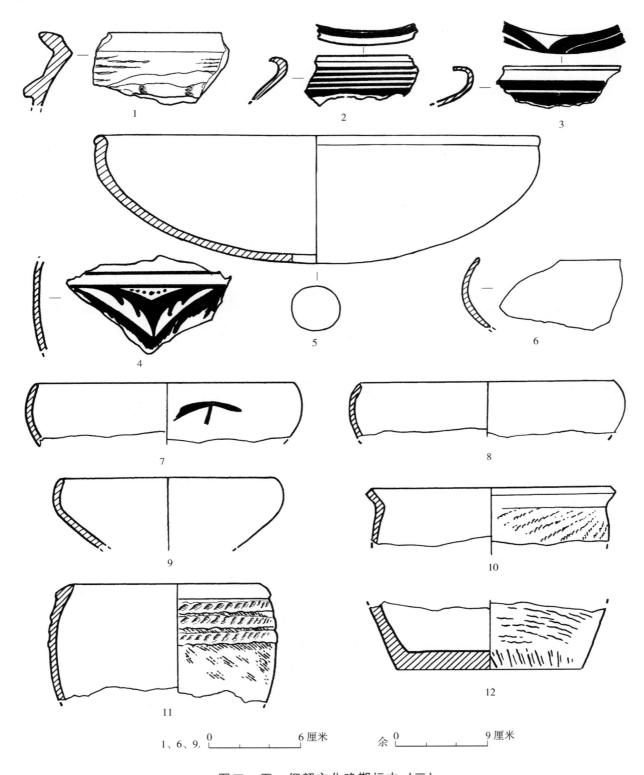

图二一五　仰韶文化晚期标本（三）

1. 罐口沿（79∶11）　2. 罐口沿（91∶21）　3. 罐口沿（91∶25）　4. 罐残片（95∶1）　5.
甑（47∶45）　6. 钵口沿（15∶11）　7. 钵口沿（52∶19）　8. 钵口沿（69∶1）　9. 钵口沿
（79∶9）　10. 罐口沿（03∶13）　11. 缸口沿（15∶1）　12. 缸底（19∶11）

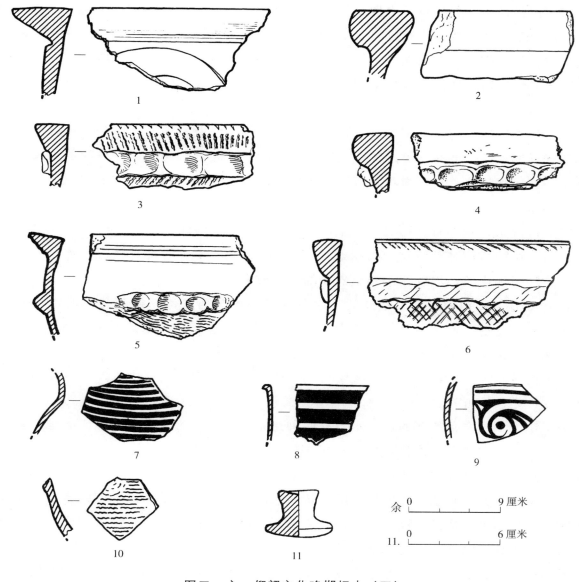

图二一六　仰韶文化晚期标本（四）

1. 缸口沿（91：3）　2. 缸口沿（92：3）　3. 瓮口沿（91：1）　4. 瓮口沿（91：9）
5. 瓮口沿（91：17）　6. 瓮口沿（91：8）　7. 壶残片（15：6）　8. 壶口沿（91：23）
9. 陶片（55：17）　10. 陶片（19：28）　11. 陶拍（91：16）

期 21 处，晚期 57 处。仰韶晚期文化的繁荣当然得力于生产力的提高和人口的增加，在这一阶段出现的白灰面房屋、多种结构的柱础、大型建筑以及竖颈袋形窖穴代表着新的生产技术，并为更多的人提供了栖身之所。

相当于龙山早期的文化遗存主要有两类：一类是常山下层文化因素，另一类是案板三期文化因素（或者说庙底沟二期文化）。

常山下层文化的遗址发现不多，有盐官镇新山、盐官镇东庄、盐官镇玄庙嘴、盐官镇马坪山、盐官镇高城西山、祁山乡祁山堡、长道镇左家磨东、长道镇盘龙山、永兴乡赵坪、城关镇雷神庙、石桥乡石沟坪、红河乡黑山梁、草坝乡唐河口北、草坝乡马家台子、草坝乡庄窠、草坝乡龙池、草坝乡王家沟坪、石堡乡苏家团村（图二一七）。采集到的标本也不够丰富，陶系主要为泥质橙红色、砖红色或橙黄色，还有一些泥质灰陶。泥质陶火候高，陶质硬。可辨器形有侈口束颈广圆肩鼓腹小平底瓮、夹砂深腹罐、侈口宽颈垂腹的单耳或双耳罐、敞口斜腹平底盆等（图二一八～二一九；图版一四～一六）。今礼县博物馆藏有多件这种广圆肩瓮，形体硕大，可能用于储物；它既有泥质红陶的，也有泥质灰陶的；颈部饰凹弦纹，弦纹下有一周或几周戳点纹，肩、腹部饰间隔以凹弦纹的细绳纹，有的还施一道附加堆纹，肩部有桥形双耳。该文化带耳器发达，2005 年在礼县城关镇西山遗址还发掘出双耳罐和三耳罐，耳与口沿齐平，有的与齐家文化双大耳罐的形态已经非常接近；罐上饰红彩，颈部有并行线纹，上腹部在两道弦纹间填以三角折线纹[①]。陶盆敞口宽平沿，沿下饰横行或竖行篮纹，如标本 89∶3、标本 90∶1 即是此种情况。流行篮纹、紧密的绳纹和附加堆纹，堆纹往往施至器物的口沿或近底处。

　　1981 年在甘肃镇原县常山遗址的下层发现了一种与庙底沟二期文化同时但内涵明显不同的新的文化遗存，被命名为"常山下层文化"[②]；为探索甘肃东部龙山早期文化及齐家文化的渊源提供了线索。这种文化在泾河上游分布得比较密集，尤其集中在庆阳、平凉地区，以橙黄色陶为主，红陶次之，灰陶少见。西汉水上游同类遗存中的广圆肩瓮多为泥质灰陶，或许是其地方特色之一。

　　关于常山下层文化的渊源，学术界有两种意见，一种认为它主要来源于大地湾仰韶文化晚期遗存，或者说以之为代表的甘肃东部同类遗存[③]；另一种认为它来源于泾河上游的阳坬类文化，其年代亦相当于仰韶晚期[④]。按照前说，西汉水上游的常山下层文化有可能主要是从本地的仰韶晚期遗存发展来的；按照后说，则它可能是泾河上游的常山下层文化进入陇西，并南下传播到西汉水流域的结果。持后说的学者也认为常山下层文化的起源地纬度高、海拔高、降水少，进入龙山降温期后该文化有南移趋势，比如在陕西长武南峪村、千阳鲁台山、宝鸡老虎沟等地都发现了具有这种文化特征的遗存[⑤]。常山下层文化的陶系、纹饰和器形与大地湾仰韶晚期遗存差别较大，而且该文化有一定的地域特点，所以后说似乎更为合理。

　　从遗址分布看，18 处遗址中盐官镇的有 5 处，约占 27.8%；红河流域（红河乡和草坝乡）6 处，约占 33.3%；其他乡镇的 7 处。该文化的遗址比较多地分布在红河河谷及盐官镇附近恐怕不是偶然现象。红河号称"小秦川"，在古代是联系渭河河谷和西汉水的重要孔道，三国时期诸葛亮六出祁山，即循此道北上天水；而盐官镇就位于红河注入西汉水

①　资料现存于甘肃文物考古研究所礼县工作站。
②　中国社会科学院考古研究所泾渭队：《陇东镇原常山遗址发掘简报》，《考古》1981 年 3 期。
③　郎树德、许永杰、水涛：《试论大地湾仰韶晚期遗存》，《文物》1983 年 11 期。
④　西北大学文博学院考古专业：《扶风案板遗址发掘报告》，科学出版社，2000 年，269 页。
⑤　同上注，264 页。

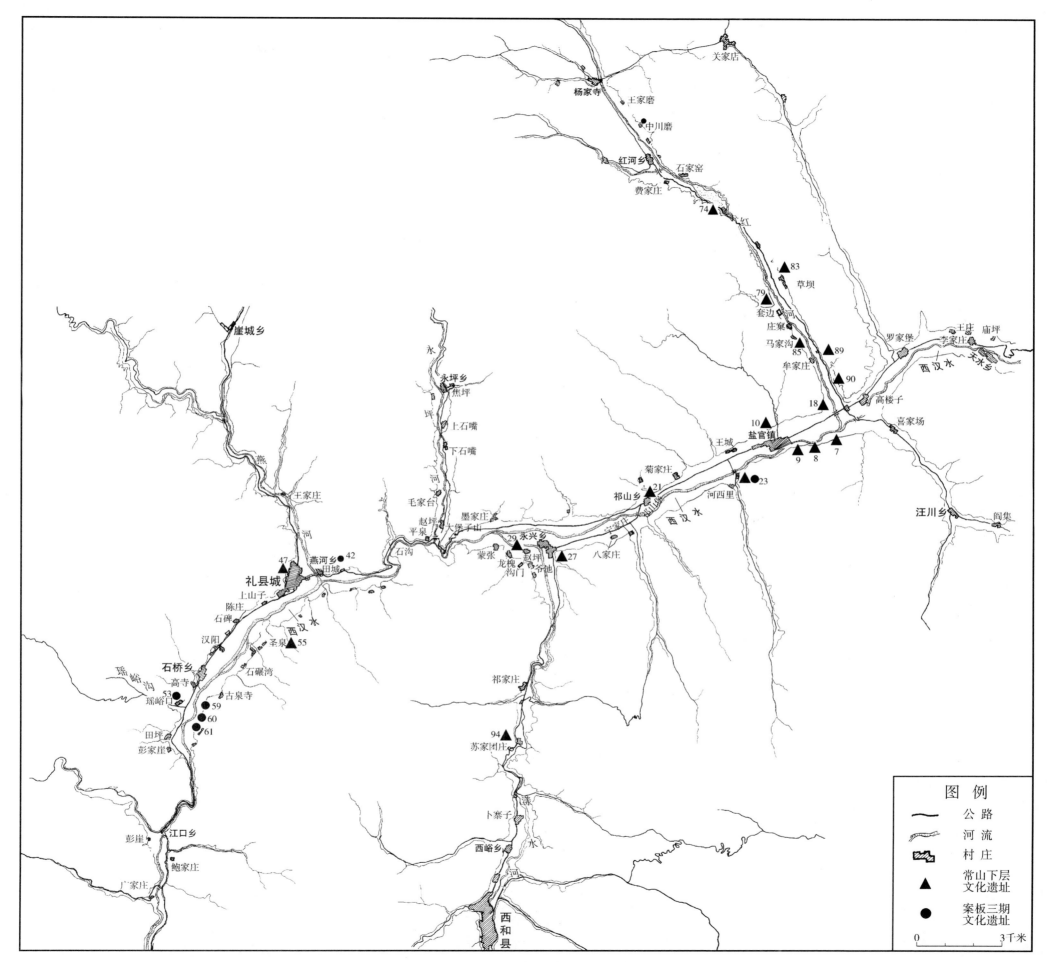

图二一七　龙山文化早期遗址分布示意图

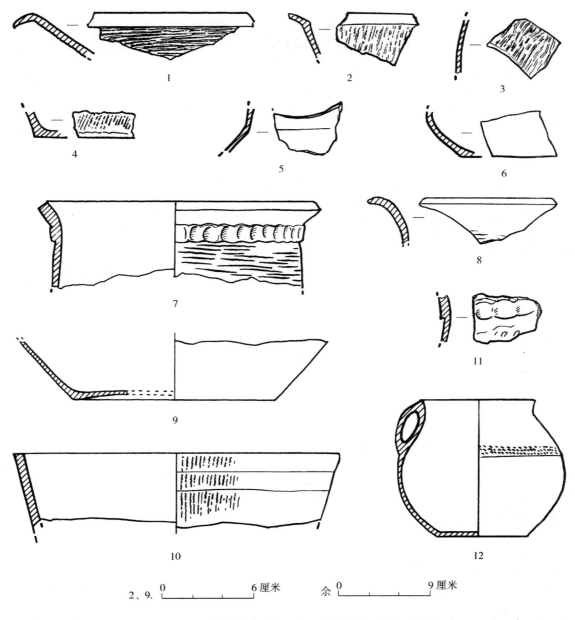

图二一八　（龙山文化早期）常山下层文化标本（一）

1. 盆口沿（90：1）　　2. 盆口沿（89：3）　　3. 陶片（23：13）　　4. 罐底（09：5）　　5.
罐颈部（23：2）　　6. 罐底（27：2）　　7. 罐口沿（55：13）　　8. 罐口沿（55：27）　　9.
罐底（55：53）　　10. 罐口沿（74：1）　　11. 罐残片（74：3）　　12. 带耳罐（80：1）

的河口处。或许暗示在西汉水上游这种文化并非是土生土长的。

　　如果说常山下层文化是否为外来还有疑问，那么这里的案板三期文化遗存则无疑是舶来
品。含有这种遗存的遗址仅 6 处，有长道镇左家磨东、燕河乡赤土山、石桥乡李家房背后、
石桥乡石坝 1 号、石桥乡石坝 2 号、石桥乡瑶沟遗址（见图二一七）。由于本次调查采集的
标本不够丰富，可辨器形仅有筒形罐（标本 59：9、标本 59：13、标本 59：10、标本 53：8

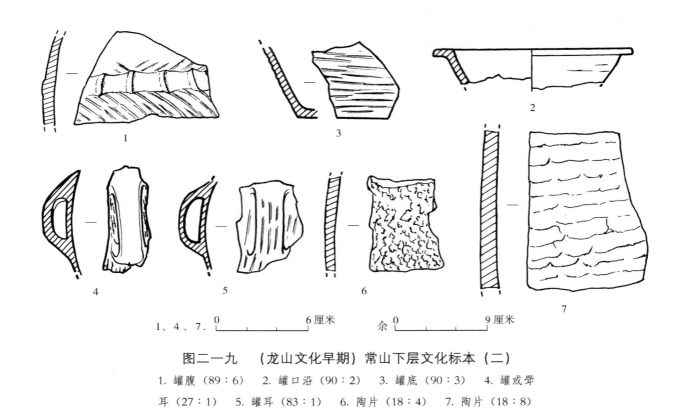

图二一九　　（龙山文化早期）常山下层文化标本（二）

1. 罐腹（89：6）　　2. 罐口沿（90：2）　　3. 罐底（90：3）　　4. 罐或斝

耳（27：1）　　5. 罐耳（83：1）　　6. 陶片（18：4）　　7. 陶片（18：8）

等）、单耳夹砂罐（标本61：1、标本59：17）、双耳罐（标本59：14）、双耳壶（标本60：2、标本60：9）等（图二二〇、二二一；图版一七、一八）。以夹砂灰陶为大宗，其次为泥质灰陶，再次为夹砂灰褐陶。筒形罐、单耳罐皆夹砂，双耳罐、双耳壶皆泥质。所见纹饰以绳纹和附加堆纹为多。筒形罐口沿外侈，方唇，唇沿往往压印成锯齿状，沿下颈部饰多道附加堆纹。这些特征属于典型的案板三期文化。案板三期文化主要分布在关中地区宝鸡至西安之间，它与红陶系的常山下层文化虽然时代相同，但地域有别，内涵迥异，各自的源流不同。二者的交界在宝鸡附近，一般认为甘肃东部属于常山下层文化的分布范围，但现在在西汉水流域发现了典型的案板三期文化遗存，它显然是从关中西部直接迁徙过去的。虽然地面采集有很大的局限性，但还不能把这些夹砂灰陶片简单地归为常山下层文化中的关中古文化因素，因为在石坝1号、石坝2号、瑶沟等遗址中并未见到橙红色或黄色的常山下层文化标本。相反，上述礼县西山遗址发掘的多件广圆肩灰陶罐，却有可能是受到案板三期文化影响的产物。

　　常山下层文化和案板三期文化竞相角逐于西汉水上游地区，这一现象发人深思。礼县盐官镇生产食盐的历史根据西安相家巷封泥的"西盐令丞"，至少可以追溯到秦代，到周代也大有可能。能否追溯到更早的史前时期？食盐乃人类不可或缺的资源，古今同理。关中不产盐，这里便成为陇山以西重要的食盐供应地。各种史前文化会聚于斯，商周时期各种势力进入这里，以及后来秦文化的兴起，可能都与食盐资源有莫大的关系。关中西部的

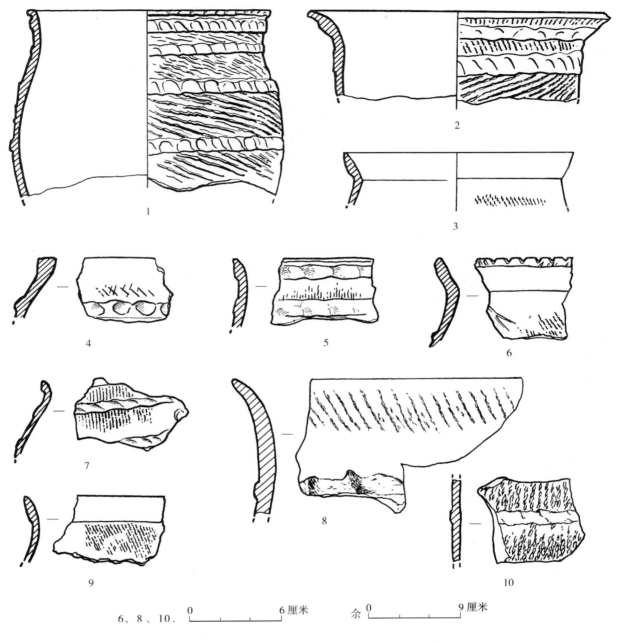

图二二○　（龙山文化早期）案板三期文化标本（一）

1. 罐口沿（59∶9）　2. 罐口沿（59∶10）　3. 罐口沿（61∶4）　4. 罐口沿（23∶9）　5. 缸口沿（53∶8）
6. 罐口沿（59∶13）　7. 罐口沿（60∶1）　8. 罐口沿（60∶8）　9. 罐口沿（61∶2）　10. 陶片（42∶8）

案板三期文化进入到西汉水上游，其原因可能亦在于此。

　　相当于龙山晚期至夏代的是齐家文化，遗址有天水乡盘头山、大坟，杨家寺乡房背山，盐官镇转嘴坪、王磨、红旗山，永兴乡王堡西、蒙张，燕河乡石岭子、指甲沟、韩家庄，城关镇西山、鸾亭山、庄窠地，石桥乡汉阳山、沟那下、高寺头、李家房背后、上碾渠、二土、小田，江口乡鲍家庄，红河乡士子崖，草坝乡花儿山、周家坪、唐河口、杨

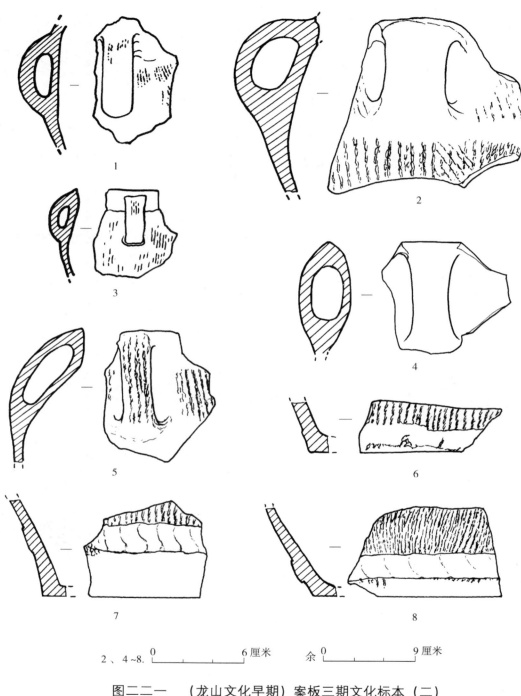

2、4~8. $\underset{0}{\llcorner\!}}$ 6厘米　　余 $\underset{0}{\llcorner\!\!\!\!\!\!\!\!}}$ 9厘米

图二二一　（龙山文化早期）案板三期文化标本（二）

1. 带耳罐（60:2）　2. 带耳罐（60:9）　3. 带耳罐（61:1）　4. 器耳（59:14）

5. 器耳（59:17）　6. 罐底（42:7）　7. 罐底（60:10）　8. 罐底（60:13）

湾、马家台子、庄窠、朴鸽坪、景家坪、龙池，永坪乡蹇家坪，崖城乡何家庄，江口乡彭崖，石桥乡石沟坪等（图二二二），共 36 处。采集的标本有泥质砖红色陶、夹砂红褐色或

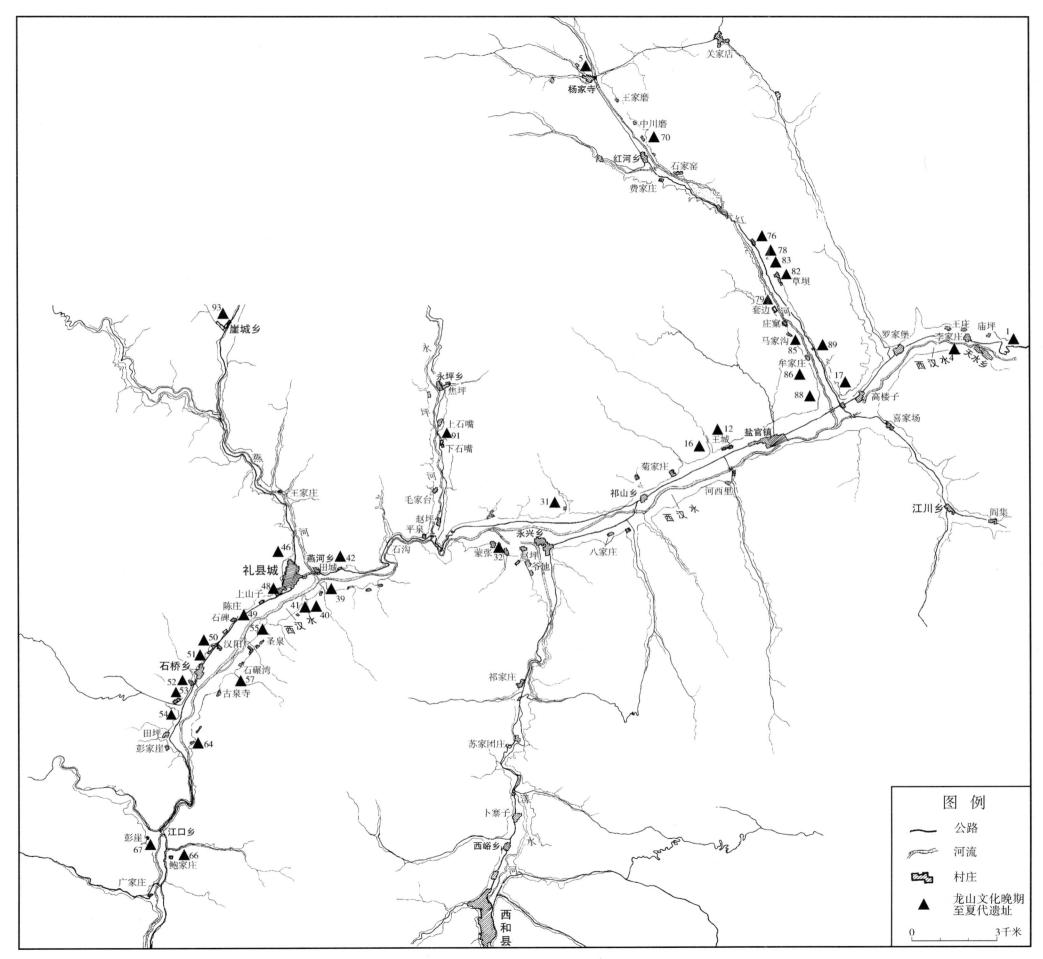

图二二二　龙山文化晚期至夏代(齐家文化)遗址分布示意图

灰褐色陶，还有少量的夹砂灰陶。可辨器形有高领折肩罐（标本 06∶1、标本 48∶4、标本 76∶11）、高领双耳罐（标本 83∶3）、侈口罐（标本 76∶8、标本 76∶9）、单耳罐（标本 51∶1）、带耳小罐（标本 16∶28、标本 39∶1、标本 57∶3、标本 57∶28）、鬲口沿（标本 16∶7）、鬲足（标本 57∶4）、斝（标本 64∶1、标本 64∶2）等（图二二三；图版一九、二〇）。折肩罐的肩、腹分界有明显的折棱，肩部素面，腹部饰竖篮纹。侈口罐带花边口沿，颈下饰粗绳纹。单耳罐侈口方唇，宽耳的上端接于口沿下的颈部，下端接于肩部；肩饰竖向绳纹。带耳小罐器壁薄，或者是纯正的夹砂灰陶，上饰绳纹；或者是夹砂灰褐陶，上有交错的痕迹较深的划线纹。鬲足为圆柱状，外饰交错绳纹。斝耳宽大，其上或贴纵向泥条，或有并排的楔形戳印纹；斝身饰绳纹和粗篮纹。此外，今礼县博物馆还藏有双大耳罐。西汉水流域齐家文化的面貌和天水七里墩、秦安寺嘴坪的发掘器物相似[1]，它们同属该文化在甘肃东部的组成部分，应有很强的共性。

目前一般认为齐家文化在甘肃东部的年代较西部的早，而且受到了客省庄二期文化的影响[2]。从礼县和天水的标本看确实如此。常山下层文化的发现为寻找齐家文化的渊源提供了一个新的支点，二者之间的承袭关系比较明显，如带耳器发达、多平底器等，这在学术界已基本达成共识。如此，西汉水流域的齐家文化应该主要继承了本地的常山下层文化，至于前面提到的案板三期文化在它的形成过程中起了什么作用，还不太清楚。

以上对文化发展序列的梗概做了简要介绍。目前聚落考古方兴未艾，其中的一个重要内容旨在考察某个时期在某个区域内聚落的层次结构。西汉水上游古代文化序列完整、内涵丰富，干流、支流交叉，台地、山地错落，可以说是研究聚落考古的宝地。

从这个角度看这次调查的遗址，就会发现仰韶时期的遗址大体有两个级别，第一级别的面积在 10 万平方米以上，有王坪、黑土崖、高寺头、石沟坪、塞家坪、唐河口、西峪坪；第二级别的面积在 10 万平方米以下，如沙沟口、庄子上等。第一级别的遗址往往堆积丰富，文化序列完整，仰韶时期各个阶段的遗存都有发现，在当时很可能扮演了中心聚落的角色。到了龙山时期，第一级别的遗址有石坝 1 号，面积约 20 万平方米；李家房背后的面积约 8 万平方米，接近这个级别。第二级别的遗址面积多在 5 万平方米以下，如石坝 2 号、瑶沟、小田、沟那下等。与仰韶时期相比，遗址的层次结构发生了很大转变。首先，这次调查没有采用国外流行的全覆盖式调查（或叫拉网式调查），因此还无法勾勒出某个遗址中各种文化分布的范围及面积；龙山时期的两个一级遗址均包含寺洼文化的遗存，龙山时期文化的面积能否达到 10 万平方米都是个问题。其次，以前作为第一级别的遗址，比如王坪、黑土崖、高寺头、西峪坪，竟然没有采集到龙山时期的陶片；即便发现有龙山时期的标本，比如石沟坪、塞家坪、唐河口，标本的数量过少，远远不能和遗址中丰富的仰韶时期遗存相比拟。这说明到了龙山时期这些遗址或者已经被废弃，或者不再担

---

[1]　任步云：《甘肃秦安县新石器时代居住遗址》，《考古通讯》1958 年 5 期；甘肃省文管会：《渭河上游天水、甘谷两县考古调查简报》，《考古通讯》1958 年 5 期。

[2]　谢端琚：《试论齐家文化与陕西龙山文化的关系》，《文物》1979 年 10 期。

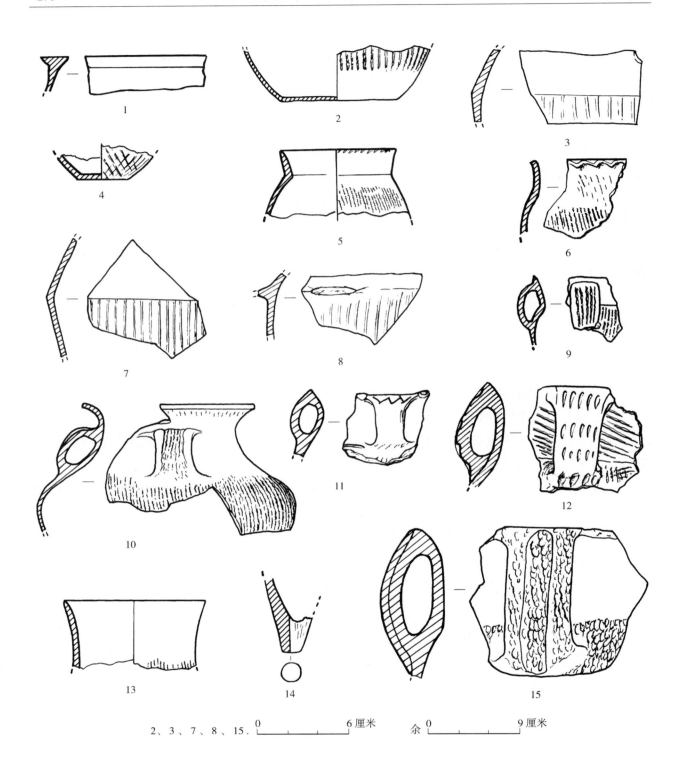

图二二三　龙山文化晚期齐家文化标本

1. 罐口沿（06∶1）　2. 罐底（16∶28）　3. 罐肩（48∶4）　4. 罐底（57∶3）　5. 罐口沿（76∶8）

6. 罐口沿（76∶9）　7. 罐肩（76∶11）　8. 罐肩（83∶3）　9. 带耳罐（39∶1）　10. 带耳罐（51∶1）

11. 罐耳（57∶28）　12. 鬶耳（64∶2）　13. 鬲口沿（16∶7）　14. 鬲足（57∶4）　15. 鬶耳（64∶1）

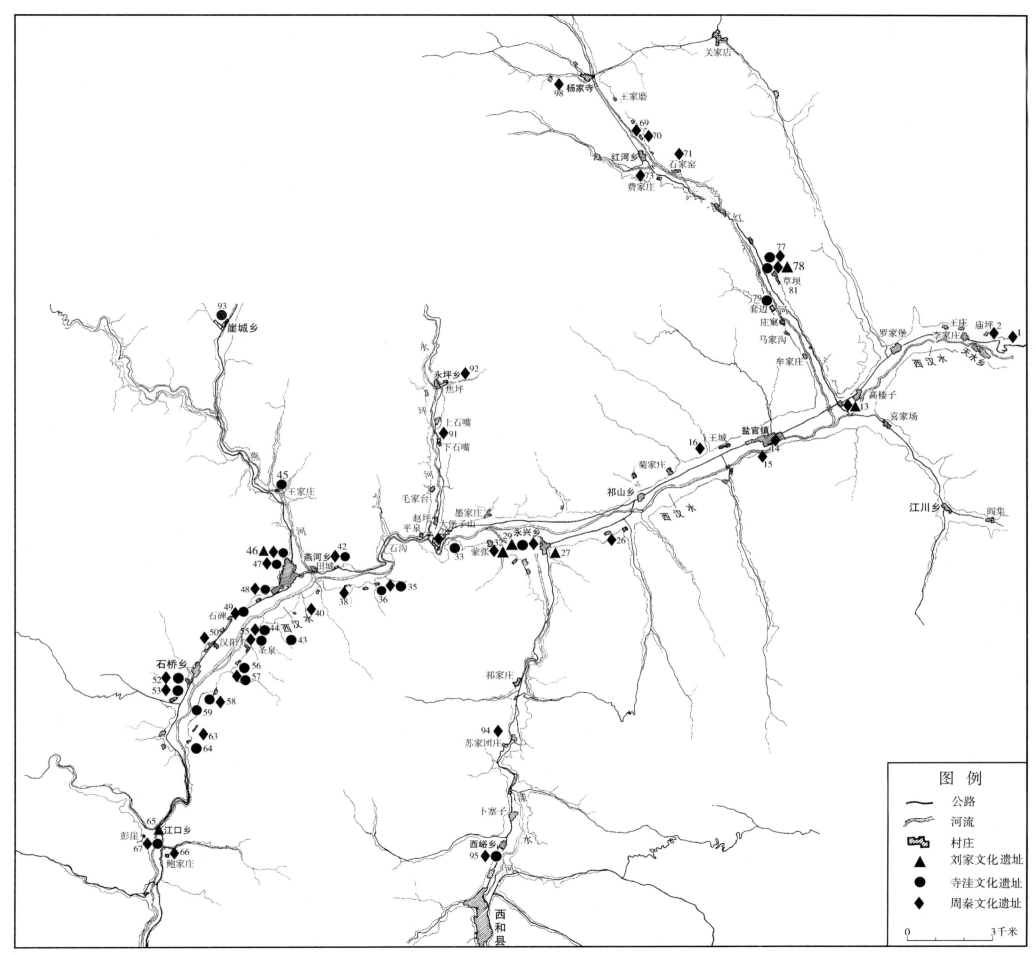

图二二四　商周时期遗址分布示意图

当以前那么重要的角色，中心聚落发生了转移。再次，未发现常山下层文化面积较大的遗址。第四，二级遗址面积过小。最后，仰韶晚期的遗址有 57 处，到龙山文化早期缩减到 23 处。总之，龙山文化时期中心聚落（如果有的话）发生了转移，遗址数量锐减，遗址规模变小，文化的发达程度远不如仰韶时期。这或许说明西汉水流域在仰韶文化和龙山文化时期之间有文化发展上的间断和转折，与我们在前面分析龙山早期文化的外来性方面相吻合。造成这个转变的原因，可能要从气候环境的变迁上去寻找。

二　商周时期的文化和秦早期都邑

西汉水上游商周时期的考古学文化主要有三类：刘家文化、寺洼文化、周秦文化（图二二四）。

刘家文化的标本是高领袋足鬲的鬲足或鬲裆，在草坝乡周家坪、盐官镇高楼子、永兴乡赵坪、永兴乡蒙张、城关镇鸾亭山遗址均有发现。夹砂红褐陶或灰褐陶，足尖为扁锥状，足端截面为椭圆形，上饰浅细绳纹。鬲裆内隔尖锐，裆底按捺泥条，再压细绳纹（图二二五；图版二一）。该文化的标本仅 6 件，数量不多，尚未发现成片的遗址，却引出了一些饶有兴趣的问题。

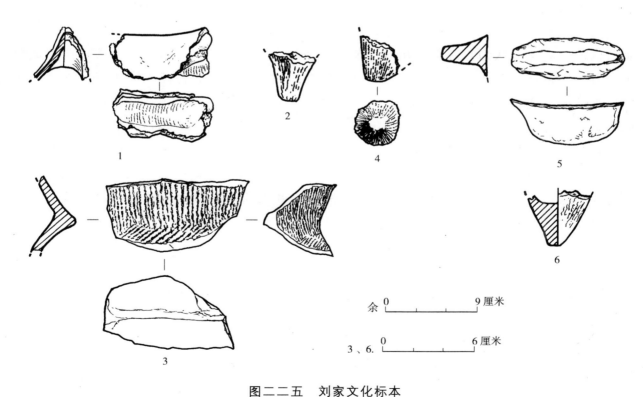

余　0 ———————— 9 厘米

3、6.　0 ———————— 6 厘米

图二二五　刘家文化标本

1. 鬲残片（13∶3）　2. 鬲足（13∶6）　3. 高领袋足鬲裆部（29∶59）

4. 高领袋足鬲鬲足（32∶26）　5. 鬲鍪（46∶22）　6. 鬲足（78∶2）

　　刘家文化的发现和研究始终和先周文化密切相关。这种遗存因 1981 年陕西扶风刘家村墓地的发掘而得以命名，它以高领袋足鬲为代表性器物，还有双耳罐、单耳罐、腹耳罐、折肩罐等器类，多灰陶或灰褐陶，流行偏洞室墓，年代不晚于商、周之际①。后来，这类遗存在陕西长武碾子坡②、麟游蔡家河③、周原王家嘴均有发现④，由于它们和刘家村墓地的内涵还略有区别，所以有人又提出了"碾子坡文化"的概念。高领袋足鬲的分期在学术界一直是个不易解决的问题，直到张天恩先生根据宝鸡纸坊头的地层关系，归纳出扁锥状足尖、椭圆形袋足的早于圆锥状足尖、圆形袋足的⑤；后来这个认识被周原王家嘴的发掘所证实。当然，除了足根外还有其他一些变化，如器表绳纹由浅细变得粗深，领部绳纹由直向变为斜向，晚期鬲裆多加指窝纹等。

　　按照这个标准，在礼县采集的标本属于该器类的早期形态，年代大约相当于殷墟一、二期。今礼县博物馆藏有一件完整的袋足鬲，矮领，夹砂灰褐色，器表绳纹较细，椭圆形袋足，宽裆，足尖略外撇，扁锥状足根。西汉水上游分布有这种文化遗存是以前不知道的；事实上，除了关中西部，在甘肃东部已经多次发现以高领袋足鬲为代表的遗存，如合水兔儿沟、庆阳巴家嘴、崇信于家湾的先周文化墓葬⑥。在秦安县博物馆藏有一件斜领乳状袋足绳纹鬲，足端呈尖锥状，年代已到先周晚期。清水县博物馆所藏的高领袋足鬲，既有高斜领、领上有錾有耳、扁锥状实足根的较早的形式；又有饰粗深绳纹、乳头状足根的这种鬲的最晚形态。可见陇山的东、西两侧，都属于刘家文化的分布范围⑦。

　　关于刘家文化的渊源目前还不是很清楚，但它与甘青地区古文化的联系比较紧密是大家公认的。有学者认为它源自兰州的"董家台类型文化"⑧。在甘谷县毛家坪遗址西周地层下压有一座墓葬，葬式屈肢，伴出一件锯齿状三角纹的彩陶钵，特征不同于以往在甘青地区发现的古文化⑨，也被归入这种类型。礼县博物馆藏有一件双耳罐，红褐色夹砂陶，陶质不均，上有大块的黑斑，高直领平沿，双宽耳上端接于沿下，下端接于肩上，鼓肩，长圆腹，圜底，器身纵剖面呈橄榄形，比较符合"董家台类型"的特征。"董家台类型"和刘家文化的确有一些共性，礼县的这件双耳罐就和扶风刘家村墓地的 II 式双耳罐相似，只不过前者鼓肩，后者溜肩，前者矮胖，后者瘦长。由此看来，刘家文化在西汉水流域可能自有其前身，并不纯粹是"外来户"。

　　包含寺洼文化的遗址有永兴乡赵坪、山脚，燕河乡新田、赤土山、马沟、干沟、庙嘴

① 陕西周原考古队：《扶风刘家姜戎墓葬发掘简报》，《文物》1984 年 7 期。

② 中国社会科学院考古研究所泾渭工作队：《陕西长武碾子坡先周文化遗址发现纪略》，《考古学集刊》1989 年第 6 辑。

③ 雷兴山：《蔡家河、园子坪等遗址发掘与碾子坡类型遗存分析》，北京大学考古系 1993 年硕士论文。

④ 周原考古队：《1999 年度周原遗址 I A1 及 IV A1 区发掘简报》，《古代文明》（第 2 卷），文物出版社，2003 年。

⑤ 张天恩：《高领袋足鬲的研究》，《文物》1989 年 6 期。

⑥ 甘肃省文物工作队：《甘肃崇信于家湾周墓发掘简报》，《考古与文物》1986 年 1 期；许俊臣、刘得祯：《甘肃合水、庆阳县出土早周陶器》，《考古》1987 年 7 期。

⑦ 标本系 2005 年秋季参观时所见。

⑧ 李水城：《刘家文化来源的新线索》，《远望集》，陕西人民美术出版社，1998 年。

⑨ 甘肃省文物工作队、北京大学考古学系：《甘肃甘谷毛家坪遗址发掘报告》，《考古学报》1987 年 3 期。

子，城关镇鸾亭山、雷神庙、西山、庄窠地，石桥乡高寺头、李家房背后、石沟坪、石碱沟、二土、古泉寺、石坝 1 号、小田、江口乡彭崖，草坝乡周家坪、罗家坪、唐河口，崖城乡何家庄，西峪乡西峪坪等（见图二二四），共计 25 处。采集的标本比较丰富，在山脚、新田、二土等遗址处都可见到被盗掘的墓葬，陶器被弃置在盗坑边。陶色驳杂不一，有红褐色、灰褐色、黄褐色、黑灰色等，往往一件陶器上有好几种颜色。烧造的火候低，陶质软，比较粗糙。夹砂陶的比例大，有的含粗砂或羼有陶片碎末。可辨器形有素面鬲（标本 57：10）、浅盘粗把豆（标本 52：63）、马鞍形口罐（标本 33：18、标本 33：19、标本 36：17、标本 52：61、标本 52：71、标本 57：15）、篡形豆（标本 33：12、标本 36：23、标本 36：4、标本 52：65、标本 57：11 等）、斜腹豆（标本 57：14、盆标本 36：25）、圆肩深腹罐（标本 33：25、标本 36：12、标本 57：13）、平底小罐（标本 36：26、标本 52：64、标本 57：9、标本 57：41）、筒形杯（标本 33：23）、深腹盘（标本 36：10）等（图二二六、二二七；图版二二二～二二四）。在礼县博物馆还见到了马鞍形口的双耳深腹盆、敞口鼓腹小平底罐等。鬲足为圆锥状，鬲裆内底圆缓，不见裆脊线。马鞍形口罐一般都带有双耳，耳上端凹弧。篡形豆凹颈圆腹，带倒喇叭形底座，口沿外或底座边多贴一道泥条，豆座上还会有纵向的刮修痕迹。有的深腹罐底部中心内凹。绝大多数器表素面，个别盆的肩部有三角折线纹，有的罐的颈部有戳点纹（标本 57：13）。

商至西周时期，甘肃东部大致以临洮县城为界，以东分布着寺洼文化，以西分布着辛店文化，二者基本不重叠[1]。因此，在西汉水流域发现寺洼文化属于情理之中；但是，该文化大批的遗址及其内涵长期未见报道，不能说不是一个遗憾。自 1923 年安特生在临洮寺洼山发掘了 8 座墓葬，并命名为甘肃史前文化的"寺洼期"以来，对寺洼文化的考古工作超过了半个世纪，现已基本认清它是继齐家文化之后的一支青铜文化，然而文化的分期问题一直没有很好地解决。根据合水九站的发掘，寺洼文化的早期与先周遗物共存，故其年代可以到商代晚期；其年代的下限为两周之际。发掘者同时总结了一些器形演变的规律：整体风格由瘦长向矮粗发展、马鞍形口罐的凹槽由深变浅、平底由小变大等[2]。后来，南玉泉先生又撰文分析了寺洼—安国系统陶鬲的演变序列[3]，为该类器物的分期断代提供了一些依据。参考这些意见，可知西汉水寺洼文化遗存既有比较早的，如礼县博物馆所藏的马鞍形口罐凹槽极深，深腹，小平底，体态瘦高；又有较晚的形制，如南文所举的在礼县城关采集的素面无耳鬲，年代已到西周晚期。虽然现在还无法对采集的陶片进行排队分期，但也能知道这里的寺洼文化应该经历了它发展的各个阶段。

寺洼文化遗址按面积大小可分成三个级别：第一，面积在 30 万平方米以上者，仅二土遗址一处；第二，面积在 30～10 万平方米之间者，有新田、高寺头、石坝 1 号等遗址；第三，面积在 10 万平方米以下者，有山脚、赤土山、马家沟、干沟、庙嘴子、庄窠地、

① 南玉泉：《辛店文化序列及其与卡约、寺洼文化的关系》，《考古类型学的理论和实践》，文物出版社，1989 年。

② 北京大学考古学系、甘肃省文物考古研究所：《甘肃合水九站遗址发掘报告》，《考古学研究（三）》，科学出版社，1997 年。

③ 南玉泉、郭晨辉：《寺洼—安国系统陶鬲的序列》，《文物》1987 年 2 期。

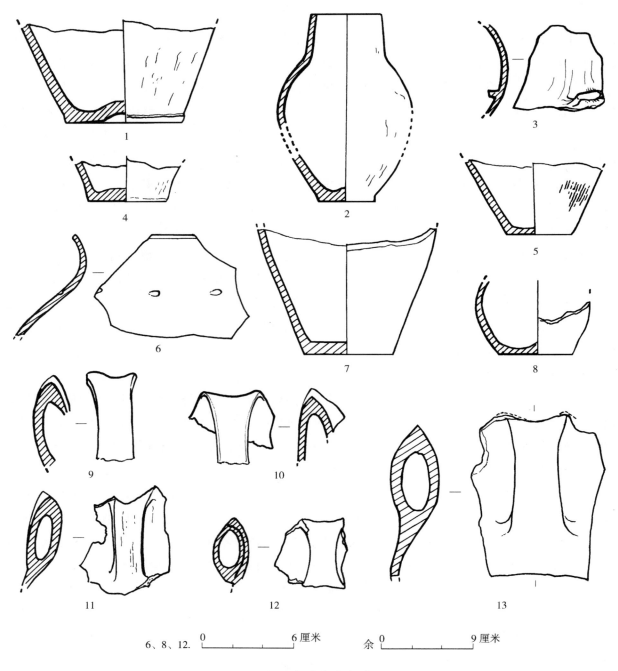

6、8、12. ├─── 0 ──────── 6厘米 ──┤　　余 ├─── 0 ──────── 9厘米 ──┤

图二二六　寺洼文化标本（一）

1. 罐底（33：25）　2. 罐（36：12）　3. 罐残片（36：17）　4. 罐底（36：26）　5. 罐底（52：64）
6. 罐口沿（57：13）　7. 罐（57：41）　8. 罐（57：9）　9. 马鞍形口罐残片（33：18）　10. 马鞍形
口罐残片（33：19）　11. 马鞍形口罐耳（52：61）　12. 罐耳（57：15）　13. 马鞍形口罐耳（52：71）

李家房背后、石碱沟、瑶沟、小田、罗家坪等遗址。寺洼文化在西汉水流域的分布可用
"一个中心"（二土遗址）、"两大区块"（南与北）来概括。南方区块指漾水与西汉水交汇
处以西、以南的地区，上述二土、山脚、新田、赤土山遗址皆属之。北方区块指红河流

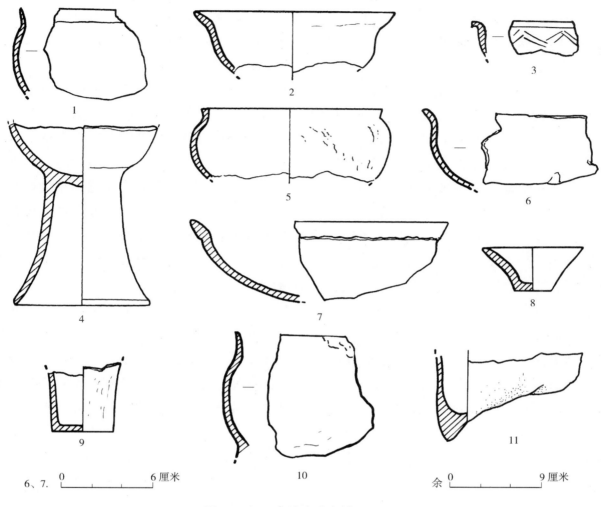

图二二七　寺洼文化标本（二）

1. 簋形豆豆盘（33：12）　2. 豆口沿（36：23）　3. 豆口沿（36：25）　4. 盆形豆
（52：63）　5. 豆盘（52：65）　6. 豆腹（57：11）　7. 豆口沿（57：14）　8. 深腹
盘（36：10）　9. 杯（33：23）　10. 簋形豆豆盘（36：4）　11. 鬲足（57：10）

域；在红河流域的石家窑、罗家坪、唐河口、庄寨等遗址也发现有该文化的遗存。至于这
两个分布区块之间的关系，现在还不太明了；它们是否分别属于该文化的两个地方类型，
现在也还不清楚。

20 世纪 80 年代，赵化成先生曾把甘肃东部的寺洼文化分为临洮寺洼山、西和栏桥、
合水九站三个类型[①]。从总体面貌上看，西汉水的该类遗存与临洮寺洼山的差别较大，而
与栏桥和九站的接近；比如目前在礼县所见的寺洼鬲均裆底圆缓，俯视不见裆脊线，属于
南文所说寺洼—安国系统第二类型中的无耳鬲；绝不见临洮那种高分裆、裆内隔尖锐、脊
线清晰的第一类型鬲。南玉泉先生说"（第一类型）双耳鬲Ⅰ、Ⅱ、Ⅲ式主要分布在临洮、

① 赵化成：《甘肃东部秦和羌戎文化的考古学探索》，《考古类型学的理论和实践》，文物出版社，1989 年。

康乐一带，庄浪也有，而在东南部地区的天水、礼县、秦安、合水、清水等县则不见"①，是很对的。如果再往细里分，上述南方区块的特征显然和西和栏桥类型比较接近，比如它们都多篦形豆、双马鞍形口罐等器类。北方区块的文化特征还不清楚，从它与南方区块在空间上有永兴乡至盐官镇这么长一段分布空白来看，是否属于同一类型值得怀疑。

如果再把寺洼文化和周秦文化的遗址点结合起来观察，将会发现二者在分布上有一定的规律性：从天水乡至石桥乡，根据西汉水川道的宽窄，可将干流分成三个大的"葫芦形"地段：东段为盐官镇至大堡子，中段为大堡子至石沟坪，西（或南）段为石沟坪至峡口。与这种河流走向及地形变化相适应，"大堡子山—赵坪"一线以东为比较单纯的周秦文化遗址，如龙八图、王磨、沙沟口等，目前尚未见到寺洼文化的遗址点（红河流域除外）。"雷神庙—石沟坪"一线以南主要分布着寺洼文化的遗址，二土位于其中。二者之间的区域内，周秦文化遗址和寺洼文化遗址交错分布，新田和山脚遗址就属于这个区域。显然，在石沟坪和赵坪之间，是两种文化拉锯的地段。

寺洼文化的族属是历史上的西戎，在学术界没有什么争议。那么它主要属于西戎的哪一支？赵化成先生推测它是"犬戎"的遗存②。寺洼文化的年代、分布、文化内涵均与文献中"犬戎"吻合③，这个推断是很有见地的。西汉水流域寺洼文化的发现，使我们了解到西周时期和秦人长期敌对的戎人的文化面貌；如果关于其族属判断无误的话，我们可以进一步说在这里与秦敌对的"西戎"其实就是犬戎。秦早期都邑"犬丘"的得名是否和犬戎有关？则又是一个引人思考的问题。

寺洼文化的发展去向一直不太明朗；春秋中晚期至战国时期甘肃东部西戎文化的面貌如何，大家也说不上来。1983 年甘谷毛家坪 B 组遗存的发现，为解决这个问题前进了一大步。毛家坪的铲形袋足鬲可以归入寺洼—安国系统陶鬲的第一类型，在临洮它由圆锥足向铲形足演变的逻辑环节也很清楚，算是找到了这种遗存源自寺洼文化的证据④。铲形袋足鬲在庄浪、秦安、清水等地均有发现，在关中地区甚至晚到了战国时期。然而，2004 年西汉水调查未见这种陶鬲的标本，在礼县博物馆也没见到；"毛家坪 B 组遗存"可能并没有分布到这里。其中的原因不难推想：源自临洮的这类遗存向东传播，只是覆盖了属于黄河水系的渭河谷地，却没有进入在气候上很大不同的属于长江水系的西汉水流域；而且西汉水的寺洼文化并没有高分档鬲的传统。当然，这里寺洼之后的戎人遗存也不是毫无踪迹可循，今礼县博物馆藏有一种罐形鬲，夹砂黄褐色陶，敞口，宽束颈，鼓肩，腹、足内收，低档，柱状足矮钝，通体素面，仅肩部饰一道凹弦纹。这种器物和寺洼文化的联系一望即知，应属于寺洼—安国系统第二类型无耳鬲演变的最晚形态，较南文所举的礼县城关

---

① 南玉泉、郭晨辉：《寺洼—安国系统陶鬲的序列》，《文物》1987 年 2 期。

② 赵化成：《甘肃东部和羌戎文化的考古学探索》，《考古类型学的理论和实践》，文物出版社，1989 年。

③ "犬戎"之名，在文献中主要见于商末、西周的史实；春秋以后仅见于《史记·匈奴列传》"西戎八国服于秦"之条，为"绲戎"。

④ 同注①。

Ⅴ式鬲还要晚得多，已经到了春秋中晚期以后。由此可知，东周时期甘肃东南部的戎人文化可能不止"毛家坪 B 组遗存"一种，文献记载那时戎人种姓繁多①，在文化上也应该是多种多样的。

含周秦文化的遗址有天水乡盘头山、庙坪，盐官镇高楼子、盐官镇、沙沟口西、王磨，长道镇龙八，永坪乡蹇家坪、焦坪、大堡子山，永兴乡赵坪、蒙张，燕河乡新田东塬、马连坝、指甲沟、赤土山、干沟，城关镇鸾亭山、雷神庙、西山、庄窠地，石桥乡汉阳山、高寺头、李家房背后、石沟坪、二土、古泉寺、杨坪，江口乡鲍家庄、彭崖，红河乡焦家沟、六八图、费家庄，草坝乡周家坪，石堡乡苏家团村，西峪乡西峪坪，红河乡田家庄等（见图二二四），共 37 处。采集的标本比较丰富，盆、豆、罐多为泥质陶，鬲、甗、瓮为夹砂陶。陶色为比较纯正的灰陶，当然，细分之还有青灰、浅灰、黑灰的差别。陶鬲属于联裆鬲的大系统，制法亦相同，即将一个泥筒三等分后分别捏合形成腹足，相邻足壁重叠后再上下用力捏合，故裆底圆缓。其余盆、罐类先用泥条盘筑成型，再修整口沿等处；大约到了战国以后的器物才出现了快轮拉坯成型技术。

出西周早期标本的遗址有天水乡盘头山，盐官镇高楼子、沙沟口西，永坪乡大堡子山，永兴乡赵坪、蒙张，城关镇鸾亭山，石桥乡石沟坪、二土，红河乡六八图，永坪乡蹇家坪等。可辨器形有鬲足（标本 28：38、标本 28：42、标本 32：64、标本 32：70、标本 46：13、标本 55：5、标本 55：7、标本 71：20、标本 71：21）、豆（标本 32：63）、折肩弦纹小罐（标本 55：39）等（图二二八；图版二五、二六）。陶鬲一般为尖锥状足，施细绳纹到足尖，有的抹光；多为典型的周式联裆鬲风格，足内侧略起脊，触之有棘手的感觉。标本 28：38 是一件鬲裆，侧视略具商式鬲的分裆袋足遗风，但俯视裆内底圆缓，仍属于联裆鬲系统。礼县博物馆现藏有一件完整的商末周初陶鬲，侈口圆唇，斜领较矮，体瘦长，瘪裆较高，有较长的圆锥状实足根。陶豆敞口，浅弧盘，圆腹，粗柄，与关中地区的浅盘粗把豆无异。折肩小罐夹砂，束颈，颈下及肩端各有两道凹弦纹；这种罐的形态和 1999 周原 ⅠA1M43 标本 43：3 酷似②，年代亦应相当。此外，礼县博物馆藏有一件高领彩绘折肩罐，侈口、斜折肩、平底，颈、肩、腹部饰红色宽带彩；形制相同的器物亦见于 1999 周原 ⅠA1M17、合水兔儿沟 M5③，属于先周文化的典型器物，年代已经到了商代晚期。

礼县博物馆还藏有商代晚期的铜器，其中一件立沿耳深圆腹柱足鼎传出雷神庙，腹壁

---

① 如《史记·匈奴列传》："秦穆公得由余，西戎八国服于秦，故自陇以西有绵诸、绲戎、翟、镕之戎，岐、梁山、泾、漆之北有义渠、大荔、乌氏、朐衍之戎。"

② 周原考古队：《1999 年度周原遗址ⅠA1 及ⅣA1 区发掘简报》，《古代文明》（第 2 卷），文物出版社，2003 年。

③ 许俊臣、刘得祯：《甘肃合水、庆阳县出土早周陶器》，《考古》1987 年 7 期。

的亚形框内有"保父辛□"四字,末字似为族徽。"保"可能是一种职官①。一件乳丁纹铜簋,传出盐官镇,敞口平沿、弧腹、斜圈足,具有典型的先周文化风格。事实上,商代晚期至西周早期这类遗存和同时期关中地区的周文化有很强的一致性,它们在西汉水上游出现,应当是周文化西进运动的结果。

高楼子之外的上述遗址皆出土了西周晚期至春秋早期的遗物;此外,该时期还增加了盐官镇王磨、燕河乡马连坝、赤土山、干沟,城关镇雷神庙、西山,石桥乡高寺头、古泉寺、杨坪,红河乡费家庄,西峪乡西峪坪等遗址。可辨器形有鬲足(标本 29:11、标本 32:1、标本 47:23、标本 71:11、标本 71:16 等),鬲口沿(标本 32:67、标本 32:9、标本 55:2 等),盆(标本 29:39、标本 47:9 等),豆盘(标本 29:10、标本 32:9、标本 32:18 等),豆柄(标本 29:34、标本 32:44、标本 32:54、标本 32:68 等),喇叭口罐的口部(标本 32:46、标本 32:58 等),罐肩部(标本 46:6、标本 55:4),甗(标本 46:5、标本 46:8、标本 32:52、标本 91:28 等),蛋形三足瓮(标本 58:4、标本 58:6、标本 58:7 等)(图二二九、二三〇;图版二七~三二)。鬲足呈圆锥形,柱状实足根,有的截面略呈三角形,上装饰粗绳纹或麻点纹。鬲口沿宽平硬折,仰角在 90 度以下,沿面的内、外缘一般各有一道凹弦纹。豆盘浅腹、平底,外壁竖直,多有三道凹弦纹;豆柄中空,弧形收束,中部有凸箍,喇叭座。喇叭口罐斜平沿圆唇,口部尚小。罐的折肩部位有细凹弦纹组成的三角折线纹,有的在三角内还填并行线纹,有的肩部有鸟首状纽(标本 55:8)(见图二三〇)。甗的口沿宽平,外壁绳纹施至口沿顶端;有的在颈部还有波浪状附加堆纹。三足瓮的颈部有的饰锁眼状堆纹。

与关中地区的周文化相比较,这时期秦器物的一些自身特点已经出现,如鬲足的麻点纹、鬲口沿上的凹弦纹、略具雏形的喇叭口罐等。这也说明至迟在西周晚期,具有自身面貌特点的秦文化已经形成了。

西周时期秦文化的材料原来仅限于毛家坪一处,这次调查在一定程度上丰富了以前的认识。毛家坪西周墓葬流行实柄豆②,但我们这次采集到的数量众多的陶豆皆为空柄,而且其形制和关中西周晚期的浅盘豆无别,其原因还值得思考。调查采集的陶片大多残缺不全,毕竟难以反映全貌,礼县博物馆所藏完整器物,却使我们对这个阶段的秦文化面貌有了很大改观。除了毛家坪的那种高体瘪裆秦式鬲外,还有横长方形的宽平沿扉棱鬲,其中既有夹砂带绳纹的,又有通体素面泥质的;还有宽平折沿的低裆鬲,形态宽矮,与西周晚期关中地区的同类器无别。由此可见,西周晚期秦文化的陶器群其实可以分出两组因素:一组如扉棱鬲、低裆鬲、浅盘空柄豆、带堆纹的甗、蛋形三足瓮等,与关中地区的几乎没

---

① 周初金文中的"保"一般指太保,如《保卣》;也就是召公,《尚书序》"召公为保,周公为师,相成王为左右"。但召公之器不应出在礼县,而且年代也不合。陈梦家先生说过:"西周之初另有一种职事,其官称也是保。师保之保最早是以女子担任的保姆,渐发展而为王室公子的师傅,至周初而为执王国大权的三公"(《西周铜器断代》,中华书局,2004 年,47 页)。第二种含义见于西周康王时期的《保侃母簋盖》(《三代》7.23.2)。礼县这件鼎铭含义可能接近后者。

② 甘肃省文物工作队、北京大学考古学系:《甘肃甘谷毛家坪遗址发掘报告》,《考古学报》1987 年 3 期。

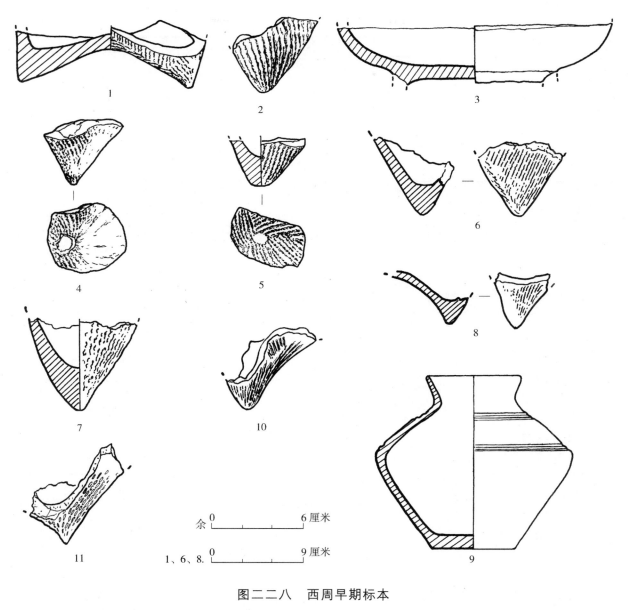

图二二八　西周早期标本

1. 鬲裆足（28：38）　2. 鬲足（28：42）　3. 豆盘（32：63）　4. 鬲足（32：64）

5. 鬲足（32：70）　6. 鬲足（46：13）　7. 鬲足（55：5）　8. 鬲足（55：7）　9.

罐（55：39）　10. 鬲足（71：20）　11. 鬲足（71：21）

有差别，可称之为周文化因素。另一组如足部饰麻点纹的高体瘦裆秦式鬲、实柄豆、喇叭口罐等，可算做秦文化的自身因素。把这两组因素区分开来，能使我们更深刻地认识到虽然在西周晚期秦自身的特点已经形成，但还受到了周文化的强烈影响，不可避免地带有来自后者的烙印。

　　值得注意的是，西周晚期的标本较西周早期要丰富得多，显示当时的文化有了迅猛发展，是否与秦人在这里的扩张有关值得考虑。商晚期至西周早期的遗存虽然发现的不多，也使我们对那时的文化有了一个粗略的印象。但是，唯独缺乏西周中期的标本，能够明确

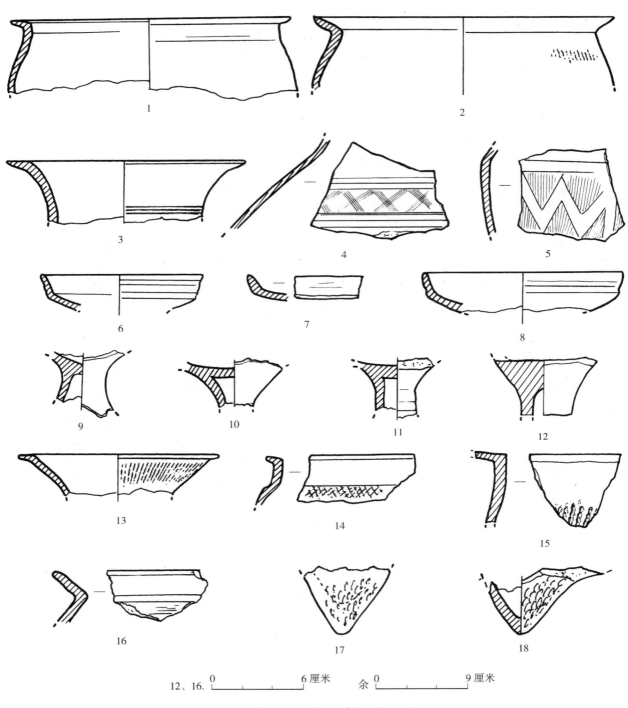

12、16. |0——————6厘米　余 0——————9厘米

图二二九　西周中晚期至春秋早期标本（一）

1. 盆口沿（29：39）　2. 盆口沿（47：9）　3. 喇叭口罐口沿（32：46）　4. 罐残片（46：6）　5. 罐肩（55：4）　6. 豆盘（29：10）　7. 豆盘（32：9）　8. 豆盘（32：18）　9. 豆柄（29：34）　10. 豆柄（32：44）　11. 豆柄（32：54）　12. 豆柄（32：68）　13. 喇叭口罐口沿（32：48）　14. 鬲口沿（32：7）　15. 鬲口沿（32：69）　16. 鬲口沿（55：2）　17. 鬲足（29：11）　18. 鬲足（32：1）

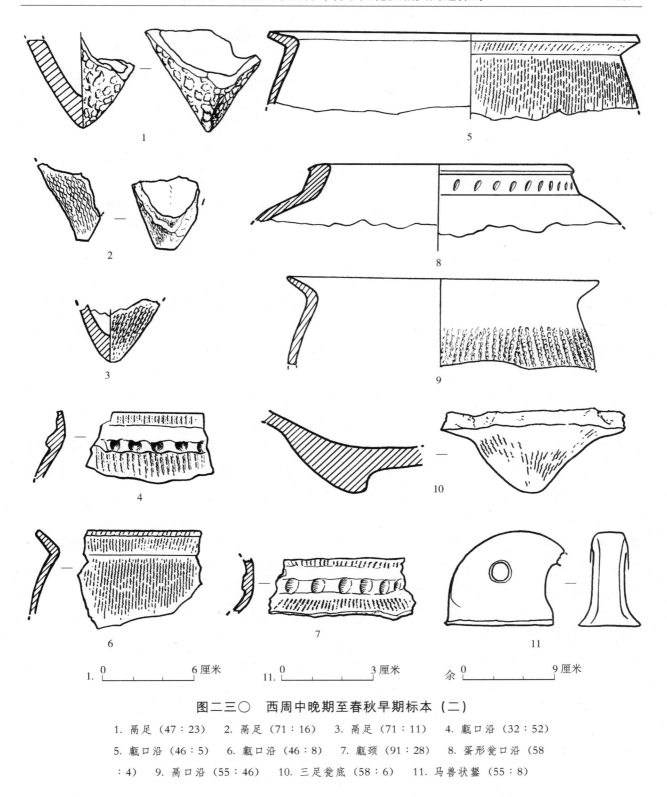

图二三〇　西周中晚期至春秋早期标本（二）

1. 鬲足（47：23）　2. 鬲足（71：16）　3. 鬲足（71：11）　4. 甗口沿（32：52）

5. 甗口沿（46：5）　6. 甗口沿（46：8）　7. 甗颈（91：28）　8. 蛋形瓮口沿（58
：4）　9. 鬲口沿（55：46）　10. 三足瓮底（58：6）　11. 马兽状錾（55：8）

断代的也很少。西周中期似乎处于文化的中衰阶段。张天恩先生曾说周王朝在殷末周初已
经巩固了对陇山以西等后方的统治，此后把战略重点转移到东方，以至于引起该地区局势
在西周中期动荡不安；在考古学上表现为陇右地区西周早、晚期的遗存都很丰富，唯独缺

乏中期的遗存①。也就是说，陇右地区在西周早、晚期之间存在文化发展的断层现象。这个认识是很有见地的。

西周晚期秦文化已成气候，西汉水流域聚落的总体格局亦告形成。周秦文化遗址按面积大小可分为三个级别：第一，面积在 30 万平方米以上的遗址，有红河乡六八图、永兴乡赵坪、石桥乡石沟坪三处。第二，面积在 30～10 万平方米之间的遗址，有龙八村、大堡子山、蒙张等。第三，面积在 10 万平方米以下的遗址，有费家庄、焦家沟、周家坪、高楼子、沙沟口、王磨、雷神庙、古泉、彭崖等。

大、中、小不同规模的遗址错落有致，占据了流域中的不同位置。三个第一级别的大遗址，与次一级别、以及更低级别的小遗址相结合，构成了"六八图—费家庄"、"大堡子山—赵坪"、"雷神庙—石沟坪"三个相对独立、又互有联系的遗址群；也可以说是周秦文化三个活动中心区。

大堡子山秦公墓的意义首先在于确认了秦早期都邑位于今甘肃礼县境内，那里就是秦文化的发祥地。这次调查则表明都邑的具体位置应该不会超出这三个文化中心区的范围。

在这三者中，"大堡子山—赵坪"遗址群规模最大，而且位置居中，也最为重要。除了大堡子山和赵坪外，赵坪以西的蒙张遗址，蒙张西的山脚遗址都应该包括在内。如果视野放得再开阔些，大堡子山北、永坪河东岸的蹇家坪遗址，以及 2006 年新发现的位于永坪河西岸王家庄遗址和盐土崖周代墓地，也都应该划归其中。

赵坪遗址位于龙槐村以东、漾水河以西与以南的第 1～2 级阶地上；漾水在此折向西流，并注入西汉水；龙槐沟有常年流水的溪泉；遗址三面环水，地形低平开阔，面积约 30～40 万平方米。其面积之大、地理条件之优越，在整个流域首屈一指。甘肃省文物考古研究所曾在遗址东北部的第 1 级阶地上发掘出春秋秦贵族墓和车马坑，表明那里有贵族墓地和居住区。隔西汉水西北方向即为大堡子山秦公墓地。有学者认为赵坪遗址就是秦早期都邑"西犬丘"②。这个说法不无道理，因为先秦时期陵墓一般位于都邑的附近，通过陵墓论定都邑是近年考古学界流行的作法。

1998 年在大堡子山发掘的两座"中"字形大墓（M2、M3）和 9 座小墓。大墓出"秦公作铸用鼎"、"秦公作宝用鼎"、"秦公作宝簋"等器，可知年代为春秋早期；关于墓主，学界众说纷纭③。墓地位于永坪河入西汉水的台地，地形高亢，但上部面积不是很大。秦公墓东墓道已临断崖，西面分布着小墓，其南的台地所余空间不大。总之，在大堡子山已经不可能再有大墓了。20 世纪 90 年代在大堡子山墓地的盗掘者曾达到 2000 人之众，其猖

① 张天恩：《周王朝对陇右的经营和秦人的兴起》，《周秦社会与文化研究》，陕西师范大学出版社，2003 年。
② 张天恩：《礼县等地所见早期秦文化遗存有关问题刍论》，《文博》2001 年 3 期。
③ 如果两座"中"字形墓代表两位秦公，陈平认为他们是文、宪二公（陈平：《浅谈礼县秦公墓地遗存与相关问题》，《考古与文物》1998 年 5 期），王辉认为是襄、文二公（王辉：《也谈礼县大堡子山秦公墓地及其铜器》，《考古与文物》1998 年 5 期），陈昭容也认为是襄、文二公（陈昭容：《谈新出秦公壶的时代》，《考古与文物》1995 年 4 期）。如果两座"中"字形墓是一代秦公夫妇，戴春阳认为是襄公（戴春阳：《礼县大堡子山秦公墓地及有关问题》，《文物》2000 年 5 期），陈平认为是文公，陈昭容亦认为是文公。

獗程度前所未有，令人触目惊心；如果还有规模相当于 M2、M3 的中字形大墓，是不可能幸免于难的。因此可以说大堡子山秦公墓地内仅葬有两座大墓及其车马坑，这也是发掘者的意见[①]。事实上，通过 2006 年彻底的勘察和钻探，现已认清，除了这两座之外，该遗址再无别的大型墓葬。

如此，则 M2、M3 是一代秦公及其夫人墓的可能性就远远超过两代秦公墓。因为年代在礼县秦公墓之前的西周诸侯墓地，如天马—曲村晋侯墓地，就是夫妇两两并穴合葬的。年代在礼县秦公墓之后的雍城秦公陵园，在同一分陵园内部的两座"中"字形墓，也往往是夫妇异穴合葬。再晚一点的如秦芷阳东陵的一号陵园的 M1、M2，也被认为是庄襄王和帝太后的并穴合葬。总之，周代上至诸侯下至平民最普遍、最主流的埋葬方式是夫妇并穴（或异穴）合葬。大堡子山秦公墓不应游离于这个规则之外。父、子有可能葬在不同的陵园，夫、妇分葬不同陵园的可能性却要小得多。

如果说两座大墓是襄公和文公之墓，将难以回答他们各自的夫人葬在何处的问题。《史记·秦始皇本纪》后附《秦纪》记载襄公和文公均葬"西垂"，也就是葬在同一墓地[②]。如果这两座大墓属于襄公夫妇，抑或文公夫妇，则又与《秦纪》关于襄公和文公葬在同一墓地的记载相矛盾。总之，大堡子山的大型墓葬数量不够，不足以作为"西垂"陵区来对待。况且西垂作为秦人的根据地和最早的都邑，不仅葬有襄公和文公，文公之子静公、襄公之前的秦先祖也葬在那里，直到宪公才改葬于"衙"；其大型墓的数量可想而知。

《秦纪》记载宪公和出子葬于"衙"，幼君出子即位本身就不合法统，后来又被庶长弗忌等所弑，可能并没有按国君之礼下葬。《史记·秦本纪》的世系里出子没有谥号。太公庙武公钟、镈铭文云"文公、静公、宪公不坠于上"，就没提到出子。因此，大堡子山 M2、M3 很有可能是宪公及其夫人的并穴合葬。该墓地为《秦纪》中的"衙"[③]。

当然，大堡子山并非自始至终都是作为墓地来使用的，2004 年调查我们采集到西周早期的鬲裆，并发现了几段夯土墙以及散水石等遗迹。经过 2006 年上半年度的再次勘察及钻探，发现这几段夯土墙可以连接闭合成一个长方形的城址，大体呈东北—西南方向，面积约 20 万平方米。城圈内除了已发掘的秦公墓之外，还有 30 多处夯土遗迹，其中最大者长约 100 米。虽然城址的年代还没能确认下来，但这里也就是在秦早期历史中占有重要地位，况且地面采集到大量周代陶片，鲜见汉以后的标本；因此，城址及其内的夯土建筑很可能属于周代。

在西汉水南岸山坪台地的顶端还发现有城墙夯土，形状及布局尚不清楚。该城与大堡子山城址隔西汉水相望（见图五九），当有内在联系。《水经注·漾水》在叙述西汉水流经

①　戴春阳：《礼县大堡子山秦公墓地及有关问题》，《文物》2000 年 5 期。

②　"西垂"和"西犬丘"本一地，为具体地名，王国维早有论证（见《秦都邑考》）。又，《秦纪》记载秦先公先王葬地，皆为具体地名，如宪公葬衙、武公葬宣阳聚东南、德公葬阳、缪公葬雍等。《秦纪》又云襄公、文公葬西垂，此处之西垂，同理也应特指具体地名，而不该是"西部边陲"的泛称。

③　梁云：《早期秦文化及相关问题探讨》，南开大学博士后科研报告，打印本，2005 年。

祁山之南后云："汉水又西，迳南岈、北岈之中，上下有两城相对，左右坟垅低昂，亘山被阜，古谚云：南岈北岈，万有余家。"所讲的方位，正好在今大堡子山。由此可见，大堡子山和山坪二城在北魏时犹存，并被记录下来。

大堡子山遗址的面积虽然不如赵坪或蒙张，但其地形高亢，地理位置险要，正好扼守在永坪河与西汉水的交汇处，西汉水河道也正好在这里收缩迂曲。低平开阔的遗址虽然能容纳大量的人口，但不利于军事守备，也易遭洪涝灾害。相反，高亢的地形却是防御上的天然屏障，况且古代凿井技术和山泉也能保障用水供应。大堡子山城址类似"台城"，即紧贴台地的崖边夯筑城墙，从城外看陡峭，在城内看却很低矮，这种筑城方法既节省了人力，又充分利用了自然地形。

《史记·秦纪》："出子享国六年，居西陵。"先秦时期"陵"的本义指高亢险要的地形，因此，出子所居的"西陵"，就应是大堡子山城址。出子是幼君，在位时间又短，实无开辟新都邑的实力，从乃父之居是最大的可能，况且他与宪公又葬在同一片墓地。在先秦时期，诸侯的葬地往往在居邑附近，或者就在其中。《秦纪》又云宪公居"西新邑"。"西新邑"与"西陵"其实是一回事，只是叫法不同。大堡子山遗址是被宪公开辟成都邑的，并沿用到出子时期。随着秦人东进步伐的加快，武公入主关中之后，它也很快丧失了一处都邑应该具有的军事政治地位[①]。

石沟坪遗址位于礼县石桥乡圣泉村北侧、西汉水东岸的山前黄土台地上，面积约20万平方米。遗址所处的台地向前凸出，西汉水河道至此变窄。位于其西北方向的西汉水对岸，有雷神庙和鸾亭山两处遗址。雷神庙遗址位于礼县县城西的"西山"台地上，在台地前燕子河与西汉水交汇并向西南流去；台地北侧濒临刘家沟，与鸾亭山相望。遗址内周代墓葬分布密集，2005年上半年发掘出多座西周晚期的墓葬，其中M2003出三鼎二簋的铜器和大型玉圭，是西周时期秦贵族墓的首次发现。在台地的东北边缘还发现长约100多、宽约5米的夯土墙残段，根据2005年下半年度的发掘，有春秋早期的房子叠压夯土墙，可知夯墙的年代不晚于春秋早期。此外，还发掘出多段陶排水管道，其形制和周原凤雏宫殿基址所出相似，年代亦可到西周时期。这些重要的遗迹现象说明雷神庙及其所在的西山遗址绝非一般性的村落居址。

2005年上半年，在雷神庙遗址采集到大量的寺洼文化陶器，其中不乏完整器。雷神庙及西山遗址周围也有很多寺洼文化遗址的分布点。可以说，"雷神庙—石沟坪"遗址群更加深入到了戎人的势力范围，属于秦、戎争夺的前沿阵地。从这个角度说，西山（或者说雷神庙）城址可能属于秦人的军事重镇。

更重要的是，在西山北面的鸾亭山山顶，2004年下半年度清理了祭祀坑、祭坛等遗迹，出土了10套组合完整的汉代玉器，玉器的总数51件，器类有圭、璧、玉人三种，为汉代祭天用玉的空前发现。鸾亭山山顶应是历史上"西畤"的一部分[②]。"西畤"本秦襄公

---

① 梁云：《西新邑考》，《古代文明通讯》，北京大学震旦古代文明研究中心编，2007年1期。

② 梁云：《对鸾亭山祭祀遗址的初步认识》，《中国历史文物》2005年5期。

始建，到汉代继续沿用。《史记·封禅书》云"秦襄公既侯，居西垂，自以为主少暤之神，作西畤，祠白帝，其牲用骝驹，黄牛、羝羊各一云"。至于周代秦的祭祀地点，则应在其附近。

六八图遗址位于红河乡六八图村西北、红河的东北岸黄土台地上，地面分布着大量的周代陶片。费家庄遗址位于该遗址西南方向的红河对岸，海拔偏低，处在河边的一级阶地上，在那里采集到西周时期的绳纹盆及陶鬲口沿等。这两处遗址南、北呼应，正好扼守在上寺河、下寺河汇流成红河的三角地带的两岸，地理位置相当关键。沿红河、上寺河溯流而上可至天水，进入渭河河谷；顺流而下可到盐官镇。这是一条历史悠久的古道，秦人迁徙亦有可能循此路径。"六八图—费家庄"遗址的重要性不言而喻。

总之，通过这次调查，我们对西汉水上游周秦文化和寺洼文化遗址点的分布有了一个初步的认识，并为探索秦早期都邑提供了一些重要的线索。然而，我们对周代考古学文化的年代序列掌握得还远远不够细致，对各遗址之间的相对早晚关系也付之阙如。礼县境内原来没有寺洼文化遗址的报道，这次发现了一大批。然而，我们对这个地区寺洼文化的面貌还谈不上了解，更谈不上它与周秦在文化因素方面的影响与交流。可以说，需要做工作的"热点"有很多处，亟待投入更多的人力和物力，为早期秦文化考古乃至甘肃东部的考古学研究开出一个新局面。

后　记

　　2004 年的调查虽然时间不长，但收获却很丰富。由于上世纪末大堡子山秦公墓的发现，西汉水上游的考古工作备受学术界关注。早期秦文化考古项目迄今为止也已经做了三年，并取得了阶段性成果。这个项目还得进行多年，才能有望解决秦文化渊源、秦早期都邑及陵墓、秦戎关系等一系列学术问题。在此之前，需要对整个流域古代遗址的时空分布及其变化有一个基本的把握，否则以后的选点发掘都无所适从。因此，出版一本考古调查报告就很重要。况且上世纪末以来礼县盗掘成风，地方政府的文物保护工作面临很大压力，他们也需要一本介绍遗址情况的专业报告，做到心中有数，以便安排工作要点，部署保护力量，并把重要遗址及时向上级申报。有鉴于此，项目组决定先把 2004 年的调查材料整理出版，作为早期秦文化考古系列报告的第一部，以飨读者。

　　本报告是项目合作五方精诚团结、协作研究的成果。在早期秦文化考古项目进行的过程中，一直得到国家文物局、甘肃省人民政府和甘肃省文物局的大力支持，同时也得到了相关市、县各级政府的大力协助，谨此致谢！报告编写始于 2004 年 6 月，完稿于 2006 年 12 月，前后共三年。期间曾就体例、提纲讨论过几次，最后决定以客观、全面地介绍材料为主。各章执笔人及分工如下：

第一章：游富祥　李永宁

第二章：毛瑞林　李永宁　梁　云　游富祥　田有前

第三章：梁　云

绘　图：刘晓红

电脑制图：王腊梅

标本摄影：王　刚

最后由梁云校改全稿。

　　由于我们时间仓促，在编写报告的同时还得从事田野发掘及其他地区的勘察工作，因此报告疏漏之处在所难免。原计划重点遗址的全覆盖式调查、礼县盐业的民俗调查、流域的环境考古调查等工作，由于人力和时间的关系尚未完成，不足之处敬请读者谅解。

编　者

2006 年 12 月 10 日

Archaeological Investigate Report

of the Upper Reaches of Xihanshui River

(Abstract)

To explore the capital city site and early history of Qin State, five work units, Gansu provincial Institute of Cultural Relics and Archaeology, National Museum of China, Shannxi Provincial Institute of Archaeology, School of Archaeology and Museology of Peking University and College of Culture and Museologe of Northwest University, with the support, cooperation and participation of Museum of Lixian County, established a Joint Archaeological Team for Early Qin culture. From March 28 to April 20, 2004, the team carried out an exploration within an area of 60 kilometers in length extending from Tianshui Village of Tianshui City to Jiangkou Village of Lixian County, along the main stream of the upper reaches of the Xihanshui River and the valleys of its branches such as Yangshui River, Red River, Yanzi River, Yongping River.

Ninety-eight ancient sites have been investigated, and sixty-one sites of Yangshao Culture, fifty-one sites of Longshan Culture and forty-seven sites of Zhou Dynasty were among them.

The prehistoric sites in this region can set up a completed cultural sequence including cultural remains of the early, middle and late period of Yangshao Culture as well as that of the early and late period of Longshan Culture.

Cultural relics of the Shang and Zhou periods are also revealed, mainly including Liujia Culture, Siwa Culture, Zhou and Qin Culture.

This investigation focused on the Zhou and Qin sites which could be divided into different levels according to the area of each site. Sites of large, middle and small scales occupied different locations in the valley.

Combined with the sites of the second and lower levels, three fist-level sites constitute three relatively independent and mutually related site groups, that is Liubatu-Feijiazhuang, Dabuzishan-Zhaoping, Leishenmiao-Shigouping site groups, which indicate three activity centers of Zhou and Qin Culture.

Furthermore, Zhou, Qin Culture and the contemporary Siwa Culture seem to take on a definite arrangement in space. According to the width of river way, the main stream of Xihanshui River between the small Tianshui Village and Shiqiao Village may be separated into three gourd-like divisions: the east section is between Yanguan Town and Dabuzi, the middle one stretches from Dabuzi to Shigouping and the west one is from Shigouping to Xiakou.

In concert with the change of the extending of river way and change in topography, cultural sites of each period spread in different section of the valley. In the area east to the line between Dabuzishan and Zhaoping, simple Zhou and Qin culture were found, such as Liubatu, Wangmo, Shagoukou and so forth. And hitherto no Siwa Culture sites have been seen in this section (except the Red River Valley).

Siwa Culture sites, including two earth sites, are mainly located in the section south to the line between Leishenmiao and Shigouping. In the region between the both, sites of two different cultures lie across each other.

This investigation has provided important clues for the exploration of the early city site of Qin State, mausoleums, the early migrating route of Qin people as well as the relationship between Qin and nomadic Rong.

彩版一　天水乡盘头山遗址文化层

彩版二　天水乡庙坪、王坪遗址

彩版三　天水乡王坪遗址文化层

彩版四　天水乡大坟遗址远景

彩版五　杨家寺乡王家磨遗址远景

彩版六　盐官镇新山遗址远景

彩版七　盐官镇东庄遗址文化层

彩版八　盐官镇转嘴坪遗址远景

彩版九　盐官镇盐井祠门楼

彩版一〇　盐井祠内古盐井

彩版一一　重修盐井祠碑

彩版一二　盐井祠内制盐作坊

彩版一三　盐官镇沙沟口西遗址远景

彩版一四　盐官镇王磨遗址远景

彩版一五　盐官镇王磨遗址夯土台

彩版一六　盐官镇王磨遗址夯土台夯层

彩版一七　盐官镇红旗山遗址远景

彩版一八　盐官镇高城西山遗址远景

彩版一九　盐官镇黑土崖遗址

彩版二〇　盐官镇黑土崖遗址文化层

彩版二一　祁山乡太山庙遗址远景

彩版二二　长道镇宁家庄遗址

彩版二三　长道镇宁家庄遗址文化层

彩版二四　长道镇龙八遗址

彩版二五　长道镇盘龙山遗址文化层

彩版二六　永坪乡大堡子山及对岸山坪遗址

彩版二七　永坪乡大堡子山秦公墓地

彩版二八　永坪乡大堡子山遗址的夯土城墙

彩版二九　永坪乡大堡子山遗址的夯土城墙

彩版三〇　永坪乡大堡子山遗址的散水石

彩版三一　永兴乡赵坪遗址远景

彩版三二　永兴乡赵坪墓地

彩版三三　永兴乡赵坪遗址夯土台

彩版三四　永兴乡赵坪遗址夯土台夯层

彩版三五　永兴乡蒙张及对岸的大堡子山遗址

彩版三六　永兴乡蒙张（王坪）遗址远景

彩版三七　永兴乡蒙张（山坪）遗址远景

彩版三八　永兴乡山脚墓地

彩版三九　燕河乡庄子上遗址

彩版四〇　燕河乡新田东塬遗址

彩版四一　燕河乡新田遗址远景

彩版四二　燕河乡新田遗址被盗墓葬

彩版四三　燕河乡新田遗址被盗墓葬的陶器

彩版四四　燕河乡新田遗址文化层

彩版四五　燕河乡冯崖遗址远景

彩版四六　燕河乡马沟遗址

彩版四七　燕河乡庙嘴子遗址远景

彩版四八　城关镇鸾亭山遗址远眺

彩版四九　城关镇鸾亭山山顶祭坛

彩版五〇　城关镇鸾亭山山顶祭坛及散水石

彩版五一　城关镇鸾亭山山顶祭坛的夯土围墙

彩版五二　城关镇鸾亭山冲沟两侧的夯土台

彩版五三　城关镇鸾亭山夯土台及山腰墓地

彩版五四　城关镇雷神庙遗址

彩版五五　城关镇西山遗址

彩版五六　城关镇庄窠地遗址

彩版五七　城关镇庄窠地遗址的白灰面房子

彩版五八　石桥乡沟那下遗址

彩版五九　石桥乡高寺头遗址文化层

彩版六〇　石桥乡李家房背后遗址

彩版六一　石桥乡上碾渠遗址远景

彩版六二　石桥乡石沟坪遗址

彩版六三　石桥乡石沟坪遗址文化层

彩版六四　石桥乡二土遗址

彩版六五　石桥乡二土遗址灰坑

彩版六六　石桥乡石坝（石坝1、2号）遗址

彩版六七　石桥乡刘坪遗址

彩版六八　石桥乡杨坪遗址远景

彩版六九　石桥乡小田遗址远景

彩版七〇　江口乡鲍家庄遗址远景

彩版七一　江口乡王家台遗址远景

彩版七二　红河乡六八图遗址远景

彩版七三　红河乡六八图遗址文化层及石铲

彩版七四　红河乡石家窑遗址远景

彩版七五　红河乡费家庄遗址远景

彩版七六　红河乡黑山梁遗址

彩版七七　草坝乡花儿山遗址

彩版七八　草坝乡花儿山遗址文化层

彩版七九　草坝乡罗家坪遗址

彩版八〇　草坝乡周家坪遗址远景

彩版八一 草坝乡朱家沟遗址

彩版八二 草坝乡朴鸽坪遗址

彩版八三　永坪乡蹇家坪遗址

彩版八四　永坪乡寨家坪遗址堆积面

彩版八五　永坪乡寨家坪遗址文化层

彩版八六　永坪乡焦坪遗址

彩版八七　永坪乡焦坪遗址墓葬

彩版八八　石堡乡苏家团村遗址

彩版八九　西峪乡西峪坪遗址

彩版九〇　西峪乡西峪坪遗址文化层

1. 尖底瓶口沿(03：40)

2. 尖底瓶口部(19：10)

3. 尖底瓶口沿(19：35)

4. 尖底瓶口沿(79：20)

5. 盆残片(19：9)

6. 盆口沿(79：4)

7. 叠唇盆口沿(19：3)

8. 叠唇盆口沿(19：5)

图版一　仰韶文化早期标本（一）

1. 叠唇盆口沿(19：17)

2. 叠唇盆口沿(19：23)

3. 叠唇盆口沿(19：26)

4. 盆口沿(19：7)

5. 罐口沿(19：2)

6. 罐口沿(19：4)

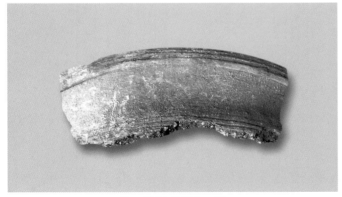

7. 罐口沿(19：6)

8. 罐口沿(19：22)

图版二　仰韶文化早期标本（二）

1. 罐口沿(19:36)

2. 罐口沿(79:2)

3. 直口钵口沿(19:30)

4. 直口钵口沿(19:32)

5. 尖底瓶口沿(91:37)

6. 缸口沿(03:36)

7. 器底(19:1)

8. 器底(79:6)

图版三　仰韶文化早期标本（三）

1. 尖底瓶口沿(25:17)

2. 尖底瓶口沿(49:3)

3. 尖底瓶口沿(49:10)

4. 尖底瓶口沿(52:4)

5. 尖底瓶口沿(52:54)

6. 尖底瓶口沿(79:24)

7. 深腹盆(03:12)

8. 盆口沿(19:20)

图版四　仰韶文化中期标本（一）

1. 盆口沿(19:21)

2. 盆口沿(19:33)

3. 盆口沿(45:14)

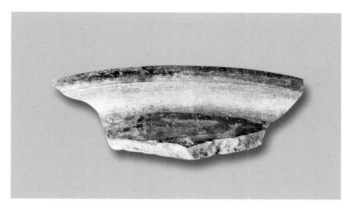

4. 盆口沿(47:29)

5. 盆口沿(52:33)

6. 盆口沿(52:42)

7. 盆口沿(55:24)

8. 盆口沿(62:6)

图版五　仰韶文化中期标本（二）

1. 盆口沿(79：22)

2. 罐口沿(01：6)

3. 罐口沿(03：17)

4. 罐口沿(03：22)

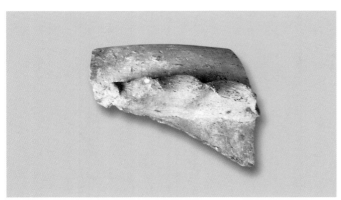

5. 罐口沿(03：38)

6. 罐残片(19：31)

7. 罐口沿(19：34)

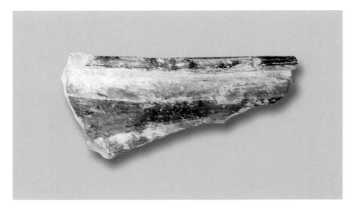

8. 罐口沿(55：23)

图版六　仰韶文化中期标本（三）

1. 钵口沿(19：29)

2. 钵口沿(52：6)

3. 钵口沿(62：8)

4. 钵口沿(79：23)

5. 缸口沿(49：1)

6. 缸口沿(52：11)

7. 缸口沿(52：13)

图版七　仰韶文化中期标本（四）

1. 尖底瓶口沿(15：5)

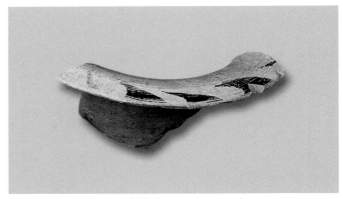

2. 尖底瓶口沿(52：51)

3. 尖底瓶口沿(52：56)

4. 尖底瓶口沿(55：26)

5. 尖底瓶口沿(79：12)

6. 尖底瓶口沿(79：14)

7. 尖底瓶口沿(91：20)

8. 盆口沿(45：7)

图版八　仰韶文化晚期标本（一）

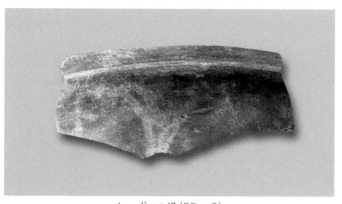

1. 盆口沿(55：9)

2. 盆口沿(55：21)

3. 盆口沿(55：59)

4. 盆口沿(55：62)

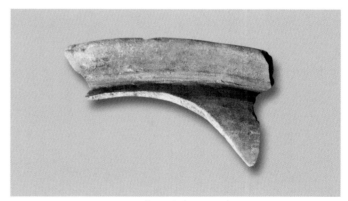

5. 盆口沿(91：10)

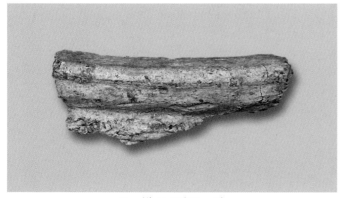

6. 罐口沿(03：6)

7. 罐口沿(03：13)

图版九　仰韶文化晚期标本（二）

1. 罐口沿(03：27)

2. 罐口沿(15：4)

3. 陶片(19：28)

4. 罐口沿(47：34)

5. 罐口沿(48：8)

6. 罐口沿(52：45)

7. 罐口沿(55：14)

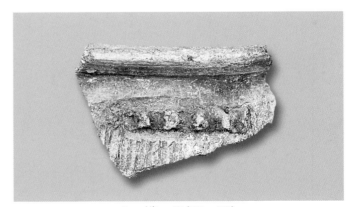

8. 罐口沿(55：56)

图版一〇　仰韶文化晚期标本（三）

1. 罐口沿(55：58)

2. 罐口沿(79：11)

3. 罐口沿(91：21)

4. 罐口沿(91：25)

5. 罐残片(95：1)

6. 钵口沿(03：25)

7. 钵口沿(15：11)

图版一一 仰韶文化晚期标本（四）

1. 钵口沿(52∶19)

2. 钵口沿(69∶1)

3. 钵口沿(79∶9)

4. 瓮口沿(91∶1)

5. 瓮口沿(91∶4)

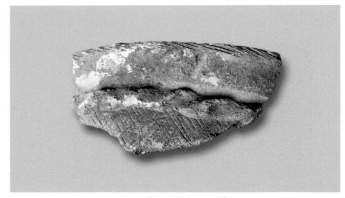

6. 瓮口沿(91∶8)

7. 瓮口沿(91∶9)

8. 缸口沿(15∶1)

图版一二　仰韶文化晚期标本（五）

1. 缸底(19：11)

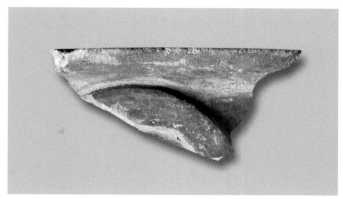

2. 缸口沿(91：3)

3. 缸口沿(92：3)

4. 壶残片(15：6)

5. 壶口沿(91：23)

6. 陶片(55：17)

7. 陶拍(91：16)

图版一三　仰韶文化晚期标本（六）

1. 盆口沿(89:3)

2. 盆口沿(90:1)

3. 罐口沿(23:9)

4. 罐口沿(55:13)

5. 罐口沿(59:9)

6. 罐口沿(59:10)

7. 罐口沿(59:13)

图版一四　龙山文化早期标本（一）

1. 罐口沿(60:8)

2. 罐口沿(74:1)

3. 带耳罐(60:2)

4. 带耳罐(61:1)

5. 带耳罐(80:1)

图版一五　龙山文化早期标本（二）

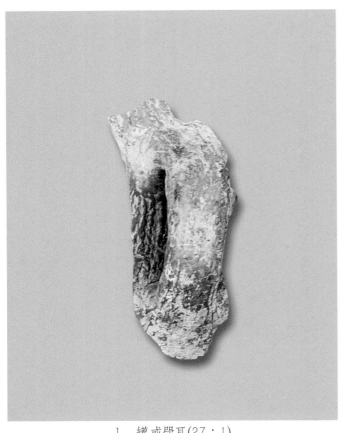

1. 罐或斝耳(27：1)

2. 罐耳(83：1)

3. 器耳(59：14)

4. 器耳(59：17)

图版一六　龙山文化早期标本（三）

1. 罐底(09：5)

2. 罐底(27：2)

3. 罐底(42：7)

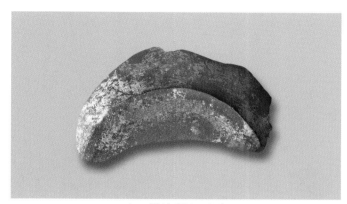

4. 罐底(55：53)

5. 罐底(60：10)

7. 罐底(90：3)

6. 罐底(60：13)

图版一七　龙山文化早期标本（四）

1. 罐残片(74:3)

2. 罐腹(89:6)

3. 陶片(18:4)

4. 陶片(18:8)

5. 陶片(23:13)

6. 陶片(42:8)

7. 缸口沿(53:8)

图版一八 龙山文化早期标本（五）

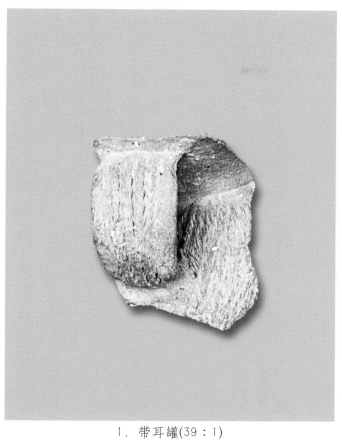

1. 带耳罐(39∶1)

2. 带耳罐(51∶1)

3. 罐口沿(76∶8)

5. 鋬耳(64∶2)

4. 鋬耳(64∶1)

图版一九　龙山文化晚期至夏代标本（一）

1. 罐口沿(76：9)

2. 罐肩(48：4)

3. 罐肩(76：11)

4. 罐肩(83：3)

5. 罐底(16：28)

6. 罐底(57：3)

7. 鬲口沿(16：7)

8. 鬲足(57：4)

图版二〇　龙山文化晚期至夏代标本（二）

1. 鬲鋬(46∶22)

3. 高领袋足鬲裆部(29∶59)

2. 鬲残片(13∶3)

4. 鬲足(13∶6)

5. 高领袋足鬲鬲足(32∶26)

6. 鬲足(78∶2)

图版二一　刘家文化标本

1. 罐(36：30)

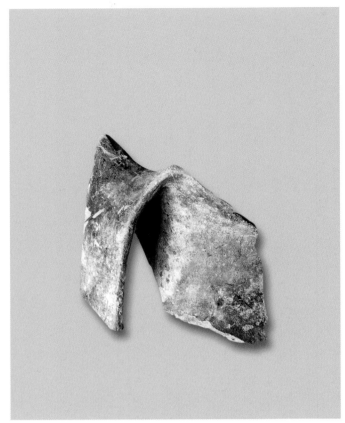

2. 马鞍形口罐残片(33：19)

3. 马鞍形口罐耳(52：71)

4. 罐口沿(57：13)

5. 罐耳(57：15)

图版二二　寺洼文化标本（一）

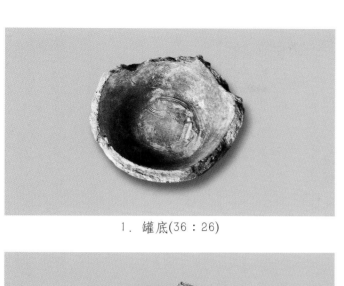

1. 罐底(36∶26)

2. 罐底(52∶64)

3. 罐(57∶9)

4. 罐底(57∶41)

5. 罐残片(36∶17)

6. 簋形豆豆盘(33∶12)

7. 簋形豆豆盘(36∶4)

8. 豆口沿(36∶23)

图版二三　寺洼文化标本（二）

1. 豆口沿(36：25)

3. 盆形豆(52：63)

2. 豆口沿(57：14)

4. 豆柄(59：12)

5. 杯(33：23)

6. 深腹盘(36：10)

7 鬲足(57：10)

图版二四　寺洼文化标本（三）

1. 罐(55：39)

2. 鬲裆足(28：38)

3. 鬲足(28：42)

图版二五　西周早期标本（一）

1. 鬲足(46:13)

2. 鬲足(55:5)

3. 鬲足(55:7)

4. 鬲足(71:20)

5. 鬲足(71:21)

6. 豆盘(32:63)

图版二六　西周早期标本（二）

1. 盆口沿(47:9)

2. 罐口沿(29:20)

3. 喇叭口罐口沿(32:46)

4. 喇叭口罐口沿(32:48)

5. 罐(46:17)

图版二七　西周中晚期至春秋早期标本（一）

1. 罐残片(46：6)

2. 罐肩(55：4)

3. 豆盘(29：10)

4. 豆盘(32：18)

5. 豆柄(29：34)

6. 豆柄(32：44)

图版二八　西周中晚期至春秋早期标本（二）

1. 豆柄(32：54)

2. 豆柄(32：68)

3. 鬲足(28：26)

4. 鬲足(32：1)

图版二九　西周中晚期至春秋早期标本（三）

1. 鬲足(47:23)

2. 鬲足(71:11)

3. 鬲足(71:16)

4. 三足瓮底(58:6)

5. 鬲口沿(32:7)

6. 鬲口沿(55:2)

图版三〇　西周中晚期至春秋早期标本（四）

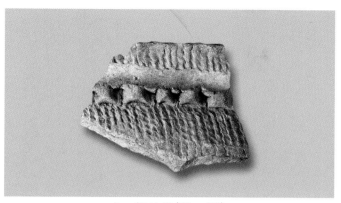

1. 甗口沿(32:52)

2. 甗口沿(46:5)

3. 甗口沿(46:8)

4. 甗颈(91:28)

6. 鸟兽状錾(55:8)

5. 蛋形瓮口沿(58:4)

图版三一　西周中晚期至春秋早期标本（五）

1. 罐(37:29)

2. 高领罐(53:9)

3. 罐(71:1)

4. 灶(51:8)

图版三二　战国至汉代标本